JESSICA VIVAS ROSO

LA RESPONSABILIDAD ADMINISTRATIVA EN VENEZUELA: ALGUNAS IDEAS PARA SU REFORMA

COLECCIÓN MONOGRAFÍAS
N° 15

Centro para la Integración y el Derecho Público

Cita sugerida: Jessica Vivas Roso, *La responsabilidad administrativa en Venezuela: Algunas ideas para su reforma* (Caracas: Centro para la Integración y el Derecho Público y Centro de Estudios sobre Control Fiscal, 2026)

Primera publicación: Centro para la Integración y el Derecho Público (CIDEP) y Centro de Estudios sobre Control Fiscal, Venezuela, 2025.

ISBN: 979-8-90529-020-6

Publicado por
CENTRO PARA LA INTEGRACIÓN Y EL DERECHO PÚBLICO
Un sello editorial de CIDEP LLC
www.editorial.cidep.online
editorial@cidep.online

TÍTULOS DE LA COLECCIÓN

1. *Derecho Administrativo*, LOPNNA *y protección de niños, niñas y adolescentes*, Jorge Luis Suárez Mejías.
2. *Casos de estudio sobre la expropiación en Venezuela*, Samantha Sánchez Miralles.
3. *Constitución, integración y Mercosur*, Jorge Luis Suárez Mejías.
4. *Derecho Administrativo y arbitraje internacional de inversiones*, José Ignacio Hernández.
5. *El estado de excepción a partir de la Constitución de 1999*, Gabriel Sira Santana.
6. *La ejecución de sentencias en el proceso administrativo iberoamericano* (*España, Perú, Costa Rica, Colombia y Venezuela*), Miguel Ángel Torrealba Sánchez.
7. *La teoría de la cláusula exorbitante. El tránsito de la cláusula derogatoria a la potestad administrativa contractual en los sistemas de contratación pública*, José Araujo-Juárez.
8. *Las situaciones administrativas en la función pública*, José Gregorio Silva Bocaney.
9. *Violaciones del derecho a la defensa en el procedimiento sancionatorio venezolano*, Flavia Pesci Feltri.
10. *Consideraciones sobre las fuentes del Derecho Constitucional y la interpretación de la Constitución*, Claudia Nikken.
11. *El control constitucional de las decisiones judiciales*, Rafael Chavero Gazdik.
12. *La vigencia temporal de los criterios jurisprudenciales en materia tributaria*, Taormina Cappello Paredes.
13. *Diálogo jurisprudencial en Venezuela*, Gonzalo Federico Pérez Salazar.
14. *El derecho de excepción y la emergencia económica*, Gabriel Sira Santana.
15. *La responsabilidad administrativa en Venezuela: Algunas ideas para su reforma*, Jessica Vivas Roso.

JESSICA VIVAS ROSO es profesora de la Especialización en Derecho Administrativo de la Universidad Central de Venezuela y de Finanzas Públicas de la Especialización en Gerencia del Sector Público de la Universidad Católica Andrés Bello.

Coordinadora del Centro de Estudios sobre Control Fiscal (CECOFI). Investigadora invitada del Instituto de Derecho Público de la Facultad de Ciencias Jurídicas y Políticas de la Universidad Central de Venezuela y Secretaria del Anuario Iberoamericano de Derecho Administrativo Social.

Doctora en Derecho por la Universidade da Coruña y Máster en Derecho de la Administración Pública por la Universitat Rovira i Virgili (España). Especialista en Derecho Administrativo por la Universidad Central de Venezuela. Especialista en Gerencia del Sector Público por la Universidad Católica Andrés Bello. Abogada por la Universidad Central de Venezuela.

Miembro ordinario de la Asociación Venezolana de Derecho Administrativo y de la Sociedad Venezolana de Compliance.

Contacto: vivasrosoj@gmail.com

ORCID: https://orcid.org/0000-0002-5530-3434

A la memoria de Yerrica Vivas Roso y de Idelmaro Levi Vivas Sayago

Y así después de esperar tanto, un día como cualquier otro decidí triunfar...
[...]
Aprendí que lo difícil no es llegar a la cima, sino jamás dejar de subir.
[...]
Aquel día decidí cambiar tantas cosas...
Aquel día aprendí que los sueños son para hacerlos realidad.
Desde aquel día ya no duermo para descansar...
ahora simplemente duermo para soñar
(Walt Disney, s.f.)

ÍNDICE

PREFACIO

Tengo mucho gusto en escribir el presente prólogo a la monografía de la profesora venezolana Jessica Vivas sobre *La responsabilidad administrativa en Venezuela: Algunas ideas para su reforma*, por varias razones. Porque la Doctora Jessica cursó nuestro doctorado en derecho administrativo iberoamericano con la más alta calificación, porque es una asidua participante de los Seminarios iberoamericanos de Pazo de Mariñan y, sobre todo, porque con fortaleza, con rigor, elegancia y solidez defiende los valores y los principios del Estado de derecho en todas sus intervenciones orales y escritas.

La presente monografía está muy bien articulada. Va desde la delimitación conceptual y la naturaleza jurídica, pasando por el ámbito objetivo y subjetivo hasta examinar los sujetos susceptibles de incurrir en responsabilidad, el régimen de la declaratoria de responsabilidad, el procedimiento administrativo, los supuestos generadores de responsabilidad administrativa, la reparación del daño, los recursos administrativos y judiciales, para terminar con un análisis acerca de la ejecución de los actos que derivan de la declaratoria de responsabilidad.

El estudio se centra en las consecuencias de una mala administración de los recursos y fondos públicos. Por eso, la buena administración tiene una relación muy estrecha con la responsabilizad administrativa en la medida en que establece toda una serie de estándares y patrones de buen comportamiento en lo que se refiere a la gestión de fondos y recursos públicos.

Como es sabido, la responsabilidad es una institución central del derecho tan antigua como el derecho mismo pues, en esencia, el principio de que quien causa un daño a alguien debe repararlo en su integridad, es la expresión de la justicia misma. Y ordinariamente los daños son causados por la acción u omisión humana por elaboradas y actuales que sean las justificaciones, insuficientes tantas veces, de la responsabilidad de la persona jurídica o colectiva pues, siempre, en última instancia las acciones de las instituciones no son anónimas.

Habrá responsabilidad conjunta, mancomunada o solidaria de quienes dirigen, según las jerarquías existentes para la toma de decisiones, pero por lo menos hasta el momento sean activas o pasivas, son obra del ser humano. Las personas jurídicas no toman, no pueden tomar decisiones, sino es a través de las personas que en el organigrama funcional la representan y la dirigen.

Otra cosa, sin embargo, es que en el mundo en que vivimos, también en esta materia, el individualismo reinante busca denodadamente la forma de eludir las consecuencias de las actuaciones y por eso aumenta, y de qué manera, la responsabilidad objetiva, universal y directa que, a nuestro juicio, como regla general y sin excepciones, es la demostración más obvia de uno de los males de este tiempo: la desconexión entre imputación y responsabilidad.

La Doctora Jessica Vivas se refiere a la responsabilidad administrativa, a la responsabilidad derivada de la administración y manejo de los fondos y recursos, una materia capital y central en la que también los criterios y principios de la ética pública hacen acto de presencia con inusitada intensidad.

En efecto, la desconexión entre imputación y responsabilidad, hoy admitida en sectores no minoritarios, por ejemplo, del derecho penal, refleja la tendencia que existe a laminar la responsabilidad personal de los actos u omisiones de manera que las consecuencias dañosas de las actuaciones siempre se residencien en determinados patrimonios generales.

En el mundo de los negocios privados podría entenderse, aunque para quienes escribimos tampoco justificación, pero en el ámbito del interés general donde los fondos públicos son de todos los ciudadanos, descargar la responsabilidad personal en el proceloso mundo de la responsabilidad patrimonial del Estado de cuño objetivo, universal y directo, es un ejercicio del que resulta la impunidad y, al menos en el caso de los jueces y magistrados, ex artículo 117.1 de la Constitución española, una operación inconstitucional.

No es este el lugar para unas reflexiones sobre la imputación y sobre la responsabilidad pero pensamos que es menester, aunque sea brevemente, pues no estamos ante un estudio de Filosofía del Derecho, alguna consideración porque tanto la imputación como la responsabilidad son dos conceptos clave que ayudan sobremanera a plantear en sus justos términos también la responsabilidad civil derivada de las actuaciones de los fiscales en el marco de la actividad judicial sea anterior, durante o posterior.

La imputación es un concepto antiguo, que en su etimología romana ya nos plantea, *imputatio*, atribuir algo a alguien, pero esa atribución se hace como propia.

Hasta ahora no se ha demostrado que las instituciones actúen ellas solas al margen de las personas que en ellas laboran, y probablemente, si las cosas no cambian sustancialmente, que en veinte siglos no han cambiado, será muy difícil que acontezca en el futuro. Sin embargo, cuándo una persona física actúa, aunque sea revestida de un cargo o posición pública, es ella misma la que se proyecta con todo su ser sobre lo que hace o deja de hacer.

Por eso, la pretensión de desconectar la actuación de sus consecuencias es, sencillamente, una operación dirigida claramente a volver, a través de sutiles y sofisticados caminos, a la irresponsabilidad, algo que el Estado de derecho combatió intensamente.

Imputación en sentido escrito, como enseña Mauro Ronco en su trabajo sobre *La relación entre la imputación y la responsabilidad*, de obligada lectura en esta materia, se refiere a atribuir a (tal libro es de Kant, fue escrito por él[1]; en sentido figurado expresa el concepto de atribuir a título de mérito o de culpa.

---

1 Mauro Ronco, "La relación entre imputación y responsabilidad", *Prudentia Iuris*, N° 78 (2014): 164.

En efecto, partiendo del uso del término imputación en el lenguaje jurídico según Tomas de Aquino, se refiere a un modo de predicación auténticamente real en el sentido de que aquello que se imputa (la acción y algunas de sus consecuencias) puede ser imputado en la media en que exprese plenamente su pertenencia a aquel a quien se imputa, como propio de su conducta[2].

En realidad, entre la persona y su actuación existe una relación de autoría intencional que se define como imputación.

La imputación, por tanto, es como una marca de la misma persona en su proyección exterior en la que no es inescindible, de ninguna manera, su dimensión interna pues el ser humano es como decía hace mucho tiempo en una de las mejores definiciones que conozco, una sustancia individual de naturaleza racional.

Su impronta racional está inscrita en todas sus actuaciones salvo que estemos en presente de personas sin capacidad racional, en cuyo caso son inimputables y por ende irresponsables.

Las actuaciones de los humanos reflejan el todo personal y la normatividad debe atender a esta realidad. El problema aparece, también en la materia que nos ocupa, cuándo se legisla o de dictan sentencias al margen de la realidad de las cosas, como dice Ronco, de modo independiente de la esencia del hombre y de sus relaciones sociales y jurídicas, sobre la base de estructuras normativas[3].

Por eso, se comprenderá que nos refiramos muy brevemente, con ocasión de la lectura de este magnífico libro, a la relevancia de la persona en materia de responsabilidad administrativa.

En efecto, si partimos de una noción de persona en la que la dimensión interna y externa de sus actuaciones no están íntimamente relacionadas, si entendemos que la persona en

---

2 Ibid.

3 Ibid., p. 166.

dimensión externa nada tiene que ver con su esfera interna, entonces estamos desenfocando gravemente el problema. Por eso, dado que en la actuación se halla inscrito el todo personal es por ello que la tal acción, activa o pasiva, se imputa al autor.

La responsabilidad es la consecuencia de la imputación. Precisamente porque la imputación expresa la pertenencia del acto y de algunas de sus consecuencias a la persona, por esta razón corresponde que esta responda ante los demás y ante la comunidad política de la conducta realizada, para bien o para mal, con la libertad de los demás y con el bien de la sociedad. Sin imputación no hay verdadera responsabilidad[4]. Es decir, para que haya responsabilidad debe haber imputación.

Este es el meollo de la cuestión, las actuaciones de los fiscales en el ejercicio de sus funciones, moduladas por la dependencia jerárquica como estudiaremos más adelante, a ellos se les debe y a ellos, y a ellas, se les imputa.

No son imputación y responsabilidad conceptos análogos. No lo son, pero si están relacionados porque de la imputación se sigue la responsabilidad. Y como no hay actuación humana que no sea imputable, salvo aquellas en que no hay conciencia real de su realización, todas las actuaciones de los hombres, nos guste o no, porque son objeto de imputación son responsables.

Otra cosa es que, como aconteciera durante mucho tiempo, el dogma de la irresponsabilidad, *The King can do no wrong*, haya acampado en el Estado absoluto. Pero en el Estado de derecho, como nadie está por encima de la ley, todos somos responsables, sobre todo, y fundamentalmente, quienes actúan investidos de cargos públicos que, en nuestra opinión, disponen precisamente por ello de un plus de responsabilidad.

La imputación discurre en el ámbito del ser mientras que la responsabilidad deriva de la imputación. Por eso, insistimos, desconectar responsabilidad de imputación, tal y como se viene haciendo en el derecho público para resolver la responsabi-

---

[4] Ibid.

lidad de las Autoridades públicas, y también de los jueces y fiscales, a través de estructuras normativas, es sencillamente, regresar, de una forma más o menos sutil, a la irresponsabilidad y, con ella, a la inimputabilidad y a la irrecurribilidad, conceptos que hicieran historia en el Antiguo Régimen, hoy más presente de lo que imaginamos a través, entre otros medios, de la dictadura de la forma y el vaciamiento de los principios y valores del Estado de derecho.

En otras palabras, la responsabilidad es el corolario necesario de la imputación y sin imputación no hay responsabilidad. Por eso, eliminemos la imputación y no habrá responsabilidad personal.

Entonces como alguna suerte de consecuencia debe tener la actuación del funcionario o de la Autoridad pública diseñemos un sistema en el que desaparece la imputación en sentido estricto y afirmemos la responsabilidad objetiva del Estado que será a partir de ahora el centro de imputación y el patrimonio obligado a reparar dado la inoperancia de la acción de regreso.

En fin, el libro de la profesora Jessica Vivas, que viene a cubrir una laguna importante en el panorama jurídico venezolano, nos regala una serie de reflexiones finales a modo de conclusiones que tienen el gran valor de mejorar el régimen jurídico de la responsabilidad administrativa en el ordenamiento venezolano en orden a un mayor rigor y precisión en cuestiones como los supuestos que dan lugar a la responsabilidad.

En este sentido, nos parece bien relevante la necesidad de circunscribir estos estos casos a aquellos conectados cierta y verdaderamente al manejo, gestión y administración de fondos y recursos públicos.

El derecho administrativo venezolano, y todos los demás con él, está de enhorabuena pues a partir de ahora las bibliotecas jurídicas van a contar con un nuevo y relevante libro sobre una de las materias clave del derecho administrativo en España y Portugal.

En A Coruña, a 15 de marzo de 2025

Prof. Dr. Dr. h.c (mult.) Jaime Rodríguez-Arana

Catedrático de Derecho Administrativo

Presidente del Foro Iberoamericano
de Derecho Administrativo

PRÓLOGO

Abrir las páginas de esta obra por medio de unas cortas líneas escritas para servirle de antesala es un honroso privilegio digno de agradecer, que obedece a la generosa invitación que me ha formulado la autora, primordialmente motivada en el hecho de haber mantenido contacto con su proceso de realización y el entorno en el cual se gestó este atractivo proyecto de investigación que ahora alcanza a ofrecer potentes resultados, generadores de atención, meditación y nuevos desafíos atinentes a la temática de la responsabilidad en la gestión administrativa de los asuntos públicos y su debido control, visto en el entorno venezolano pero enriquecido con apuntes derivados de la perspectiva comparada.

De esta manera, al haber tenido el privilegio de cumplir con una nueva lectura de *La responsabilidad administrativa en Venezuela: Algunas ideas para su reforma* –ahora en versión definitiva para su publicación bajo el sello editorial del Centro para la Investigación y el Derecho Público (CIDEP)–, he podido recordar imágenes que probablemente no alcanzaran a ser visibles para el lector, pero que están allí, en el corazón de la obra, como parte de su esencia. Por eso, pienso que es esta una ocasión y un lugar adecuados para presentarlas, aun cuando esto sea de una manera breve.

En efecto, la obra que firma Jessica Vivas Roso es el resultado de una investigación desarrollada dentro del Programa de Doctorado en Derecho Administrativo Iberoamericano (DAI) que, desde el año 2012, se lleva adelante en la Universidad de A Coruña, por una acertada iniciativa, y bajo la dirección del Catedrático, Doctor Jaime Rodríguez-Arana Muñoz. Cabe mencionar que ese Programa de Doctorado se origina al amparo de la legislación universitaria del momento, como un proyecto con perfiles absolutamente novedosos, abriendo campo a la formación doctoral en escala internacional, mediante modalidad hibrida, es decir, con fases presenciales, a cumplir en los predios del campus de la Universidad (Elviña), y actividades a distancia, focalizada en el entorno iberoamericano y centradas en las temáticas del derecho administrativo y el derecho constitucional.

Por otra parte, el Doctorado en Derecho Administrativo Iberoamericano, además de su encaje natural y necesario en la Universidad, resulta estrechamente vinculado a un entramado de singulares experiencias académicas como lo son, el Foro Iberoamericano de Derecho Administrativo (FIDA), cercano a celebrar su vigésimo quinta edición, y el Seminario de Profesores de Derecho Administrativo que se instaló, desde hace ya casi una década, en el mágico escenario del Pazo Mariñan, en el municipio gallego de Bergondo.

En ambos casos se da cuenta de prácticas de intercambio académico con profundo calado y amplio espectro, cumplidas con celosa regularidad y elevado rigor científico. Esos encuentros, de una u otra forma, se han interconectado como una red, manteniendo las particularidades que definen a cada uno de ellos, al tiempo que vienen operando como eficaces nodos de intercambio, en una productiva sinapsis intelectual. En definitiva, estos escenarios integrados han arrojado una dinámica pedagógica y docente, hasta entonces inédita, con claros ribetes de singularidad en sus formas y en la elevada calificación en sus resultados, entre los cuales, de una u otra forma, cabe inscribir la obra que ahora se publica.

De otro lado, no puede dejarse de mencionar que buena parte de la etapa en el que se realizó la investigación y la formulación de la Tesis, fue tiempo de pandemia (COVID-19), evento este que obligo a la autora a permanecer confinada en España, sorteando así, no solo los inconvenientes propios de aquella nefasta circunstancia, sino el hecho adicional de tener que hacerlo forzadamente fuera de su país y alejada de sus condiciones usuales de trabajo.

Entonces, con la publicación del libro que recoge su Tesis doctoral, Jessica Vivas viene a completar el cierre de un particular trayecto dentro de su andadura profesional y académica, cargado de emociones e impregnado de dificultades que sobrepasaron los límites que son usuales en el despliegue esas tareas.

Por su contenido y por su forma de presentación -pero también por influencia directa de los factores incidentales que estuvieron presentes durante su desarrollo-, esta obra nos lleva a percibir una nueva etapa de compromiso sostenido, que su autora emboca disponiendo ahora de mayores y más sólidos recursos intelectuales y técnicos, como fruto resultante de las experiencias que seguramente le habrán llevado a descubrir el calibre de sus propias capacidades para enfrentar los desafíos.

Como estructura vertebral del libro se plantea un análisis de derecho comparado que comporta el contacto detenido con normativas e instituciones jurídicas densamente cargadas en sus contenidos, en tanto categorías de análisis científico, al tiempo que resultan funcionalmente destacables por sus cualidades instrumentales, las cuales resultan de inexcusable empleo para el adecuado despliegue de la gestión pública.

En efecto, esas nociones sirven de puntal donde se afianzan, por un lado, la figura de la buena administración y su realización efectiva, dentro de los parámetros principales del Estado de derecho; pero, de otra parte, aparece el sentido eficiente que debemos atribuir a la democracia, en tanto molde político diseñado para convivir y progresar en sociedad. De allí que se perciban como fórmulas que confluyen y se complementan para permitir la apertura constante y sostenida de cauces hacia mejores y más elevados niveles de calidad de vida para las personas.

Con el análisis detenido de la figura jurídica de la responsabilidad administrativa -en el caso de Venezuela-, unido a la revisión contrastada de aspectos centrales y destacados de la responsabilidad contable (en el caso de España), la autora se adentra en una intricada trama de regulaciones legales, referencias doctrinarias y decisiones jurisprudenciales, evidenciando lo nutrido y complejo de esta temática, al tiempo que demuestra el cabal cumplimiento de las condiciones propias del oficio.

Esa notable andadura de indagación, reflexión crítica, diagnóstico y proposición, la lleva a extraer, con la debida pulcritud, un claro cuadro analítico del cual deriva un amplio y significativo conjunto de apreciaciones, adecuadamente fundamentadas. A partir de allí, la autora construye propuestas contundentes, precisas y atinadas, con las que apunta a la superación de las fallas detectadas, al tiempo que se orienta hacia la implementación de ajustes concretos, dirigidos a favorecer los sistemas de control sobre la Administración.

De ese modo, el estudio que ahora se publica, conlleva, además de un sólido análisis teórico, un resultado de aplicabilidad con el cual se procura la salvaguarda y el perfeccionamiento del sistema de control en su conjunto, reconociendo su importancia como herramienta de indispensable empleo para la dirección y gestión de los asuntos públicos, dentro de la concepción de que la mejor herramienta práctica es la que se sustenta en una adecuada y robusta base teórica.

De otra parte, la revisión de los contenidos deja incuestionablemente claro que la cuestión neurálgica de la investigación se inscribe en el terreno de las relaciones de poder, esto es, en el espacio de lo político. Espacio del cual no se pueden desvincular –en términos formales o informales–, ni la regulación, ni la arquitectura organizativa, ni el funcionamiento de las instituciones públicas; en particular, de aquellas que se ubican en el territorio dentro del cual el derecho administrativo despliega los principios, normas, categorías, instituciones y técnicas que lo integran como sistema jurídico.

Así pues, la investigación cuyos resultados conducen al nacimiento de este libro, pone de relieve –y en sus justos términos– el valor que tienen, para el cumplimiento cabal de la función de control, considerada de manera integral, los componentes de la conducta ética, la transparencia y la eficiencia, los cuales deben coexistir, inexcusablemente, tanto para diseñar y establecer la normación, como para su realización, mediante el cabal cumplimiento de su realización práctica, como una conducta típica en el tratamiento regular de los asuntos de interés general que, precisamente, por ser de esa naturaleza, convocan inevitablemente la presencia de la gestión pública.

De esta forma se reafirma que el derecho administrativo es, en esencia, un derecho de realización, llamado a ser aplicado cotidianamente, sin lo cual, el caos y la arbitrariedad se apoderan de la escena.

En esta ocasión, el aporte de la profesora Jessica Vivas, a través del resultado tangible de su escrupulosa y fundamentada investigación, se hace más destacable aun, cuando tomamos en consideración el momento en el cual esta se produce y se publica.

No es difícil percibir como, en los tiempos que corren, transitamos por un paraje signado por la marcada hipertrofia y la inusitada expansión que alcanza el desgraciado fenómeno de la corrupción en el ámbito de los asuntos públicos. Aunque, ciertamente, la conducta corrompida no es una novedad en sí misma, se aprecia a simple vista, que en la actualidad, viene ocurriendo con pasmosa naturalidad, y además, en muchos lugares, llegando a manifestarse como una imagen usual, en la que de ordinario se describe una suerte de abultado y degradante certamen de eventos de corrupción administrativa que se suceden en cascada, compitiendo entre sí, al tiempo que aumentan en su número, pero también, en su intensidad y los niveles de magnitud patrimonial que envuelven; todo ello, sin dejar de lado que tales conductas aparecen, sin escrúpulo, en sectores de alta sensibilidad e impacto social como pueden ser los temas de la salud pública o la educación.

De hecho, esa perversa y preocupante situación ha registrado, en no pocas ocasiones, espirales en la que los casos de corrupción se suceden de manera vertiginosa, registrando cuantías dinerarias cada vez más elevadas, al igual que dan entrada al empleo de técnicas más sofisticadas, en todo lo que corresponde a las formas de corromper el sistema de manejo de los asuntos de interés público.

En efecto, por lo que atañe a su perfil cualitativo, la degradación moral que envuelve la corrupción administrativa alcanza rangos de difícil comprensión, tal como se ha puesto de relieve recientemente, con ocasión de la pandemia de la COVID-19 y el indebido manejo administrativo referido al tráfico de medicamentos, materiales sanitarios y prestación de servicios de atención, así como a las negociaciones indebidas sobre las instalaciones de salud, con lo cual se ha llegado a comprometer la vida de las personas, en no pocas ocasiones, al amparo del empleo de medidas de emergencia.

La gravedad y la trascendencia de la cuestión que aborda esta obra se aprecia con mayor nitidez cuando percibimos –y hasta comprobamos, en no pocos casos– que, en buena medida, el escenario de perversión política y administrativa viene siendo auspiciado por quienes ocupan las más elevadas posiciones en las escalas superiores de decisión, dentro de las estructuras de gobierno, con lo cual, se han llegado a instalar verdaderos Estados de corrupción que, en muchas ocasiones vienen asociados con otros tipos delictivos como son el narcotráfico y el blanqueo de capitales, incrementando la gravedad de la cuestión.

Esta desafortunada realidad sobrepasa, con mucho, el escenario que dibuja una ocurrencia eventual o aislada de hechos corrupción que, en todo caso, vendría a resultar algo previsible dentro de una perspectiva en la que corresponde considerar la presencia de esos eventos como parte de un patrón o modelo regulatorio, considerado en condiciones de relativa normalidad; a fin de cuentas, los mecanismos de control existen y son necesarios como una previsión de correctivos, porque la experiencia nos recuerda que también existen las conductas indebidas.

En síntesis, la herramienta regulatoria y sus colaterales descansan en la posibilidad de atención anticipada, lo que supone una expectativa estimable de presencia de los vicios, errores o desviaciones que pueden demandar esos mecanismos preventivos y correctivos integrados en los sistemas de control.

De este modo, podemos concluir que la corrupción y el mal gobierno van aparejadas, y erosionan las instituciones públicas, la estabilidad social, el Estado de derecho y la democracia, en su misión de categorías que deben ser proveedoras de certidumbre y calidad de vida de la población.

Por lo mismo, los niveles de gravedad y trascendencia de esta temática se hacen más demandantes del análisis y las revisiones críticas, cuando se encuentra que la corrupción administrativa y las desviaciones perversas de los sistemas de decisión pública, alcanzan a las propias estructuras encargadas que ejercer el control, con lo cual sus agentes llegan a convertirse en algo más que meros cómplices.

El estudio recogido en el libro que ahora se publica exhibe cualidades destacables desde la perspectiva de su valoración pedagógica o didáctica. En tal sentido, comprobamos que la detallada exposición conduce a acotar con excelente nivel de precisión los espacios del conocimiento conceptual y practico requeridos para comprender los asuntos tratados. De esa forma se facilita la cabal comprensión de sus particularidades, poniendo de manifiesto los puntos de contacto, con el adecuado acento en los sesgos de diferencias y semejanzas, para evitar las confusiones.

En sus contenidos y, sobre todo en la manera de expresarlos, se aprecia claramente el coraje que impregna la elaboración del estudio. Coraje que encuentra su fundamento -más allá de las indudables cualidades personales de la autora- en la racionalidad y el conocimiento cabal sobre los asuntos tratados con pureza metodológica, precisión argumentativa, ponderación lógica e impecable aproximación sistemática. Todo lo cual se pone de manifiesto mediante el empleo de un lenguaje sencillo, a través de una exposición directa y precisa, sin evadir la consideración cabal de temas que pudieran considerarse riesgosos.

Este libro da cuenta de un contundente balance positivo, que pone a la vista el esfuerzo constante y la meticulosa dedicación en el ejercicio de una actividad de investigación que se ha desplegado con absoluta honestidad científica, en un entorno de calificada entidad académica, que permitió el contacto directo con los profesores Jaime Rodríguez-Arana, Victoria De Dios Viéitez (Universidad de A Coruña) y Josep Ramon Fuentes i Gasó (Universidad Rovira i Virgili), como interlocutores rigurosos para las tareas de selección, revisión y el contraste de las indagaciones, reflexiones y enfoques, lo que en definitiva ha conducido progresiva y sostenidamente a la confección de esta obra.

Por todo ello, es digno de acompañamiento y aval el propósito de la autora al invitar a la lectura y discusión de sus contenidos y sus propuestas, para de ese modo construir nuevos aportes, reconociendo que esa es la esencia enriquecedora del derecho como ciencia.

En definitiva, resulta plenamente justificada nuestra expectativa por la favorable acogida que darán los lectores a esta obra, lo que igualmente me sirve para insistir, una vez más, en el destacado valor que tiene la doctrina como fuente principal y de primer orden para el derecho administrativo: todo lo cual lleva a felicitar y agradecer a Jessica Vivas Roso, por este obsequio, e invitarla a continuar su andadura académica con entusiasmo y absoluta confianza en sus cualidades.

Abril, 2025

Armando Rodríguez García

Excoordinador de la Especialización en Derecho Administrativo de la Universidad Central de Venezuela

PRESENTACIÓN

Como un nuevo acierto de su actividad editorial, el Centro para la Integración y el Derecho Público (CIDEP) nos ofrece la publicación de un valioso trabajo sobre un tema de gran interés para el mundo jurídico venezolano: la denominada responsabilidad administrativa. Sobre el tema se ha escrito bastante en el país desde hace varias décadas, cuando fue atribuida a la Contraloría General de la Nación competencia para declarar la responsabilidad administrativa de los funcionarios públicos. Desde esa ya algo lejana época, se han producido varios y significativos cambios en la concepción sobre esta institución jurídica, así como -por vía de consecuencia- en el régimen que la regula. En vista de que en la práctica ha sido utilizada con frecuencia, y no siempre de la manera más adecuada, la misma ha despertado el interés de investigadores y estudiosos en el ámbito jurídico, siendo numerosos los trabajos publicados sobre ella.

El reto asumido por Jessica Vivas Roso al emprender una nueva investigación en esta materia fue considerable. No sólo implicaba recopilar toda la vasta literatura existente, sino revisar la actividad realizada por la Contraloría General de la República y los tribunales contencioso-administrativos en relación con esta figura, durante varias décadas. Esta búsqueda de información jurisprudencial y de producción administrativa efectiva resulta en nuestro país, como se sabe, particularmente dificultosa en los últimos tiempos, en vista de la poca o nula publicación de resultados sobre la actividad cumplida por tribunales y dependencias oficiales, especialmente cuando se trata de funciones sensibles y propicias para el escrutinio y el debate públicos. Pero tales dificultades no podían ser obstáculos insalvables para alguien como Jessica Vivas Roso, dedicada con entusiasmo a las tareas de investigación desde sus tiempos de estudiante, cuando se desempeñó con mucha solvencia como auxiliar de investigación en el Instituto de Derecho Público de la Universidad Central de Venezuela, donde culminó con mucho éxito sus estudios de pregrado y, luego, de postgrado, en la Especialización de Derecho Administrativo. A su orientación hacia la investigación le ha sumado más recientemente el dedicarse con entusiasmo a la divulgación y estímulo del conocimiento jurídico, específicamente del Derecho Público, como lo hizo desde su desempeño como Secretaria Ejecutiva de la Asociación Venezolana de Derecho Administrativo (AVEDA), y lo continúa haciendo desde el Centro de Estudios del Control Fiscal (CECOFI), en cuya creación participó de manera determinante.

Su vocación de investigadora, que ha continuado cultivando y desarrollando en sus estudios de postgrado, la llevó recientemente a alcanzar el doctorado. Fruto de este último esfuerzo investigativo, realizado en la Universidad de La Coruña, es precisamente el trabajo que hoy tenemos la gran satisfacción de prologar. Para llevarlo a término tuvo que revisar, analizar y sistematizar toda la voluminosa doctrina académica, tanto extranjera como –sobre todo– nacional, dado que el estudio versa sobre una institución que en nuestro país reviste características muy propias. Tanto así que la podríamos denominar "responsabilidad administrativa a la venezolana", como muy bien lo destaca la autora, en términos mucho más académicos, al circunscribir el objeto propio de su investigación: un tipo de responsabilidad vinculada de forma directa al manejo, resguardo, custodia y administración del patrimonio público, destinada a la preservación del mismo. Sin embargo, en su búsqueda de antecedentes doctrinales, no dejó de lado estudios provenientes de otros países, sobre todo españoles y latinoamericanos, lo cual la conduce a ofrecernos una perspectiva de derecho comparado (sobre todo, en relación con la institución que en algunos países suele identificarse como "responsabilidad contable"), que nos permite lograr una mejor comprensión de la nuestra, en lo que tiene de específico y propio.

El más notable valor añadido de la obra de Jessica Vivas Roso es la orientación con la que estudia la responsabilidad administrativa: evaluar si ésta logra obtener el fin que se supone que le es propio, en tanto que instrumento de protección del patrimonio público. Procediendo con gran rigor científico, comienza por exponer el marco teórico que le permite determinar esa finalidad. En ese esfuerzo de delimitación conceptual, nos brinda un análisis detallado de la organización estatal encargada de dirigir y aplicar este régimen jurídico (los órganos de control fiscal), los recursos materiales e institucionales de los que dispone y el ámbito tanto objetivo (el patrimonio público, los bienes públicos) como subjetivo (¿los funcionarios públicos solamente?) de dicho régimen. Sobre esa base conceptual, se dedica a definir entonces con mayor precisión la finalidad perseguida con esta responsabilidad administrativa, así como su naturaleza jurídica, la cual no duda en catalogar como de administrativa y sancionatoria. A fin de dejar lo más clara posible esta naturaleza jurídica, procede a diferenciarla de otros tipos de responsabilidades (penal, civil, disciplinaria, política), con las que se suele –y no se debe– confundir.

Sin embargo, la preocupación de la autora no es puramente teórica, puesto que su finalidad última es la de evaluar el impacto real de esta institución en la sociedad, si cumple o no con su objetivo de servir de instrumento de protección del patrimonio público, finalidad que luego le servirá de orientación en el análisis que emprende sobre esta figura jurídica. Simplificando un poco su complejo análisis, la respuesta es, lamentablemente, negativa. Las cifras que nos ofrece acerca del escandaloso volumen del daño patrimonial sufrido por causa de la corrupción –cifras tomadas de informes elaborados por organizaciones independientes dignas de crédito–nos dan una idea de lo poco efectivos que podrían ser considerados los mecanismos institucionales de lucha contra ese flagelo, mediante el cual se han sustraído del erario público venezolano cantidades que se calculan en miles de millones de dólares. La autora destaca que esa pérdida patrimonial se traduce necesariamente en daños para la colectividad venezolana, avanzando la hipótesis de que la misma podría estar en la base de la deficiente prestación de los servicios públicos y el deterioro de la calidad de vida de la población, así como de la tendencia de los venezolanos a emigrar en masa, como fenómeno global nunca antes visto en el país.

Partiendo de aquella base conceptual y adoptando esta orientación en el análisis, la autora procede a hacer un pormenorizado y exhaustivo estudio de los tres elementos que le parecen esenciales para comprender el régimen vigente de la responsabilidad administrativa venezolana. Comienza por el examen de los diferentes supuestos de hecho previstos en diferentes leyes vigentes (la del sistema nacional del control fiscal, la de la contratación pública y la del sistema financiero del sector público) susceptibles de comprometer la responsabilidad administrativa (53, en total), destacando principalmente las incongruencias de muchos de ellos con la finalidad propia de esta figura jurídica, pues no guardan relación directa con la preservación del patrimonio público, sino que constituyen más bien infracciones o irregularidades relativas a la buena gerencia pública. Luego, con la misma acuciosidad y detenimiento, estudia el procedimiento legalmente previsto para la determinación de esta responsabilidad, encontrando que la principal debilidad consiste en haber el legislador reunido en un mismo procedimiento la determinación de dos tipos de responsabilidad de diferente naturaleza (la administrativa y la civil o patrimonial) pero diseñando dicho procedimiento como si se tratara sólo de uno de naturaleza sancionatoria, olvidando el resultado resarcitorio en que también podría desembocar. Finalmente, procede a examinar las consecuencias de la declaratoria de responsabilidad administrativa, distinguiendo entre las sanciones y la reparación patrimonial (el denominado reparo) y destacando en el caso de las primeras la acumulación de sanciones de tipo pecuniario y de carácter disciplinario, que en las últimas reformas legislativas del régimen fueron inadecuadamente reunidas y desproporcionadamente agravadas, generando abundantes señalamientos críticos por parte de la doctrina académica nacional, que ha denunciado la violación de diversos principios fundamentales (proporcionalidad, non bis in ídem, derecho al debido procedimiento, derecho al sufragio pasivo). Las deficiencias regulatorias se ven acompañadas, según menciona de pasada la autora, de una aplicación desviada de las sanciones, con una intencionalidad política totalmente ajena a la institución.

Todo ello es analizado a la luz de las variadas elaboraciones doctrinales, destacando los puntos en que hay acuerdo entre ellas y aquéllos en los que las opiniones divergen. De lo exhaustivo de la revisión bibliográfica realizada por Vivas Roso sobre esta materia dan cuenta cientos de pie de páginas contenidos en la obra. Aparecen allí referidos los informes de la propia Contraloría General de la República, entre 2001 y 2014, cuando dejaron de ser publicados, como apunta la autora. Minuciosa fue también la revisión de las fuentes normativas, tanto las hoy vigentes como las que sirvieron de antecedentes al régimen actual. Igualmente cuidadosa fue la consulta de la jurisprudencia, de la cual la autora resalta algunas incongruencias, como la falta de consistencia en la consideración de las sanciones previstas en el artículo 105 de la Ley de la Contraloría General, generalmente como sanciones accesorias pero en ocasiones como sanciones principales, criterios conducentes a tratamientos desiguales, según los casos; en esa revisión jurisprudencial pudo la autora constatar alguna otra inconsistencia, como en el tema de la aplicabilidad de estas sanciones supuestamente accesorias a los funcionarios con cargos de elección popular.

En atención a la perspectiva adoptada para realizar ese detenido examen de esta institución, como lo es la de evaluar su idoneidad para servir de instrumento para la preservación del patrimonio público, la autora concluye su obra proponiendo una serie de ideas para mejorar su régimen jurídico, ideas que surgen de manera natural del análisis previo sobre sus debilidades. Con ese ánimo constructivo y siguiendo el esquema general que adoptó para desarrollar su trabajo, propone diversas e interesantes modificaciones de la legislación actualmente vigente, tanto en lo referente a la descripción de los supuestos de hecho que dan lugar a la responsabilidad administrativa, como en lo relativo a lo procedimental y, finalmente, en cuanto a las consecuencias de la declaratoria de responsabilidad, tanto por lo que se refiere a las sanciones como en lo relativo al reparo patrimonial.

Se trata, indudablemente, una obra muy completa y sólida, que se añade como un aporte muy valioso a la producción doctrinal sobre esta importante y polémica institución jurídica.

Abril, 2025

Gustavo Urdaneta Troconis

Director del Instituto de Derecho Público
de la Universidad Central de Venezuela

INTRODUCCIÓN

Con ocasión a mis estudios de doctorado en el programa en Derecho Administrativo Iberoamericano de la Universidad de La Coruña, España, tuve la oportunidad de realizar un análisis comparado sobre dos instituciones que se centran en la protección del patrimonio público: la responsabilidad administrativa de Venezuela y la responsabilidad contable de España.

Aunque ya, previo a esta obra, autores como Peña Colmenares han afirmado que la responsabilidad administrativa venezolana difiere de la responsabilidad contable italiana y española[5], lo cierto es que en distintas oportunidades los tribunales de la jurisdicción contencioso-administrativa de Venezuela han utilizado como fundamento de sus decisiones en materia de responsabilidad administrativa, doctrina y jurisprudencia del Tribunal de Cuentas de España[6], sobre la responsabilidad contable[7], lo que podía llevarnos a considerar como hipótesis de partida, que se trata de figuras similares o equiparables.

La idea en el fondo, más allá de realizar un estudio comparado entre ambas instituciones jurídicas, era poder comprender con el mayor detalle posible qué aspectos del régimen jurí-

---

5 Nélida Peña Colmenares, *El régimen de la responsabilidad administrativa (En la Ley Orgánica de la Contraloría General de la República y del Sistema Nacional de Control Fiscal)* (Caracas: Ediciones Líber, 2010): 103.

6 Entre los autores españoles que son citados en estas decisiones se encuentran: Rafael Navas Vázquez, "Transparencia y responsabilidad en la gestión pública", *Auditoría Pública: Revista de los Órganos Autónomos de Control Externo*, N° 37 (2005): 25-34 y Robert Cortell Giner, "Aspectos críticos de la responsabilidad contable", *Auditoría Pública: Revista de los Órganos Autónomos de Control Externo*, N° 43 (2007): 51-66.

7 A modo de ejemplo, pueden consultarse las sentencias de la Corte Segunda de lo Contencioso Administrativo N° 2009-1415 del 11-08-2009 y 2010-848 del 14-06-2010.

dico de la responsabilidad administrativa podían ser mejorables y qué aspectos de un ordenamiento jurídico extranjero pudieran ser considerados en una eventual reforma legislativa.

Ello partiendo del hecho que Venezuela es un país que desde el año 2015 atraviesa una emergencia humanitaria compleja que ha originado la migración forzada de más de 7,8 millones de personas según cifras de la Plataforma de Coordinación Interagencial para Refugiados y Migrantes de Venezuela - R4V, al mes de diciembre de 2024[8], y que desde 2017 vive un proceso hiperinflacionario que ha sido considerado como el tercero más largo de la historia "solo superad[o] en Latinoamérica por la de Nicaragua, que padeció el fenómeno económico entre 1986 y 1991"[9].

Se trata de circunstancias que, sin lugar a dudas, han causado una merma en la calidad de vida de los venezolanos, a las cuales hay que agregarle que según la organización Transparencia Venezuela se ha sustraído de Venezuela, hasta marzo de 2025, la cantidad de 72.340 millones de dólares, cifra ésta que se relaciona con 173 casos de corrupción que tuvo su origen en

---

8 La cifra exacta registrada por la organización es de 7.891.541 venezolanos, de los cuales 6.702.332 se encuentran en países de América Latina y el Caribe. *Vid.* Plataforma de Coordinación Interagencial para Refugiados y Migrantes de Venezuela - R4V, "Refugiados y Migrantes de Venezuela", 03-12-2024, https://www.r4v.info/es/refugiadosymigrantes

9 Álvaro Suzzarini Fernández, "Sin bolívares pero con dólares: la economía venezolana después de 40 meses de hiperinflación", *Anadolu Ajansı*, 29-04-2021, https://www.aa.com.tr/es/an%C3% A1lisis/sinbol%C3%ADvares-pero-con-d%C3%B3lares-la-econ om%C3%ADa-venezolana-despu%C3%A9s-de-40-meses-de-hi perinflaci%C3%B3n/2225095 Los tres procesos hiperinflacionarios más largas de la historia moderna fueron: Nicaragua (1986-1991), Grecia (1941-1945) y Venezuela (2017-2022). *Vid.* Daniel González Cappa, "Cómo salió Venezuela de la hiperinflación y qué significa para la golpeada economía del país", *BBC news*, 11-01-2022, https://www.bbc.com/mundo/noticias-america-latina-59939636#:~:text=La%20hiperinflaci%C3%B3n%20de%20Venezuela%20ha,8%25%2C%20dijo%20el%20BCV

Venezuela y que están siendo procesados por los sistemas de justicia de 30 países[10].

Frente a este contexto, es necesario preguntarse qué ocurre con los mecanismos jurídicos que existen en Venezuela para garantizar la protección del patrimonio público y por qué pareciera que no cumplen su rol de satisfacer las necesidades colectivas de los venezolanos. Y es que, si el Estado venezolano –como institución jurídica– es dotado de un conjunto de potestades que permiten intervenir en la vida de los ciudadanos[11], dicho Estado debe establecer regímenes de control y responsabilidad que puedan garantizar el adecuado resguardo, manejo, custodia y administración del patrimonio público.

En efecto, el control de la actuación de los órganos y entes públicos:

> ...se encuentra estrechamente asociad[o] con la idea de gestión o administración, como parte de un proceso integral que comporta la tarea de examinar u observar lo actuado como parte de la función general de gestión, a los efectos de comprobar la correlación de lo sujeto a observación o examen con el prototipo de lo que es debido y esperado[12].

La existencia de mecanismos de control tiene como finalidad garantizar la buena gestión de los intereses públicos, en

---

[10] Transparencia Venezuela, "Mercedes De Freitas: "Transparencia Venezuela continúa desde el exilio con la obligación de seguir combatiendo la corrupción venezolana", 13-03-2025, https://transparenciave.org/mercedes-de-freitas-transparencia -venezuela-continua-desde-el-exilio-con-la-obligacion-de-seg uir-combatiendo-la-corrupcion-venezolana

[11] Mediante tareas como: creación de tributos; administración de los recursos naturales, minerales, materiales, humanos y financieros que existan en el territorio de ese Estado; prestación de servicios públicos de forma directa o a través de particulares; gestión, manejo, administración de fondos y recursos públicos.

[12] Armando Rodríguez García, "Bases conceptuales del control de cuentas de administración y sus posibles distorsiones. Referencias al caso venezolano", en *Control Administrativo de la Actividad de la Administración*, coord. por Jaime Rodríguez-Arana; Carlos Delpiazzo; João Da Silva Filho; Rafael Valim y María Rodríguez, vol. 1 (Sao Paulo: Imprensa Oficial do Estado de São Paulo - IMESP, 2019): 234.

especial la correcta aplicación del gasto por parte de los órganos y entes públicos cuando ejecutan sus políticas o prestan los servicios que reclama la sociedad, convirtiéndose dicho control, en garantía del Estado de derecho y el sistema democrático[13]. Para ello, se requiere de órganos, mecanismos y procedimientos que permitan revisar la legalidad, sinceridad y adecuación de la actividad estatal, así como establecer las responsabilidades a que hubiere lugar, cuya idoneidad y efectividad permitirá -en un largo plazo- la satisfacción de necesidades ciudadanas.

Bajo esta premisa, cada Estado establece distintos sistemas de responsabilidad cuyas consecuencias varían dependiendo de la relación jurídica que se trate. Así, puede hablarse de la responsabilidad civil que rige las relaciones entre los particulares y que se centra en la idea de reparación y compensación; o la responsabilidad penal, centrada en la idea del castigo y en la que se persigue sancionar a un sujeto por la comisión de un hecho considerado como un delito.

Pero, además, pueden encontrarse sistemas de responsabilidad que surgen de las relaciones del Estado con distintos sujetos -funcionarios, empleados, obreros, particulares, entre otros- que son regulados bajo las formas del derecho público, por entender que existe entre ellos relaciones especiales de sujeción.

En Venezuela, uno de los sistemas de responsabilidad que se rige bajo las normas de derecho público, es el de la responsabilidad administrativa, una institución jurídica que de acuerdo con la Sala Político Administrativa del Tribunal Supremo de Justicia persigue ser una "herramienta disuasiva para la defensa de la integridad de la Hacienda y la moralidad y excelsitud pública"[14] y que puede ser declarada cuando se compruebe que

---

[13] Jaime Rodríguez-Arana, "El control de la Administración pública: una perspectiva integradora", en *Control Administrativo de la Actividad de la Administración*, coord. por Jaime Rodríguez-Arana; Carlos Delpiazzo; João Da Silva Filho; Rafael Valim y María Rodríguez, vol. 1 (Sao Paulo: Imprensa Oficial do Estado de São Paulo - IMESP, 2019): 215-229.

[14] TSJ/SPA N° 280 de 06-03-2018.

una persona a cuyo cargo se encuentra el resguardo, manejo, administración o custodia del patrimonio público ha incurrido en acciones, hechos u omisiones contrarios a la Ley[15] que han sido categorizados previamente como supuestos generadores de responsabilidad administrativa.

Ahora bien, cuando un venezolano se enfrenta a datos como los que presenta la organización Transparencia Venezuela –es decir, que existen al menos 173 casos de corrupción venezolana que están siendo procesados en los sistemas de justicia de 30 países y en los que se ha podido conocer que particulares que directa o indirectamente tuvieron alguna relación con el Estado se apoderaron de más de 72.000 millones de dólares (dinero que pudo ser destinado a garantizar educación, salud, empleo, vivienda y recreación, entre otras cosas, de esos siete millones de venezolanos que cruzaron las fronteras de este país)– lo primero que se le viene a la mente es preguntarse cómo funcionan aquellas instituciones como la responsabilidad administrativa y qué rol cumplen en el resguardo, manejo, administración o custodia del patrimonio público.

Y esto fue lo que nos trajo a esta obra, en la que se analiza la figura de la responsabilidad administrativa de Venezuela, no solo a través de la revisión de la doctrina, sino que se incorpora la revisión jurisprudencial e incluso, los criterios y opiniones emitidos por la Contraloría General de la República en su rol de órgano rector del Sistema Nacional de Control Fiscal.

Para ello, se ha estructurado en cuatro capítulos. En el primero, se realiza la delimitación conceptual de la responsabilidad administrativa, su ámbito objetivo y subjetivo, los órganos administrativos y judiciales competentes para declararla y las consecuencias de su declaratoria. En el segundo, se estudian con detalle los 53 supuestos generadores de responsabilidad administrativa previstos en el ordenamiento jurídico venezo-

---

15 Alejandro Canónico Sarabia, "El reparo como forma de determinación de la responsabilidad civil del funcionario frente a la administración", en *El Control y la Responsabilidad en la Administración Pública*, coord. por Alejandro Canónico Sarabia (Caracas: Editorial Jurídica Venezolana, 2012): 214.

lano, los cuales son analizados teniendo como parámetro el ámbito objetivo de la responsabilidad administrativa, es decir, si el supuesto tipificado garantiza o no el adecuado resguardo, manejo, administración y custodia del patrimonio público. En el tercero, se examinan las distintas etapas y fases que comprenden el procedimiento administrativo que debe tramitarse para la determinación de la responsabilidad administrativa, y en el cuarto y último capítulo, se detallan las consecuencias de la declaratoria de responsabilidad administrativa. En este capítulo, además, hacemos una breve revisión de la figura del reparo –la responsabilidad civil que pueden declarar los órganos de control fiscal en Venezuela– para desentrañar lo que, a nuestro criterio, pueden ser algunas complejidades e incidencias prácticas que surgen como consecuencia del establecimiento de la responsabilidad administrativa y el reparo a través de un único procedimiento, tal como lo establece la Ley Orgánica de la Contraloría General de la República y del Sistema Nacional de Control Fiscal, y cuál es la incidencia que ello tiene en el estudio de la responsabilidad administrativa.

El trabajo finaliza con algunas ideas sobre posibles reformas que deben realizarse al régimen jurídico de la responsabilidad administrativa para permitir que esta institución jurídica pueda garantizar las finalidades de salvaguarda y protección del patrimonio público venezolano contra cualquier acción de menoscabo de naturaleza administrativa.

No quiero cerrar la presentación de esta obra sin antes agradecer a todos aquellos que me apoyaron tanto en el desarrollo de mis estudios de doctorado, como en la confección, revisión, edición y publicación del libro que hoy pueden leer y que, sin ánimos de ser exhaustivos, representa el inicio de una carrera académica abierta al debate de las ideas.

En primer lugar, a los miembros del tribunal evaluador de mi tesis doctoral, Dra. Judith Gifreu i Font, Dr. Jaime Rodríguez Arana y Dr. Armando Rodríguez García por su labor de revisión y evaluación. Y, muy especialmente, al Dr. Jaime Rodríguez-Arana, por ser un maestro indiscutible del derecho administrativo iberoamericano.

A mis directores, los profesores María Victoria de Dios Viéitez y Josep Ramon Fuentes i Gasó por su apoyo, sus orientaciones y su guía incondicional durante estos años. Sin ustedes este sueño no habría sido posible.

A los profesores Allan Brewer-Carías, Jesús María Casal, Luis Salamanca, Armando Rodríguez García y Víctor Hernández-Mendible porque su apoyo y orientación me permitieron ingresar al programa de doctorado.

A Teresa Massas y todo el equipo de la biblioteca del Consell de Garanties Estatutàries de Catalunya porque me permitieron acceder a los recursos bibliográficos requeridos para el desarrollo de esta investigación.

Al Área de Derecho Administrativo de la Universidad Rovira i Virgili, por abrirme las puertas y permitirme sentir en casa.

A la gran familia de las Jornadas de Mariñan, porque siempre fueron un espacio de impulso para seguir adelante.

A la familia Fuentes i Forns por acogerme como una más entre los suyos, y brindarme su apoyo y cariño durante tantos años.

Al profesor Antonio Silva Aranguren y al equipo del Centro para la Integración y el Derecho Público, por animarme a difundir las ideas de mi tesis a la comunidad científica y académica.

Y a Víctor Anzola, por la paciencia, la comprensión y el acompañamiento durante muchos años.

Finalmente, quiero dedicar esta obra a dos personas que, aunque no me acompañen físicamente, sé que donde quiera que se encuentren hacen suyo este logro tanto como yo. Este libro es para Yerrica e Idelmaro, con todo mi cariño y con la esperanza que algún día nos volveremos a encontrar.

Querido lector, quizás pueda no estar de acuerdo con algunas de las ideas que plasmo en esta obra, pero eso es lo enriquecedor del derecho como disciplina científica, por ello, le invito a discutirla y a que podamos construir ciencia juntos.

CAPÍTULO I: LA RESPONSABILIDAD ADMINISTRATIVA EN VENEZUELA. DELIMITACIÓN CONCEPTUAL Y NATURALEZA JURÍDICA

Para poder establecer una noción de la responsabilidad administrativa es necesario conocer, previamente, la estructura del denominado Sistema Nacional de Control Fiscal y la configuración del régimen de responsabilidad por ejercicio del Poder Público previsto en la Constitución de 1999, pues ello nos ayudará a comprender cómo encuadra la responsabilidad administrativa dentro del ordenamiento jurídico venezolano.

I. DE LA CONTRALORÍA GENERAL DE LA REPÚBLICA Y EL SISTEMA NACIONAL DE CONTROL FISCAL

La Contraloría General de la Nación -hoy, Contraloría General de la República- es creada el 15 de julio de 1938 con la promulgación de la Ley Orgánica de Hacienda Nacional, producto de un proceso de democratización y modernización del Estado venezolano que inició en el año 1935[16]. Adquirió rango

[16] Gustavo Urdaneta Troconis, "Origen de la Ley" (conferencia pronunciada en el seminario virtual 40 años de la Ley Orgánica de Procedimientos Administrativos, organizado por la Asociación Venezolana de Derecho Administrativo, 17-06-2021), https://www.youtube.com/watch?v=je5WuJg078I También puede consultarse en: Jessica Vivas Roso, coord., *Anuario de la Asociación Venezolana de Derecho Administrativo, año* 2021 (Caracas: AVEDA, 2023): 98-108. Previo a la Contraloría General de la Nación, la ley del 14-10-1830, sobre organización y gobierno de las oficinas de Hacienda creaba el Tribunal de Cuentas al que se le otorgó la competencia para "examinar las cuentas de la Tesorería, Administraciones de Provincia y dé (sic) Aduanas, hacer los cargos con arreglo a las leyes; oír la contestación de los reparos, o condenar al reintegro de los alcances que resulten, haciéndolos efectivos dentro del tercer día, y dar finiquito después de desvanecidos estos". Esta institución se mantuvo hasta la Ley Orgánica de la Hacienda Pública Nacional del 04-06-1918 que le otorgó

constitucional a partir de la Constitución de los Estados Unidos de Venezuela del 5 de julio de 1947, el cual fue ratificado en la Constitución Nacional del 23 de enero de 1961, donde se cambió la denominación a Contraloría General de la República[17].

Durante la vigencia de las Constituciones venezolanas de 1947 y 1961 la Contraloría General de la República se consideró un órgano de la Administración pública con autonomía funcional, orgánica y administrativa que actuaba como órgano auxiliar del Congreso en su función de control y vigilancia de la hacienda pública nacional y que no se encontraba subordinado a ningún órgano del Poder Público[18].

A partir de 1999, la Contraloría General de la República se incorpora al denominado Poder Ciudadano junto con el Defen-

---

al Tribunal Superior de Hacienda la competencia para conocer de los juicios de cuentas contra los funcionarios de la hacienda cuando éstas hubieran sido objeto de reparo. El Tribunal Superior de Hacienda se mantuvo hasta la creación de la Contraloría General de la Nación en el año 1938. *Vid.* Manuel Rachadell Sánchez, "Naturaleza y efectos de la declaratoria de responsabilidad administrativa", en *Libro homenaje al profesor Moles Caubet*, tomo I, coord. por Allan Brewer-Carías (Caracas: Universidad Central de Venezuela, 1981): 145-146.

17 "Historia", Contraloría General de la República, http://www.cgr.gob.ve/site_content.php?Cod=012

18 Sobre este punto pueden consultarse los siguientes autores: Antonieta Garrido de Cárdenas, "De los órganos de la Administración pública con autonomía funcional: la Contraloría General de la República", *Anuario de Instituto de Derecho Comparado*, N° 20 (1997): 3. José Ignacio Hernández González, "La Contraloría General de la República", *Revista de derecho público*, N° 83 (2000): 22-23. Allan Brewer-Carías, *Principios del régimen jurídico de la organización administrativa venezolana* (Caracas: Editorial Jurídica Venezolana, 1991): 133. Rafael Badell Madrid et. al, *Régimen de control fiscal* (Caracas: Badell & Grau, 1998): 29-36. De igual forma se ha pronunciado la Sala Político-Administrativa del Tribunal Supremo de Justicia en sentencias N° 2005-2585 del 05-05-2005 y 518 del 11-04-2007, *vid.* Evelyn Margarita Marrero Ortiz (compiladora), *Doctrina de la Sala Politicoadministrativa, enero-septiembre* 2005 (Caracas: Tribunal Supremo de Justicia, 2006): 77. Evelyn Margarita Marrero Ortiz (compiladora), *Doctrina de la Sala Politicoadministrativa, enero-diciembre* 2007 (Caracas: Tribunal Supremo de Justicia, 2008): 99-100.

sor del Pueblo y el Fiscal General de la República conformando estos tres órganos el Consejo Moral Republicano (art. 273 de la Constitución de 1999[19]), y es que, con esta Constitución, el Poder Público en Venezuela rompe la división tripartita y tradicional del poder planteada en 1748 por el Barón de Montesquieu, en su libro *El espíritu de las leyes*.

Para Fernández Cabrera y Carrillo Artiles, el Poder Ciudadano es una reminiscencia "del Poder Moral propuesto por Simón Bolívar para ser incorporado en la Constitución de 1819"[20] que –en palabras de Brewer-Carías– viene a regularizar el funcionamiento de algunos órganos que gozaban de autonomía funcional y que existían durante la Constitución de 1961 –ejemplo, Consejo Supremo Electoral y Contraloría General de la República– los cuales ejercían el "poder público, pero no el Legislativo, Ejecutivo y Judicial"[21]. Así, a partir de 1999, el Poder Público se distribuye entre el Poder Municipal, el Poder Estadal y el Poder Nacional y el Poder Público Nacional se divide en Legislativo, Ejecutivo, Judicial, Ciudadano y Electoral (art. 136 de la Constitución).

No realizaremos un estudio exhaustivo de la distribución del Poder Público en Venezuela, pues ello escapa del objeto de esta obra. Nos referiremos al denominado Poder Ciudadano[22],

---

19 G.O. N° 5.908, extraordinario de 19-02-2009.

20 Sacha Rohán Fernández Cabrera, "Del poder moral de Bolívar al poder ciudadano actual", *Revista de derecho público*, N° 126 (2011): 11. Carlos Luis Carrillo Artiles, "La composición del Poder Público en la Constitución de la República Bolivariana de Venezuela", http://www.carrilloartiles.com/wp-content/uploads/Composicion_PoderPublico_ConstitucionBolivariana.pdf

21 Carrillo Artiles, "La composición del Poder Público", 15.

22 Debe advertirse que el Poder Ciudadano es una rama del poder público que está presente solo al nivel nacional. No existe en Venezuela un Poder Ciudadano estadal o municipal. Así lo señaló la Sala Constitucional del Tribunal Supremo de Justicia en sentencia N° 973 del 10-07-2012 en la que declaró la inconstitucionalidad de los artículos 52, 94, 144 y 145 de la Constitución del Estado Apure referidos al Poder Ciudadano del Estado Apure, ejercido por un Consejo Moral Estadal, integrado por el Defensor Estadal del Pueblo asignado al Estado Apure, el Contralor del Estado y el Fiscal Superior del Ministerio Público asignado al Estado. De acuerdo con la Sala Constitucional "con la creación de un

al que pertenece la Contraloría General de la República. Así, destacamos que los órganos que ejercen el Poder Ciudadano tienen a su cargo:

> [P]revenir, investigar y sancionar los hechos que atenten contra la ética pública y la moral administrativa; velar por la buena gestión y la legalidad en el uso del patrimonio público, el cumplimiento y la aplicación del principio de la legalidad en toda la actividad administrativa del Estado; además de promover la educación como proceso creador de la ciudadanía, la solidaridad, la libertad, la democracia, la responsabilidad social y el trabajo (art. 274 de la Constitución)[23].

En este mismo sentido, la Ley Orgánica del Poder Ciudadano consagra como competencias del Poder Ciudadano, entre otras: 1. Prevenir, investigar y sancionar los hechos que atenten contra la ética pública y la moral administrativa; 2. Velar por la buena gestión y la legalidad en el uso del patrimonio público; 3. Velar por el cumplimiento de los principios constitucionales del debido proceso y de la legalidad en la actividad administrativa del Estado; 4. Solicitar de los funcionarios públicos o funcionarias públicas la colaboración que requiera para el desem-

---

Poder Ciudadano regional, ejercido por un Consejo Moral Estadal, integrado por el 'Defensor Estadal del Pueblo asignado al Estado Apure, el Contralor del Estado y el Fiscal Superior del Ministerio Público asignado al Estado', el Poder Legislativo del Estado Apure incurrió en el vicio de extralimitación de atribuciones, pues si bien es cierto que tenía competencia para organizar los Poderes Públicos de esa Entidad federal, no es menos cierto que, a tenor de lo preceptuado en la Constitución de la República Bolivariana de Venezuela, tal organización debió ser realizada de conformidad con lo dispuesto en la Constitución, es decir, debió respetar y tener como límites las normas constitucionales y legales atributivas de competencia a los distintos órganos del Poder Público Nacional". Concluye la Sala que "no podía el Consejo Legislativo del Estado Apure, vulnerar las competencias constitucionalmente establecidas, usurpando funciones del Poder Legislativo Nacional, y crear mediante una Constitución Estadal un Poder Ciudadano regional, ejercido por un Consejo Moral Estadal". *Vid:* Mary Ramos Fernández (compiladora), "Jurisprudencia Administrativa y Constitucional (Tribunal Supremo de Justicia y Cortes de lo Contencioso Administrativo): Tercer Trimestre de 2012", *Revista de derecho público*, N° 131 (2012): 174-175.

[23] *Vid.* Hernández González, "La Contraloría General de la República", 24.

peño de sus funciones, los cuales estarán obligados a prestarla con carácter preferente y urgente, y a suministrar los documentos e informaciones que le sean requeridos, incluidos aquellos que hayan sido clasificados como confidenciales o secretos de acuerdo con la ley; 5. Formular a las autoridades y funcionarios o funcionarias de la Administración pública las advertencias sobre las faltas en el cumplimiento de sus obligaciones; 6. Imponer a las autoridades y funcionarios o funcionarias de la Administración Pública las sanciones establecidas en la presente Ley, y; 7. Remitir a los órganos competentes del Estado las denuncias, solicitudes y actuaciones cuyo conocimiento les corresponda, sin perjuicio de la actuación que pudiera tener el Consejo Moral Republicano[24].

A la Contraloría General de la República, como órgano del Poder Ciudadano, le corresponde la vigilancia y fiscalización de los ingresos, gastos, bienes públicos y bienes nacionales, así como de las operaciones relativas a los mismos. Goza de autonomía funcional, administrativa y organizativa, y orienta su actuación a las funciones de inspección de los organismos y entidades sujetas a su control (art. 287 de la Constitución). Para la Sala Político-Administrativa del Tribunal Supremo de Justicia, la nueva configuración que otorgó la Constitución de 1999 a la Contraloría General de la República incide directamente en su autonomía y jerarquía, ya que dejó de ser un órgano auxiliar del Poder Legislativo para formar parte de un nuevo poder, el Poder Ciudadano, lo que favorece –en criterio de la Sala– la función fiscalizadora que le fue atribuida[25].

---

[24] Ley Orgánica del Poder Ciudadano (G.O. N° 37.310 de 25-10-2001), artículo 10. Sobre este punto puede consultarse: María Amparo Grau De Togores, "La organización de los Poderes Públicos en la Constitución del 99: desarrollo y situación actual", en *El derecho público a los 100 números de la Revista de derecho público* 1980-2005, coord. por Allan Brewer-Carías (Caracas: Editorial Jurídica Venezolana, 2006): 330.

[25] TSJ/SPA N° 518 del 11-04-2007, *vid.* Marrero Ortiz, *Doctrina de la Sala Politicoadministrativa, enero-diciembre* 2007, 100. Para Hernández González la actividad que desarrolla la Contraloría General de la República en el ejercicio del control fiscal es parte de la función administrativa, y por tanto la Contraloría es, funcionalmente, Administración pú-

La Constitución de 1999 establece que, en ejercicio de sus competencias, la Contraloría General de la República puede: Ejercer el control, la vigilancia y fiscalización de los ingresos, gastos y bienes públicos y las operaciones relativas a los mismos; inspeccionar y fiscalizar los órganos, entidades y personas jurídicas del sector público sometidos a su control; practicar fiscalizaciones, iniciar investigaciones sobre irregularidades contra el patrimonio público, dictar medidas, imponer los reparos y aplicar las sanciones administrativas a que haya lugar de conformidad con la ley (art. 289 de la Constitución), siendo la primera vez que se reconoce en un texto constitucional venezolano –en palabras de Peña Colmenares– la "potestad de la Contraloría General de la República para imponer sanciones como consecuencia de la declaratoria de la responsabilidad administrativa"[26].

La Constitución de 1999, crea, además, el Sistema Nacional de Control Fiscal (art. 290) cuya organización y funcionamiento fue desarrollado a través de la Ley Orgánica de la Contraloría General de la República y del Sistema Nacional de Control Fiscal, promulgada en el año 2001 y reformada en el año 2010[27], siendo este último el texto legal que se encuentra vigente para el momento en que se desarrolla esta obra[28].

---

blica. Para el autor, el cambio que realiza la Constitución de 1999 es estrictamente orgánico, es decir; no se realizó ningún cambio material entre la Constitución de 1961 y de 1999 respecto de las funciones que ejerce la Contraloría General de la República, dicha función es y sigue siendo controlar el uso del patrimonio público. *Vid.* Hernández González, "La Contraloría General de la República", 25.

[26] Peña Colmenares, *El régimen de la responsabilidad administrativa*, 128.

[27] G.O. N° 6.013, extraordinario de 23-12-2010. En lo sucesivo, LOCGRSNCF.

[28] En el año 2024, la Contraloría General de la República anunció que se realizaría una modificación de más de 20 artículos de la Ley entre los que se encontraban la incorporación de nuevos sujetos de control y nuevos hechos generadores de responsabilidades, sin embargo, el proyecto de Ley no fue incluido en la agenda legislativa del año 2025. Al respecto puede consultarse: Contraloría General de la República, "Avanza proceso de reforma del Proyecto de Ley Orgánica de la Contraloría General de la República y del Sistema Nacional de Control Fis-

El Sistema Nacional de Control Fiscal es definido por la mencionada Ley como el conjunto de órganos, estructuras, recursos y procesos que, bajo la rectoría de la Contraloría General de la República, persiguen lograr la unidad de dirección de los sistemas y procedimientos de control que ayuden al logro de los objetivos de los distintos órganos y entes del Poder Público venezolano (art. 4 LOCGRSNCF). Para Peña Colmenares, cada uno de los elementos que integran el Sistema Nacional de Control Fiscal –es decir, los órganos, las estructuras, los recursos y los procesos– posee un contenido y alcance propio que resulta necesario conocer para poder comprender cómo funciona el sistema de responsabilidad administrativa en Venezuela dado que "dicha responsabilidad se deriva del ejercicio de alguna de las modalidades de control y potestades de cada uno de los órganos de los subsistemas que integran dicho sistema"[29].

1. Los órganos del Sistema Nacional de Control Fiscal

Los órganos que conforman el Sistema Nacional de Control Fiscal pueden ser categorizados en dos grupos: los órganos de control fiscal, que tienen la competencia para declarar la responsabilidad administrativa de funcionarios, empleados, obreros y particulares, establecer la sanción correspondiente y ordenar la reparación del daño al patrimonio público cuando sea procedente; y otros órganos que no tienen competencia para declarar la responsabilidad administrativa ni imponer sanciones, pero que por disposición de la LOCGRSNCF forman parte del sistema ya que pueden establecer políticas, normas, procedimientos e instructivos, entre otros instrumentos, para la protección del patrimonio público (art. 24).

---

cal que será debatido ante la AN", 11-11-2024, https://www.cgr.gob.ve/noticias/noticia/2746 y Desiree Rengifo, "Agenda Legislativa 2025 contempla 22 leyes y la reforma constitucional", *Asamblea Nacional*, 11-02-2025, https://www.asambleanacional.gob.ve/noticias/agenda-legislat iva-2025-contempla-22-leyes-y-la-reforma-constitucional.

[29] Peña Colmenares, *El régimen de la responsabilidad administrativa*, 51.

Los órganos de control fiscal son: 1. La Contraloría General de la República, 2. La Contraloría de los estados, distritos, distritos metropolitanos y municipios, 3. La Contraloría de la Fuerza Armada Nacional Bolivariana, y 4. Las Unidades de Auditoría Interna de los órganos y entes del Poder Público (art. 26)[30].

Los otros órganos que forman parte del sistema son: 1. La Superintendencia Nacional de Auditoría Interna, y 2. Las máximas autoridades y los niveles directivos y gerenciales de los órganos y entes mencionados en el artículo 9 de la Ley que son: 2.1. Los órganos y entidades a los que incumbe el ejercicio del Poder Público Nacional, 2.2. Los órganos y entidades a los que incumbe el ejercicio del Poder Público Estadal, 2.3. Los órganos y entidades a los que incumbe el ejercicio del Poder Público en los Distritos y Distritos Metropolitanos, 2.4. Los órganos y entidades a los que incumbe el ejercicio del Poder Público Municipal y en las demás entidades locales previstas en la Ley Orgánica del Poder Público Municipal, 2.5. Los órganos y entidades a los que incumbe el ejercicio del Poder Público en los Territorios Federales y Dependencias Federales, 2.6. Los institutos autónomos nacionales, estadales, distritales y municipales, 2.7. El Banco Central de Venezuela, 2.8. Las universidades públicas, 2.9. Las demás personas derecho público nacionales, estadales, distritales y municipales, 2.10. Las sociedades de cualquier naturaleza en las cuales las personas mencionadas anteriormente tengan participación en su capital social, así como las que se constituyan con la participación de aquéllas, 2.11. Las fundaciones, asociaciones civiles y demás instituciones creadas con fondos públicos o que sean dirigidas por las personas mencionadas anteriormente o en las cuales tales personas designen sus autoridades o cuando los aportes presupuestarios o contribuciones efectuados en un ejercicio presupuestario por una o varias de las personas a anteriormente representen el 50 % o más de su presupuesto, 2.12. Las personas

---

30 *Vid.* Miriam Mabel Ivanega, *Mecanismos de control público y argumentaciones de responsabilidad* (Buenos Aires: Editorial Ábaco de Rodolfo Depalma, 2003): 119-120.

naturales o jurídicas que sean contribuyentes o responsables de conformidad con lo previsto en el Código Orgánico Tributario o que en cualquier forma contraten, negocien o celebren operaciones con cualesquiera de los organismos o entidades mencionadas anteriormente o que reciban aportes, subsidios, otras transferencias o incentivos fiscales o que en cualquier forma intervengan en la administración, manejo o custodia de recursos públicos[31].

La LOCGRSNCF también incorpora dentro del Sistema Nacional de Control Fiscal a los "ciudadanos y ciudadanas, en el ejercicio de su derecho a la participación en la función de control de la gestión pública" (art. 24), éstos no se encuentran facultados para practicar investigaciones o fiscalizaciones, ni se les reconoce competencia para determinar responsabilidades

---

31 Debemos señalar que, aunque no sean mencionados de forma expresa por la LOCGRSNCF, existe un sector de la doctrina venezolana entre los que se encuentran Brewer-Carías y Canónico Sarabia que consideran a las comunidades indígenas como corporaciones de derecho público en atención al reconocimiento que les otorga el artículo 119 de la Constitución de 1999 que establece: "El Estado reconocerá la existencia de los pueblos y comunidades indígenas, su organización social, política y económica, sus culturas, usos y costumbres, idiomas y religiones, así como su hábitat y derechos originarios sobre las tierras que ancestral y tradicionalmente ocupan y que son necesarias para desarrollar y garantizar sus formas de vida. Corresponderá al Ejecutivo Nacional, con la participación de los pueblos indígenas, demarcar y garantizar el derecho a la propiedad colectiva de sus tierras, las cuales serán inalienables, imprescriptibles, inembargables e intransferibles de acuerdo con lo establecido en esta Constitución y la ley". En este sentido, se encontrarían sujetas a las normas de la LOCGRSNCF y al régimen de la responsabilidad administrativa en cuanto les sea aplicable, es decir; en aquellos casos que las comunidades indígenas resguarden, administren, manejen o custodien fondos y bienes públicos. *Vid.* Allan Brewer-Carías, "Sobre las personas jurídicas en el derecho administrativo: personas estatales y no estatales, y personas de derecho público y de derecho privado", en *Estudios de derecho Público en homenaje a Luciano Parejo Alfonso*, coord. por Marcos Vaquer Caballería, Ángel Manuel Moreno Molina y Antonio Descalzo González, vol. 3 (Valencia: Tirant lo Blanch, 2018): 2095 y Alejandro Canónico Sarabia, "Las reglas de la contratación estatal en las comunidades o pueblos indígenas", (conferencia pronunciada en las XIV Jornadas de Derecho Administrativo Iberoamericano, 30-03-2023).

ni imponer sanciones, sin embargo, pueden –con fundamento en el principio de participación ciudadana reconocido en los artículos 55, 62, 70, 79, 80, 81, 83, 84, 86, 102, 118, 119, 127, 128, 132, 171, 173, 178, 184, 187 y 255 de la Constitución de 1999[32]– solicitar información respecto de los bienes y el gasto de los recursos que integran el patrimonio público[33] y presentar denuncias sobre la presunta comisión de actos, hechos u omisiones contrarios a una disposición legal o sublegal vinculadas al manejo o custodia de fondos o bienes públicos, las cuales, pueden dar lugar al inicio de un procedimiento de determinación de responsabilidades (art. 96 LOCGRSNCF), como se detallará en los capítulos siguientes de esta obra[34].

Respecto de la participación de los ciudadanos y ciudadanas como parte integrante del Sistema Nacional de Control fiscal, compartimos la opinión de Hernández González quien afirma que ello forma parte de la democratización del control social del patrimonio público con fundamento en el principio de transparencia, es decir, si la gestión de los recursos públicos debe ser trasparente, los ciudadanos pueden ejercer control sobre los mismos, sin embargo, ello no significa que la Ley los haya dotado de potestades de investigación o control fiscal, puesto que estas han sido atribuidas solamente a los órganos de control fiscal, internos o externos[35].

---

32 Jessica Vivas Roso, "La buena Administración y el procedimiento de determinación de responsabilidad administrativa de la Ley Orgánica de la Contraloría General de la República y del Sistema Nacional de Control Fiscal", *Revista Electrónica de Derecho Administrativo Venezolano*, N° 16 (2018): 387.

33 Normas para fomentar la participación ciudadana (G.O. N° 38.750 de 20-08-2007), artículo 8.

34 Sobre este tema, *vid.* Iván Paredes Calderón, "La participación ciudadana en el ámbito del funcionamiento de los órganos de control fiscal en Venezuela", *Revista Electrónica de Derecho Administrativo Venezolano*, N° 20 (2020): 177-191.

35 José Ignacio Hernández González, "La Contraloría General de la República y los principios del régimen de control fiscal en Venezuela", en *Leyes Orgánicas del Poder Ciudadano*, coord. por Allan Brewer-Carías (Caracas: Editorial Jurídica Venezolana, 2005): 227.

Ahora bien, nos concentraremos en los órganos de control fiscal, puesto que, como mencionáramos previamente, tienen competencias para vigilar, inspeccionar y fiscalizar las distintas operaciones administrativas y financieras que realicen los demás integrantes del Sistema Nacional de Control Fiscal, a través del examen posterior de las mismas[36]. Los órganos de control fiscal se dividen en externos e internos. Son órganos de control fiscal externo: 1. La Contraloría General de la República, 2. Las contralorías de los estados, 3. Las contralorías de los municipios, y 4. Las contralorías de distritos y distritos metropolitanos, mientras que las Unidades de Auditoría Interna y la Contraloría General de la Fuerza Armada Nacional, son órganos de control fiscal interno (arts. 41 y 43 LOCGRSNCF)[37].

A los primeros –órganos de control fiscal externos– les corresponde: 1. Determinar el cumplimiento de las disposiciones de las normas que regulan las operaciones de los órganos y entes públicos, 2. Determinar el grado de observancia de las políticas prescritas en relación con el patrimonio y la salvaguarda de los recursos públicos, 3. Establecer la medida en que se hubieren alcanzado las metas y objetivos, 4. Verificar la exactitud y sinceridad de la información financiera, administrativa y de gestión, 5. Evaluar la eficiencia, eficacia, economía, calidad de sus operaciones, con fundamento en índices de gestión, de rendimientos y demás técnicas aplicables, 6. Evaluar el sistema de control interno y formular las recomendaciones necesarias para mejorarlo (arts. 42 y 43 LOCGRSNCF).

---

[36] La disposición final octava de la LOCGRSNCF establece que las Contralorías estadales, distritales, municipales o de los distritos metropolitanos no podrá ejercer actividades de control previo cuando se aseguren que el sistema de control interno de los sujetos regulados por la Ley, cumplan con los extremos previstos en la misma. *Vid.* Jessica Vivas Roso, "La In-Justicia de un carente sistema de control fiscal. Caso: página web del Tribunal Supremo de Justicia de Venezuela", *Revista Eurolatinoamericana de Derecho Administrativo*, vol. 8, N° 1 (2021): 148-151, doi: https://doi.org/10.14409/redoeda.v8i1.9519

[37] Véase también Peña Colmenares, *El régimen de la responsabilidad administrativa*, 52.

Mientras que los segundos –órganos de control fiscal internos– podrán realizar auditorías, inspecciones, fiscalizaciones, exámenes, estudios, análisis e investigaciones de cualquier tipo y naturaleza para verificar la legalidad, exactitud, sinceridad y corrección de las operaciones de los órganos sujetos bajo su control; además de evaluar el cumplimiento y los resultados de los planes y acciones administrativas, la eficacia, eficiencia, economía, calidad e impacto de la gestión (art. 41 LOCGRSNCF).

Estos órganos de control fiscal han sido dotados de potestades de investigación, que de acuerdo con Abache Carvajal constituyen una representación de la clásica actividad de policía y se manifiesta con "(i) la actividad de investigación propiamente dicha, mediante la cual se descubren hechos anteriormente ignorados o desconocidos; y (ii) la actividad de comprobación, a través de la cual se constata la existencia de hechos conocidos pero inciertos"[38]. El propósito de la potestad de investigación reside en verificar la posible ocurrencia de actos, hechos u omisiones contrarios a una disposición normativa que pueda acarrear el establecimiento de responsabilidades personales contra un sujeto; determinar la existencia de daños causados al patrimonio público, estimando la cuantía de estos; y evaluar la procedencia de acciones fiscales (art. 77 LOCGRSNCF).

También han sido dotados de potestades sancionatorias que comprenden: 1. La posibilidad de declarar la responsabilidad de funcionarios, funcionarias, empleados, empleadas, obreros y obreras que presten servicio para los órganos y entes que formen parte del Sistema Nacional de Control Fiscal, así como a los particulares que administren, manejen o custodien recursos de cualquier tipo afectados al cumplimiento de finalidades de interés público, recibidos a través de transferencias, subsidios, aportes, contribuciones o cualquier otra modalidad similar, siempre que hayan incurrido en hechos, actos u omi-

---

38 Serviliano Abache Carvajal, "Forma y tiempo de la potestad administrativa de investigación", *Revista Electrónica de Derecho Administrativo Venezolano*, N° 3 (2014): 25.

siones generadores de responsabilidad, 2. Imponer multas, 3. Imponer las sanciones previstas en el artículo 105 de la Ley, que serán estudiadas con más detalle en próximos capítulos de esta obra (arts. 51, 52, 93 y 94 LOCGRSNCF).

2. Las estructuras

En cuanto a las estructuras, Peña Colmenares considera que dicho término está referido a los subsistemas de control interno y externo, integrados por los órganos de control fiscal interno y externo que fueron referidos previamente[39]. Para Orlando, el control interno comprende:

> [L]as diversas acciones de naturaleza previa, simultánea y posterior, realizadas por la propia entidad "sujeta a control, con la finalidad de que la administración de sus recursos, el cuidado y preservación de sus bienes y el ejercicio de sus correspondientes operaciones, cónsonas con la naturaleza de la organización de que se trate, se lleven a cabo de manera diáfana, acorde con las disposiciones legales que rigen la administración de tales recursos y con el propósito de lograr los resultados que se tenía previsto obtener"[40].

El control interno comprende el plan de organización, las políticas, normas, los métodos y procedimientos adoptados dentro de los órganos y entes públicos, para salvaguardar sus recursos, así como verificar la exactitud y veracidad de su información financiera y administrativa, promover la eficiencia, economía y calidad en sus operaciones, estimular la observancia de las políticas prescritas y lograr el cumplimiento de su misión, objetivos y metas (arts. 35 y 36 LOCGRSNCF). El control interno puede ser previo y posterior. El primero, corresponde a las unidades de los órganos y entes públicos que administran fondos públicos y tiene su fundamento en el artículo 38 de la LOCGRSNCF, que establece dos momentos para el

---

39 Peña Colmenares, *El régimen de la responsabilidad administrativa*, 53.

40 Freddy J. Orlando S., "El sistema de control interno según la Ley Orgánica de la Administración Financiera del Sector Público", en *El derecho público a los 100 números de la Revista de derecho público* 1980-2005, coord. por Allan Brewer-Carías (Caracas: Editorial Jurídica Venezolana, 2006): 450-451.

ejercicio de dicho control: 1. Previo al compromiso, y 2. Previo a la realización del pago[41].

El control previo al compromiso requiere de la verificación de los siguientes requisitos: 1. Que el gasto esté correctamente imputado a la correspondiente partida del presupuesto o, de los créditos adicionales, según corresponda, 2. Que exista disponibilidad presupuestaria, 3. Que se hayan previsto las garantías necesarias y suficientes para responder por las obligaciones que ha de asumir el contratista, 4. Que los precios sean justos y razonables, salvo situaciones excepciones establecidas previstas en la Ley, y 5. Que se hubiere cumplido con los términos de la Ley que regula la contratación pública y demás leyes aplicables.

Por su parte, el control previo al pago requiere de la comprobación de los requisitos siguientes: 1. Que se haya dado cumplimiento a las disposiciones legales y reglamentarias aplicables, 2. Que los recursos que vayan a erogarse estén debidamente imputados a créditos del presupuesto o a créditos adicionales legalmente acordados, 3. Que exista disponibilidad presupuestaria, 4. Que se realicen para cumplir compromisos ciertos y debidamente comprobados, salvo que correspondan a pagos de anticipos a contratistas o avances ordenados a funcionarios conforme a las leyes, y 5. Que correspondan a créditos efectivos de sus titulares.

El segundo tipo de control interno –control interno posterior– le corresponde a las unidades de auditoría interna de los órganos y entes del sector público, a quienes les compete verificar la exactitud y veracidad de la información financiera y administrativa, promover la eficiencia, economía y calidad en las operaciones, estimular la observancia de las políticas prescritas y lograr el cumplimiento de su misión, objetivos y metas –aspectos éstos que abarcan las contrataciones públicas– pudiendo determinar la responsabilidad administrativa de los sujetos sometidos a su control[42].

---

[41] Vivas Roso, “La In-Justicia de un carente sistema de control fiscal”, 149.

[42] Ibid., 150.

En cuanto al control externo, éste tiene por finalidad: 1. Determinar el cumplimiento de las disposiciones de las normas que regulan las operaciones de los órganos y entes públicos, 2. Determinar el grado de observancia de las políticas prescritas en relación con el patrimonio y la salvaguarda de los recursos públicos, 3. Establecer la medida en que se hubieren alcanzado las metas y objetivos, 4. Verificar la exactitud y sinceridad de la información financiera, administrativa y de gestión, 5. Evaluar la eficiencia, eficacia, economía, calidad de sus operaciones, con fundamento en índices de gestión, de rendimientos y demás técnicas aplicables, y 6. Evaluar el sistema de control interno y formular las recomendaciones necesarias para mejorarlo[43]. El control externo le corresponde a la Contraloría General de la República, las contralorías de los estados, las contralorías de los municipios, y las contralorías de los distritos y distritos metropolitanos (art. 42 y 43 LOCGRSNCF).

3. Los recursos

Respecto a los recursos, Peña Colmenares considera que ello está referido a los elementos financieros, materiales y humanos requeridos para el ejercicio de las competencias por parte de los órganos que forman el Sistema Nacional de Control Fiscal[44]. En tal sentido, el adecuado funcionamiento del sistema requiere que sus órganos cuenten con la capacidad financiera y la independencia presupuestaria que les permitan ejercer eficientemente sus funciones (art. 25 LOCGRSNCF).

4. Los procesos

Explica Peña Colmenares que cuando se habla de procesos, se hace referencia a los distintos procedimientos administrativos que deben seguir los órganos del Sistema Nacional de Control Fiscal en el cumplimiento de sus funciones. Además, agrega que deben entenderse comprendidos dentro del sistema, los instrumentos normativos que dicta la Contraloría Ge-

[43] Alejandro. Canónico Sarabia, "Aproximación al estudio del control no jurisdiccional en la contratación pública venezolana", *Revista Venezolana de Legislación y Jurisprudencia*, N° 7 (2016): 545.

[44] Peña Colmenares, *El régimen de la responsabilidad administrativa*, 54.

neral de la República que son vinculantes para todos los órganos de control fiscal[45].

En tal sentido, cuando se usa el término procesos nos estaríamos refiriendo por ejemplo a: los procesos de auditoría regulados en las Normas Generales de Auditoría de Estado, las potestades de investigación, el procedimiento para la determinación de responsabilidad administrativa y para la determinación del reparo, entre otros.

Así las cosas, se ha podido delimitar el conjunto de elementos (órganos, estructuras, recursos y procesos) que forman parte del Sistema Nacional de Control Fiscal y que, bajo la rectoría de la Contraloría General de la República, tienen como finalidad garantizar la buena gestión y el uso adecuado del patrimonio público. Dentro de estos elementos, se encuentran un conjunto de órganos específicos –órganos de control fiscal externos e internos– que han sido dotados con potestades de investigación y sanción para determinar la ocurrencia de hechos, actos u omisiones que resulten contrarios a una disposición normativa, así como la existencia de daños causados al patrimonio público y establecer las responsabilidades correspondientes.

Ahora procederemos a explicar cómo se encuentra establecido en Venezuela el régimen de responsabilidades de los sujetos –funcionarios públicos y particulares– por el ejercicio del Poder Público, y cómo encuadra dentro dicho régimen, la responsabilidad que puede ser declarada por los órganos de control fiscal.

II. RÉGIMEN DE RESPONSABILIDADES PERSONALES PREVISTO EN LA CONSTITUCIÓN DE 1999

Para Avellaneda Sisto y Pinto D'Ascoli el reconocimiento de la responsabilidad del Estado y sus funcionarios –entendida como la consecuencia que ha de soportar un sujeto de derecho con motivo de una acción u omisión que le es imputable– es una conquista del moderno Estado de derecho que implica el

45 Ibid., 56.

sometimiento a la legalidad de la actuación de los órganos y entes públicos, así como de sus agentes[46].

Debe recordarse que en los comienzos de la conformación del Estado la idea predominante era la de la irresponsabilidad del poder público, sin embargo, el derecho público ha evolucionado desde la ausencia absoluta de responsabilidad del Estado, pasando luego a comprometer la responsabilidad del Estado sólo cuando éste actuaba como persona privada –mediados del siglo XIX– alcanzando hoy en día, que la irresponsabilidad del Estado sea una excepción, limitada a supuestos muy concretos[47].

García de Enterría y Fernández Rodríguez explican que frente a la irresponsabilidad del Estado, la única garantía que tenía el particular era la de exigir la responsabilidad del funcionario que ocasionaba el daño[48], sin embargo, tal como explica Peña Colmenares, esta garantía resultaba insuficiente frente a la insolvencia de este[49]. Por ello, con el advenimiento del Estado moderno se consagró tanto la responsabilidad patrimonial del Estado frente a los particulares, como la responsabilidad del funcionario y es que, ante la obligación del Estado por responder al daño causado por sus funcionarios, éste debía contar con la posibilidad de recuperar lo pagado.

La Constitución de 1999 no es ajena a los principios del Estado de derecho y por ello consagra la responsabilidad del Estado (art. 140[50]) y la responsabilidad individual de los sujetos

---

46 Eloísa Avellaneda Sisto y Alexis Pinto D'Ascoli, "La responsabilidad de los funcionarios públicos con particular referencia a la responsabilidad administrativa y disciplinaria", *Archivo de derecho público y ciencias de la Administración*, vol. 6 (1983): 381.

47 Ibid.

48 Eduardo García de Enterría y Tomas-Ramón Fernández Rodríguez, *Curso de Derecho Administrativo II*, séptima edición (Madrid: Civitas, 2001): 357-365.

49 Nélida Peña Colmenares, "La responsabilidad administrativa en el marco del control fiscal en Venezuela", *Revista de Derecho*, N° 18 (2005): 204.

50 Artículo 140: "El Estado responderá patrimonialmente por los daños que sufran los particulares en cualquiera de sus bienes y derechos,

que ejerzan el Poder Público (artículo 139). Nuestro análisis se concentrará en la responsabilidad individual y los tipos que comprende, en tanto que, la responsabilidad administrativa es una subcategoría de responsabilidad individual como veremos más adelante.

Dispone el artículo 139 de la Constitución de 1999 que "El ejercicio del Poder Público acarrea responsabilidad individual por abuso o desviación de poder o por violación de esta Constitución o de la ley". De su lectura se observa que, el artículo 139 no hace referencia al sujeto que puede ver comprometida su responsabilidad, es decir, no señala si son los funcionarios o empleados públicos quienes pueden ver comprometida su responsabilidad, solo señala que, en casos de abuso, desviación de poder o violación de la Constitución y las leyes se responderá individualmente -cualquier sujeto- cuando los hechos que generen responsabilidad sean consecuencia del ejercicio del poder público.

Tomando en consideración esa imprecisión del sujeto, Urosa Maggi afirma que el principio de responsabilidad individual previsto en el artículo 139 constitucional no debe ligarse al concepto de funcionario público, sino que guarda relación con cualquier sujeto que, en general, ejerza alguna función del poder público, constituyéndose el ejercicio del poder público en la fuente directa de responsabilidad individual[51].

Debe advertirse que el ejercicio del poder público no constituye la única fuente de responsabilidad individual prevista en la Constitución de 1999. El texto constitucional prevé otro supuesto donde se puede declarar la responsabilidad de un sujeto sin que éste ejerza poder público[52]. Se trata de la responsa-

---

siempre que la lesión sea imputable al funcionamiento de la administración pública".

51 Daniela Urosa Maggi, "Fundamentos constitucionales de la responsabilidad del funcionario público", *Revista de derecho público*, N° 93-96 (2003): 52.

52 Entendido como la facultad de mandar y ser obedecido. Para Urosa Maggi, el artículo 139 hace referencia a una noción orgánica y funcional del poder público. De forma orgánica la autora entiende que poder

bilidad administrativa cuya declaratoria le corresponde a la Contraloría General de la República y demás órganos de control fiscal.

Este tipo de responsabilidad puede ser declarada a funcionarios, empleados y obreros que presten servicio para los órganos y entes que formen parte del Sistema Nacional de Control Fiscal, así como a los particulares que administren, manejen o custodien recursos de cualquier tipo afectados al cumplimiento de finalidades de interés público, recibidos a través de transferencias, subsidios, aportes, contribuciones o cualquier otra modalidad similar, siempre que hayan incurrido en hechos, actos u omisiones generadores de responsabilidad (arts. 51, 52, 93 y 94 LOCGRSNCF).

En el caso de la responsabilidad administrativa, no será el ejercicio del poder público lo que determina su procedencia sino el inadecuado manejo, administración y custodia de recursos públicos que estén afectados al cumplimiento de finalidades de interés público, cuando un sujeto –funcionario público o no– incurra en cualquiera de los supuestos previstos en la Ley para declarar la responsabilidad. Con lo cual, la responsabilidad individual no deriva, exclusivamente, del ejercicio del poder público, sino que estarán sometidos a responsabilidad individual quienes ejerzan el poder público –sean funcionarios

---

público es el "el conjunto de funciones mediante las cuales los órganos del Estado cumplen con los cometidos que le son propios", mientras que, a nivel orgánico, está referido a las distintas instituciones de Estado en sus tres niveles: nacional, estadal y municipal. Así, la autoría considera que "el ejercicio de cualquiera de las funciones del Poder Público –función legislativa, ejecutiva y judicial– acarrea responsabilidad individual de sus agentes; asimismo, ese principio de responsabilidad será vinculante para todo el que ejerza una función pública con independencia de su ubicación dentro de la distribución vertical -Poder Nacional, Estadal y Municipal– y horizontal –Poder Legislativo, Poder Ejecutivo, Poder Judicial, Poder Ciudadano y Poder Electoral– del denominado Poder Público". *Vid.* Urosa Maggi, "Fundamentos constitucionales de la responsabilidad del funcionario público", 53. También puede consultarse: Hildegard Rondón de Sansó, *Ad imis fundamentis. Análisis de la constitución venezolana de 1999: parte orgánica y sistemas* (Caracas: Editorial Ex Libris, 2001): 89.

o particulares- y quienes gestionen de alguna manera recursos públicos afectados a atender finalidades de interés público.

Ahora bien, respecto de los tipos de responsabilidad en que puede incurrir un funcionario público, la Constitución de 1999 hace referencia a la responsabilidad penal, civil y administrativa (art. 25), la responsabilidad política (art. 222) y la responsabilidad disciplinaria (arts. 267 y 285.5). Nos referiremos brevemente en este apartado a la responsabilidad civil, penal, política y disciplinaria, y en un apartado posterior a la responsabilidad administrativa, que se revisará con más detalle, por ser el centro de estudio de esta obra.

1. Responsabilidad civil

El fundamento legal de la responsabilidad civil está contenido en el artículo 1185 del Código Civil venezolano[53], de acuerdo con el cual, todo sujeto -incluidos los funcionarios públicos- debe responder por los daños y perjuicios patrimoniales o morales que ocasione a terceros. A esto debe agregarse lo dispuesto en el artículo 139 de la Constitución, debiendo entender que el daño causado debe ser provocado en ejercicio del poder público.

Adicionalmente, la LOCGRSNCF establece que, si en el curso de auditorías, fiscalizaciones, inspecciones, exámenes de cuenta o investigaciones que realicen los órganos de control fiscal se detectan indicios de daño al patrimonio público, dichos órganos podrán declarar la responsabilidad civil del sujeto investigado, que se hará efectiva mediante el procedimiento de reparo previsto en dicha Ley (arts. 84 al 90), con la advertencia que la formulación de reparos no excluye la responsabilidad por las faltas que, en relación con los hechos que dieron lugar a la formulación de reparos, tengan los funcionarios públicos (art. 88).

Así tenemos que, el régimen general de la responsabilidad civil se encuentra previsto en el Código Civil, no obstante, en el caso de daños al patrimonio público que derive del ejercicio de

[53] G.O. N° 2.990, extraordinario de 26-07-1982.

una actuación de control fiscal, les corresponde a los órganos de control fiscal declarar dicha responsabilidad a través de la formulación de un reparo siguiendo lo dispuesto en la LOC-GRSNCF.

En ambos casos, se trata de una responsabilidad de carácter patrimonial y resarcitoria que obliga a los funcionarios públicos a responder por los daños que en ejercicio de sus funciones cause a un tercero o a la propia Administración[54].

2. Responsabilidad penal

La responsabilidad penal es aquella que se origina cuando un funcionario público, realiza una conducta tipificada como delito que acarrea la aplicación de una pena, correspondiéndole al Ministerio Público la investigación de los hechos y a los tribunales penales la competencia para declararla. De acuerdo con Sánchez Brito y González Sánchez esta responsabilidad se produce cuando los perjuicios del hecho, acto u omisión del funcionario alcanzan a la sociedad[55]. Se trata de un tipo de responsabilidad que "tiende a preservar la ética y moralidad de los funcionarios de frente a la sociedad"[56].

Para la Sala Político-Administrativa del Tribunal Supremo de Justicia, la responsabilidad penal es aquella:

> [Q]ue deriva de la comisión de hechos típicos, antijurídicos y culpables y teleológicamente contrarios a las reglas y princi-

---

[54] La Sala Político Administrativa del Tribunal Supremo de Justicia ha considerado que "La civil que afecta el orden patrimonial del funcionario (su esfera de bienes y derechos), que puede ser el resultado o de una acción de repetición por parte del Estado (cuando éste haya tenido que responderle a un tercero por un a acto de un funcionario), o una acción directa del estado contra el funcionario (derivada de los juicios de salvaguarda del patrimonio público), o de un tercero directamente contra el funcionario, todo ello con vista a la teoría de las faltas separables". TSJ/SPA N° 1030, de fecha 09-05-2000.

[55] Eloisa Sánchez Brito y Juliet González Sánchez, "Delitos de corrupción cometidos en la administración pública", *Revista Relación Criminológica*, N° 21 (2009): 17.

[56] Gabriel Ruan Santos, "La responsabilidad de los funcionarios públicos y la ley orgánica", *Archivo de derecho público y ciencias de la Administración*, vol. 6 (1983): 304.

pios del orden estadal establecido. La acción penal puede estar causada directamente por un hecho ilícito contra el Estado, o contra un tercero. Esta responsabilidad será exigible en la medida en que un órgano de la justicia ordinaria penal produzca la sentencia correspondiente[57].

3. Responsabilidad disciplinaria

La responsabilidad disciplinaria, es la que surge como consecuencia de la violación de los deberes propios de la función pública, correspondiéndole a las máximas autoridades de los órganos o entes públicos donde dicho funcionario preste sus servicios la competencia para declararla, previo cumplimiento del procedimiento sancionatorio previsto en la Ley del Estatuto de la Función Pública.

Sánchez Brito y González Sánchez consideran que las faltas disciplinarias son aquellas que atentan contra los valores sobre las cuales se erige la organización y tienen como base la existencia de una relación permanente de un sujeto frente a otro o, frente a una organización[58]. Para Ruan Santos su finalidad es mantener la buena marcha del personal administrativo y la disciplina en las instituciones del Estado[59].

4. Responsabilidad política

Según Márquez Cabrera, la responsabilidad política es una forma de control que se ejerce sobre los órganos de gobierno imponiéndoles sanciones de orden político[60] y deriva de posibles discrepancias entre el órgano parlamentario y los órganos de gobierno, es decir: el presidente de la República y los ministros. Para Brewer-Carías:

> La declaratoria de responsabilidad política implicaría, en un sistema parlamentario, la pérdida de confianza del gobierno

---

[57] TSJ/SPA N° 1030, de fecha 09-05-2000.

[58] Sánchez Brito y González Sánchez, "Delitos de corrupción cometidos en la administración pública", 16.

[59] Ruan Santos, "La responsabilidad de los funcionarios públicos", 304.

[60] Juan Carlos Márquez Cabrera, "La responsabilidad política de los funcionarios públicos en la Constitución de 1999", *Revista tachirense de derecho público*, N° 8 (2006): 10.

> y su inmediata caída con la convocatoria a elecciones generales al disolverse el Parlamento. En un sistema presidencial como el nuestro [Venezuela], no tendría sino meros efectos políticos, eventualmente electorales, sin que esa declaratoria afecte al gobierno[61].

De acuerdo con la Constitución de 1999 la declaratoria de responsabilidad política le corresponde a la Asamblea Nacional, que podrá: 1. Dar voto de censura al vicepresidente ejecutivo o vicepresidenta ejecutiva y a los ministros o ministras (art. 187.10)[62], 2. Ejercer su función de control a través de interpelaciones, investigaciones, preguntas, autorizaciones y las aprobaciones parlamentarias en los términos que prevea la Constitución y las leyes, pudiendo declarar la responsabilidad política de los funcionarios públicos y solicitar al Poder Ciudadano que intente las acciones necesarias para hacer efectiva tal responsabilidad (art. 222).

Advierte Urdaneta Troconis que la Constitución de 1999 a pesar de que consagra –como lo hacía la Constitución de 1961– el principio de la responsabilidad del presidente de la República por sus actos no establece mecanismos para que la Asamblea Nacional pueda declarar la responsabilidad política del mismo[63]. Para el autor:

> [E]sa ausencia de responsabilidad política del Presidente de la República se ha visto reequilibrada mediante el mecanismo de responsabilizar políticamente a los Ministros, no sólo por sus propias actuaciones, sino igualmente por los actos del Presidente de la República en cuya aprobación hayan participado, ya sea por la vía del refrendo ministerial, ya sea por su voto favorable en el Consejo de Ministros[64].

---

61 Allan Brewer-Carías, "Aspectos del control político sobre la Administración pública", *Revista de Control Fiscal*, N° 101 (1981): 128.

62 El voto de censura puede implicar la destitución del vicepresidente ejecutivo o vicepresidenta ejecutiva o del ministro o ministra.

63 Gustavo Urdaneta Troconis, "Sobre la responsabilidad política y administrativa de los particulares (A propósito de una sentencia del Tribunal Supremo de Justicia)", en *Temas de derecho administrativo, libro homenaje a Gonzalo Pérez Luciani*, vol. II, dir. por Fernando Parra Aranguren (Caracas: Tribunal Supremo de Justicia, 2002): 1005.

64 Ibid.

De acuerdo con Márquez Cabrera, el hecho que el presidente de la República no pueda ser sujeto de un voto de censura no significa que sea irresponsable políticamente, sino que su responsabilidad política es exigible por otros mecanismos previstos en la Constitución de 1999[65] como serían el referéndum revocatorio y la no reelección (arts. 72 y 230).

III. LA RESPONSABILIDAD ADMINISTRATIVA EN VENEZUELA

Al ser el objeto de esta obra el análisis del régimen jurídico de la responsabilidad administrativa en Venezuela, consideramos necesario dedicar un apartado específico para definirla, para lo cual, se revisarán las distintas nociones expuestas por la doctrina venezolana y por la jurisprudencia.

Para comenzar, debemos señalar que, en Venezuela, la noción de responsabilidad administrativa difiere de la definición tradicional que se da a esta figura jurídica y del concepto de responsabilidad patrimonial de la Administración. Comenzaremos indicando que entendemos por responsabilidad patrimonial de la Administración aquella que surge como consecuencia de un daño causado a un tercero producto de conducta contraria a una norma expresa o a un acuerdo contraído, en este caso el responsable es el órgano administrativo[66]. Mientras que la responsabilidad administrativa -tradicionalmente entendida, o *strictu sensu* como la califica Rondón de Sansó- es la responsabilidad del funcionario frente a la Administración que deriva de la facultad de ésta para imponer sanciones no corporales por la violación del ordenamiento administrativo[67].

Respecto a la noción de responsabilidad administrativa en Venezuela, Rondón de Sansó afirma que:

---

[65] Márquez Cabrera, "La responsabilidad política de los funcionarios públicos", 21-22.

[66] Sánchez Brito y González Sánchez, "Delitos de corrupción cometidos en la administración pública", 15.

[67] Hildegard Rondón de Sansó, "De las responsabilidades. Base legal. Criterios para diferenciar la responsabilidad administrativa de la responsabilidad disciplinaria, civil y penal. Responsabilidad solidaria", *Boletín de la Academia de Ciencias Políticas y Sociales*, N° 142 (2004): 380.

> La responsabilidad administrativa es la consecuencia para un sujeto de la violación de una norma del ordenamiento administrativo no estatutario que tiene una consecuencia primaria de carácter no corporal, generalmente pecuniario, con lo cual estamos recordando que, a tal sanción pueden acumularse otras, incluso, de mayor trascendencia para el afectado[68].

En este mismo sentido, Peña Colmenares la define como "la situación jurídica de una persona que viola, con una conducta activa u omisiva, un deber frente a la Administración Pública, que le acarrea inmediatamente la imposición de una sanción administrativa, según las pautas de un procedimiento diseñado legalmente"[69].

Ahora bien, la *atipicidad* del concepto de responsabilidad administrativa en Venezuela deriva de lo siguiente: 1. No es declarada por los órganos de la Administración pública, sino por los órganos de control fiscal (internos o externos, como señalamos en apartados anteriores), 2. Es declarada a una categoría especial de sujetos: aquellos que administren, manejen o custodien recursos públicos[70], 3. Se extiende más allá de los funcionarios públicos (también puede declararse a los particulares como explicaremos más adelante), y 4. Tiene su origen en el inadecuado manejo, resguardo, administración o custodia del patrimonio público, y es que, "los deberes violados que dan lugar a su declaración, están relacionados de manera particular con la administración de bienes públicos"[71].

Hechas estas precisiones se presentarán las definiciones que ha dado la doctrina y la jurisprudencia a la responsabilidad administrativa venezolana.

---

68 Ibid., 378.

69 Peña Colmenares, *El régimen de la responsabilidad administrativa*, 104.

70 Ibid., 105.

71 Ibid. Peña Colmenares adicionalmente distingue entre responsabilidad administrativa de origen fiscal (que sería la que corresponde con nuestro objeto de estudio), de la responsabilidad administrativa especial y la responsabilidad patrimonial de la Administración.

1. Definición desde la doctrina

Comenzaremos señalando que para Peña Colmenares la responsabilidad administrativa es una figura propia del Sistema Nacional de Control Fiscal venezolano, consagrada en la ley, que persigue garantizar la administración eficaz y transparente de los bienes públicos. Esta responsabilidad es declarada por los órganos de control fiscal, mediante un procedimiento especial, cuando los funcionarios públicos y particulares encargados de la administración del patrimonio público, incurren en hechos, acciones u omisiones expresamente tipificados en una norma de rango legal, como supuestos generadores de responsabilidad y pueden causar daño o no daño al mismo[72]. Para la autora "la responsabilidad administrativa nace vinculada intrínsecamente al elemento del perjuicio causado al patrimonio público en razón de los hechos, actos u omisiones del funcionario público que contravinieren una norma o una disposición legal o reglamentaria"[73].

Orlando define la responsabilidad administrativa, como aquella que es declarada por un órgano de control fiscal -interno o externo- cuando se comprueba que un sujeto -funcionario público o no- "a cuyo cargo esté un oficio de la Hacienda (manejo o custodia de los fondos o bienes públicos) ha incurrido en acciones, hechos u omisiones antijurídicas y no excusables"[74] tipificadas como tal en las leyes. Por su parte, Canónico Sarabia considera que la responsabilidad administrativa es aquella:

> [D]eclarada a un sujeto por los órganos integrantes del sistema nacional de control fiscal, previa instrucción de un

---

72 Peña Colmenares, *El régimen de la responsabilidad administrativa*, 130.

73 Peña Colmenares, "La responsabilidad administrativa en el marco del control fiscal", 180.

74 Freddy J. Orlando S., *La potestad inquisitiva de los órganos de control fiscal y la determinación de responsabilidad administrativa de los funcionarios públicos*, 2da edición (Caracas: Universidad Católica Andrés Bello, 2006): 80. Freddy J. Orlando S., "La responsabilidad administrativa", en *Jornadas Nacionales de Reflexión sobre el Control Fiscal en Venezuela*, coord. por Héctor Atilio Pujol (Caracas: Universidad Central de Venezuela, 1998): 175.

> procedimiento administrativo, donde se compruebe que esa persona a cuyo cargo se encuentra el manejo, la administración o custodia de los fondos o bienes públicos, ha incurrido en acciones, hechos u omisiones antijurídicos y no excusables, lo cual conlleva a la aplicación de una sanción pecuniaria en los términos que señale la ley[75].

En este mismo sentido se pronuncian Sánchez Brito y González Sánchez quienes consideran que la responsabilidad administrativa es aquella que:

> [L]uego del procedimiento correspondiente, declaran los organismos técnicos -externos e internos- cuando se comprueba que una determinada persona, sea o no funcionario público, a cuyo cargo está el manejo o custodia de fondos o bienes públicos, ha incurrido en acciones, hechos u omisiones antijurídicas y no excusables y cuyas peculiaridades fácticas encuadran dentro de los supuestos establecidos por la ley como generadores de responsabilidad administrativa[76].

Rachadell Sánchez[77], De Pedro Fernández y Gabaldón Márquez[78] afirman que esta responsabilidad cuenta con dos elementos característicos y diferenciadores: 1. Es declarada cuando se compruebe la ocurrencia de hechos, actos u omisiones que impliquen una inobservancia a las reglas de preservación y resguardo de los fondos y bienes públicos, por parte de los encargados de su custodia, y 2. La comprobación de los elementos configurativos de la responsabilidad administrativa le corresponde a órganos independientes de las Administraciones públicas, a saber, los órganos de control fiscal integrantes de Sistema Nacional de Control Fiscal.

---

75 Canónico Sarabia, "El reparo como forma de determinación de la responsabilidad civil", 214.

76 Sánchez Brito y González Sánchez, "Delitos de corrupción cometidos en la administración pública", 15.

77 Manuel Rachadell Sánchez, "Los recursos contra el auto de responsabilidad administrativa", *Archivo de derecho público y ciencias de la Administración*, vol. 6 (1983): 556.

78 Antonio De Pedro Fernández y José Rafael Gabaldón Márquez, *El funcionario público venezolano* (Caracas: Dirección de Mariología y Saneamiento Ambiental, Ministerio de Sanidad y Asistencial Social, 1973): 147.

En igual sentido se pronuncian Urosa Maggi y Rondón de Sansó, al considerar que la "responsabilidad administrativa que (sic) implica la imposición de sanciones administrativas, cuyo régimen respecto de los funcionarios públicos está regulado fundamentalmente en la Ley contra la Corrupción y, más específicamente, en la Ley Orgánica de la Contraloría General de la República"[79], siendo una característica de la misma que la falta es personal "por cuanto obedece a los supuestos concretos que la determinan y por ello no se extiende al jerarca ni a los superiores del autor material"[80].

Así pues, y coincidiendo con lo afirmado al inicio de este aparte, la doctrina entiende que en Venezuela la noción de responsabilidad administrativa es especial y se encuentra vinculada de forma directa al manejo, resguardo, custodia y administración del patrimonio público, elemento éste que la diferencia de la noción "tradicional" de responsabilidad administrativa entendida como aquella que surge como consecuencia de un daño causado a un tercero producto de conducta contraria a una norma expresa o a un acuerdo contraído, y es que, en este caso, el daño que se causa al tercero puede derivar de cualquier hecho, acto y omisión, mientras que la responsabilidad administrativa se centra en el manejo, resguardo, custodia y administración del patrimonio público (aunado al hecho que es declarada por unos órganos especiales, los órganos de control fiscal).

2. Definición desde la jurisprudencia

Los tribunales de la jurisdicción contencioso-administrativa –Sala Político-Administrativa y Juzgados Nacionales de lo Contencioso Administrativo[81]– son los competentes

---

79 Urosa Maggi, "Fundamentos constitucionales de la responsabilidad del funcionario público", 57 y Rondón de Sansó, "De las responsabilidades. Base legal", 382.

80 Rondón de Sansó, "De las responsabilidades. Base legal", 382.

81 Esta fue la denominación otorgada por la Ley Orgánica de la Jurisdicción Contencioso Administrativa del año 2010. Anteriormente se denominaban Cortes de lo Contencioso Administrativo y existían dos para todo el país (Corte Primera y Corte Segunda).

para conocer de las acciones de nulidad que se interpongan contra los actos dictados por los órganos de control fiscal, por ello, presentamos algunas sentencias en las que delimitan la noción de responsabilidad administrativa.

Comenzaremos haciendo referencia a la sentencia de la Sala Político-Administrativa N° 1030 del 09-05-2000 en la que se consideró que la responsabilidad administrativa es aquella que deriva "del incumplimiento de deberes formales, la omisión de actuación administrativa, o la actuación ilegal (no configurable en un ilícito penal), que es llevada por la Contraloría General de la República y que se manifiesta en los autos de responsabilidad administrativa". La misma Sala en sentencia N° 280 del 06-03-2018, indicó que:

> [L]a responsabilidad administrativa de los servidores públicos surge como consecuencia del actuar ilícito de un funcionario: "Se basa en las infracciones que, en criterio del órgano que la declare, hayan cometido personas encargadas de la Administración Pública" (Vid. Sentencia N° 1338 del 25 de junio de 2008, emanada de la Sala Constitucional del Tribunal Supremo de Justicia).
>
> ...
>
> De manera que si bien, los funcionarios, empleados públicos o particulares que tengan a su cargo o intervengan de cualquier forma en la administración, manejo o custodia de bienes o fondos públicos de las entidades sometidas a control, responden de sus actos, hechos u omisiones, en los términos legales y de acuerdo a las proporciones del daño ocasionado, siendo la responsabilidad administrativa una herramienta disuasiva para la defensa de la integridad de la Hacienda y la moralidad y excelsitud pública, en materia sancionatoria ha de establecerse de manera clara y precisa cuál es el supuesto de hecho generador de la responsabilidad, esto es, el incumplimiento culposo de las prohibiciones desarrolladas en el artículo 91 de la Ley Orgánica de la Contraloría General de la República y del Sistema Nacional de Control Fiscal, las cuales se encuentran tipificadas taxativamente en sus nume-

rales, y cuya interpretación ha de llevarse a cabo restrictivamente[82].

En términos similares se ha pronunciado la Corte Segunda de lo Contencioso Administrativo en sentencia N° 2011-0971 del 22-06-2011, en la que, al referirse a la responsabilidad administrativa consideró lo siguiente:

> La responsabilidad administrativa de los funcionarios públicos reside en la esencia de la importante prestación que desempeñan, al detentar aquellos sujetos la tutela del interés general y el respeto al ordenamiento jurídico en los servicios específicos que realizan, y viene determinada en todos los supuestos donde se constate la inobservancia o violación de las normas legales y reglamentarias que regulan actividades.
> Las normas que preceptúan la responsabilidad de los funcionarios públicos tienen su origen en el poder de control que delegó la colectividad a los órganos de control Fiscal, que en el país está presidido por la Contraloría General de la República, en aras de custodiar el correcto uso de los recursos que pertenecen al patrimonio público y procurar que los mismos sean administrados con eficiencia y estricta sujeción a la legalidad. El control público es un atributo del poder soberano de la sociedad, y es inherente a un sistema democrático y de Derecho como el nuestro. Ninguna actividad que tenga por objeto la administración del patrimonio público puede ser inescrutable, vedada a la vigilancia popular y en representación de ella, a los órganos que determine la Ley, porque la esencia de la democracia y de un Estado sujeto en forma irrestricta al derecho es que el que administra la cosa pública, lo haga ciñéndose a cánones de eficacia y honestidad, en apego y destinación de las normas jurídicas.
> La causa u origen de la responsabilidad administrativa es la violación de una norma legal o reglamentaria, lo cual configura un ilícito administrativo que coloca al sujeto de derecho que incurre en el mismo, en la situación de sufrir determinadas consecuencias sancionatorias previstas en la Ley. Esta responsabilidad surge, por tanto, por actuaciones

---

[82] En capítulos posteriores detallaremos que los supuestos generadores de responsabilidad administrativa no se agotan en la LOCGRSNCF, también pueden encontrarse dichos supuestos en la Ley Orgánica de la Administración Financiera del Sector Público y la Ley de Contrataciones Públicas.

contrarias a derecho, aunque las mismas no hayan producido daño concreto o supuesto; pero, si se produce un daño, surge también la obligación adicional de repararlo, mediante la figura legal del reparo, la cual se orienta a la protección del patrimonio del Estado y de allí que éste se halle legitimado para perseguir una indemnización por parte de aquellos agentes estatales que se han distanciado de sus deberes funcionales y que han generado un daño al erario público. El resguardo del Fisco Nacional es necesario para cumplir integralmente con la realización efectiva de los fines y propósitos del Estado Social de Derecho, previsto en el artículo 2 de la Constitución de la República Bolivariana de Venezuela.

Concluye la Corte Segunda que "la responsabilidad administrativa es una herramienta disuasiva para la defensa de la integridad de la Hacienda Pública y la moralidad y excelsitud pública". Esta definición de responsabilidad administrativa ha sido reiterada por la Corte Segunda de lo Contencioso Administrativo en sentencias N° 2010-170 del 09-02-2010 y 2012-2156 del 30-10-2012.

De lo expuesto hasta ahora se ha podido observar cómo, en Venezuela, resulta uniforme la definición que efectúa tanto la doctrina como la jurisprudencia sobre la figura de la responsabilidad administrativa, pudiendo encontrar los siguientes elementos comunes: 1. Es declarada por órganos especializados, a saber, los órganos de control fiscal, 2. Es declarada a aquellos sujetos que intervengan de cualquier forma en la administración, manejo o custodia de bienes o fondos públicos, no siendo exclusiva de los funcionarios públicos, 3. Es un mecanismo que busca garantizar el uso adecuado de los recursos del Estado, 4. Las leyes determinan los supuestos que originan la responsabilidad, e 5. Implica la imposición de sanciones administrativas.

IV. ÁMBITO OBJETIVO Y SUBJETIVO DE LA RESPONSABILIDAD ADMINISTRATIVA

Para comprender cada uno de los elementos comunes señalados previamente, se explicarán los elementos objetivo y subjetivo de la responsabilidad administrativa, concretamente, el objeto protegido y los sujetos que pueden ser declarados responsables, entendiendo que, tal como hemos advertido, esta responsabilidad no se limita a los funcionarios públicos.

1. El objeto protegido: El patrimonio y los bienes públicos

El artículo 274 de la Constitución de 1999 cuando define las competencias del Poder Ciudadano señala que le corresponde "velar por la buena administración y la legalidad en el uso del patrimonio público". Más adelante, en su artículo 287 cuando se refiere al rol de la Contraloría General de la República menciona que es la encargada del control, vigilancia y fiscalización de los ingresos, gastos, "bienes públicos y bienes nacionales", así como las operaciones relativas a los mismos, mientras que, en su artículo 289 al enumerar sus atribuciones indica que le corresponde, entre otros, ejercer el control, la vigilancia y fiscalización de los ingresos, gastos y bienes públicos –sin mencionar los bienes nacionales– y disponer el inicio de las investigaciones sobre irregularidades contra el patrimonio público.

Se observa que la Constitución de 1999 separa los términos patrimonio público, bienes públicos y bienes nacionales para referirse al objeto del control de la Contraloría General de la República, situación que nos hace suponer que los entiende como conceptos distintos y diferenciables. Sin embargo, respecto de los términos "bienes públicos" y "bienes nacionales", Peña Colmenares afirma que "el constituyente al referirse a ambos tipos de bienes, incurrió en una especie de tautología, visto que el primero de los términos, ya comprendía al segundo, pues entre ambos existe una relación de género a especie"[83].

A pesar de la precisión que realiza la autora, podemos observar la misma situación en la LOCGRSNCF. Cuando la Ley hace referencia a la Contraloría General de la República señala que a ésta le corresponde el control, la vigilancia y la fiscalización de los ingresos, gastos y bienes públicos, así como de las operaciones relativas a los mismos (art. 2), asimismo, cuando

[83] Peña Colmenares, *El régimen de la responsabilidad administrativa*, 131.

menciona las potestades de investigación atribuidas a los órganos de control fiscal indica que éstas comprenden –entre otros– la facultad para determinar el monto de los daños causados al "patrimonio público" (art. 77.1).

Peña Colmenares considera que la legislación de control fiscal utiliza el término "patrimonio público" como sinónimo de "bienes públicos" y dicho término está constituido por los recursos y bienes que –en sentido amplio– pertenecen al Estado como persona jurídica[84]. Sin embargo, el legislador venezolano ha delimitado cada uno de estos términos de forma separada, tal como veremos a continuación.

A. Delimitación en la Ley contra la Corrupción

La Ley contra la Corrupción[85] desarrolla el concepto de patrimonio público en atención a dos grandes criterios: 1. El órgano o ente al que pertenece 2. El fin que cumplen los recursos (art. 4).

Respecto de la primera categoría, el órgano o ente al que pertenecen, se considera patrimonio público aquél que por cualquier título le corresponda a: 1. Órganos y entidades a los que incumbe el ejercicio del poder público nacional, 2. Órganos y entes a los que le corresponda el ejercicio del poder público estadal, 3. Órganos y entes a los que le corresponda el ejercicio del poder público en los distritos y distritos metropolitanos, 4. Órganos a los que le corresponda el ejercicio del poder público municipal y en los demás entes locales previstos en la Ley Or-

---

[84] Peña Colmenares, *El régimen de la responsabilidad administrativa*, 131.

[85] De acuerdo con su artículo 1, el objeto de la Ley es "establecer los principios, deberes y derechos que permitan prevenir la corrupción administrativa y promover la educación, tanto a la ciudadanía como a las funcionarias públicas y funcionarios públicos, que haga posible garantizar la salvaguarda del patrimonio público; así como, regular las atribuciones y deberes de los órganos encargados de ejercer el control en materia de corrupción y tipificar las sanciones administrativas y los delitos cometidos contra el patrimonio público y la administración de justicia, incluyendo los procedimientos y las medidas preventivas que deban ser aplicadas". G.O. N° 6.699, extraordinario de 02-05-2022.

gánica del Poder Popular[86], 5. Órganos y entes a los que incumbe el ejercicio del poder público en los territorios y dependencias federales, 6. Los institutos autónomos nacionales, estadales, distritales y municipales, 7. El Banco Central de Venezuela, 8. Universidades públicas, 9. Otras personas de derecho público nacionales, estadales, distritales y municipales, 10. Sociedades de cualquier naturaleza en las cuales las personas referidas anteriormente tengan participación en su capital social, así como las que se constituyen con la participación de aquellas, y 11. Fundaciones y asociaciones civiles, instituciones y otras formas asociativas de derecho público o privado, incluidas las instancias y organizaciones de base del poder popular[87], que estén constituidas con fondos públicos o que sean dirigidas por las personas a que se refieren los puntos anteriores, o en las cuales tales personas designen sus autoridades, o cuando los aportes presupuestarios o contribuciones efectuadas en un ejercicio presupuestario por una o varias de las personas a que se refieren los numerales anteriores represente el 50 % o más de su presupuesto.

En cuanto al segundo criterio previsto en la Ley, a saber, el fin que cumplen los recursos, se consideran patrimonio público los recursos entregados a particulares por los entes del sec-

---

86 Advertimos que la mención a los "demás entes locales previstos en la Ley Orgánica del Poder Popular" no se encontraba en la anterior Ley contra la Corrupción, publicado en G.O. N° 6.155, extraordinario del 19-11-2014. Esta incorporación se efectuó con ocasión a la reforma de la ley realizada en el año 2022. Además, debemos destacar que la Ley Orgánica del Poder Popular no contiene una referencia expresa a dichos entes locales. La Ley se refiere a "instancias del poder popular" (art. 8.9). G.O. N° 6.011, extraordinario de 21-12-2010.

87 Esta referencia a las instancias del poder popular no se encontraba en la Ley contra la Corrupción del 2014. La Ley Orgánica del Poder Popular considera "instancias del poder popular": los consejos comunales, las comunas, las ciudades comunales, las federaciones comunales, las confederaciones comunales, los sistemas de agregación comunal y las que, de conformidad con la Constitución de la República, la ley que regule la materia y su reglamento, surjan de la iniciativa popular, mientras que las "organizaciones de base del poder popular" son aquéllas constituidas por ciudadanos y ciudadanas para la búsqueda del bienestar colectivo (arts. 8 y 15).

tor público previamente mencionados, mediante transferencias, aportes, subsidios, contribuciones, o alguna otra modalidad similar para el cumplimiento de finalidades de interés o utilidad pública, hasta que se demuestre el logro de dichas finalidades (art. 4).

En este caso, pareciera que la categorización de determinados recursos como patrimonio público es temporal y está sujeta a dos condiciones: 1. Que sean destinados al cumplimiento de finalidades de interés o utilidad públicos, y 2. Que no hayan cumplido la finalidad para la cual fueron asignados, puesto que, por interpretación en contrario –es decir, los recursos cumplieron con el fin o la utilidad pública– dejarían de considerarse patrimonio público. Se trata de una definición amplísima en la que pareciera que ningún bien o recurso quedaría fuera de la noción de patrimonio público, y, en consecuencia, tampoco quedaría fuera del control de los órganos de control fiscal.

B. Delimitación en la Ley Orgánica de Bienes Públicos

La Ley Orgánica de Bienes Públicos[88] considera en su artículo 5 como bienes públicos:

> 1. Los bienes muebles e inmuebles, títulos valores, acciones, cuotas o participaciones en sociedades y demás derechos, de dominio público o de dominio privado, que hayan adquirido o adquieran los órganos y entes que conforman el Sector Público, independientemente del nivel de gobierno al que pertenezcan.
> 2. Los bienes, mercancías o efectos, que se encuentran en el territorio de la República y que no tienen dueño.
> 3. Los bienes muebles e inmuebles, títulos valores, acciones, cuotas o participaciones en sociedades y demás derechos provenientes de las herencias yacentes.
> 4. Las mercancías que se declaren abandonadas.
> 5. Los bienes, mercancías o efectos que sean objeto de una medida de comiso firme mediante acto administrativo o sen-

[88] G.O. N° 6.155, extraordinario de 19-11-2014.

> tencia definitiva y los que mediante sentencia firme o procedimiento de ley sean puestos a la orden del Tesoro Nacional.
> 6. Los bienes muebles e inmuebles pertenecientes al Estado venezolano, que se encuentren en tránsito o que estén permanentemente instalados en el país ante cuyo Gobierno estén acreditados, según las disposiciones en materia del servicio exterior.

Adicionalmente, la Ley establece las siguientes categorías de bienes públicos en el mismo artículo:

> 1. Bienes nacionales, aquellos bienes de dominio público o privado propiedad de la República, de los institutos autónomos y de las empresas del Estado, de las demás personas en que los entes antes mencionados tengan una participación igual o superior al 50% del capital social y de las consideradas fundaciones del Estado.
> 2. Bienes estadales, aquellos bienes de dominio público o privado propiedad de los estados, de los institutos autónomos y de las empresas estadales, de las demás personas en que los entes antes mencionados tengan una participación igual o superior al 50% del capital social y de las consideradas fundaciones estadales.
> 3. Bienes municipales, aquellos bienes de dominio público o privado propiedad de los municipios, de los institutos autónomos y de las empresas municipales, de las demás personas en que los entes antes mencionados tengan una participación igual o superior al 50% del capital social y de las consideradas fundaciones municipales.
> 4. Bienes distritales, aquellos bienes de dominio público o privado propiedad de los distritos, de los institutos autónomos y de las empresas distritales, de las demás personas en que los entes antes mencionados tengan una participación igual o superior al 50% del capital social y de las consideradas fundaciones distritales.

Si comparamos la Ley Orgánica de Bienes Públicos y la Ley contra la Corrupción, podemos observar que para definir patrimonio público y bienes públicos ambas leyes parten de una misma idea: el órgano al que pertenecen. Una y otra ley, reconocen que, si el bien pertenece a un órgano o ente público -nacional, estadal o municipal- es un bien público y, en consecuencia, patrimonio público.

Pero, además, la Ley Orgánica de Bienes Públicos y la Ley contra la Corrupción, incorporan elementos propios a cada una de las definiciones que establecen. En el caso de la Ley contra la Corrupción, posee una definición de patrimonio público en atención al fin de los recursos -destinados a la satisfacción de finalidades de interés o utilidad pública- mientras que la Ley Orgánica de Bienes Públicos incorpora dentro del concepto de bienes públicos aquellos bienes que no pertenecen a ningún sujeto -público o privado- tales como las herencias yacentes, mercancías abandonadas o bienes, mercancías o efectos "sin dueño".

Respecto de las herencias yacentes, advertimos que dicha figura ya se encontraba regulada en el Código Civil venezolano en el que se establece que cumplido el procedimiento correspondiente sin que se haya reclamado la herencia reputada yacente, ésta será declarada vacante por el Juez correspondiente y tomará posesión de ella "el empleado fiscal respectivo, previo inventario y avalúo que se hará de acuerdo con el curador" (art. 1065).

Consideramos que la detallada enumeración que prevé la Ley Orgánica de Bienes Públicos no resulta inútil, sino que, por el contrario, tiene relevancia al momento de determinar la procedencia o no de la declaratoria de responsabilidad administrativa de un sujeto, y es que el artículo 91.2 de la LOC-GRSNCF establece como supuesto generador de responsabilidad administrativa la omisión, retardo, negligencia o imprudencia en la preservación y salvaguarda de los bienes o derechos del patrimonio de un ente u organismo público.

En estos casos, para determinar la procedencia o no de la responsabilidad administrativa conforme a dicho supuesto, el órgano de control fiscal deberá comprobar que el bien que ha sufrido el daño como consecuencia de omisión, retardo, negligencia o imprudencia en la preservación o salvaguarda de un sujeto, se encuentra dentro de las categorías previstas en la Ley Orgánica de Bienes Públicos, lo que, sin lugar a dudas, otorga mayores garantías de seguridad jurídica y evita -o minimiza- posibles arbitrariedades por parte del funcionario que tramite el procedimiento de responsabilidad administrativa.

Así, por ejemplo, si un funcionario público tiene a su cargo una herencia yacente o una mercancía abandonada y estás sufren de alguna pérdida o deterioro, dicho funcionario eventualmente pudiera incurrir en alguna falta o irregularidad que pudiera dar lugar a la declaratoria de su responsabilidad por parte de un órgano de control fiscal, toda vez que estos bienes se encuentran dentro del listado contenido en la Ley Orgánica de Bienes Públicos.

La afirmación anterior cobra relevancia si se considera que la Ley Orgánica de Bienes Públicos enumera en su artículo 5, además, un conjunto de bienes que no deben ser considerados como bienes públicos. Estos bienes son:

> 1. Los productos que sean adquiridos, concebidos, extraídos o fabricados por las personas, órganos y entes sujetos del sector público, de conformidad con su naturaleza, funciones, competencias, atribuciones o actividades comerciales, mercantiles, financieras o sociales, con destino a la venta.
> 2. Los artículos calificados como materiales y suministros según el clasificador presupuestario dictado por la Oficina Nacional de Presupuesto[89].

---

[89] El clasificador presupuestario de recursos y egresos "constituye la estructura presupuestaria de los distintos conceptos de gastos, así como el ordenamiento de los datos estadísticos mediante los cuales se resumen, consolidan y organizan las estadísticas presupuestarias con el fin de generar elementos de juicio para la planificación de las políticas económicas y presupuestarias, facilitar el análisis de los efectos económicos y sociales de las actividades del sector público y su impacto en la economía o en sectores particulares de la misma, y hacer posible la formulación y ejecución financiera del presupuesto". Este clasificador considera "materiales, suministros y mercancías" aquellos "materiales de consumo" que reúnan una o más de las siguientes condiciones: 1. Tienen un período corto de uso y durabilidad, generalmente no mayor de un ejercicio económico financiero, por cuanto tienden a desaparecer al primer uso, muestran un rápido desgaste o deterioro y experimentan una pérdida posterior, frecuente e inevitable, 2. Pierden sus características de identidad al ser aplicados o transformados en otros, tal es el caso de los artículos que al colocarlos, agregarlos, aplicarlos a otros o al transformarlos desaparecen como unidad o materia independiente; así como el de los materiales de construcción y el de

3. Los bienes adquiridos con la finalidad de ser donados de forma inmediata.
4. Los bienes adquiridos en ejecución de norma expresa, en cumplimiento de fines institucionales, con el fin de ser enajenados a terceros.

Ahora bien, respecto de esta última enumeración, pareciera que entra en contradicción con el concepto de patrimonio público previsto en la Ley contra la Corrupción, que considera como tales a aquellos que "por cualquier título" le correspondan a los órganos y entes del sector público, sin realizar distinciones sobre el uso o la finalidad de estos. No obstante, pensamos que, ante la duda el órgano de control fiscal deberá acudir a los principios para resolver conflictos entre normas jurídicas –1. Se aplica con preferencia la ley superior jerárquicamente, 2. Se aplica con preferencia la norma posterior en relación con la ley anterior, y 3. Se aplica la norma especial con relación a la ley general– caso en el cual debería prevalecer la Ley Orgánica de Bienes Públicos respecto de la Ley contra la Corrupción por ser una ley con superioridad jerárquica y especialidad en materia de bienes públicos.

Así pues, entendemos que los conceptos de "patrimonio público" y "bienes públicos" de acuerdo con el legislador venezolano, parten de una misma idea: el órgano al que pertenecen los bienes, recursos, derechos, etc. Si éstos pertenecen a un órgano o ente público, son bienes públicos y, en consecuencia, patrimonio público.

Pero además, cada concepto tiene sus propios elementos, la noción de patrimonio público prevista en la Ley contra la Corrupción alude a la gestión correcta de los recursos del Estado y en atención de ello, incorpora dentro del concepto los recursos entregados a particulares por órganos y entes del

---

los cauchos, baterías y similares, que al colocarlos forman parte del vehículo, y 3. Materiales y suministros cuyos costos unitarios relativamente bajos, no cumplen con las características definidas anteriormente. Se imputan por la partida presupuestaria 4.02.00.00.00. *Vid.* Clasificador presupuestario de recursos y egresos aplicable a los órganos y entes del sector público (G.O. N° 6.682, extraordinario de 30-12-2021).

sector público mediante transferencias, aportes, subsidios, contribuciones o alguna otra modalidad similar para el cumplimiento de finalidades de interés público o utilidad pública -patrimonio público en atención al fin que persiguen- mientras que la Ley Orgánica de Bienes Públicos se centra en la titularidad de los bienes, razón por la que incluye los bienes sin dueño.

Respecto a los supuestos de determinación de responsabilidad administrativa -que se estudiarán más adelante- consideramos que cuando se haga referencia a patrimonio público se debe atender a lo previsto en la Ley contra la Corrupción, mientras que cuando se trate de bienes públicos se deberán revisar las disposiciones de la Ley Orgánica de Bienes Públicos.

C. Delimitación en la jurisprudencia

Visto que la Ley contra la Corrupción y la Ley Orgánica de Bienes Públicos presentan un distinto alcance sobre los términos "patrimonio público" y "bienes públicos", estimamos necesario realizar una revisión de los criterios judiciales existentes en torno al tema, con miras a determinar si la jurisprudencia coincide o no con el legislador.

Así, referimos en primer lugar, la sentencia N° 2009-1930 del 11-11-2009, en la que, la Corte Segunda de lo Contencioso hace suyo el concepto de patrimonio público que presenta Carrillo Ballesteros y considera que:

> La noción de patrimonio público se incluyen (sic) bienes, derechos, intereses, y obligaciones del Estado, lo cual involucra responsabilidades y deberes. Entiende por patrimonio público la totalidad de bienes, derechos y obligaciones de lo que el Estado es propietario, que sirven para el cumplimiento de sus atribuciones conforme a la legislación positiva, su protección busca que los recursos del Estado sean administrados de manera eficiente y responsable, conforme lo disponen las normas presupuestales. La regulación legal de la defensa del patrimonio tiene una finalidad garantista que asegura la protección normativa de los intereses colectivos, en consecuencia toda la actividad pública está sometida a dicho

control, la cual, si afecta el patrimonio público u otros derechos colectivos podrá ser objeto de análisis judicial[90].

Esta definición es reseñada por la Corte Segunda de lo Contencioso Administrativa en sentencias N° 2010-922 del 14-07-2010; 2011-1185 del 03-08-2011; 2012-0468 del 19-03-2012 y 2014-0448 del 24-03-2014, pero, además, es recogida por los Juzgados Superiores Estadales de la Jurisdicción Contencioso Administrativa -anteriormente denominados Juzgados Superiores de lo Contencioso Administrativo-, como se aprecia en las sentencias dictadas por el Juzgado Superior Contencioso Administrativo de la Circunscripción Judicial del Estado Aragua el 24-05-2011 y el 26-04-2012.

Se observa que los tribunales de la jurisdicción contencioso-administrativa no distinguen las nociones de patrimonio público y bienes públicos, sino que, por el contrario, consideran que los bienes públicos se encuentran comprendidos dentro del patrimonio público. Esta interpretación coincide parcialmente con la definición del legislador y es que si un bien pertenece a un órgano o ente público es un bien público y, en consecuencia, patrimonio público.

No obstante, recordemos que, tanto la Ley contra la Corrupción como la Ley Orgánica de Bienes Públicos ha incorporado otros matices a los términos "patrimonio público" y "bienes públicos" que deben ser tomados en consideración al momento de determinar la responsabilidad administrativa de un sujeto.

---

[90] Jesús María Carrillo Ballesteros, "Del patrimonio público una aproximación al concepto y a su contenido", *Prolegómenos. Derechos y Valores*, vol. IX, N° 17 (2006): 25. Como un hecho a destacar indicamos que el autor Carrillo Ballesteros es investigador de la Universidad Militar Nueva Granada (Cundinamarca, Colombia). La Corte Segunda de lo Contencioso Administrativo, asume un concepto de patrimonio público de la doctrina extranjera y en su construcción jurisprudencial no hace referencia a la doctrina y/o legislación venezolana.

D. Del patrimonio público entregado a particulares para el cumplimiento de finalidades de interés o utilidad pública

La Ley contra la Corrupción incluye dentro del concepto de patrimonio público aquellos recursos entregados a particulares por órganos y entes del sector público mediante transferencias, aportes, subsidios, contribuciones o alguna otra modalidad similar para el cumplimiento de finalidades de interés o utilidad pública, hasta que se demuestre el logro de dichas finalidades. Esta noción puede resultar ambigua y en algunos casos generar confusiones respecto a lo que debe y no debe considerarse como patrimonio público, sobre todo en casos de recursos que sean administrados por particulares que no ejercen potestades públicas, que no poseen ninguna relación jerárquica o de dependencia con un órgano o ente del sector público, ni se encuentren destinados a finalidades de interés público o utilizad pública, razón por la que estimamos pertinente su delimitación.

Lo primero que debemos señalar es que no existe en Venezuela una disposición de rango legal que defina o delimite lo que debe entenderse como transferencia, aporte, subsidio o contribución para efectos del control y vigilancia de los órganos de control fiscal. Existen algunas disposiciones específicas como la Ley sobre prácticas desleales del comercio internacional[91] o el Reglamento sobre el otorgamiento de subvenciones a los planteles privados inscritos en el Ministerio de Educación[92],

[91] G.O. N° 4.441, extraordinario de 18-06-1992. En su artículo 2.13 define el subsidio como "cualquier contribución financiera, prima, ayuda, forma de subvención o premio establecido por un gobierno o un organismo público o mixto, existente en un país extranjero, o cualquier forma de sostenimiento de los ingresos o de los precios, mediante los cuales se otorgue una ventaja a determinadas empresas o ramas de la producción, adicional a las existentes para otras empresas o ramas de la producción".

[92] G.O. N° 34.386 de 11-01-1990. En su artículo 2 define la subvención como "la ayuda, permanente u ocasional, debidamente justificada, que el Ejecutivo Nacional concede a planteles privados inscritos en el Ministerio de Educación" que cumplan con los requisitos establecidos en dicho reglamento.

que contienen conceptos de subsidio y subvención, respectivamente, a efectos de su aplicación, pero –al menos para el caso de la Ley sobre prácticas desleales del comercio internacional– que no resultarían completamente aplicables para delimitar el concepto de patrimonio público previsto en la Ley contra la Corrupción.

El Reglamento de la Ley Orgánica de la Contraloría General de la República y del Sistema Nacional de Control Fiscal[93] contiene algunas disposiciones que deben tomarse en consideración para el otorgamiento de subsidios, aportes, transferencias o incentivos fiscales a personas naturales o jurídicas. El reglamento indica que las máximas autoridades de los órganos y entes del sector público deberán celebrar convenios, contratos, negocios u otras operaciones con los sujetos que reciban los recursos públicos. Estos documentos establecerán como mínimo: 1. El destino de los recursos otorgados, 2. La oportunidad, forma y autoridad ante la cual se informará sobre la utilización de dichos recursos, y 3. La obligación de manejarlos mediante instrumentos financieros separados de aquéllos utilizados para el manejo de los recursos propios y los provenientes de entes privados (art. 33).

Llama la atención que el contenido del acuerdo deberá establecer de forma expresa el destino de los recursos otorgados. Consideramos que este elemento –en atención a lo previsto en la Ley contra la Corrupción– ayudaría a determinar que los recursos públicos asignados a un particular tengan una finalidad o utilidad pública. Sin embargo, debemos destacar que la ausencia de una definición legal de subsidios, aportes, otras transferencias o incentivos fiscales para efectos del seguimiento que ejercen los órganos de control fiscal y de su competencia para declarar la responsabilidad administrativa de los particulares que administren, manejen o custodien patrimonio público[94], incide al momento de determinar qué se debe conside-

---

93 G.O. N° 39.240 de 26-05-2009.

94 Consideramos que los recursos asignados a los particulares deben ser denominados patrimonio público, puesto que éste es el término utilizado en la Ley contra la Corrupción.

rar o no patrimonio público y hasta dónde llega la potestad de actuación de dichos órganos sobre los particulares.

Los parámetros que coloca la Ley contra la Corrupción son: que los recursos que reciba el particular sean destinados al cumplimiento de finalidades de interés o utilidad pública y que no hayan cumplido la finalidad para la cual fueron asignados. Es decir, la Ley utiliza dos conceptos jurídicos indeterminados "interés público" y "utilidad pública" para establecer cuándo un recurso que sea asignado por un órgano o ente público a un particular deba ser considerado patrimonio público o no.

Si bien la técnica de los conceptos jurídicos indeterminados parte de la idea que frente a ciertos términos previstos en el ordenamiento jurídico –por ejemplo, "interés público" y "utilidad pública"– no existe libre elección del órgano encargado de aplicar la Ley, sino que sólo admite una solución justa[95], hemos podido encontrar algunos criterios contradictorios de la Contraloría General de la República donde pareciera existir una errónea interpretación de los términos "interés público" y "utilidad pública".

El primero de ellos lo encontramos en el memorando 04-00-690 del 14-11-2012[96] en el que se analizó la naturaleza de los recursos administrados por la Caja de Ahorro de los Trabajadores y Trabajadoras del Banco de Desarrollo de la Mujer. Esta institución es una asociación civil sin fines de lucro, con personalidad jurídica y patrimonio propio que obtiene sus ingresos principalmente de dos fuentes: 1. Los aportes de los trabajadores asociados que consisten en un porcentaje de su salario, que es descontado de la nómina de pago y enterado a la asociación

---

95 Allan Brewer-Carías, "Algunos aspectos del control judicial de la discrecionalidad en Venezuela", *Revista Electrónica de Derecho Administrativo Venezolano*, N° 8 (2016): 131.

96 Contraloría General de la República Bolivariana de Venezuela, *Dictámenes de la Dirección General de los Servicios Jurídicos 2011-2012* (Caracas: Dirección de Comunicación Corporativa, 2014): 28-31.

por parte del empleador, y 2. El aporte del patrono o empleador[97].

La Contraloría General de la República en el mencionado memorando consideró que ambos aportes –del trabajador y del empleador– eran patrimonio público al estimar que el salario de los trabajadores es patrimonio público por provenir del presupuesto del Banco de Desarrollo de la Mujer –en su condición de patrono o empleador– y que la condición de patrimonio público se pierde "solo cuando pasan a formar parte de las cuentas personales e individuales de los asociados"[98].

La consecuencia de la afirmación hecha por la Contraloría General de la República es que la totalidad de los recursos que administra la Caja de Ahorro de los Trabajadores y Trabajadoras del Banco de Desarrollo de la Mujer se encuentran sujetos al control, vigilancia, inspección y fiscalización de los órganos de control fiscal, concretamente la Unidad de Auditoría Interna de del Banco de Desarrollo de la Mujer.

Sin embargo, el parámetro que coloca la Ley contra la Corrupción para determinar si los recursos otorgados a un particular son patrimonio público, es que los mismos sean destinados a finalidades de interés o utilidad pública, perdiendo tal carácter cuando cumplen el fin para el cual estaban destinados. Si atendemos a estos parámetros consideramos, que, mal podría entender la Contraloría General de la República que la totalidad de los aportes de la Caja de Ahorro de los Trabajadores y Trabajadoras del Banco de Desarrollo de la Mujer, y más concretamente los aportes que derivan del salario de los trabajadores, deban considerarse patrimonio público.

Siguiendo el concepto de patrimonio público de la Ley contra la Corrupción, somos del criterio que los recursos del Banco de Desarrollo de la Mujer que hayan sido destinados al pago de sueldos y salarios, perderán su carácter de públicos

---

97 Ley de Cajas de Ahorro, Fondos de Ahorro y Asociaciones de Ahorro similares (G.O. N° 39.553 de 16-11-2010), artículo 3.

98 Contraloría General de la República Bolivariana de Venezuela, *Dictámenes de la Dirección General de los Servicios Jurídicos* 2011-2012, 31.

una vez que cumplan su fin; es decir, cuando se efectúe el pago al trabajador por concepto de sus servicios prestados a la institución; pudiendo éste hacer con dichos fondos lo que quisiera, ya sea destinar una parte al ahorro y por tanto que sea acreditado a la Caja de Ahorro de los Trabajadores y Trabajadoras del Banco de Desarrollo de la Mujer, o darle un uso distinto.

De allí que, el aporte que efectúe el trabajador a la Caja de Ahorros no puede considerarse patrimonio público, aun cuando les corresponda a las autoridades del Banco de Desarrollo de la Mujer enterarlo y transferirlo a las cuentas de la Caja de Ahorro de los Trabajadores y Trabajadoras del Banco de Desarrollo de la Mujer. Dichos recursos –los aportes del trabajador– tendrán carácter privado desde el momento en el cual se acreditan como pago al trabajador por sus servicios prestados, y, la decisión del trabajador de destinar parte de su salario al ahorro no le debe otorgar el carácter de patrimonio público, a pesar de que el Banco de Desarrollo de la Mujer por razones operativas sea el encargado de efectuar el descuento del salario del empleado y entregarlo a la caja de ahorros.

La discusión que se presenta no constituye un baladí, puesto que dependiendo de la interpretación que se dé al concepto de patrimonio público de la Ley contra la Corrupción, la competencia de los órganos de control fiscal para determinar la responsabilidad administrativa de los particulares puede variar.

De acuerdo al criterio expuesto en el memorando 04-00-690, la Contraloría General de la República podría declarar responsabilidad administrativa por manejo inadecuado de la totalidad de los recursos que administra, maneja o custodia la Caja de Ahorro de los Trabajadores y Trabajadoras del Banco de Desarrollo de la Mujer; sin embargo, si se efectúa una interpretación más restrictiva del término patrimonio público –como el expuesto en líneas anteriores– la responsabilidad sólo procedería por inadecuada administración, manejo o custodia de los recursos que el Banco de Desarrollo de la Mujer entregue a la Caja de Ahorro en su condición de patrono –aporte patronal– desde el momento que son recibidos en la cuenta de la asociación civil hasta el momento en el cual el trabajador decida disponer de dichos recursos[99].

El segundo criterio lo encontramos en el memorándum 04-02-18 del 15-01-2001, en el cual la Contraloría General de la República analiza la naturaleza de los recursos administrados por el Fondo Especial de Jubilaciones y Pensiones del Personal Obrero del Gobierno del Distrito Federal. En esta oportunidad consideró que la totalidad de los recursos del fondo (50 % que corresponde a los aportes de los trabajadores y 50 % que corresponde al aporte del gobierno del Distrito Federal) son patrimonio público, en virtud que el aporte que efectúa el trabajador corresponde a una contribución de carácter público y de naturaleza tributaria, específicamente una contribución especial parafiscal.

Aquí se asumió que el aporte que efectúan los trabajadores al Fondo Especial de Jubilaciones y Pensiones del Personal Obrero del Gobierno del Distrito Federal debía considerarse fondos públicos por el hecho que los mismos eran contribuciones a la seguridad social que poseen naturaleza tributaria[100]. En este caso, nos parece acertado el criterio de la Contraloría General de la República, puesto que, si bien son recursos que provienen del patrimonio personal y particular del funcionario o empleado –su sueldo o salario–, la legislación les otorga a dichos aportes una calificación especial que no puede realizarse de forma voluntaria –como ocurre con los aportes de las

---

99 La Ley de Cajas de Ahorro, Fondos de Ahorro y Asociaciones de Ahorro similares, dispone que aquellos sujetos que dejen de pertenecer a las cajas de ahorro, fondos de ahorro y asociaciones de ahorro similares -ejemplo, el trabajador que deje de prestar sus servicios en el Banco o que decida retirarse voluntariamente de la caja de ahorros- tendrán derecho a que se les reintegre los recursos que tenga disponibles del aparte patronal y del empleado más la parte proporcional que les corresponda en los beneficios a repartir, del último ejercicio económico durante el cual fue asociado (art. 69).

100 Contraloría General de la República Bolivariana de Venezuela, *Dictámenes de la Dirección General de los Servicios Jurídicos* 2001-2002 (Caracas: Dirección de Información Técnica y Cooperación, 2009): 46-52.

Cajas de Ahorro–, sino que es una contribución que debe realizarse de forma obligatoria[101].

Entendemos que el concepto de patrimonio público de la Ley contra la Corrupción en lo que se refiere a los recursos que son entregados a particulares, debe ser interpretado en forma restrictiva, atendiendo a los parámetros concretos que otorga la Ley, es decir, que los recursos sean destinados al cumplimiento de finalidades de interés o utilidad públicos. Concibiendo que tales recursos dejarán de considerarse patrimonio público cuando cumplan el fin para el cual fueron destinados. No atender a estos parámetros podría ocasionar un ejercicio abusivo de las potestades de investigación y sanción de los órganos de control fiscal sobre los particulares, pudiendo desnaturalizar la función de estos.

Por lo anterior, se concluye que el ámbito objetivo de la responsabilidad administrativa se circunscribe al manejo adecuado del patrimonio y los bienes públicos, conceptos que han sido debidamente delimitados por el legislador y la jurisprudencia y que en supuestos determinados faculta a los órganos de control fiscal para ejercer sus potestades de investigación y sanción sobre particulares.

2. De los sujetos que pueden ser declarados responsables

El segundo de los elementos que debemos considerar para comprender el alcance de la responsabilidad administrativa está relacionado con los sujetos a los cuales puede declarársele dicha responsabilidad.

---

[101] Actualmente los artículos 109 y 110 de la Ley Orgánica del Sistema de Seguridad Social establecen: Artículo 109: "Toda persona, de acuerdo a sus ingresos, está obligada a cotizar para el financiamiento del Sistema de Seguridad Social, según lo establecido en esta Ley y en las leyes de los regímenes prestacionales". Artículo 110: "Las cotizaciones, constituyen contribuciones especiales obligatorias, cuyo régimen queda sujeto a la presente Ley y a la normativa del Sistema Tributario con excepción a las correspondientes al Régimen Prestacional de Vivienda y Hábitat, las cuales estarán sometidas a la ley especial que rige la materia y demás normativas aplicables". G.O. N° 39.912 de 30-04-2012.

La LOCGRSNCF señala que los funcionarios, empleados y obreros que presten servicios en órganos o entes del Estado y los particulares -personas naturales o jurídicas- que administren, manejen o custodien recursos de cualquier tipo, afectados al cumplimiento de finalidades de interés público, podrán ver comprometida su responsabilidad por hechos, actos u omisiones contrarios a una norma expresa en los que incurran con ocasión al desempeño de sus funciones (art. 82). Conviene precisar, entonces, el contenido y alcance de cada uno de estos términos.

A. Los funcionarios públicos

Los primeros sujetos que menciona la Ley son los funcionarios públicos. La Ley del Estatuto de la Función Pública[102] considera funcionario público a: 1. Toda persona natural, 2. Designada en virtud de un nombramiento expedido por la autoridad competente, 3. Que desempeñe una función pública remunerada con carácter permanente (art. 3).

La Sala Político-Administrativa en sentencia N° 2416 de 30-10-2001 afirmó que funcionario público:

> [E]s quien cumple la función pública, la persona física que ejecuta las generalidades y particularidades del servicio; en otras palabras, es un agente del Estado (en sentido lato) provisto de autoridad para el ejercicio de determinadas funciones; participa permanente o accidentalmente del ejercicio de la función pública, bien por elección popular o por nombramiento de la autoridad pública competente, en tal sentido, con su acción opera en representación del órgano público al cual está adscrito, expresa la voluntad de éste[103].

De acuerdo con la Ley del Estatuto de la Función Pública los funcionarios públicos se clasifican en: 1. Funcionarios de carrera y 2. Funcionarios de libre nombramiento y remoción. Los primeros serán aquellos que habiendo ganado concurso público y superado el periodo de prueba, presten servicios

---

[102] G.O. N° 37.522 de 6 septiembre de 2002.

[103] Hadel Mostasfá Paolini (compilador), *Compilación de la Doctrina de la Sala Politicoadministrativa: Contencioso Administrativo*, vol. I (Caracas: Tribunal Supremo de Justicia, 2009): 930.

remunerado y con carácter permanente, en virtud de nombramiento expedido por la autoridad competente. Mientras que los segundos serán aquellos nombrados y removidos libremente de sus cargos sin otras limitaciones que las establecidas en la Ley; éstos a su vez se clasifican en funcionarios que ocupan cargos de alto nivel o de confianza (arts. 20 y 21)[104].

Peña Colmenares advierte que a los fines de la determinación de los sujetos a los que se le puede declarar responsabilidad administrativa, debe acotarse la definición y clasificación legal de funcionarios públicos contenida en la Ley del Estatuto de la Función Pública, entendiendo que sólo podrá declararse la responsabilidad administrativa de aquellos que ejerzan funciones de administración, manejo o custodia de bienes públicos o patrimonio público –independientemente de si se trata de un funcionario de carrera o de libre nombramiento y remoción–, por lo que será un grupo reducido de funcionarios públicos a los cuales se le podrá declarar responsabilidad administrativa[105]. Sin embargo, la Ley contra la Corrupción amplía el concepto de funcionario público de la Ley del Estatuto de la

---

[104] Son cargos de alto nivel: 1. Vicepresidente Ejecutivo, 2. Ministros, 3. Jefes de oficinas nacionales o sus equivalentes, 4. Comisionados presidenciales, 5. Viceministros, 6. Directores generales y funcionarios de similar jerarquía al servicio de la Presidencia de la República, Vicepresidencia Ejecutiva y Ministerios, 7. Los miembros de las juntas directivas de los institutos autónomos nacionales, 8. Directores generales, directores y demás funcionarios de similar jerarquía en los institutos autónomos, 9. Registradores y notarios públicos, 10. Secretario general de gobierno de los estados, 11. Directores generales sectoriales de las gobernaciones, directores de las alcaldías y otros cargos de la misma jerarquía, 12. Máximas autoridades de los institutos autónomos estadales y municipales, así como sus directores y funcionarios de similar jerarquía. Son cargos de confianza aquellos cuyas funciones requieren un alto grado de confidencialidad en los despachos de las máximas autoridades de la Administración Pública, de los viceministros, de los directores generales o sus equivalentes. También se considerarán cargos de confianza aquéllos cuyas funciones comprendan principalmente actividades de seguridad del Estado, de fiscalización e inspección, rentas, aduanas, control de extranjeros y fronteras, sin perjuicio de lo establecido en la ley.

[105] Peña Colmenares, *El régimen de la responsabilidad administrativa*, 133-134.

Función Pública, para incorporar a otras categorías de sujetos que prestan sus servicios en los órganos y entes públicos.

Según la Ley contra la Corrupción son funcionarios o empleados públicos a los efectos de su aplicación (art. 3):

> 1. Las personas que estén investidas de funciones públicas, permanentes o transitorias, remuneradas o gratuitas, originadas por elección, por nombramiento o contrato otorgado por la autoridad competente, al servicio de la República, de los estados, de los territorios y dependencias federales, de los distritos, de los distritos metropolitanos o de los municipios, de los institutos autónomos nacionales, estadales, distritales y municipales, de las universidades públicas, del Banco Central de Venezuela o de cualesquiera de los órganos o entes que ejercen el Poder Público.
> 2. Las directoras, directores, administradoras y administradores de las sociedades civiles y mercantiles, fundaciones, asociaciones civiles y demás instituciones constituidas con recursos públicos o dirigidas por algunas de las personas a que se refiere el artículo 4 de esta Ley, o cuando la totalidad de los aportes presupuestarios o contribuciones en un ejercicio proveniente de una o varias de estas personas represente el cincuenta por ciento (50%) o más de su presupuesto o patrimonio; y las o los directores nombrados en representación de dichos órganos y entes, aun cuando la participación fuere inferior al cincuenta por ciento (50%) del capital o patrimonio.
> 3. Cualquier otra persona en los casos previstos en esta Ley.
>
> Asimismo, a los fines de esta Ley, deben considerarse como directoras, directores, administradoras y administradores, quienes desempeñen funciones tales como:
>
> 1. Directivas, gerenciales, supervisoras, contraloras y auditoras.
> 2. Participen con voz y voto en comités de: compras, licitaciones, contratos, negocios, donaciones o de cualquier otra naturaleza, cuya actuación pueda comprometer el patrimonio público.
> 3. Manejen o custodien almacenes, talleres, depósitos y, en general, decidan sobre la recepción, suministro y entrega de bienes muebles del órgano u ente, para su consumo.
> 4. Movilicen fondos del órgano u ente depositados en cuentas bancarias.

5. Representen al órgano u ente con autoridad para comprometer a la entidad.
6. Adquieran compromisos en nombre del órgano u ente o autoricen los pagos correspondientes.
7. Dicten actos que incidan en la esfera de los derechos u obligaciones de los particulares o en las atribuciones y deberes del Estado.

Ahora bien, conviene preguntarse si la definición de funcionario público de la Ley contra la Corrupción resulta aplicable a efectos de la determinación de responsabilidad administrativa, ello en virtud que dicha Ley, cuando hace referencia al término, señala que la definición que contiene se emplea "sin perjuicio de lo que disponga la Ley que establezca el Estatuto de la Función Pública" a los efectos de su aplicación; con lo cual una primera interpretación pudiera llevarnos a afirmar que el concepto de funcionario público de la Ley contra la Corrupción solo aplica para sí misma y no es extensible a otros regímenes jurídicos.

No obstante, la propia Ley contra la Corrupción se encarga de disipar esa duda al establecer que la Contraloría General de la República tiene la competencia para investigar y fiscalizar todos los actos que tengan relación con el patrimonio público, de conformidad con lo establecido en la LOCGRSNCF pudiendo realizar las averiguaciones que crea necesarias en los órganos y entes que se encuentran bajo el ámbito de aplicación de la Ley contra la Corrupción. Igualmente establece que, cuando la Contraloría General de la República determine la responsabilidad administrativa de un funcionario público de conformidad con la Ley contra la Corrupción, remitirá al Ministerio Público el resultado de sus actuaciones para que éste ejerza las acciones correspondientes (arts. 46, 48 y 49).

Debemos considerar que, a efectos de la determinación de la responsabilidad administrativa, hay que atender a los conceptos de funcionario público previstos en la Ley del Estatuto de la Función Pública y la Ley contra la Corrupción. Esta última contiene una definición de funcionario público que incorpora en esa categoría a directores y administradores de los órganos y entes del sector público, incluyendo a cualquier otro sujeto que aún y cuando no tengan la denominación formal de administrador o director estén vinculados a la administración y custodia del patrimonio público.

B. Los empleados públicos

Una segunda categoría de sujetos mencionada en la LOCGRSNCF son los empleados públicos, advirtiendo que no existe una definición legal autónoma del término. La Ley Orgánica del Trabajo del año 2011 –ya derogada– definía como empleado –sin el calificativo de "público" y para efectos de su aplicación – al trabajador en cuya labor predomine el esfuerzo intelectual o no manual[106]. Sin embargo, la Ley Orgánica el Trabajo, los Trabajadores y las Trabajadoras[107] –que deroga la anterior– omite el término y la definición de empleado y utiliza los términos trabajador dependiente y no dependiente, con lo cual, no existe actualmente a nivel normativo ningún elemento que nos permita conocer lo que debe entenderse como empleado público, ni cuáles sujetos se encuentran comprendidos en el mismo.

Lo que se ha podido observar es que en algunas ocasiones el término empleado público es utilizado –incluso por el legislador– como sinónimo de funcionario público. Por ejemplo, la Ley contra la Corrupción cuando define el término funcionario público expresa que sin perjuicio de lo que disponga la Ley que establezca el Estatuto de la Función Pública se consideran "funcionarios o empleados públicos" a los sujetos que indicábamos en el apartado anterior (art. 3). Igualmente la Ley Orgánica del Trabajo, los Trabajadores y las Trabajadoras, cuando establece el régimen de prestaciones sociales, indica que los "funcionarios o empleados públicos nacionales, estadales o municipales", se regirán por lo dispuesto en dicha Ley (art. 146).

Lo anterior ha generado que Lares Martínez afirme que en Venezuela carece de interés práctico la distinción entre funcionarios y empleados públicos, puesto que ambas expresiones

---

106 G.O. N° 6.024, extraordinario de 06-05-2011, artículo 41.

107 G.O. N° 6.067, extraordinario de 07-05-2012.

se utilizan en el ordenamiento jurídico venezolano como equivalentes[108]. No obstante, tanto la Contraloría General de la República como los Juzgados Nacionales de lo Contencioso Administrativo -anteriores Cortes de lo Contencioso Administrativo- han intentado elaborar una distinción entre ambos términos incluyendo dentro de la categoría de "empleado público" al personal que presta sus servicios a los órganos y entes del sector público como contratado.

La Contraloría General de la República en memorando 04-00-791 del 08-11-2007, partiendo de la definición de funcionario o empleado público prevista en la Ley contra la Corrupción consideró que en ella se incluyen a los que ejercen funciones públicas como contratados al servicio de la República[109]. Un criterio similar fue asumido por la Corte Segunda de lo Contencioso Administrativo en sentencia 2012-A-0041 del 25-10-2012[110] donde se analizó la naturaleza del cargo de un sujeto que ingresó al Parlamento Nacional bajo la figura de contratado, para prestar sus servicios como asesor de contabilidad y que posteriormente se desempeñó como encargado de la División de Contabilidad. La Contraloría Interna del Parlamento Nacional declaró la responsabilidad administrativa del sujeto por la supuesta negligencia en la guarda y custodia de unos cheques que se encontraban en custodia de la División de Habilitaduría y la División de Contabilidad del Parlamento y dicho

---

108 Eloy Lares Martínez, *Manual de derecho administrativo*, XIII edición (Caracas: Sucesión de Eloy Lares Martínez y la Facultad de Ciencias Jurídicas y Políticas de la Universidad Central de Venezuela, 2010): 372. Para el autor ofrece mayor interés diferenciar los agentes o servidores públicos de la Administración, de los agentes o servidores privados de la misma. En su criterio, los agentes de la Administración son los funcionarios o empleados públicos que se encuentran vinculados a la Administración por nexos de derecho público, mientras que los agentes privados están ligados a la Administración por nexos de derecho privado. La LOCGRSNCF, no hace uso del término "agente", sino que separa funcionario público de empleados, obreros y particulares.

109 Contraloría General de la República Bolivariana de Venezuela, *Dictámenes de la Dirección General de los Servicios Jurídicos* 2007-2008 (Caracas: Dirección de Comunicación Corporativa, 2012): 51-56.

110 Alejandro Soto Villasmil y Emilio Ramos González, *Investigación Contraloría* (Caracas: Ediciones COFAE, 2013): 116-119.

sujeto argumentó en su defensa -ante la Corte Segunda- que para la fecha de ocurrencia de los hechos era personal contratado.

En este caso, la Corte Segunda de lo Contencioso Administrativo consideró que los órganos de control fiscal pueden iniciar averiguaciones para determinar la responsabilidad administrativa por actos u omisiones de funcionarios o empleados públicos, "ya sea bajo la figura de contratados", cuando dichos actos u omisiones generen un detrimento de los intereses del Estado con ocasión al desempeño de sus funciones. Para la Corte, la responsabilidad administrativa se dirige a tutelar el correcto desarrollo de la función administrativa, así como el patrimonio público en favor de los ciudadanos y las instituciones en general, lo que tiene como fin último que los servidores del Estado "sea cual sea su relación" se desempeñen con apego a la legalidad, la honradez, lealtad, imparcialidad y eficiencia en el servicio público. Por ello, la Corte estimó que los funcionarios o empleados públicos "sea cual sea su clasificación incluyendo al personal contratado" que de alguna forma intervenga en el uso, administración y custodia del patrimonio público, deben responder por los hechos u omisiones considerados como supuestos generadores de responsabilidad administrativa[111].

Observamos como la Contraloría General de la República y la Corte Segunda de lo Contencioso Administrativo equiparan los términos funcionario público y empleado público, pero además incluyen dentro del mismo a aquellos contratados que prestan sus servicios a los órganos y entes del sector público, pudiendo declararse la responsabilidad administrativa sobre éstos cuando ejerzan funciones de administración, manejo o custodia de patrimonio público e incurran en alguno de los supuestos generadores de dicha responsabilidad.

A pesar de lo que ha entendido la Contraloría General de la República y la Corte Segunda de lo Contencioso Administrativo, advertimos que, de acuerdo con la Ley del Estatuto de la

[111] Ibid., 118-119.

Función Pública (art. 37), la contratación de personal deberá realizarse en aquellos casos en los que se requiera personal altamente calificado para realizar tareas específicas y por tiempo determinado, prohibiendo de forma expresa la contratación de personal para realizar funciones correspondientes a los cargos previstos en dicha Ley.

Si atendemos a los dispuesto en la Ley del Estatuto de la Función Pública respecto al personal contratado y aceptamos los criterios de la Contraloría General de la República y la Corte Segunda de lo Contencioso Administrativo, deberíamos entender que en casos excepcionales se podrá declarar la responsabilidad administrativa del personal contratado y que para ello se debe verificar la presencia de los elementos necesarios para la procedencia de dicha responsabilidad –entre otros, que ejerzan funciones de administración, manejo o custodia de patrimonio público e incurran en alguno de los supuestos generadores de dicha responsabilidad– es decir, no todo sujeto que preste sus servicios como contratado de un órgano o ente del sector público deberá considerarse como un sujeto a que se le podrá declarar la responsabilidad administrativa.

C. Los obreros

Una tercera categoría de sujetos sobre los que podrá declararse la responsabilidad administrativa es la de los obreros. Este término, al igual que el término empleado al que nos referimos en el apartado anterior, se encontraba definido en la Ley Orgánica del Trabajo del año 2011, entendiéndose por tal, al trabajador en cuya labor predomina el esfuerzo manual o material, considerándose obreros a los trabajadores que preparan o vigilan el trabajo de los demás obreros, tales como vigilantes, capataces y otros semejantes (art. 44).

Esta definición desaparece con la promulgación de la Ley Orgánica del Trabajo, los Trabajadores y las Trabajadoras y se remplaza por los términos trabajadores dependientes (art. 35)[112]

[112] Se entiende por trabajador dependiente, toda persona natural que preste servicios personales en el proceso social de trabajo bajo depen-

y no dependientes (art. 36)[113], sin embargo la Ley no deja de usar el término "obrero" en sus artículos[114], con lo cual pudiera considerarse válida la definición contenida en la legislación anterior.

A todo evento, Peña Colmenares aclara que la inclusión de los obreros dentro del ámbito subjetivo de la responsabilidad administrativa pudiera tener su fundamento en la universalización del ámbito subjetivo de misma, no obstante, se advierte que será un grupo muy reducido de obreros a los que se les podría declarar responsabilidad administrativa, puesto que para ello deberán administrar, manejar o custodiar patrimonio público o bienes públicos[115].

D. Los particulares

La última categoría de sujetos mencionada en la LOCGRSNCF, son los particulares. Quizás sea una de las categorías más interesantes, dado que es un elemento que permite diferenciar la responsabilidad administrativa de otras responsabilidades que pueden ser declaradas de forma exclusiva a los funcionarios públicos.

No existe una definición legal del término "particular" en las leyes de control fiscal a los efectos de la declaratoria de responsabilidad administrativa. Una simple interpretación en contrario nos permitirá afirmar que son aquellos que no se encuentran vinculados por una relación de dependencia o jerarquía con ningún órgano o ente del poder público, pero que en determinadas circunstancias administren, manejen o custo-

---

dencia de otra persona natural o jurídica. La prestación de su servicio debe ser remunerado.

113 Se entiende por trabajador no dependiente aquel que en el ejercicio de la actividad que realiza en el proceso social de trabajo, no depende de patrono alguno o patrona alguna.

114 En su artículo 6 señala que los obreros al servicio de los órganos y entes públicos nacionales, estadales y municipales, centralizados y descentralizados, estarán amparados y amparadas por las disposiciones de esta Ley y la de seguridad social.

115 Peña Colmenares, *El régimen de la responsabilidad administrativa*, 133-135.

dien patrimonio público afectado al cumplimiento de finalidades de interés o utilidad pública.

Peña Colmenares resalta que éste es uno de los elementos relevantes que justifican la potestad de los órganos de control fiscal para declarar la responsabilidad administrativa de los particulares; es decir, "la vinculación con el patrimonio público juega un papel fundamental para la determinación de los particulares sometidos a la responsabilidad administrativa"[116].

Dentro de esta categoría de sujetos entrarían personas naturales y jurídicas –fundaciones, sociedades, asociaciones civiles– de naturaleza privada y donde no exista ninguna vinculación de un órgano o ente del sector público, siempre y cuando administren, manejen o custodien patrimonio público afectado al cumplimiento de finalidades de interés o utilidad pública. Así lo ha reflejado la Contraloría General de la República en el memorándum 04-00-733 del 14-12-2006 cuando analizó las obligaciones que debía cumplir la Federación Venezolana de Béisbol respecto a los recursos recibidos por las instituciones del Estado. Para la Contraloría General de la República, aun cuando la Federación Venezolana de Béisbol es una asociación civil sin fines de lucro de naturaleza privada, está incluida dentro del ámbito de aplicación de la LOCGRSNCF, por recibir aportes de un instituto autónomo y por tanto obligada a establecer un sistema de control interno y a rendir cuenta de las operaciones y resultados de su gestión[117].

Según la Contraloría, la obligación de establecer sistemas de control interno y de rendir cuentas –siendo susceptible de declaratoria de responsabilidad en caso de incumplimiento de esta obligación, o cuando se configure alguno de los supuestos para la declaratoria de la responsabilidad administrativa– deriva de la necesidad de verificar que los recursos destinados al cumplimiento de finalidades públicas sean utilizados para el logro de los objetivos que fueron entregados. Se trata no sola-

---

[116] Ibid., 138.

[117] Contraloría General de la República Bolivariana de Venezuela, *Dictámenes de la Dirección General de los Servicios Jurídicos 2005-2006* (Caracas: Dirección de Información y Cooperación Técnica, 2011): 57-60.

mente de garantizar el uso adecuado de los recursos sino también la satisfacción de los derechos de los beneficiarios finales de estos recursos, que, en el caso concreto de la Federación Venezolana de Béisbol, se traduce en el desarrollo de actividades deportivas para niños, niñas, adolescentes y jóvenes[118].

Ahora bien, hay que tener claro que el control que pueden ejercer los órganos de control fiscal sobre los particulares –personas naturales o jurídicas– se limita a los recursos que les entreguen los órganos y entes del sector público, mediante transferencias, aportes, subsidios, contribuciones o alguna otra modalidad similar para el cumplimiento de finalidades de interés o utilidad pública, hasta que se demuestre el logro de dichas finalidades (concepto de patrimonio público previsto en la Ley contra la Corrupción). Y es sobre la administración, manejo y custodia de dichos recursos que se podrá verificar la existencia o no de algunos de los supuestos generadores de responsabilidad administrativa.

Los órganos de control fiscal no podrán analizar la existencia o no de algún supuesto generador de responsabilidad administrativa sobre recursos que hayan sido adquiridos por los particulares a través de otras fuentes –por ejemplo, un aporte que haya realizado otro particular– o recursos públicos que hayan sido otorgados por algún órgano o ente del sector público para un fin específico que no atienda a los criterios de interés o utilidad pública –por ejemplo, un aporte único otorgado a una persona o institución privada como premio a su trayectoria– dado que estos recursos no atenderían al concepto de patrimonio público de la Ley contra la Corrupción.

Hay que mencionar que la Contraloría General de la República en memorando 04-00-791 del 08-11-2007[119] incluyó a los particulares que administren, manejen o custodien patrimonio público recibido de algún órgano o ente del sector público, mediante transferencias, aportes, subsidios, contribuciones o

---

118 Ibid., 58.

119 Contraloría General de la República Bolivariana de Venezuela, *Dictámenes de la Dirección General de los Servicios Jurídicos* 2007-2008, 51-56.

alguna otra modalidad similar para el cumplimiento de finalidades de interés o utilidad pública, dentro del concepto de funcionarios públicos.

En esa oportunidad, la Contraloría General de la República consideró que de la Ley contra la Corrupción se evidenciaba la intención del legislador de ampliar el ámbito o efecto de la noción de funcionario público, cuando se trata de la protección del patrimonio público. Intención que –en su criterio– podía observarse, además, en la LOCGRSNCF, cuando establece que los recursos provenientes del sector público en forma de transferencias, aportes, contribuciones o alguna otra modalidad similar, pero administrados por particulares, se encuentran sometidos a un régimen de control interno, de resarcimiento y de sanción propio del sector público, concluyendo que, de esa forma se equipara a dichos particulares con los funcionarios públicos[120].

Consideramos que se trata de una interpretación que se aleja de la intención del legislador, puesto que, como hemos explicado con anterioridad, el concepto de funcionario público se encuentra claramente delimitado en la Ley del Estatuto de la Función Pública y la Ley contra la Corrupción y se trata de categorías jurídicas que traen consigo un conjunto de potestades y competencias que no pueden hacerse extensivas a los particulares que en determinado momento puedan administrar, manejar o custodiar patrimonio público afectado al cumplimiento de finalidades de interés o utilidad pública.

Los particulares –personas naturales o jurídicas– que administren, manejen o custodien patrimonio público recibido mediante transferencias, aportes, subsidios, contribuciones o alguna otra modalidad similar, para el cumplimiento de finalidades de interés o utilidad pública, pueden ver comprometida su responsabilidad frente a un órgano de control fiscal, no porque la Ley los considere funcionarios públicos, sino porque persigue garantizar que los recursos que le hayan sido transferidos sean destinados para el fin al que fueron concebidos.

---

[120] Ibid., 55.

Si se quisiera establecer una definición de "particular" basta con remitirse a las disposiciones del Código Civil que delimita quienes pueden ser considerados personas naturales y jurídicas[121] y será a estas personas a las que se les podrá declarar la responsabilidad administrativa siempre que se cumplan con los extremos de la LOCGRSNCF y de la Ley contra la Corrupción, que han sido mencionados previamente.

Así, debe entenderse entonces que en Venezuela pueden ser declarados responsables administrativamente por los órganos de control fiscal: 1. Los funcionarios públicos –de acuerdo con la definición de la Ley del Estatuto de la Función Pública y de la Ley contra la Corrupción– que ejerzan funciones de administración, manejo o custodia de bienes públicos o patrimonio público, 2. Los empleados públicos –incluido en esta categoría el personal contratado al servicio de los órganos y entes del sector público–, que, al igual que el caso anterior ejerzan funciones de administración, manejo o custodia de bienes públicos o patrimonio público, 3 Los obreros al servicio de los órganos y entes del sector público, que tengan a su cargo la administración, manejo o custodia de patrimonio público o bienes públicos, y, 4. Los particulares –personas naturales y jurídicas– que reciban recursos de algún órgano o ente del sector público, mediante transferencias, aportes, subsidios, contribuciones o alguna otra modalidad similar para el cumplimiento de finalidades de interés o utilidad pública, hasta que se demuestre el logro de dichas finalidades; siempre y cuando incurran en alguno de los supuestos generadores de responsabilidad administrativa.

---

[121] Artículo 16: "Todos los individuos de la especie humana son personas naturales" y Artículo 19: "Son personas jurídicas y, por lo tanto, capaces de obligaciones y derechos: 1. La Nación y las Entidades políticas que la componen; 2. Las iglesias, de cualquier credo que sean, las universidades y, en general, todos los seres o cuerpos morales de carácter público; 3. Las asociaciones, corporaciones y fundaciones lícitas de carácter privado. La personalidad la adquirirán con la protocolización de su acta constitutiva en la Oficina Subalterna de Registro del Departamento o Distrito en que hayan sido creadas, donde se archivará un ejemplar auténtico de sus Estatutos (...) Las sociedades civiles y las mercantiles se rigen por las disposiciones legales que les conciernen".

V. CONSECUENCIAS DE LA DECLARATORIA DE LA RESPONSABILIDAD ADMINISTRATIVA

La LOCGRSNCF otorga a los órganos de control fiscal potestades de investigación y sancionatorias. Las potestades sancionatorias que se mencionan en la Ley son: 1. Declarar la responsabilidad administrativa de los funcionarios, empleados, obreros y particulares que hayan incurrido en alguno de los supuestos generadores de responsabilidad administrativa, 2. Imponer multas en los términos previstos en la Ley, 3. Imponer las sanciones previstas en el 105 de la Ley (art. 93).

De estas potestades, es necesario diferenciar la declaratoria de responsabilidad administrativa de las sanciones que son consecuencia de esta. La LOCGRSNCF establece un único procedimiento para la determinación de la responsabilidad administrativa de un sujeto, la imposición de las sanciones correspondientes y la reparación del daño al patrimonio público. Si luego de la tramitación del procedimiento correspondiente se evidencia la configuración de alguno de los supuestos generadores de responsabilidad administrativa, los órganos de control fiscal puedan imponer las sanciones administrativas previstas en la Ley[122]. En este sentido, la declaratoria de responsabilidad administrativa es el presupuesto necesario para que los órganos de control fiscal puedan imponer las sanciones correspondientes, y ésta "constituye una consecuencia del ejercicio de la función contralora de los órganos de control fiscal"[123].

Pero, además, la LOCGRSNCF le otorga a los órganos de control fiscal la competencia para declarar la responsabilidad civil de los sujetos sometidos a su control, cuando en ejercicio de sus funciones encuentren indicios de daños al patrimonio de los órganos y entes del sector público como consecuencia de actos, hechos u omisiones contrarios a una norma legal o sublegal, al plan de organización, las políticas, normativa inter-

---

122 Peña Colmenares, *El régimen de la responsabilidad administrativa*, 107.

123 Paola Andrea Bernal Morales y Luis Guillermo Palacios Sanabria, "El control fiscal como mecanismo para la determinación de la responsabilidad administrativa en Venezuela", *Revista de Direito da Administração Pública*, vol. 1, N° 1 (2022): 290.

na, los manuales de sistemas y procedimientos que comprenden el control interno, así como por una conducta omisiva o negligente en el manejo de los recursos públicos (arts. 84 y 85).

Como señala la Ley, se trata de la responsabilidad civil que puede ser declarada por los órganos de control fiscal a sujetos que causen daños al patrimonio público, que se hace efectiva a través de la formulación de un reparo; es decir, de un acto administrativo en el que se ordena el resarcimiento de los daños causados al patrimonio público; un título ejecutorio para lograr el mencionado resarcimiento[124].

No detallaremos en esta sección la figura del reparo, puesto que esta figura será objeto de análisis en los capítulos siguientes, sin embargo, reiteramos que LOCGRSNCF establece un único procedimiento para el establecimiento de la responsabilidad administrativa y de la responsabilidad civil de aquellos sujetos que administren, manejen o custodien y que incurran en algunos de los supuestos para la declaratoria de la responsabilidad administrativa[125].

Recalcamos que, para la declaratoria de la responsabilidad administrativa de un sujeto, no se requiere la existencia de un daño al patrimonio público, simplemente deberá comprobarse la ocurrencia de alguno de los supuestos generadores de responsabilidad administrativa. Ahora bien, si además de ello se

---

124 Peña Colmenares, *El régimen de la responsabilidad administrativa*, 110.

125 Algunos autores han cuestionado esta unificación procedimental por considerar que la responsabilidad administrativa y la responsabilidad civil son dos responsabilidades distintas, que, aunque pudieran tener su origen en unos mismos hechos, su naturaleza es diferente, puesto que la primera sería sancionatoria y la segunda resarcitoria. Asimismo, advierten que, al unificar en un solo procedimiento la responsabilidad administrativa y la civil, puede darse el caso que, si el órgano de control fiscal luego de sustanciar el procedimiento correspondiente y declarar la responsabilidad administrativa de un sujeto, no le formuló el reparo -ante la existencia de un daño al patrimonio público- ya no lo puede hacer, puesto que no podrá sustanciar nuevamente un procedimiento por los mismos hechos. En este sentido, puede consultarse a Peña Colmenares, *El régimen de la responsabilidad administrativa*, 112 y Canónico Sarabia, "El reparo como forma de determinación de la responsabilidad civil", 232.

evidencia la existencia del daño al patrimonio público, el órgano de control fiscal podrá, en el mismo acto que declara la responsabilidad administrativa, formular el reparo correspondiente, y es que, como afirma Peña Colmenares:

> [L]os órganos de control fiscal no deben estar orientados en las investigaciones que realicen destinadas a determinar la responsabilidad administrativa de funcionarios o particulares, por la búsqueda del daño o perjuicio causado por la conducta presuntamente irregular de éstos, sino por intentar demostrar que se cometió la irregularidad, y que ésta encuadra en alguno de los supuestos legales de responsabilidad administrativa. Pero si en el curso de las investigaciones queda demostrado que se causó un daño o perjuicio, debe dejarse constancia de ese hecho en el expediente, especificando los efectos cualitativos y cuantitativos del daño, los cuales deberán utilizar para determinar el monto de la sanción pecuniaria[126].

Respecto a las sanciones que pueden imponerse con posterioridad a la declaratoria de responsabilidad administrativa, debemos indicar que la multa se configura como la sanción principal, y ésta puede ser impuesta por todos los órganos de control fiscal. La multa es la sanción administrativa por excelencia en el ordenamiento jurídico venezolano[127]. Se trata de la imposición de una sanción económica por la violación de una norma jurídica, o, en el caso de la responsabilidad administrativa, por incurrir en alguno de los supuestos generados de la misma.

Adicional a la multa, la LOCGRSNCF, le otorga al Contralor General de la República la competencia para imponer "de manera exclusiva y excluyente sin que medie ningún procedimiento" (art. 105) sanciones adicionales, que han sido duramente cuestionadas por la doctrina venezolana por considerarlas "un monumento a la severidad y al concepto draconiano de las sanciones"[128], también han dudado de su carácter de san-

---

[126] Peña Colmenares, "La responsabilidad administrativa en el marco del control fiscal", 203.

[127] Peña Colmenares, *El régimen de la responsabilidad administrativa*, 282.

[128] Orlando S., *La potestad inquisitiva de los órganos de control fiscal*, 146.

ciones accesorias –como suelen denominarse– para clasificarlas como sanciones principales, adicionales a la multa[129] e incluso, han cuestionado su constitucionalidad e ilegalidad[130].

Las sanciones que puede imponer "de manera exclusiva y excluyente" el Contralor General de la República son: 1. La suspensión del ejercicio del cargo sin goce de sueldo por un período no mayor de veinticuatro meses, 2. La destitución del declarado responsable, y 3. La inhabilitación para el ejercicio de funciones públicas hasta por un máximo de quince años.

En este punto no profundizaremos sobre estas sanciones, puesto que las mismas serán objeto de estudio en otros capítulos de esta obra, sin embargo, queremos resaltar –de cara a determinar la naturaleza jurídica de la responsabilidad administrativa– que las consecuencias directas e inmediatas de la declaratoria de responsabilidad administrativa de acuerdo con la LOCGRSNCF son: 1. Multa, 2. Reparo, si se comprueba la existencia de daño al patrimonio público o bienes públicos, 3. La imposición, por parte del Contralor General de la República, de las sanciones de: 3.1. Suspensión del ejercicio del cargo sin goce de sueldo por un período no mayor de veinticuatro meses, 3.2. Destitución del declarado responsable, e 3. Inhabilitación para el ejercicio de funciones públicas hasta por un máximo de quince años.

VI. NATURALEZA JURÍDICA DE LA RESPONSABILIDAD ADMINISTRATIVA EN VENEZUELA

Para poder comprender el alcance de la responsabilidad administrativa en Venezuela es necesario establecer su naturaleza jurídica. Ello ayudará a establecer, por ejemplo, si resultan aplicables, o no, los principios del derecho administrativo sancionador, y además incidirá en la forma como se aplican las

[129] Peña Colmenares, *El régimen de la responsabilidad administrativa*, 302.

[130] Carlos Luis Carrillo Artiles, "La paradójica declaratoria de constitucionalidad del artículo 105 de la Ley Orgánica de la Contraloría General de la República y del Sistema Nacional de Control Fiscal. Críticas y reparos frente al procedimiento de determinación de responsabilidad y sus inexplicables consecuencias sancionatorias", *Anuario de Derecho Público*, N° 2 (2008): 364.

reglas de la carga de la prueba en el procedimiento de determinación de responsabilidad, el alcance y procedencia de las sanciones establecidas en la Ley, o si su declaratoria excluye la aplicación de otros tipos de responsabilidad previstas en el ordenamiento jurídico venezolano. Y es que si se asume que la responsabilidad administrativa en Venezuela tiene naturaleza sancionatoria, resultarán aplicables los principios garantistas de las sanciones, mientras que, si se asume que se trata de una variante de la responsabilidad civil o resarcitoria se aplicarán los principios de dicha institución jurídica[131].

En este sentido, Turuhpial Cariello afirma que la Contraloría General de la República posee una potestad sancionatoria disciplinaria que la habilita para actuar respecto a todas las Administraciones públicas nacionales, estadales, distritales y municipales[132]. Una posición similar encontramos en la sentencia N° 2009-1415 del 11-08-2009, dictada por la Corte Segunda de lo Contencioso Administrativo con ocasión a un recurso de nulidad interpuesto contra la responsabilidad administrativa declarada por la Contraloría General del estado Amazonas a un sujeto que se desempeñaba como Director General de dicho órgano de control fiscal, y en ejercicio de sus funciones autorizó y conformó gastos sin disponer de los recursos necesarios para ello.

En esta sentencia, la Corte Segunda de lo Contencioso Administrativo concluye que la responsabilidad administrativa se encuentra directamente relacionada a la actividad del servidor público, y deriva de la relación de empleo público, siendo a través de ese vínculo –la relación de empleo público– que se debe realizar todo el análisis sobre la determinación o no de la responsabilidad administrativa de un sujeto, sin que pueda amarrarse en forma directa o inmediata a los principios de responsabilidad extracontractual del ordenamiento civil, "so

---

[131] Fernando Casana Merino, *La responsabilidad contable: Naturaleza jurídica y elementos que la integran* (Madrid: Instituto de Estudios Fiscales, 2005): 40.

[132] Héctor Turuhpial Cariello, *La actividad administrativa*, (Caracas: Centro para la Integración y el Derecho Público, 2021): 346.

pena de ignorar que los agentes no se relacionan extracontractualmente con el Estado sino que se encuentran ligados a través del nombramiento o del contrato de servicios, en general de naturaleza estatutaria"[133].

Contrarios a esta postura encontramos a Peña Colmenares y Henríquez Maionica, para quienes la responsabilidad administrativa es una manifestación de la potestad sancionatoria de los órganos de control fiscal, que se diferencia de la potestad disciplinaria. Peña Colmenares afirma que la responsabilidad administrativa se diferencia de la responsabilidad disciplinaria, por tres motivos: 1. Que el ámbito de aplicación de la responsabilidad administrativa no se reduce a los funcionarios públicos, 2. Que los deberes violados por el sujeto declarado responsable están relacionados a la administración, manejo o custodia de bienes públicos o patrimonio público, y 3. Porque los funcionarios públicos a quienes se les declare la responsabilidad administrativa, también podrán ser sujetos de responsabilidad disciplinaria cuando violen deberes comunes de todos los funcionarios públicos[134].

Bajo argumentos similares Henríquez Maionica afirma que la responsabilidad administrativa tiene naturaleza sancionatoria porque su fundamento y fin es el ejercicio de un poder de imperio dirigido a la preservación del ordenamiento jurídico administrativo y el alcance de determinado cometido de interés general; diferenciándola de la potestad disciplinaria en el hecho que esta última busca la represión de actuaciones contrarias a la conducta debida dentro de determinada estructura organizativa de servicio, o bien en el marco de una relación jurídica concreta[135].

Ahora bien, para poder comprender la naturaleza jurídica de la responsabilidad administrativa en Venezuela es necesario revisar los elementos que la definen y que han sido comenta-

---

133 Soto Villasmil y Ramos González, *Investigación Contraloría*, 121.

134 Peña Colmenares, *El régimen de la responsabilidad administrativa*, 105.

135 Giancarlo Henríquez Maionica, "La suspensión administrativa de los funcionarios de elección popular", *Cuadernos unimetanos*, N° 11 (2007): 221.

dos en los apartados anteriores, a saber: objeto protegido, los sujetos que pueden ser declarados responsables, el órgano que declara la responsabilidad y las consecuencias de esta, entre otros elementos. Así tenemos que:

Primero. La responsabilidad administrativa puede ser declarada a funcionarios, empleados –incluido el personal contratado del sector público– y obreros al servicio del Estado, pero, además, a los particulares que administren, manejen o custodien patrimonio público. Este elemento subjetivo es el que quizá permite –con mayor claridad– diferenciar a la responsabilidad administrativa de otros tipos de responsabilidad previstas en el ordenamiento jurídico venezolano que son exclusivas de los funcionarios públicos, y es que no es necesaria la existencia de una relación estatutaria o de empleo público con el sujeto al que se le declare la responsabilidad administrativa.

Segundo. Los hechos que dan lugar a la declaratoria de responsabilidad administrativa guardan relación con la administración, manejo o custodia de bienes públicos o patrimonio público, y es con fundamento en ello que la Ley ha permitido declarar la responsabilidad administrativa a particulares, siempre y cuando administren, manejen o custodien patrimonio público afectado al cumplimiento de finalidades de interés o utilidad pública.

El patrimonio público y los bienes públicos son el objeto protegido por la responsabilidad administrativa, y es en atención a esa necesidad de garantizar el uso correcto y adecuado de los mismos, que se le ha otorgado la competencia a los órganos de control fiscal para sancionar a los sujetos que incurran en alguno de los supuestos generadores de responsabilidad administrativa.

Tercero. Los órganos competentes para declarar la responsabilidad administrativa son los órganos de control fiscal –internos y externos– otorgándosele a la Contraloría General de la República, la competencia exclusiva y excluyente para imponer las sanciones de suspensión del ejercicio del cargo sin goce de sueldo por un período no mayor de veinticuatro meses, destitución del declarado responsable, e inhabilitación para el ejercicio de funciones públicas hasta por un máximo de quince años.

Cuarto. La responsabilidad administrativa persigue la imposición de sanciones al sujeto declarado responsable, sanciones que incluso pueden llegar a considerarse excesivas, y que han sido catalogadas como draconianas por miembros de la doctrina venezolana[136]. Respecto a las sanciones debemos advertir –como indicábamos en apartados anteriores– que la LOCGRSNCF le otorgó a los órganos de control fiscal la competencia para declarar –en el mismo procedimiento para la declaratoria de la responsabilidad administrativa– la responsabilidad civil del sujeto cuando se compruebe que los hechos que originaron la responsabilidad administrativa, hayan causado además, un daño al patrimonio público, lo que deberá realizarse a través de la formulación de un reparo, sin embargo, aclaramos que el reparo no es una consecuencia directa y necesaria de la responsabilidad administrativa. La sanción por excelencia de la responsabilidad administrativa es la multa, que deberá declararse sólo por la ocurrencia de alguno de los supuestos generadores de responsabilidad administrativa previstos en el ordenamiento jurídico venezolano.

La convergencia de potestades sancionatorias –posibilidad de imponer multas, suspensión del ejercicio del cargo sin goce de sueldo por un período no mayor de veinticuatro meses, destitución del declarado responsable, e inhabilitación para el ejercicio de funciones públicas hasta por un máximo de quince años– y resarcitorias– posibilidad de formular reparos cuando se evidencie la existencia de daños al patrimonio público– ha llevado a considerar que la responsabilidad administrativa debe agruparse en el género de las responsabilidades fiscales y posee dos modalidades: la responsabilidad administrativa y la responsabilidad civil, que, aun cuando ambas poseen naturaleza administrativa, son sustancialmente diferentes, porque la

136 Orlando S, *La potestad inquisitiva de los órganos de control fiscal*, 146.

primera tiene carácter sancionador y la segunda carácter indemnizatorio[137].

En función de ello consideramos que en Venezuela la responsabilidad administrativa tiene carácter administrativo y su naturaleza jurídica es sancionatoria, por tanto, todos los aspectos relativos al procedimiento, carga de la prueba, imposición de sanciones debe analizarse conforme a los principios y reglas del derecho administrativo sancionador, sin perjuicio que la Ley establezca la posibilidad de reparar el daño al patrimonio público cuando en el transcurso del procedimiento correspondiente se compruebe la existencia del mismo.

---

137 Peña Colmenares, *El régimen de la responsabilidad administrativa*, 106.

CAPÍTULO II: SUPUESTOS GENERADORES DE RESPONSABILIDAD ADMINISTRATIVA EN VENEZUELA

En este capítulo se presentarán los hechos o circunstancias capaces de generar responsabilidad administrativa en Venezuela. Para ello, se revisarán tres instrumentos legales que establecen supuestos generadores de responsabilidad administrativa: 1. LOCGRSNCF, 2. Ley Orgánica de la Administración Financiera del Sector Público[138], y 3. Ley de Contrataciones Públicas[139], y es que, el legislador venezolano se ha dedicado a ampliar, cada vez más, el catálogo de situaciones que pueden dar lugar a la declaratoria de responsabilidad administrativa de un sujeto, incorporando en algunos de los casos, hechos o circunstancias que no se relacionan con el resguardo, manejo, administración y custodia del patrimonio público, a pesar de que, tal como se pudo observar en el capítulo anterior, el centro u objeto de la responsabilidad administrativa en Venezuela es precisamente garantizar el adecuado manejo y uso del patrimonio público.

Es necesario advertir que la Ley Orgánica Libertador Simón Bolívar contra el Bloqueo Imperialista y en Defensa de la República Bolivariana de Venezuela, publicada en noviembre de 2024 dispone en su artículo 15 que la Contraloría General de la República puede acordar de oficio o a instancia de parte, "la inhabilitación hasta por sesenta (60) años para el ejercicio de funciones públicas de las personas naturales que hayan cometido acciones contrarias a los valores y derechos irrenunciables

[138] G.O. N° 6.210, extraordinario de 30-12-2015.

[139] G.O. N° 6.154, extraordinario de 19-11-2014.

del Estado previstas en esta Ley"[140], de conformidad con lo previsto en la LOCGRSNCF.

Como se indicó en el capítulo anterior, la inhabilitación para el ejercicio de las funciones públicas es una consecuencia que deriva de la declaratoria de responsabilidad administrativa. Sin embargo, la mencionada Ley no señala que la sanción de inhabilitación hasta por sesenta años sea consecuencia de la ocurrencia de hechos generadores de responsabilidad administrativa sino por realizar "acciones contrarias a los valores y derechos irrenunciables del Estado previstas en esta Ley", que se encuentran enlistados en el artículo 7 de la Ley[141] y que de

---

140 G.O. N° 6.859, extraordinario de 29-11-2024.

141 Estas "acciones contrarias a valores y derechos irrenunciables del Estado" son: "Artículo 7. A los fines de la interpretación y aplicación de esta Ley, se consideran actuaciones y acciones que ponen en riesgo la soberanía, independencia, autodeterminación e integridad territorial de la República Bolivariana de Venezuela y que vulneran los valores y los derechos irrenunciables de la Nación, entre otras, las siguientes: 1. La promoción, solicitud o respaldo de la imposición de medidas coercitivas unilaterales y otras medidas restrictivas o punitivas, por parte de Estados, poderes o corporaciones extranjeras. 2. El desconocimiento de los Poderes Públicos legítimamente instaurados en la República Bolivariana de Venezuela, de sus actos o sus autoridades, así como el reconocimiento de sujetos, grupos u organizaciones ilegítimas que actúen simulando ejercer competencias de Poderes Públicos venezolanos, sus autoridades o entidades descentralizadas, territorial o funcionalmente. 3. La colaboración con organismos, funcionarios u oficiales extranjeros dirigida a la imposición o agravamiento de medidas coercitivas unilaterales u otras medidas restrictivas o punitivas, así como el desconocimiento de los Poderes Públicos o sus autoridades. 4. La participación directa o indirecta en la ejecución de medidas coercitivas unilaterales u otras medidas restrictivas o punitivas, incluyendo el desarrollo de acciones de extorsión contra empresas o empresarios nacionales o extranjeros, a fin de impedir la libre inversión en la República o generar obstáculos a la recepción de inversión, la libertad económica y el libre intercambio comercial internacional con la República Bolivariana de Venezuela. 5. La participación, lucro o beneficio, directo o indirecto en la ejecución de medidas administrativas o judiciales, en jurisdicciones extranjeras, dirigidas al aseguramiento preventivo, congelamiento, embargo, remate o confiscación de activos de la República, o sus entidades descentralizadas territorial o funcionalmente; cuando dichas medidas fueran consecuencia de alguna de las conductas previstas en este artículo y no contaren con la autorización o apro-

una simple lectura pareciera que son acciones de contenido político e incluso relacionadas con el derecho internacional, que no guardan relación con el manejo, resguardo, custodia y administración del patrimonio público, y por tanto, no se incluyen dentro del análisis que se efectúa en este capítulo[142].

Ahora bien, respecto de los supuestos generadores de responsabilidad administrativa, Peña Colmenares, Rondón de Sansó y Rosas Rivero han propuesto algunas clasificaciones y en este sentido podemos encontrar que los mismos han sido clasificados como: 1. Supuestos que no tienen como presupuesto la administración de bienes públicos y supuestos que tienen como presupuesto la administración de bienes públicos[143], 2. Supuestos derivados de la violación de la ética administrativa, supuestos relativos a daños reales o temidos al patrimonio público y supuestos relativos a conductas contrarias a los órganos de control fiscal[144], y 3. En materia de contratación pú-

---

bación de las autoridades legítimamente instituidas en la República Bolivariana de Venezuela. 6. La promoción, solicitud o respaldo de acciones armadas o de fuerza contra el pueblo venezolano que afecten la soberanía e integridad territorial de la República Bolivariana de Venezuela, sus instituciones o autoridades, así como ataques cibernéticos por parte de Estados, poderes, corporaciones o personas extranjeras".

142 Advertimos que la ampliación de los supuestos por los cuales se puede acordar la inhabilitación para el ejercicio de las funciones públicas a hechos no relacionados directamente con la responsabilidad administrativa, no contribuye al natural desenvolvimiento de esta institución jurídica, dado que cualquier persona pudiera considerar que lo dispuesto en la Ley Orgánica Libertador Simón Bolívar contra el Bloqueo Imperialista y en Defensa de la República Bolivariana de Venezuela puede ser aplicado a la responsabilidad administrativa. Sin embargo, se trata de una Ley que, para la fecha de elaboración de esta obra, apenas tiene seis meses de vigencia y no se conoce el primer caso de una persona a la que se le haya declarado la inhabilitación para el ejercicio de las funciones públicas con fundamento en esta Ley, por lo que existen pocos elementos de juicio para analizar la intención del legislador y considerar si estamos frente a casos de confusión de la responsabilidad administrativa o de inadecuado uso de las instituciones jurídicas con finalidades políticas.

143 Peña Colmenares, *El régimen de la responsabilidad administrativa*, 163-258.

144 Rondón de Sansó, "De las responsabilidades. Base legal", 388-389.

blica: supuestos de responsabilidad administrativa aplicables a la unidad usuaria, supuestos aplicables a la unidad contratante, supuestos aplicables al personal que participa en distintas etapas del procedimiento de contratación pública, supuestos aplicables a funcionarios pertenecientes al Registro Nacional de Contratistas y supuestos aplicables a la máxima autoridad del contratante[145].

Este capítulo no atenderá a las clasificaciones mencionadas, sino que centrará su estudio según el instrumento legal que prevé el supuesto generador de responsabilidad administrativa –de los tres mencionados previamente–, destacando, si el hecho que se ha sido considerado como sancionable por el legislador está relacionado o no, con el resguardo, manejo, administración y custodia del patrimonio público.

Establecido lo anterior, se señala que un supuesto generador de responsabilidad administrativa debe ser entendido como "aquel acto, hecho u omisión (...) que implique transgresión a una norma o actuaciones fuera de ella"[146], que se encuentre relacionado con el manejo, resguardo, administración y custodia del patrimonio público y debidamente tipificado en una norma de rango legal como contrario al ordenamiento jurídico.

Los elementos presentes en la definición anterior no resultan un capricho, y es que, tal como afirma Peña Colmenares, no toda conducta que esté vinculada a la administración del patrimonio público y que resulte contraria a una norma jurídica se configurará como un supuesto generador de responsabilidad administrativa. Para ello es necesario que dicha conducta se encuentre debidamente tipificada como una infracción o

---

145 Daniel Rosas Rivero, "La responsabilidad administrativa en materia de Contratación Pública en Venezuela", *Revista de Contrataciones Públicas*, N° 5 (2021): 2, https://www.ijeditores.com/pop.php?option=articulo&Hash=9138976ddb039e0a2cf243e38e587616#indice_2

146 Enrique Silva Cimma, "El concepto de irregularidad administrativa", *Revista de control fiscal*, N° 90 (1978): 73.

supuesto generador de responsabilidad administrativa en una ley preexistente[147].

Adicionalmente, es necesario insistir en que, si el objeto de la responsabilidad administrativa en Venezuela es garantizar el adecuado manejo, resguardo, custodia y administración del patrimonio público, los supuestos generadores de responsabilidad administrativa deberían circunscribirse a situaciones relacionadas con acciones mencionadas con este tipo de actividades -manejo, resguardo, custodia y administración del patrimonio público- y no incluir conductas no relacionadas con las mismas puesto que ello desnaturalizaría esta institución jurídica.

Sobre la afirmación anterior, Peña Colmenares considera que cualquier otra conducta que no se ajusta con los parámetros previamente comentados "quizás pueda configurarse como un ilícito administrativo, pero no generador de este tipo de responsabilidad"[148].

I. LEY ORGÁNICA DE LA CONTRALORÍA GENERAL DE LA REPÚBLICA Y DEL SISTEMA NACIONAL DE CONTROL FISCAL

La LOCGRSNCF es el instrumento legal que agrupa más supuestos generadores de responsabilidad administrativa.

Ello tiene su justificación en el hecho que, esta Ley regula la actuación de los órganos de control fiscal y contempla el procedimiento administrativo para determinar dicha responsabilidad. Esta Ley contempla 32 supuestos generadores de responsabilidad administrativa, previstos en los artículos 91 y 92. Dichos supuestos se detallan a continuación:

---

147 Peña Colmenares, *El régimen de la responsabilidad administrativa*, 160-161.

148 Ibid., 161.

1. La adquisición de bienes, la contratación de obras o de servicios, con inobservancia total o parcial del procedimiento de selección de contratistas que corresponda, en cada caso, según lo previsto en la Ley de Licitaciones o en la normativa aplicable

Lo primero que debe destacarse es que, un supuesto generador de responsabilidad administrativa muy similar, se encuentra previsto en el artículo 166.2 de la Ley de Contrataciones Públicas y es el supuesto relacionado con "[d]ejar de aplicar la modalidad de selección de contratista correspondiente conforme a la Ley".

Afirma Rosas Rivero que los supuestos generadores de responsabilidad administrativa que contiene el artículo 166 de la Ley de Contrataciones Públicas, permiten subsanar "una deuda que tenía nuestro legislador en materia de catálogo sancionatorio aplicable en la materia"[149]. Sin embargo, podemos observar que la LOCGRSNCF ya preveía algunos supuestos generadores de responsabilidad administrativa en materia de contratación pública que simplemente fueron replicados en la Ley de Contrataciones Públicas. En atención a ello consideramos que, si el legislador venezolano quería ampliar el abanico de supuestos generadores de responsabilidad administrativa, debía tipificar nuevas conductas y no repetir conductas que ya habían sido tipificadas por el legislador, puesto que ello no constituye una mejora en la regulación.

Hechas estas consideraciones, procederemos a delimitar el supuesto generador de responsabilidad administrativa que se regula en este caso. De acuerdo con Peña Colmenares, está referido a "el incumplimiento del procedimiento de selección de contratistas, de manera total (prescindencia, ausencia de procedimiento), como alguna o algunas de sus fases (inobservancia parcial)"[150]. En un sentido similar a la autora, se pronunció la Corte Segunda de lo Contencioso Administrativo en sen-

149 Rosas Rivero, "La responsabilidad administrativa en materia de Contratación Pública", 4

150 Peña Colmenares, *El régimen de la responsabilidad administrativa*, 195.

tencia N° 2011-0052 del 25-01-2011, cuando al analizar este supuesto generador de responsabilidad administrativa afirmó:

> [E]l aludido supuesto generador de responsabilidad administrativa (...) se configura cuando un servidor público con competencia para ello tramita el contrato bien de adquisición de bienes, de obras o de servicios, con inobservancia de los requisitos legales esenciales o lo celebra sin verificar su cumplimiento.
> Tal inobservancia se define como la omisión total o parcial del procedimiento, pues abarca tanto el incumplimiento del procedimiento de selección de contratistas contenido en la Ley, de manera total, o bien alguna de sus fases esenciales, siendo la característica fundamental de este tipo de responsabilidades el quebrantamiento por parte del funcionario del principio de legalidad, pues omite dar cabal cumplimiento a las disposiciones legales que rigen en materia de contrataciones públicas[151].

Por su parte, Canónico Sarabia entiende que este supuesto generador de responsabilidad administrativa se materializa en los siguientes casos: 1. Cuando se contrata una obra, la prestación de servicio o adquisición de un bien, sin aplicar el procedimiento de selección de contratista que corresponda, cuando se está obligado a ello, 2. Cuando no se aplica la modalidad de selección de contratistas que corresponda de acuerdo a la Ley (atendiendo a las circunstancias, objeto y monto del contrato), sino que se aplica otra modalidad de selección de contratistas, y 3. Cuando se utiliza la figura del fraccionamiento de contratos para no aplicar la modalidad de selección de contratistas correspondiente[152].

---

[151] Soto Villasmil y Ramos González, *Investigación Contraloría*, 54-55.

[152] El fraccionamiento de contratos se encuentra expresamente prohibido por el artículo 57 de la Ley de Contrataciones Públicas, de allí que, para el autor, un fraccionamiento indebido con fines de evadir las normas de la contratación pública da lugar al supuesto generador de responsabilidad administrativa que se analiza. *Vid.* Alejandro Canónico Sarabia, "El sistema sancionatorio en la contratación pública en Venezuela", *Revista de Direito Administrativo e Infraestructura*, vol. 2 (2017): 259. El mencionado artículo dispone: "Artículo 57. Se prohíbe dividir en varios contratos la ejecución de una misma obra, la prestación de un servicio o la adquisición de bienes, con el objeto de disminuir la cuan-

Para abril de 2025, los procedimientos de selección de contratistas que se encuentran previstos en la legislación venezolana son: 1. Concurso abierto o concurso abierto anunciado internacionalmente, 2. Concurso cerrado, 3. Consulta de precios, y 4. Contratación directa (art. 6 numerales 26, 27, 28 y 29 de la Ley de Contrataciones Públicas), con lo cual, la inobservancia total o parcial de cualquiera de estos procedimientos, ya sea por inaplicación total, aplicación errónea, aplicación parcial, o fraccionamiento de contrato para evadir el procedimiento correspondiente, configurarían hechos que dan lugar al supuesto generador de responsabilidad administrativa que se estudia en este apartado.

Ahora bien, indicábamos previamente que, atendiendo al objeto de la responsabilidad administrativa como institución jurídica, los supuestos generadores de esta responsabilidad que debía prever el legislador debían estar relacionados con el manejo, guarda, custodia y administración del patrimonio público.

Bajo esta premisa entendemos que el supuesto generador de responsabilidad administrativa del artículo 91.1 de la LOC-GRSNCF, efectivamente guarda relación con el manejo, guarda, custodia y administración del patrimonio público, y es que, la selección de cualquier contratista a través de procedimientos previamente establecidos en la ley que atiendan a las circunstancias, finalidad, objeto y monto de la contratación, persigue garantizar el adecuado manejo de los recursos públicos; que se seleccione al contratista que cuente con las capacidades necesarias para cumplir con el objeto del contrato, que se escoja la mejor oferta calidad-precio y que se evite posibles actos de colusión para imponer precios[153], entre otras circunstancias, de

tía del mismo y evadir u omitir normas, principios, modalidades de selección o requisitos establecidos en el presente Decreto con Rango, Valor y Fuerza de Ley y su Reglamento".

153 De acuerdo con Puchuri Torres, la colusión se produce cuando hay una defraudación patrimonial al Estado que se manifiesta tanto en la pérdida del patrimonio del Estado, como en el no ingreso de patrimonio proyectado, en el otorgamiento ilícito de la adjudicación de un contrato o en la firma indebida de este. *Vid.* Flavio Puchuri Torres, "El

allí que no debe sorprendernos que se haya previsto como el primer supuesto generador de responsabilidad administrativa en la LOCGRSNCF.

2. La omisión, retardo, negligencia o imprudencia en la preservación y salvaguarda de los bienes y derechos del patrimonio de un órgano o ente público

La Corte Segunda de lo Contencioso Administrativo en sentencia N° 2010-1579 del 28-10-2010 determinó que este supuesto generador de responsabilidad administrativa se configura cuando existe:

> [F]alta de actuación, actuación a destiempo, falta de diligencia o falta de cuidado, en el desempeño de las funciones de conservación, resguardo, defensa o protección de bienes o derechos del patrimonio público, que de conformidad con el conjunto de normas que regulan la actividad administrativa inherente al Estado, corresponde a todo funcionario en el ejercicio de sus competencias públicas[154].

Por su parte, Peña Colmenares advierte que la omisión y el retardo que se mencionan en este supuesto generador de responsabilidad administrativa, se configuran como especie del género negligencia, también mencionado en la norma; de allí que, para la autora, lo que se regula en este caso es la negligencia e imprudencia en la preservación del patrimonio público, entendida la negligencia como "desidia y falta de cuidado en el manejo y la administración de determinados asuntos"[155] y la imprudencia como "la falta de previsión o de precaución"[156] en la administración del patrimonio público.

---

delito de colusión: una de las modalidades corruptas más lesivas contra el Estado", *Pontificia Universidad Católica del Perú*, 25-05-2018, https://idehpucp. pucp.edu.pe/notas-informativas/el-delito-de-colusion-una-de-las-modalidades-corruptas-mas-lesivas-contra-el-estado/#:~:
text=Colusi%C3%B3n%20simple%3A%20exige%20que%20el,a%206%20a%C3%B1os%20de%20prisi%C3%B3n

154 Soto Villasmil y Ramos González, *Investigación Contraloría*, 57.

155 Peña Colmenares, *El régimen de la responsabilidad administrativa*, 233.

156 Ibid., 235.

No queda duda que este supuesto guarda relación con el manejo, resguardo, custodia y administración del patrimonio público, lo que lo inserta dentro del ámbito objetivo de la responsabilidad administrativa, sin embargo, debe advertirse que es un supuesto que también puede ocasionar daños al patrimonio público.

Sobre ello, recordamos que -como se indicó en el capítulo anterior- para la declaratoria de la responsabilidad administrativa de un sujeto, no se requiere la existencia de un daño al patrimonio público, simplemente deberá comprobarse la ocurrencia de alguno de los supuestos generadores de responsabilidad. Y si llega a ocurrir que el hecho, acto o conducta negligente o imprudente ocasione daños al patrimonio público, el órgano de control fiscal no deberá considerar este elemento al momento de emitir su pronunciamiento sobre la procedencia o no de la responsabilidad administrativa, lo que deberá comprobar es si efectivamente se concretó la conducta negligente o imprudente.

No obstante, existen algunas incidencias que se desarrollan durante la tramitación del procedimiento de responsabilidad administrativa y que se originan en el hecho que la LOCGRSNCF ha previsto un único procedimiento para la determinación de la responsabilidad administrativa y la formulación del reparo (responsabilidad civil que persigue garantizar la reparación del daño al patrimonio público).

Aunque nos pronunciaremos con mayor detalle en otros capítulos de esta obra, para facilitar la comprensión del planteamiento que se efectúa indicaremos que, si un órgano de control fiscal inicia un procedimiento de determinación de responsabilidad administrativa que tiene su fundamento en este supuesto generador de responsabilidad administrativa -omisión, retardo, negligencia o imprudencia en la preservación y salvaguarda de los bienes y derechos del patrimonio de un órgano o ente público- y que como consecuencia del hecho concreto se ha originado un daño al patrimonio público, dicho órgano de control fiscal, a través del mismo procedimiento, deberá determinar la responsabilidad administrativa del sujeto y ordenar la reparación del daño causado al patrimonio del Estado, puesto que, si no se realiza de esta forma, al haberse previsto el mismo procedimiento para ambos tipos de responsabilidades -administrativa y civil-, luego que emita su pronunciamiento sobre la responsabilidad administrativa quedará impedido a pronunciarse sobre el reparo, con fundamento en el principio *non bis in ídem.*

Esta circunstancia puede generar desconciertos respecto a lo que corresponde conocer y establecer para determinar la procedencia o no de la responsabilidad administrativa de un sujeto y lo que debe determinarse a los fines de formular el reparo, al punto que, ambas instituciones jurídicas -responsabilidad administrativa y responsabilidad civil- pueden llegar a confundirse en la práctica, puesto que -como ocurre en este caso concreto- un mismo supuesto generador de responsabilidad administrativa, también puede dar lugar a la formulación del reparo, y todo ello se debe establecer en el mismo procedimiento y en el mismo acto administrativo.

A pesar de la forma como se determinan la responsabilidad administrativa y el reparo en el ordenamiento jurídico venezolano reiteramos que, para determinar la procedencia de la responsabilidad administrativa, no es necesario que se configure el daño al patrimonio público, sino que la conducta del sujeto se encuadre en alguno de los supuestos generadores de responsabilidad administrativa.

3. El no haber exigido garantía a quien deba prestarla o haberla aceptado insuficientemente

En sentencia N° 2011-0052 del 25-01-2011 la Corte Segunda de lo Contencioso Administrativo estableció que para que se configure este supuesto generador de responsabilidad administrativa:

> [S]e requiere que el funcionario se abstenga de solicitar la garantía, o que admita una garantía insuficiente, sin que el órgano de control fiscal en el curso del procedimiento sancionatorio tenga que realizar diligencias tendientes a de-

mostrar que la actuación omisiva o negligente de dicho funcionario causó un perjuicio al patrimonio público[157].

Peña Colmenares señala que no representaría mayores inconvenientes determinar la ausencia de garantía por parte de quien debiera prestarla -ésta simplemente no existe-, sin embargo, no ocurrirá lo mismo cuando el hecho que dé inicio al procedimiento de determinación de responsabilidad administrativa sea el de haber prestado garantía insuficiente, puesto que, si no existe un parámetro objetivo para determinar la suficiencia o insuficiencia de una garantía, corresponderá a los órganos de control fiscal determinar cuándo una garantía debe ser considerada insuficiente, dado que de lo contrario -considerarse suficiente- no se configuraría el supuesto analizado[158].

Advertimos que los hechos que pueden dar lugar a la procedencia de este supuesto generador de responsabilidad administrativa no se limitan a la contratación pública y es que si bien la Ley de Contrataciones Públicas, establece la obligación de requerir garantías a los oferentes y los contratistas -como se mencionará en los párrafos siguientes-, la Ley Orgánica de Administración Financiera del Sector Público prevé que los funcionarios encargados de "la administración y liquidación de ingresos nacionales o de la recepción, custodia y manejo de fondos o bienes públicos, prestarán caución antes de entrar en ejercicio de sus funciones" (art. 161), en la cuantía y forma que determina el Reglamento N° 1 de la Ley Orgánica de la Administración Financiera del Sector Público, sobre el sistema presupuestario[159].

En materia de contratación pública, primero debemos indicar que este supuesto generador de responsabilidad administrativa también se encuentra previsto en el artículo 166.11 de la Ley de Contrataciones Públicas de la siguiente forma "[o]mitir la verificación de la suficiencia de las garantías que se

---

157 Soto Villasmil y Ramos González, *Investigación Contraloría*, 61.

158 Peña Colmenares, *El régimen de la responsabilidad administrativa*, 198-199.

159 G.O. N° 5.781, extraordinario de 12-08-2005.

requiera o no las haga valer oportunamente", por lo que, reiteramos que la inclusión de supuestos generadores de responsabilidad administrativa en la Ley de Contrataciones Públicas no constituye una mejora en la regulación en esta materia.

Hechas estas consideraciones –y siguiendo a Canónico Sarabia– indicamos que las garantías que exige la Ley de Contrataciones Públicas son: 1. Garantía de mantenimiento de la oferta, 2. Garantía de fiel cumplimiento, 3. Póliza de responsabilidad civil general, 4. Garantía de anticipo que a su vez puede subdividirse en: anticipo contractual, anticipo especial y anticipo para la inspección de obras, 5. Garantía sobre equipos e instalaciones, y 6. Garantías innominadas[160].

Para algunos casos, la Ley de Contrataciones Públicas establece parámetros objetivos que permitirían determinar la suficiencia o insuficiencia de la garantía presentada, como es el caso de la garantía de anticipo que deberá ser del 100 % del monto otorgado como anticipo al contratista (art. 122); la garantía de fiel cumplimiento "que no podrá ser inferior al veinte por ciento (20%) del monto del contrato incluyendo tributos" o "la retención del diez por ciento (10%), sobre los pagos que se realicen" (art. 123) y la garantía laboral que deberá ser de hasta "el diez por ciento (10%) del costo del personal incluido en la estructura de costos de su oferta" (art. 124).

En estos casos –donde el legislador ha establecido los parámetros que debe cumplirse durante el otorgamiento de la garantía– entendemos que habrá insuficiencia de la misma –y por tanto, se configurará el supuesto generador de responsabilidad administrativa– cuando la garantía correspondiente no se ajuste a lo que dispone la Ley; por ejemplo, que la garantía de fiel cumplimiento sea inferior al 20 % del monto del contrato o

---

160 Señala el autor que la Ley de Contrataciones Públicas y su reglamento prevé que los órganos y entes del sector público podrán solicitar otras garantías contractuales que fueren necesarias para responder al cumplimiento del contrato. *Vid.* Alejandro Canónico Sarabia, "Las garantías en la contratación pública", en *Ley de Contrataciones Públicas*, coord. por Allan Brewer-Carías, (Caracas: Editorial Jurídica Venezolana, 2012): 283-302.

que para su cálculo no se hayan incluido el monto correspondiente a los tributos del contrato.

Por otro lado, respecto de las garantías previstas en el artículo 161 de la Ley Orgánica de Administración Financiera del Sector Público; los artículos 37 y 52 del Reglamento N° 1 de esta Ley prevén que las mismas deben ser de "hasta por la cantidad de ciento cincuenta unidades Tributarias (150 U.T.)". La unidad tributaria es una unidad de medida que se introduce en Venezuela en el Código Orgánico Tributario de 1994[161] con la finalidad de mantener actualizados, año tras año, los montos de algunos tributos, fianzas de fiel cumplimiento, pago de tasas administrativas, multas y sanciones, entre otros.

Sin embargo, debemos advertir que la unidad tributaria como instrumento de medida que busca minimizar el impacto de la depreciación de la moneda en Venezuela –el bolívar– ha perdido su función, toda vez que el órgano encargado de su actualización anual –el Servicio Nacional Integrado de Administración Aduanera y Tributaria (SENIAT)– desde hace casi 10 años ha realizado una subestimación del valor de ésta sin atender a los índices de inflación que ha tenido el país en los últimos años, lo que ha ocasionado la pérdida de efectividad de la unidad tributaria como mecanismo de determinación del valor de las multas y la función sancionatoria y represiva que éstas deben cumplir.

De acuerdo a los cálculos que ofrece Romero-Muci, "el aumento de la inflación fue de 56, 68 y 180%, para los años 2013, 2014 y 2015, respectivamente, mientras que el ajuste de la UT para esos mismos años, fue acomodaticiamente del 18% cada año"[162]. Ello significa que si efectuamos los cálculos de cuanto sería el valor máximo de la garantía que se exige a los responsables de la administración y liquidación de ingresos nacionales o de la recepción, custodia y manejo de fondos o

---

161 Humberto Romero-Muci, "La metamorfosis kafkiana de la unidad tributaria y la dolarización de las sanciones tributarias", *Revista de derecho público*, N° 165-166 (2021): 152.

162 Ibid., 190.

bienes públicos, para el mes de abril de 2025, obtendremos lo siguiente:

El valor de la unidad tributaria para abril de 2025 es de 9 bolívares[163], equivalente a 0,10 dólares[164], ello significa que 150 unidades tributarias equivaldrían a 1.350 bolívares, es decir; 16,18 dólares. Esto se traduce en que, si los responsables de la administración y liquidación de ingresos nacionales, dejasen de recaudar algún tributo, por ejemplo, el impuesto sobre inmuebles urbanos de determinado municipio, durante un año, el monto que el legislador ha podido garantizar de ese tributo no recaudado, según lo dispuesto en el artículo 37 del Reglamento N° 1 de la Ley Orgánica de la Administración Financiera del Sector Público, sobre el sistema presupuestario, es de apenas 16,18 dólares[165].

Convendría preguntarse en estos casos, cómo los órganos de control fiscal pueden evaluar la insuficiencia de la garantía prevista en el artículo 161 de la Ley Orgánica de la Administración Financiera del Sector Público, si el monto establecido por el propio reglamentista resulta en sí mismo precario e insuficiente. Ello denota la necesidad de revisar y actualizar el valor de la unidad tributaria con miras a garantizar de forma más efectiva la protección del patrimonio público.

A todo evento, expresamos que este supuesto generador de responsabilidad administrativa se configura cuando un funcionario público que tiene entre sus responsabilidades solicitar o requerir a sujetos determinados –por ejemplo, el oferente o el contratista, así como el responsable de la liquidación de ingresos– no cumple con tal obligación, o recibe una garantía

---

163 Monto establecido mediante Providencia N° SNAT/2023/000031 de 13-04-2023 (G.O. N° 42.623 de 08-05-2023).

164 Para este cálculo se tomó como referencia la tasa oficial de cambio bolívar/dólar (1 dólar = 83,41 bolívares) establecida por el Banco Central de Venezuela para el 24-04-2025. Dicho valor puede consultarse en el siguiente portal web: https://www.bcv.org.ve/

165 Éste monto puede disminuir con el transcurso del tiempo mientras se mantenga la pérdida del valor del bolívar frente al dólar y no se actualice el valor de la unidad tributaria.

que resulte insuficiente. Aclaramos que en ningún caso este supuesto está referido al sujeto que tiene la obligación de consignar la garantía y no cumple con dicho deber.

Finalmente, entendemos que se trata de un supuesto generador de responsabilidad administrativa que guarda relación con el resguardo, manejo, custodia y administración del patrimonio público puesto que el legislador a través del establecimiento de garantías económicas frente a determinados hechos lo que busca es que los responsables del patrimonio público cuenten con mecanismos que permitan reponer cualquier daño que se cause a los recursos del Estado.

4. La celebración de contratos por funcionarios públicos, por interpuesta persona o en representación de otro, con algún órgano o ente del sector público, salvo las excepciones que establezcan las leyes

Respecto de este supuesto generador de responsabilidad administrativa debemos indicar que el artículo 145 de la Constitución de 1999 prevé una prohibición de contratar para las personas están al servicio de los órganos y entes del sector público, quienes no podrán celebrar contratos con éstos, ni por sí mismos ni por interpuestas personas, salvo en los casos expresamente permitidos por la legislación venezolana[166], con lo cual, la LOCGRSNCF estaría convirtiendo en supuesto generador de responsabilidad administrativa la violación de esta "interdicción constitucional"[167].

---

166 Artículo 145: "Los funcionarios públicos y funcionarias públicas están al servicio del Estado y no de parcialidad alguna. Su nombramiento o remoción no podrán estar determinados por la afiliación u orientación política. Quien esté al servicio de los Municipios, de los Estados, de la República y demás personas jurídicas de derecho público o de derecho privado estatales, no podrá celebrar contrato alguno con ellas, ni por sí ni por interpósita persona, ni en representación de otro u otra, salvo las excepciones que establezca la ley". Esta prohibición también se contempla en el artículo 34 de la Ley del Estatuto de la Función Pública.

167 Peña Colmenares, *El régimen de la responsabilidad administrativa*, 200.

La Contraloría General de la República en memorando nro. 04-00-581 del 02-08-2007, respecto de este supuesto indicó que:

> [L]a figura de la contratación por persona interpuesta prevista constitucional y legalmente, como un hecho susceptible de ser sancionado administrativa y judicialmente, no debe ser entendida únicamente respecto a una persona natural (física) que actúa como simple instrumento o intermediario de los afectados por la prohibición a contratar, sino también y muy a menudo se observa, respecto de personas jurídicas, en las cuales el servidor público es propiamente un accionista u otras personas vinculadas por consanguinidad o afinidad con éste[168].

Lo que se busca con esta prohibición es impedir que las personas al servicio del Estado -concepto éste que debe ir más allá de la noción de funcionario público y que debe extenderse a obreros, contratados, empleados, entre otros- hagan uso del poder y la influencia que pueden ostentar dentro de los órganos y entes públicos para obtener ventajas especiales para contratar con el Estado. De allí que se configurará este supuesto generador de responsabilidad administrativa cuando se compruebe que el sujeto, por sí mismo o por medio de un tercero -ya sea persona natural o jurídica- celebre contratos con los órganos o entes del sector público, sin que la ley haya previsto esta situación.

Debemos acotar que para que proceda este supuesto generador de responsabilidad administrativa, la contratación que se trate no debe estar permitida por el legislador, y es que, como afirma Canónico Sarabia, la prohibición de contratar no es absoluta[169], por lo que el órgano de control fiscal deberá analizar cada caso en concreto y determinar si existe algún dispositivo normativo que autorice la contratación o no, puesto que en caso de estar autorizada no se configuraría el supuesto generador de responsabilidad administrativa.

---

168 Contraloría General de la República Bolivariana de Venezuela, *Dictámenes de la Dirección General de los Servicios Jurídicos* 2007-2008, 125.

169 Canónico Sarabia, "El sistema sancionatorio en la contratación pública", 269.

Entendemos que se trata de un supuesto generador de responsabilidad administrativa directamente relacionado con el resguardo, manejo, custodia y administración del patrimonio público ya que lo que persigue es evitar que unas pocas personas, haciendo uso de una eventual posición privilegiada dentro de algún órgano o ente público pueda celebrar contratos que le favorezcan "en detrimento de los intereses generales"[170].

5. La utilización en obras o servicios de índole particular, de trabajadores, bienes o recursos que por cualquier título estén afectados o destinados a los órganos y entes públicos

Este supuesto generador de responsabilidad administrativa se configura cuando un determinado sujeto, utilice o autorice que un tercero utilice, bienes, trabajadores o recursos que pertenezcan a un determinado órgano o ente público, para fines particulares y que no atiendan al interés general. El ejemplo típico de este supuesto sería el de un funcionario de un órgano o ente público que utiliza trabajadores del sector construcción (obreros) que laboran en dicho órgano o ente para realizar reparaciones en su vivienda; o –muy común– el uso de vehículos propiedad de un órgano o ente público para fines que no atienen al ejercicio de las competencias del funcionario (visitar a sus familiares, irse de paseo a la playa o al campo, entre otros).

La prohibición del uso del patrimonio público con fines particulares, se encuentra prevista de forma expresa en el artículo 14 de la Ley contra la Corrupción[171] y dichos actos dan lugar al delito de peculado de uso, sancionado en el artículo 61

---

170 Peña Colmenares, *El régimen de la responsabilidad administrativa*, 200.

171 Artículo 14: "Las funcionarias, funcionarios, empleadas públicas y empleados públicos están al servicio del Estado y no de parcialidad política o económica alguna. En consecuencia, no podrán destinar el uso de los bienes públicos o los recursos que integran el patrimonio público para favorecer a partidos o proyectos políticos, o a intereses económicos particulares".

de la misma Ley con penas de prisión que van desde los 6 meses hasta los 4 años[172].

Lo que persigue este supuesto generador de responsabilidad administrativa es garantizar el manejo adecuado del patrimonio público, es decir, que los bienes y recursos de los distintos órganos y entes públicos efectivamente atiendan a la satisfacción del interés general y no a intereses particulares.

Advierte Peña Colmenares que existen casos en los que puede ser difícil determinar quién sería el sujeto responsable del uso inadecuado o indebido de los trabajadores, bienes o recursos de los órganos y entes del sector público, como ocurriría –a criterio de la autora– en el caso que el máximo jerarca de un órgano o ente público –por ejemplo, un alcalde– solicite que trabajadores y maquinarias que pertenecen a la institución sean utilizados para reparaciones en su vivienda[173]. Explica Peña Colmenares que, en este caso, existe responsabilidad del máximo jerarca, pero también del funcionario que tenga a su cargo dichos trabajadores y dicha maquinaria –como pudiera ser el director de obras públicas o el director de recursos humanos–, por ser éste quien, en definitiva, autorizó el traslado del personal y la maquinaria[174].

Sin embargo, si el funcionario que tiene a su cargo a los trabajadores y la maquinaria le advierte a la máxima autoridad que el pedimento que ésta ha realizado constituye una irregularidad es posible que sea exonerado de la responsabilidad administrativa, ya que se limitó a obedecer una orden de un su-

---

[172] Artículo 61: "La funcionaria pública o funcionario público que, indebidamente, en beneficio particular o para fines contrarios a los previstos en las leyes, reglamentos, resoluciones u órdenes de servicio, utilice o permita que otra persona utilice bienes del patrimonio público o en poder de algún órgano público, o de empresas del Estado cuya administración, tenencia o custodia se le haya confiado, será penada o penado con prisión de seis (6) meses a cuatro (4) años. // Con la misma pena será sancionada la persona que, con la anuencia de la funcionaria pública o funcionario público, utilice los trabajadores o bienes referidos".

[173] Peña Colmenares, *El régimen de la responsabilidad administrativa*, 238.

[174] Ibid.

perior jerarca. No obstante, corresponderá analizar cada caso concreto con miras a determinar la responsabilidad y participación de cada uno de los posibles sujetos involucrados en este puesto generador de responsabilidad administrativa.

6. La expedición ilegal o no ajustada a la verdad de licencias, certificaciones, autorizaciones, aprobaciones, permisos o cualquier otro documento en un procedimiento relacionado con la gestión de los órganos y entes públicos, incluyendo los que se emitan en ejercicio de funciones de control

De acuerdo con Peña Colmenares, este supuesto generador de responsabilidad administrativa no guarda relación directa con el resguardo, manejo, administración y custodia del patrimonio público, ya que –en su criterio– las licencias, certificaciones, autorizaciones, aprobaciones, permisos y cualquier otro documento, pueden relacionarse a situaciones como el otorgamiento de una licencia de actividades económicas o una constancia de cumplimiento de variables urbanas fundamentales sin que el solicitante haya cumplido con los requisitos legales para el otorgamiento de dichos documentos[175].

Aunque lo afirmado por la autora es posible, no compartimos su criterio, puesto que existen procedimientos internos dentro de los órganos y entes públicos que están relacionados con el patrimonio público y que requieren de la emisión de certificaciones o cualquier otro tipo de documento para su tramitación como, por ejemplo, la certificación de la tesorería sobre la existencia de disponibilidad de recursos económicos para la tramitación de un crédito adicional. En este caso concreto, si el Tesorero –o persona que ocupe un cargo equivalente– emite una certificación no ajustada a la verdad, es decir, certifica que los fondos existen cuando no es cierto, o que son suficientes para el monto del crédito adicional cuando eso es

175 Ibid., 164.

incorrecto, estaríamos frente al supuesto generador de responsabilidad administrativa objeto de estudio[176].

No obstante, entendemos que el comentario de Peña Colmenares es válido y lo que evidencia es la necesidad de tipificar de forma más clara el supuesto generador de responsabilidad administrativa que se analiza, y entender que no se trata de cualquier autorización o licencia que emita un funcionario público y que se encuentre no ajustada a la verdad, sino de aquellos casos en los que el documento emitido guarde relación directa con el resguardo, manejo, administración y custodia del patrimonio público, puesto que, de lo contrario, no se configuraría este supuesto generador de responsabilidad administrativa.

7. La ordenación de pagos por bienes, obras o servicios no suministrados, realizados o ejecutados, total o parcialmente, o no contratados, así como por concepto de prestaciones, utilidades, bonificaciones, dividendos, dietas u otros conceptos, que en alguna manera discrepen de las normas que las consagran

Explica Peña Colmenares que este supuesto generador de responsabilidad administrativa prevé varias situaciones diferenciables entre sí[177]. La primera, referida a la "ordenación de pagos por bienes, obras o servicios no suministrados, realizados o ejecutados, total o parcialmente"; la segunda, "la ordenación de pagos por bienes, obras o servicios no contratados", y; la tercera referida al pago "por concepto de prestaciones, utilidades, bonificaciones, dividendos, dietas u otros conceptos, que en alguna manera discrepen de las normas que las consagran".

---

176 *Vid.* TSJ/SPA N° 545 de 07-08-2019. En este caso un órgano de control fiscal municipal declaró la responsabilidad administrativa del tesorero municipal por certificar de manera no ajustada a la verdad la disponibilidad presupuestaria de un fideicomiso de inversión, sin que éste contara con los recursos financieros suficientes para cubrir con un crédito adicional.

177 Peña Colmenares, *El régimen de la responsabilidad administrativa*, 208-209.

Respecto al primero de los supuestos "ordenación de pagos por bienes, obras o servicios no suministrados, realizados o ejecutados, total o parcialmente", consideramos que es clara su relación con el adecuado resguardo, manejo, administración y custodia del patrimonio público, ya que resulta contrario a la debida protección del patrimonio público que un sujeto ordene el pago de un servicio, bien u obra, cuando no se han cumplido con los extremos requeridos por el órgano o ente público, es decir, que no se haya entregado el bien o éste no cumpla con los requerimientos correspondientes; que no se haya prestado el servicio o que la obra se encuentre mal ejecutada, parcialmente ejecutada, o no ejecutada.

En este caso, el órgano de control fiscal debe comprobar los extremos comentados en el párrafo anterior para declarar la configuración de este supuesto generador de responsabilidad administrativa, el cual guarda estrecha relación con el supuesto relativo a la "omisión, retardo, negligencia o imprudencia en la preservación y salvaguarda de los bienes y derechos del patrimonio de un órgano o ente público", y es que ordenar el pago de un bien que no ha sido entregado o que no cumple con los requerimientos del órgano o ente público, no es otra cosa que un acto de negligencia en la preservación del patrimonio público.

En cuanto al segundo de los supuestos, "la ordenación de pagos por bienes, obras o servicios no contratados", el legislador ha querido sancionar la inobservancia del control previo -que también constituye un supuesto generador de responsabilidad administrativa- y es que la LOCGRSNCF dispone que, todos los órganos y entes públicos, antes de adquirir cualquier compromiso, deberán velar por el cumplimiento de la normativa que resulte aplicable. En este caso, las reglas de la contratación pública, de allí que, no se justifica que se adquiera un compromiso sin que previamente las partes hayan firmado el contrato respectivo.

A diferencia del supuesto anterior, donde los bienes, obras o servicios no fueron suministrados, en este caso, puede que dichos bienes o servicios sí hayan sido entregados por el contratista en las condiciones que le fueron requeridas, o a la completa satisfacción del órgano o ente público, sin embargo, la irregularidad se concreta en el hecho que dichas obras, bienes o servicios no fueron contratados por el órgano o ente público que los recibe.

El último supuesto es el pago "por concepto de prestaciones, utilidades, bonificaciones, dividendos, dietas u otros conceptos, que en alguna manera discrepen de las normas que las consagran". Aquí se requiere que se ordene realizar pagos de naturaleza laboral o funcionarial –es decir, que sean consecuencia de la prestación del servicio que realizan los funcionarios, empleados u obreros– y que éstos no se ajusten a la normativa correspondiente.

Un ejemplo sería que se ordene el pago de sueldos y salarios a determinado sujeto que no ha prestado sus servicios al órgano o ente del sector público, y no se encuentre dentro de las excepciones legales para ello (por ejemplo, un permiso remunerado). Aquí el ordenador del pago incurriría en el supuesto generador de responsabilidad administrativa que se analiza.

Otro ejemplo sería, el pago de prestaciones, utilidades, bonificaciones, dividendos, dietas u otros conceptos, por encima de los límites legales previstos. En este caso advertimos que, en Venezuela, desde el año 2002 hasta el año 2017 estuvieron vigentes dos leyes orgánicas[178] que tenían por objeto establecer "los límites máximos a los emolumentos, pensiones, jubilaciones y demás beneficios sociales de carácter remunerativo, o no, de los altos funcionarios, altas funcionarias, personal de alto nivel y de dirección del Poder Público y de elección popular"[179].

---

178 Ley Orgánica de Emolumentos, Pensiones y Jubilaciones de los Altos Funcionarios y Altas Funcionarias del Poder Público (G.O. N° 39.592 de 12-01-2011) y Ley Orgánica de Emolumentos para Altos Funcionarios y Funcionarias de los Estados y Municipios (G.O. N° 37.412 de 26-03-2002).

179 Ley Orgánica de Emolumentos, Pensiones y Jubilaciones de los Altos Funcionarios y Altas Funcionarias del Poder Público, artículo 1.1.

Durante la vigencia de estas normas fueron varios los casos de pagos indebidos de prestaciones, utilidades, bonificaciones, dividendos, dietas u otros conceptos que no se ajustaban a los extremos previstos en dichas leyes, ya sea por errores de cálculo o por errores de interpretación sobre los conceptos que se encontraban incluidos y excluidos de dichas Leyes, lo que incluso dio lugar a la intervención de varios órganos de control fiscal por inobservancia de lo previsto en las Leyes de emolumentos[180].

Advertimos que la Sala Constitucional del Tribunal Supremo de Justicia en sentencia N° 686 del 14-08-2017 declaró la nulidad absoluta por razones de inconstitucionalidad de la Ley Orgánica de Emolumentos, Pensiones y Jubilaciones de los Altos Funcionarios y Altas Funcionarias del Poder Público, por lo que, para la fecha en que se elabora esta obra (abril de 2025) no existe un instrumento de rango legal que establezca límites máximos para los conceptos que derivan de una relación laboral o estatutaria; sin embargo, ello no significa que este supuesto generador de responsabilidad administrativa haya perdido su vigencia; por el contrario, corresponderá al órgano de control fiscal analizar los distintos instrumentos normativos -convenciones colectivas, resoluciones internas, entre otros- para determinar si efectivamente se ha realizado un pago no ajustado a derecho.

Tal como advierte Peña Colmenares, para que se declare la procedencia de este supuesto generador de responsabilidad administrativa basta con que el pago haya sido ordenado, es decir, que se emita un acto administrativo o una orden de pago que resulten contrarios a alguna disposición normativa[181], y es que, tal como afirmó la Corte Segunda de lo Contencioso Administrativo en sentencia N° 2011-0052 del 25-01-2011:

> [L]a ordenación del pago es el acto que viene precedido de un conjunto de operaciones o actos materiales encaminados a reunir las piezas justificadas que deben componer el expe-

---

180 Como es el caso de la Contraloría Municipal de Chacao, *Vid.* TSJ/SPA N° 206 de 01-03-2018.

181 Peña Colmenares, *El régimen de la responsabilidad administrativa*, 213.

> diente y la constatación de los supuestos en que fundamentalmente (sic) la ordenación, y en tal sentido, cuando el funcionario autoriza una erogación sin comprobar la adquisición de un bien, la realización de la obra o prestación del servicio causa un perjuicio, bien sea, en el patrimonio, derechos e intereses del Estado[182].

Ahora bien, si el pago correspondiente se ha materializado, a saber, los recursos se han desembolsado o han sido efectivamente entregados a un sujeto, estaríamos ante un supuesto de daño al patrimonio público, que, adicional a la declaratoria de responsabilidad administrativa daría lugar a la formulación del reparo contra el sujeto que materializó la orden de pago.

8. El endeudamiento o la realización de operaciones de crédito público con inobservancia de la Ley Orgánica de Administración Financiera del Sector Público o de las demás leyes, reglamentos y contratos que regulen dichas operaciones o en contravención al plan de organización, las políticas, normativa interna, los manuales de sistemas y procedimientos que comprenden el control previo

De acuerdo con la Ley Orgánica de la Administración Financiera del Sector Público, endeudamiento y las operaciones de crédito público son conceptos relacionados. Según esta Ley la deuda pública es "el endeudamiento que resulte de las operaciones de crédito público" (art. 6.40) y las operaciones de crédito público son: 1. La emisión y colocación de títulos valores, incluidas las letras del Tesoro, constitutivos de empréstitos o de operaciones de tesorería, exceptuando los destinados al reintegro de tributos, 2. La apertura de créditos de cualquier naturaleza, 3. El financiamiento de obras, servicios o adquisiciones, cuyo pago total o parcial se estipule realizar en el transcurso de uno o más ejercicios, posteriores a aquel en que se haya causado el objeto del contrato, 4. El otorgamiento de garantías, 5. La consolidación, conversión, unificación o cualquier forma de refinanciamiento o reestructuración de deuda

---

182 Soto Villasmil y Ramos González, *Investigación Contraloría*, 65.

pública existente, y 6. Las demás operaciones destinadas a obtener recursos que impliquen financiamiento reembolsable (art. 80).

Así pues, lo que se prevé en este supuesto generador de responsabilidad administrativa es que se realicen alguna de las operaciones previamente mencionadas con inobservancia de las normas y regulaciones que rigen la materia. Advierte Peña Colmenares sobre la amplia cantidad de instrumentos que se mencionan en este supuesto generador de responsabilidad, puesto que no solo se limita a las normas de rango legal o sublegal, sino que comprende, además, "el plan de organización, las políticas, la normativa interna y los manuales de sistemas y procedimientos"[183].

Entendemos que dicha amplitud no resulta innecesaria, dado que, al ser la materia de crédito público de tal relevancia que implica la adquisición de deudas –con todas las obligaciones que ello origina respecto de los acreedores– por parte del Estado, se ha querido resaltar la importancia de dar el debido cumplimiento no solo a las disposiciones de rango legal o sublegal, sino a todas las normas que regulen este tipo de operaciones, con lo cual, la inobservancia de cualquiera de estas disposiciones dará lugar al supuesto generador de responsabilidad administrativa que se analiza.

9. La omisión del control previo

El control previo se encuentra regulado en el artículo 38 de la LOCGRSNCF y debe realizarse en dos momentos: 1. Antes de proceder a la adquisición de bienes o servicios, o a la elaboración de otros contratos que impliquen compromisos financieros, y 2. Antes de proceder a realizar pagos[184].

En el primero de los casos –control previo antes de proceder a la adquisición de bienes o servicios, o a la elaboración de

---

183 Peña Colmenares, *El régimen de la responsabilidad administrativa*, 213.

184 Manuel Rojas Pérez, "Control fiscal y régimen sancionatorio en la Ley de Contrataciones Públicas", en *Ley de Contrataciones Públicas*, coord. por Allan Brewer-Carías, (Caracas: Editorial Jurídica Venezolana, 2012): 379.

otros contratos que impliquen compromisos financieros- se deberá comprobar: 1. Que el gasto esté correctamente imputado a la partida del presupuesto que corresponda, o a créditos adicionales, 2. Que exista disponibilidad presupuestaria, 3. Que se hayan previsto las garantías necesarias y suficientes para responder por las obligaciones que ha de asumir el contratista, 4. Que los precios sean justos y razonables, salvo las excepciones establecidas en otras leyes, y 5. Que se hubiere dado cumplimiento a la legislación en materia de contrataciones públicas, en los casos que sea necesario, y las demás leyes que sean aplicables (art. 38).

En el segundo de los casos -control previo antes de proceder a realizar pagos- se deberá verificar, según el mismo artículo: 1. Que se haya dado cumplimiento a las disposiciones legales y reglamentarias que resulten aplicables, 2. Que los pagos se hayan imputados debidamente a créditos del presupuesto o a créditos adicionales, 3. Que exista disponibilidad presupuestaria, 4. Que se realicen para cumplir compromisos ciertos y debidamente comprobados, salvo que correspondan a pagos de anticipos a contratistas o avances ordenados a funcionarios conforme a las leyes, y; 5. Que correspondan a créditos efectivos de sus titulares.

Explica Peña Colmenares que la finalidad del control previo es garantizar la adecuada ejecución del presupuesto, para evitar eventuales sobregiros presupuestarios y velar porque el patrimonio público se invierta para las finalidades previstas[185], a saber; la satisfacción del interés general.

Ahora bien, la LOCGRSNCF no especifica si, para la procedencia de este supuesto generador de responsabilidad administrativa, es necesario el incumplimiento de uno de los supuestos que contempla el artículo 38 de la misma Ley, o deben incumplirse todos los elementos del control previo, ya sea antes de proceder al compromiso o antes de proceder al pago. Respecto de este punto, compartimos el criterio de Peña Colmenares, de acuerdo con el cual la omisión parcial del control

---

185 Peña Colmenares, *El régimen de la responsabilidad administrativa*, 205.

previo –es decir, uno de los elementos del artículo 38 de la LOCGRSNCF– debe dar lugar a la procedencia de este supuesto de declaratoria de responsabilidad administrativa[186].

10. La falta de planificación, así como el incumplimiento injustificado de las metas señaladas en los correspondientes programas o proyectos

Según la Ley Orgánica de Planificación Pública y Popular[187], la planificación pública tiene entre sus finalidades: 1. Garantizar el óptimo desempeño institucional, así como los procesos de evaluación y emulación, 2. Ordenar, racionalizar y coordinar la acción pública en los distintos ámbitos y niveles político-territoriales de gobierno, 3. Fortalecer las capacidades estratégicas y rectoras de los órganos y entes públicos para la inversión de los recursos públicos, y 4. Garantizar la vinculación de la formulación y ejecución de los planes, con la programación presupuestaria y financiera, así como los aspectos organizacionales (art. 4). De lo cual, entendemos que la planificación pública es una herramienta que busca garantizar el adecuado manejo y utilización del patrimonio público, que deberá atender a determinados planes y programas, metas y objetivos.

Este mismo instrumento legal prevé que la planificación pública debe responder a un sistema integrado de planes que se compone de planes espaciales y sectoriales, categorizados en estratégicos y operativos. Los planes estratégicos establecen políticas, objetivos, medidas, metas y acciones a largo plazo que se concretarán anualmente a través de la formulación de los planes operativos, en los que se determinarán los recursos que deben ser necesarios para el cumplimiento de los objetivos y metas y que se plasmarán en la Ley de Presupuesto del ejercicio fiscal que corresponda (arts. 24, 25, 54 y 56).

Hechas estas consideraciones indicamos que este supuesto generador de responsabilidad administrativa contempla dos situaciones concretas: 1. La falta de planificación, es decir, que

---

186 Ibid., 206.

187 G.O. N° 6.148, extraordinario de 18-11-2014.

el órgano o ente del sector público que se trate no cuente con alguno de los planes previamente mencionados (planes estratégicos u operativos) y 2. Que se incumplan de forma injustificada las metas señaladas en estos planes, relacionadas con programas o proyectos.

En el primero de los casos, se trata de una situación objetiva, es decir, existe o no el plan que corresponda, mientras que, en el segundo, le corresponderá al órgano de control fiscal determinar si existen causas justificadas que impidieron el cumplimiento de las metas propuestas, como lo sería, por ejemplo, la pandemia de COVID-19 que se vivió en el año 2020 y que cambió la forma de trabajo de muchos órganos y entes públicos.

A todo evento, lo que busca este supuesto generador de responsabilidad administrativa es que la utilización del patrimonio público responsa a unos objetivos y unas metas, que deberán atender al interés general y que tendrán que ser cumplidos por los distintos órganos y entes del sector público.

11. La afectación específica de ingresos sin liquidarlos o enterarlos al Tesoro o patrimonio del ente u organismo de que se trate, salvo las excepciones contempladas en las leyes especiales que regulen esta materia

Este supuesto generador de responsabilidad administrativa se encuentra relacionado con el principio de no afectación de los recursos, principio de unidad de caja o principio de unidad del tesoro, según el cual:

> [T]odos los ingresos públicos deben ser enterados en la Caja del Tesoro, que debe ser una sola, y todos los gastos deben ser previstos en el presupuesto, sin que se puedan afectar ingresos para cubrir gastos determinados. Por efecto de esta regla se prohíbe tanto la compensación de ingresos como la afectación de recursos[188].

[188] Juan Cristóbal Carmona Borjas, "El Seniat a la luz de los principios de la unidad del tesoro y de legalidad presupuestaria", *Revista de derecho tributario*, N° 154 (2017): 29.

El artículo 36 de la Ley Orgánica de Administración Financiera del Sector Público consagra el principio de unidad del tesoro y prevé la prohibición de afectar algún ramo de los ingresos con el fin de atender gastos determinados. Esa misma disposición también señala que podrán ser afectados para fines específicos: 1. Los ingresos provenientes de donaciones, herencias o legados a favor de los órganos y entes del sector público cuando éstas tengan un destino específico, 2. Los recursos provenientes de operaciones de crédito público, 3. Los que resulten de la gestión de los servicios desconcentrados sin personalidad jurídica[189], y 4. El producto de las contribuciones especiales (art. 36).

Así las cosas, entendemos que este supuesto generador de responsabilidad administrativa tendrá lugar cuando el órgano de control fiscal que corresponda, compruebe que un órgano o ente público afectó algún ingreso público para atender a determinados gastos sin enterar dicho ingreso al tesoro y que dicha posibilidad de afectación no se encontraba entre las excepciones que prevea el ordenamiento jurídico venezolano. Sin lugar a dudas un supuesto generador de responsabilidad administrativa que busca garantizar el adecuado uso y manejo del patrimonio público.

---

189 Artículo 95 del Decreto con Rango, Valor y Fuerza de Ley Orgánica de la Administración: "Los servicios desconcentrados sin personalidad jurídica contarán con un fondo separado, para lo cual estarán dotados de la capacidad presupuestaria o financiera que acuerde el Decreto que les otorgue tal carácter. // Los ingresos provenientes de la gestión de los servicios desconcentrados sin personalidad jurídica no forman parte del Tesoro y, en tal virtud, podrán ser afectados directamente de acuerdo con los fines para los cuales han sido creados. Tales ingresos sólo podrán ser utilizados para cubrir los gastos que demanda el cumplimiento de sus fines".

12. Efectuar gastos o contraer compromisos de cualquier naturaleza que puedan afectar la responsabilidad administrativa de los órganos y entes públicos, sin autorización legal previa para ello, o sin disponer presupuestariamente de los recursos necesarios para hacerlo; salvo que tales operaciones sean efectuadas en situaciones de emergencia evidentes, como en casos de catástrofe naturales, calamidades públicas, conflicto interior o exterior u otros análogos, cuya magnitud exija su urgente realización, pero informando de manera inmediata a los respectivos órganos de control fiscal, a fin de que procedan a tomar las medidas que estimen convenientes, dentro de los límites de la Ley

Este supuesto generador de responsabilidad administrativa contempla dos hechos. El primero relativo a efectuar gastos y contraer compromisos sin contar con la autorización legal para ello, y el segundo, efectuar gastos y contraer compromisos sin contar con los recursos correspondientes en el presupuesto que se trate.

Respecto del primero de los supuestos, señalamos que existen determinadas operaciones que realizan los órganos y entes públicos que, para su validez o concreción requieren de determinados pasos o autorizaciones, como, por ejemplo, la celebración de contratos de interés general, que de acuerdo con el artículo 150 de la Constitución venezolana de 1999 requieren de la aprobación del Parlamento Nacional[190].

En este sentido, se configuraría el primer hecho regulado en este supuesto generador de responsabilidad administrativa

[190] Artículo 150: "La celebración de los contratos de interés público nacional requerirá la aprobación de la Asamblea Nacional en los casos que determine la ley. // No podrá celebrarse contrato alguno de interés público municipal, estadal o nacional, o con Estados o entidades oficiales extranjeras o con sociedades no domiciliadas en Venezuela, ni traspasarse a ellos sin la aprobación de la Asamblea Nacional. // La ley podrá exigir en los contratos de interés público determinadas condiciones de nacionalidad, domicilio o de otro orden, o requerir especiales garantías".

cuando un funcionario público celebre un contrato que sea considerado de interés público nacional sin contar con la aprobación del Parlamento Nacional.

En cuanto al segundo de los supuestos - efectuar gastos y contraer compromisos sin contar con la disponibilidad presupuestaria correspondiente–, recordamos que previamente se explicó que en Venezuela los órganos y entes del sector público están en la obligación de contar con planes estratégicos y operativos, estos últimos vinculados al presupuesto de cada institución. Siguiendo esta lógica, y entendiendo que todo gasto que efectúa un órgano o ente público responde a una planificación previamente realizada, donde se evaluaron las necesidades colectivas que deben ser satisfechas, el legislador ha prohibido que se adquieran compromisos o se efectúen gastos sin contar con los recursos necesarios para ello.

Ahora bien, para ambos casos, la ley coloca una excepción, y es que el gasto o el compromiso que se realiza, se efectúe en situaciones de emergencia evidentes –catástrofes naturales, calamidades públicas, conflicto interior o exterior u otros análogos– cuya magnitud exija la urgente realización del gasto o del compromiso, caso en el cual, el responsable de la operación deberá informar de forma inmediata a los respectivos órganos de control fiscal para que procedan a tomar las medidas que estimen convenientes, dentro de los límites de la Ley.

Afirma Mejías Palazzi que este supuesto generador de responsabilidad administrativa se justifica en la necesidad de prevenir o intentar prevenir arbitrariedades en el manejo del patrimonio público y garantizar una buena ejecución del presupuesto[191], criterio que compartimos, entendiendo que una adecuada planificación del patrimonio público no debería dar lugar a la realización de gastos o la adquisición de compromisos sin que estén previamente planificados, salvo que –como la propia norma lo señala– ocurra alguna circunstancia no previsible que deba ser atendida de forma inmediata.

---

[191] Gilberto Mejías Palazzi, "La responsabilidad administrativa", *Revista de Control Fiscal*, N° 109 (1983): 132.

13. Abrir con fondos de un órgano o ente público, en entidades financieras, cuenta bancaria a nombre propio o de un tercero, o depositar dichos fondos en cuenta personal ya abierta, o sobregirarse en las cuentas que en una o varias de dichas entidades tenga el organismo público confiado a su manejo, administración o giro

Este apartado también contempla dos situaciones concretas: la primera, relacionada con el uso indebido de fondos públicos para abrir o ser depositados en la cuenta bancaria de un particular –el propio sujeto responsable de la administración y custodia de dichos fondos, o un tercero–, y; el segundo, es el sobregiro bancario.

Explica Peña Colmenares que en el primero de los casos –uso indebido de fondos públicos para abrir o ser depositados en cuentas bancarias de un particular– es necesario que el órgano de control fiscal realice una auditoría de los fondos públicos y "una vez detectado el faltante, pase a determinar si efectivamente los mismos han sido utilizados para abrir una cuenta personal, o a nombre de un tercero, o para ser depositados en una cuenta personal del funcionario ya abierta"[192].

También puede ocurrir que en un procedimiento de verificación de la declaración jurada de patrimonio[193] que deben

[192] Peña Colmenares, *El régimen de la responsabilidad administrativa*, 243.

[193] Respecto de dicho procedimiento, la Ley contra la Corrupción dispone: Artículo 34: "La Contraloría General de la República, una vez recibida la declaración jurada de patrimonio en formato electrónico, procederá, en el marco de la auditoria patrimonial, a verificar la veracidad de la misma y a cotejarla, de ser el caso, con la declaración anterior. La Contralora General o Contralor General de la República podrá solicitar directamente a las respectivas embajadas, atendiendo a los convenios y tratados internacionales suscritos y ratificados por la República Bolivariana de Venezuela sobre la materia, el suministro de aquellos elementos probatorios, que se requieran, con motivo del procedimiento de verificación de las declaraciones juradas de patrimonio. // Igualmente, podrá solicitar, con ocasión a la verificación de la declaración jurada de patrimonio, de la persona, funcionaria pública o funcionario público que haya cesado o terminado en el ejercicio de sus labores, empleos o funciones, la presentación de una nueva declaración patri-

presentar los funcionarios, empleados, y obreros al servicio del sector público, así como los particulares que en cualquier forma contraten, negocien o celebren operaciones relacionadas con el patrimonio público, o reciban aportes, subsidios, otras transferencias o incentivos fiscales[194], el órgano de control fiscal consiga alguna irregularidad en las cuentas bancarias del sujeto o que los fondos públicos utilizados en dichas cuentas no puedan ser justificados y a partir de allí, dar inicio a las investigaciones correspondientes para determinar la proceden-

---

monial, aun cuando no esté activo en la función o empleo público dentro del año siguiente al cese en el ejercicio de su cargo. // Los informes de auditorías patrimoniales, así como, las pruebas obtenidas por la Contraloría General de la República, para verificar y cotejar las declaraciones juradas de patrimonio, tendrán fuerza probatoria, mientras no sean desvirtuadas en el debate judicial. // La Contraloría General de la República podrá verificar de oficio la situación patrimonial, de quienes, estando obligados a presentar su declaración jurada, no lo hicieren".

194 Esta obligación se encuentra prevista en el artículo 78 de la LOCGRSNCF de la siguiente forma: "La Contraloría General de la República podrá solicitar declaraciones juradas de patrimonio a los funcionarios, funcionaria, empleados, empleadas, obreros y obreras del sector público a los particulares que hayan desempeñado tales funciones o empleos, a los contribuyentes o responsables, según el Código Orgánico Tributario, y a quienes en cualquier forma contraten, negocien o celebren operaciones relacionadas con el patrimonio público, o reciban aportes, subsidios, otras transferencias o incentivos fiscales. Dichas declaraciones deberán reflejar la real situación patrimonial del declarante para el momento de la declaración. // Parágrafo Único: El Contralor o Contralora General de la República podrá disponer la presentación periódica de declaraciones juradas de patrimonio a cargo de los funcionarios o funcionarias, empleados o empleadas, obreros u obreras de las entidades señaladas en los numerales 1 al 11 del Artículo 9 de esta ley. La declaración jurada de patrimonio deberá ser hecha bajo juramento de decir la verdad, en papel común, sin estampillas y por ante los funcionarios o funcionarias que el Contralor o Contralora General de la República autorice para recibirlas. // El Contralor o Contralora General de la República, mediante resolución que se publicará en la Gaceta Oficial de la República Bolivariana de Venezuela, establecerá los demás requisitos que deberán cumplirse en la presentación de las declaraciones, así como los funcionarios o funcionarias, empleados o empleadas, o demás sujetos exceptuados de presentarla".

cia o no de este supuesto generador de responsabilidad administrativa.

A todo evento, es necesario destacar que el órgano de control fiscal deberá comprobar, sin lugar a ninguna duda, que los fondos públicos han sido utilizados para los fines previstos en este apartado, más aún -tal y como señala Peña Colmenares- cuando han sido utilizados por un tercero[195].

Respecto al segundo supuesto generador de responsabilidad administrativa -el sobregiro bancario-, Peña Colmenares afirma que:

> [S]e diferencia del anterior porque no tiene como finalidad la obtención de los beneficios que pueda producir la apertura de las cuentas en los términos indicados, sino que revela una actuación negligente o imprudente del funcionario en el manejo de los fondos públicos que administra[196].

Se advierte que este supuesto generador de responsabilidad administrativa, no prevé -como sí se indica el apartado anterior- alguna eximente de responsabilidad, sin embargo, consideramos que, si el sobregiro bancario se realiza para atender situaciones de emergencia o calamidad, no debería entenderse configurado el mismo. Respecto de este punto, Peña Colmenares indica que una interpretación sistemática de la LOCGRSNCF debería llevarnos a pensar que pueden existir casos en los que el órgano de control fiscal pueda entender justificado el sobregiro bancario[197].

Destacamos, que para que dicha posibilidad pueda ser considerada, debería cumplirse los extremos que ha previsto la Ley, es decir, que el gasto que se ha realizado -y que originó el sobregiro bancario- haya sido para atender una situación de emergencia, catástrofe o calamidad no prevista, y que se haya informado de dicho gasto, de forma inmediata, a los órganos de control fiscal. De lo contrario se estaría abriendo una puerta

---

195 Peña Colmenares, *El régimen de la responsabilidad administrativa*, 243.
196 Ibid.
197 Ibid.

para evadir el adecuado resguardo, manejo, administración y custodia del patrimonio público.

14. El pago, uso o disposición ilegal de los fondos u otros bienes de que sean responsables el particular, funcionario respectivo o funcionaria respectiva, salvo que éstos comprueben haber procedido en cumplimiento de orden de funcionario competente y haberle advertido por escrito la ilegalidad de la orden recibida, sin perjuicio de la responsabilidad de quién impartió la orden

Este supuesto generador de responsabilidad administrativa es claro en su formulación: procederá en aquellos casos en los que un sujeto que tenga a su cargo determinados fondos o bienes públicos, realice pagos ilegales o use y disponga de los bienes de forma indebida; sin embargo, el legislador ha contemplado una eximente a la responsabilidad del sujeto, que contiene varios elementos que deben ser analizados con detalle:

Primero. Que el funcionario o particular haya actuado en cumplimiento de una orden dada por un funcionario competente. Aquí es importante destacar que la LOCGRSNCF no ha hecho referencia a que el funcionario que dio la orden sea "superior jerarca" del sujeto que ha materializado el pago ilegal; lo que se exige es que la orden sea dada por un "funcionario competente", con lo cual entendemos que la eximente operaría en los casos que cualquier funcionario competente, sea o no superior jerarca del funcionario o particular, haya emitido la orden de realizar el acto ilegal.

Este podría ser el caso, por ejemplo, de un funcionario judicial que ordena a un funcionario de la Administración o a un particular la entrega de un vehículo propiedad de un órgano o ente público a un tercero, sin que a dicho tercero le asista derecho alguno sobre dicho vehículo.

Segundo. Que el funcionario o particular responsable de los fondos o el bien público le advierta al "funcionario competente" que la orden impartida constituye una ilegalidad. Sobre este requisito, Mejías Palazzi considera que la advertencia que realiza el funcionario o particular por escrito, en sí misma, resulta insuficiente. Para el autor se requiere, además, que el sujeto que advierte la irregularidad reciba del funcionario competente "también por escrito, la orden de pagar o disponer de los fondos"[198].

En un sentido similar se pronuncia Peña Colmenares, quien considera que, frente a la advertencia de la ilegalidad de la orden, el funcionario competente deberá reiterarla, ya sea por escrito, o en forma verbal y pública[199]. Y es que para la autora, la LOCGRSNCF es clara "aunque la orden sea ilegal debe ser cumplida, y la exención de responsabilidad opera con la sola advertencia acerca de la ilegalidad de la orden formulada por escrito por parte del funcionario inferior"[200].

Tercero. Que la orden recibida no viole o menoscabe los derechos garantizados por la Constitución y las leyes venezolanas. Y es que el artículo 25 de la Constitución de 1999 establece de forma clara una excepción al principio de obediencia debida:

> Artículo 25. Todo acto dictado en ejercicio del Poder Público que viole o menoscabe los derechos garantizados por esta Constitución y la ley es nulo, y los funcionarios públicos y funcionarias públicas que lo ordenen o ejecuten incurren en responsabilidad penal, civil y administrativa, según los casos, sin que les sirvan de excusa órdenes superiores.

Partiendo de esta disposición constitucional, afirma Briceño León que no es admisible en el sistema jurídico venezolano la eximente de la responsabilidad basada en la teoría de la obediencia debida cuando la orden impartida sea violatoria de derechos constitucionales; todo lo contrario, el funcionario o particular que ha recibido la orden está en todo momento en el deber de incumplirla[201], aun en aquellos casos en los que hecha

---

198 Mejías Palazzi, "La responsabilidad administrativa", 134.

199 Peña Colmenares, *El régimen de la responsabilidad administrativa*, 226.

200 Ibid.

201 Humberto Briceño León, "Violación a derechos constitucionales. Excepción a la presunción de legitimidad y al principio de ejecutoriedad

la advertencia de la ilegalidad e inconstitucionalidad de la orden impartida, ésta le sea reiterada[202].

Así pues, el funcionario que ha materializado la orden será responsable de su conducta, salvo que la excepción que pretenda hacer valer, tome en consideración los elementos mencionados previamente.

15. La aprobación o autorización con sus votos, de pagos ilegales o indebidos, por parte de los miembros de las juntas directivas o de los cuerpos colegiados encargados de la administración del patrimonio de los órganos y entes públicos, incluyendo a los miembros de los cuerpos colegiados que ejercen la función legislativa de los estados, distritos, distritos metropolitanos y municipios

Este supuesto generador de responsabilidad administrativa guarda relación con el supuesto relativo a "la ordenación de pagos por bienes, obras o servicios no suministrados, realizados o ejecutados, total o parcialmente, o no contratados, así como por concepto de prestaciones, utilidades, bonificaciones, dividendos, dietas u otros conceptos, que en alguna manera discrepen de las normas que las consagran", con la diferencia que, en este caso, la responsabilidad no recaerá sobre el sujeto que ordenó el pago sino sobre los sujetos que pertenezcan a un órgano colegiado y que aprueben o autoricen que dichos pagos se efectúen.

Respecto de este supuesto generador de responsabilidad administrativa, Peña Colmenares advierte dos cosas: 1. Que se requiere que el sujeto haya aprobado "con su voto" el pago ilegal o indebido, de lo cual se entiende que, aquel sujeto que perteneciendo a un órgano colegiado no haya participado en la decisión, es decir, no haya aprobado o autorizado el pago –ya sea porque no haya asistido a la reunión o porque salvó su voto

---

de los actos administrativos y la teoría de la obediencia debida", *Revista de derecho administrativo*, N° 3 (1998): 315-316.

[202] Peña Colmenares, *El régimen de la responsabilidad administrativa*, 227.

y se dejó constancia de ello– quedará exento de responsabilidad, y 2. Que para la determinación de este supuesto el órgano de control fiscal deberá comprobar la ilegalidad del pago[203].

En cuanto a los órganos legislativos colegiados –Parlamento Nacional, Consejos Legislativos Estadales y Concejo o Cámara Municipal– entiende Peña Colmenares que estos no deberían figurar en este supuesto generador de responsabilidad administrativa, por cuanto la totalidad de sus miembros no serían responsables de administrar bienes públicos "ya que generalmente los administradores son generalmente (sic) sus presidentes o solamente los miembros de sus juntas directivas"[204].

No compartimos los comentarios de la autora puesto que corresponde a dichos órganos legislativos la competencia para aprobar créditos adicionales al presupuesto público, así, por ejemplo, lo prevé el artículo 50 de la Ley Orgánica de la Administración Financiera del Sector Público[205] para el caso del Parlamento Nacional, y los artículos 95.19 y 247 de la Ley Orgánica del Poder Público Municipal[206] para los Concejos Municipales.

---

[203] Ibid., 245.

[204] Ibid., 246.

[205] Artículo 50: "Quedarán reservadas a la Asamblea Nacional, a solicitud del Ejecutivo Nacional, las modificaciones que aumenten el monto total del presupuesto de egresos de la República, para las cuales se tramitarán los respectivos créditos adicionales. // Las modificaciones presupuestarias que impliquen incremento del gasto corriente en detrimento del gasto de capital, sólo podrán ser autorizadas por la Asamblea Nacional en casos excepcionales debidamente documentados por el Ejecutivo Nacional. No se podrán efectuar modificaciones presupuestarias que impliquen incrementar los gastos corrientes en detrimento de los gastos del servicio de la deuda pública. // Los créditos adicionales al presupuesto de egresos que hayan de financiarse con recursos provenientes de operaciones de crédito público serán decretados por el Poder Ejecutivo, con la sola autorización contenida en la correspondiente ley de endeudamiento. // El Reglamento de este Decreto con Rango, Valor y Fuerza de Ley establecerá los alcances y mecanismos para efectuar las modificaciones a los presupuestos que resulten necesarias durante su ejecución".

[206] Artículo 95: "Son deberes y atribuciones del Concejo Municipal: (...) 19. Autorizar créditos adicionales al presupuesto de ingresos y gastos del

Es decir, los órganos legislativos en Venezuela son responsables de autorizar créditos adicionales al presupuesto público de sus respectivos entes político-territoriales (República, estados o municipios), actividad que entendemos se encuentra relacionada con la administración de recursos públicos.

De allí que, la aprobación de un crédito adicional por parte de un órgano colegiado, que no se ajuste a los extremos previstos en la normativa que regula la materia, podría dar lugar a este supuesto generador de responsabilidad administrativa. Por ejemplo, que el Parlamento Nacional apruebe un crédito adicional que implique un incremento del gasto corriente en detrimento del gasto de capital, sin que exista una causa excepcional debidamente documentada, lo cual resultaría contrario a lo previsto en el artículo 50 de la Ley Orgánica de la Administración Financiera del Sector Público[207].

---

ejercicio económico financiero del Municipio". Artículo 247: "El Concejo Municipal o Cabildo, a solicitud del alcalde o alcaldesa, podrá aprobar créditos adicionales al presupuesto de gastos para cubrir gastos necesarios no previstos en la ordenanza anual de presupuesto o créditos presupuestarios insuficientes. Los créditos adicionales podrán ser financiados: 1. Con los recursos que provengan de un mayor rendimiento de los ingresos calculados en la ordenanza de presupuesto, certificados por el Tesorero Municipal. 2. Con economías en los gastos que se hayan logrado o se estimen en el ingreso del ejercicio. 3. Con existencias del Tesoro, no comprometidas y debidamente certificadas por el Tesorero Municipal o Distrital, y donde no exista el servicio de tesorería por el funcionario responsable de la hacienda. 4. Con aportes especiales acordados por los gobiernos nacional y estadal. 5. Con otras fuentes de financiamiento que apruebe el Concejo Municipal o Cabildo, de conformidad con las leyes. // Cuando los créditos adicionales hayan de financiarse con economías en los gastos, éstas deberán ser expresamente determinadas y se acordarán las respectivas insubsistencias o anulaciones de créditos. // Se entenderán por insubsistencias, las anulaciones totales o parciales de créditos presupuestarios de programas, subprogramas, proyectos y partidas, que reflejen economías en los gastos". G.O. N° 6.015, extraordinario de 28-12-2010.

207 Artículo 50. "Quedarán reservadas a la Asamblea Nacional, a solicitud del Ejecutivo Nacional, las modificaciones que aumenten el monto total del presupuesto de egresos de la República, para las cuales se tramitarán los respectivos créditos adicionales. // Las modificaciones presupuestarias que impliquen incremento del gasto corriente en de-

Adicionalmente, tal y como señala la mencionada autora, existen otros casos en los que los órganos legislativos aprueban y autorizan pagos que, de ser ilegales, pueden configurar el supuesto que se analiza en este apartado, como sería la aprobación de dietas o aumento de sueldos, bonificaciones de fin de año, y otras remuneraciones económicas[208].

16. Ocultar, permitir el acaparamiento o negar injustificadamente a los usuarios o usuarias, las plantillas, formularios, formatos o especies fiscales, tales como timbres fiscales y papel sellado cuyo suministro le corresponda a alguno de los órganos y entes públicos

De acuerdo con la Ley de Timbres Fiscales[209], para la realización de cierto tipo de actos o tramitación de algunos documentos -expedición en el país de copias certificadas de documentos que consten en archivos o registros públicos, constitución y registro de compañías, legalización de firmas, entre otros- es necesario que el sujeto que realice dicho trámite adquiera o pague los denominados "timbres fiscales". Dichos timbres fiscales pueden ser: 1. Estampillas, 2. Papel sellado, y 3. El pago en efectivo hecho directamente por ante las Oficinas Receptoras de Fondos Nacionales (art. 1). Estos timbres fiscales

---

trimento del gasto de capital, sólo podrán ser autorizadas por la Asamblea Nacional en casos excepcionales debidamente documentados por el Ejecutivo Nacional. No se podrán efectuar modificaciones presupuestarias que impliquen incrementar los gastos corrientes en detrimento de los gastos del servicio de la deuda pública. // Los créditos adicionales al presupuesto de egresos que hayan de financiarse con recursos provenientes de operaciones de crédito público serán decretados por el Poder Ejecutivo, con la sola autorización contenida en la correspondiente ley de endeudamiento. // El Reglamento de este Decreto con Rango, Valor y Fuerza de Ley establecerá los alcances y mecanismos para efectuar las modificaciones a los presupuestos que resulten necesarias durante su ejecución".

[208] Peña Colmenares, *El régimen de la responsabilidad administrativa*, 247.

[209] G.O. N° 6.150, extraordinario de 18-11-2014.

representan un ingreso público –un tributo– que encuadra dentro de la categoría de tasas[210].

Así las cosas, se entiende que este supuesto generador de responsabilidad administrativa está relacionado con aquel funcionario que teniendo a su cargo la responsabilidad de la recaudación de los ingresos que correspondan por concepto de timbres fiscales, oculte, acapare o niegue injustificadamente a los usuarios dichos instrumentos.

Indica Peña Colmenares que ha sido una práctica muy común en Venezuela que los funcionarios públicos responsables de la venta de timbres fiscales –especialmente estampillas y papel sellado– los ocultasen o negasen su existencia a los usuarios, permitiendo su acaparamiento por parte de terceras personas que vendían los mismos, a precios superiores a su valor real generando ganancias irregulares tanto para el funcionario como para el vendedor, en detrimento de la ciudadanía[211].

Ahora bien, considera la mencionada autora que estos casos no deberían constituir un supuesto generador de responsabilidad administrativa por cuanto el funcionario encargado de facilitar los timbres fiscales a los usuarios de los órganos y entes públicos no tendrían asignada dentro de sus funciones la administración de los fondos públicos[212]. Sin embargo, no compartimos el criterio de la autora, puesto que, si se toma en consideración que los timbres fiscales constituyen un ingreso pú-

---

[210] De acuerdo con el Clasificador presupuestario de recursos y egresos aplicable a los órganos y entes del sector público, los ingresos provenientes por estampillas y papel sellado se registran por las partidas presupuestarias 3.01.03.33.00 y 3.01.03.34.00 y comprenden los siguientes conceptos: 3.01.03.33.00 Estampillas fiscales. Ingresos derivados de la formalización de las actuaciones contempladas en las leyes de Timbre Fiscal, Registro Público, Ley Orgánica del Servicio Consular, Propiedad Industrial, Minas y demás leyes, mediante el uso de timbres móviles o fijos. 3.01.03.34.00 Papel sellado. Ingresos originados por la venta de papel sellado, utilizado para formalizar gestiones administrativas y judiciales que así lo requieran.

[211] Peña Colmenares, *El régimen de la responsabilidad administrativa*, 165-166.

[212] Ibid., 166.

blico, y que, con el ocultamiento, acaparamiento o la negación injustificada de los mismos a los usuarios -incluso la venta ilegal de estos fuera de las dependencias respectivas- se estaría evitando la adecuada recaudación de dicho ingreso, el funcionario responsable estaría causando una merma del patrimonio del Estado, lo que sin lugar a dudas se trata de una acción que se encuentra íntimamente relacionada con el resguardo, manejo, administración y custodia del patrimonio público.

Por ello, entendemos que este hecho sí debería considerarse como un supuesto generador de responsabilidad administrativa, con la advertencia que, para que el mismo sea procedente, el órgano de control fiscal deberá comprobar que el funcionario evitó -a través del ocultamiento, acaparamiento o negativa injustificada-que se haya garantizado la adecuada recaudación de los ingresos que correspondan por concepto de timbres fiscales.

17. La adquisición, uso o contratación de bienes, obras o servicios que excedan manifiestamente a las necesidades del organismo, sin razones que lo justifiquen

De acuerdo con Canónico Sarabia, este supuesto está vinculado con la racionalidad del gasto público "entendido como el gasto consciente, que atiende a las verdaderas necesidades y prioridades del interés público, y que se conecta de manera sinérgica con los principios de economía, planificación y honestidad"[213].

La configuración de este supuesto generador de responsabilidad administrativa requiere que la adquisición, uso o contratación se efectúe "sin razones que lo justifiquen", es decir; que excedan de forma manifiesta las necesidades del órgano o ente público y que no existan motivos suficientes para haber efectuado la contratación[214]. De allí que, el órgano de control

---

213 Canónico Sarabia, "El sistema sancionatorio en la contratación pública", 271.

214 Peña Colmenares, *El régimen de la responsabilidad administrativa*, 249.

fiscal deberá evaluar, en cada caso concreto, si la contratación realizada se efectuó por razones justificadas y si la misma se ajustaba a las necesidades reales del órgano o ente público.

Es necesario advertir que, a pesar de ser un supuesto generador de responsabilidad administrativa que guarda relación con la contratación pública, no se apreció la misma duplicidad que existió con otros supuestos generadores de responsabilidad administrativa revisados previamente. Es decir, la Ley de Contrataciones Públicas, no contempla en su artículo 166 un supuesto generador de responsabilidad similar al que se estudia en este aparte.

18. Autorizar gastos en celebraciones y agasajos que no se correspondan con las necesidades estrictamente protocolares del organismo

Al igual que el supuesto anterior, este supuesto generador de responsabilidad administrativa guarda relación con el principio de racionabilidad del gasto público. En este caso, relacionado con los gastos relativos a celebraciones o agasajos. De acuerdo con Peña Colmenares, para que se configure este supuesto "[b]asta que se compruebe que el gasto efectuado por el funcionario fue realizado en celebraciones y agasajos que no se corresponden con las necesidades estrictamente protocolares del órgano o ente de la Administración Pública que se trate"[215].

Sin embargo, es necesario advertir que en el año 2009 se dictó el Instructivo Presidencial para la Eliminación del Gasto Suntuario o Superfluo en el Sector Público Nacional aplicable a "todos los órganos y entes de la Administración Pública Nacional"[216]. Este instructivo prohíbe "el gasto suntuario o superfluo en el sector público nacional" en diversas áreas, entre las que se encuentran "[l]a celebración de agasajos que correspondan a razones protocolares", los cuales sólo podrán realizarse con

---

[215] Ibid., 228.

[216] G.O. N° 39.146 de 25-03-2009.

la autorización del Vicepresidente Ejecutivo y previa exposición de motivos que justifique su aprobación[217].

Así las cosas, y, en lo que respecta a los órganos y entes de la Administración Pública Nacional, se entiende que se encuentran totalmente prohibidos los gastos que obedezcan a motivos protocolares, de lo cual, creemos que se configurará el supuesto generador de responsabilidad administrativa que se analiza en este apartado cuando algunos de estos órganos efectúen un gasto de esta naturaleza sin contar con la correspondiente autorización del Vicepresidente Ejecutivo. De igual forma, el Vicepresidente Ejecutivo incurrirá en este supuesto generador de responsabilidad administrativa cuando autorice el gasto sin que el órgano o ente de la Administración Pública Nacional que solicita la autorización justifique adecuadamente la aprobación del mismo.

Cabe advertir que este instructivo resulta aplicable solamente a los órganos y entes públicos de la Administración Pública Nacional, por lo que no debe entenderse extensivo a los otros órganos y entes públicos del sector público nacional (Poder Legislativo, Poder Judicial, Poder Electoral y Poder Moral) ni a las demás entidades político-territoriales (estados y municipios). En estos casos corresponderá revisar la normativa interna de cada institución para determinar si existen paráme-

[217] Artículo 2: "Se prohíbe el gasto suntuario o superfluo en el sector público nacional. Sólo con la autorización del Vicepresidente Ejecutivo y previa exposición de motivos que justifique su aprobación, se permitirá de manera racional: 1. La adquisición de servicios de telefonía celular y de discado directo internacional, así como el uso de Internet. 2. La adquisición y alquiler de vehículos ejecutivos. 3. La asignación de misiones oficiales al exterior. 4. La contratación de servicios de asesoría altamente especializados, como los de auditorías, consultorías gerencial o legal, de ingeniería, arquitectónicos, entre otros. 5. Las adquisiciones y remodelaciones de sedes destinadas a oficinas públicas y residencias oficiales; así como de mobiliarios. 6. La adquisición de equipos y plataformas tecnológicas. 7. Las adquisiciones de material promocional, la publicidad y las publicaciones que se correspondan con las actividades del órgano o ente. 8. La celebración de agasajos que correspondan a razones protocolares. 9. La adquisición de bienes destinados a arreglos florales u ornamentales".

tros sobre lo que se considerarían gastos innecesarios con miras a determinar la procedencia o no de este supuesto generador de responsabilidad administrativa.

19. Dejar prescribir o permitir que se desmejoren acciones o derechos de los órganos y entes públicos, por no hacerlos valer oportunamente o hacerlo negligentemente

Sobre este supuesto generador de responsabilidad administrativa debemos destacar que debe ser interpretado en atención a las funciones de resguardo, manejo, administración y custodia del patrimonio público, de allí que, por ejemplo, un superior jerarca que deje prescribir la acción disciplinaria que pueda ejercer contra un funcionario que se encuentre bajo su cargo, no incurriría en este supuesto generador de responsabilidad administrativa, ya que dicha actuación no responde a las funciones de resguardo, manejo, administración y custodia del patrimonio público.

Distinto es el caso de un funcionario de la Administración Tributaria que deje prescribir las acciones de cobro de los tributo; un funcionario del Departamento de Recursos Humanos que haya realizado un pago indebido a un tercero y no informe a los departamentos correspondientes para que ejerzan las acciones administrativas y judiciales que sean necesarias, o un funcionario de Consultoría Jurídica que no ejerza las acciones administrativas y judiciales debidas para recobrar las cantidades de dinero correspondientes al anticipo otorgado a un contratista que no haya sido debidamente amortizado, o, que haya dejado prescribir las acciones judiciales para reclamar daños y perjuicios que un determinado sujeto haya causado a un órgano o ente público.

Según Peña Colmenares "aparentemente, los únicos sujetos susceptibles de incurrir en este supuesto de responsabilidad administrativa eran y son los profesionales del derecho, porque permitían que prescribieran o desmejorasen y prescribieren o desmejoraran los derechos de la Administración"[218]. Empero, con los ejemplos presentados previamente, entendemos que este supuesto generador de responsabilidad administrativa no se limita exclusivamente a los profesionales del derecho, por el contrario, todo aquel sujeto que tenga a su cargo la responsabilidad de velar por la defensa de los derechos e intereses de los órganos y entes del sector público, puede incurrir en este supuesto generador de responsabilidad administrativa cuando, a través de su conducta, deje prescribir o permita que se desmejoren acciones o derechos de dichas instituciones.

Así se ha pronunciado la Corte Segunda de lo Contencioso Administrativo en sentencia N° 2010-1579 del 28-10-2010 donde señaló lo siguiente:

> [L]a vigilancia como garantía de cumplimiento de los fines del Estado, constituye un elemento esencial para la comprobación y verificación del buen manejo de los fondos públicos, y por tanto aquellos funcionarios públicos que dejen prescribir o permitan que desmejoren los derechos y acciones de los organismos o entes a los cuales se encuentren adscritos, por no hacerlos valer oportunamente o hacerlo negligentemente incurren en responsabilidad administrativa, pues en el ejercicio de su gestión han incumplido con los principios rectores de la función administrativa y de la gestión fiscal.
> En consecuencia, cuando un funcionario encargado de desplegar la gestión necesaria -teniendo la oportunidad y posibilidad de hacerlo- no la desarrolla u omite, habrá incurrido en un supuesto generador de responsabilidad administrativa contenido en el numeral 19 del artículo 91 de la mencionada Ley Orgánica de la Contraloría General de la República y del Sistema Nacional de Control Fiscal[219].

Con fundamento en la decisión anterior, reiteramos que este supuesto generador de responsabilidad administrativa no se limita a los profesionales del derecho, sino que se extiende a todo aquel sujeto que teniendo a su cargo el resguardo, mane-

---

[218] Peña Colmenares, *El régimen de la responsabilidad administrativa*, 250.
[219] Soto Villasmil y Ramos González, *Investigación Contraloría*, 69.

jo, administración y custodia del patrimonio público, permita –ya sea por acción o por omisión– que prescriban o se desmejoren los derechos e intereses de los órganos y entes públicos.

20. El concierto con los interesados o interesadas para que se produzca un determinado resultado, o la utilización de maniobras o artificios conducentes a ese fin, que realice un funcionario o funcionaria al intervenir, por razón de su cargo, en la celebración de algún contrato, concesión, licitación, en la liquidación de haberes o efectos del patrimonio de un órgano o ente público, o en el suministro de los mismos

Este supuesto generador de responsabilidad administrativa contiene dos hechos concretos: 1. El concierto de los interesados para que se produzca un determinado resultado, y 2. La utilización de maniobras o artificios conducentes para que se produzca un resultado determinado. En ambos casos, los hechos deben guardar relación con: 1. La celebración de algún contrato, concesión, licitación, 2. La liquidación de haberes o efectos del patrimonio de un órgano o ente público, y 3. El suministro de los mismos.

Respecto del primero de los supuestos, la Real Academia Española define el concierto de voluntades como el "[a]cuerdo previo o simultáneo al delito por el que los partícipes en él adquieren conocimiento completo de lo que se pretende y asumen el compromiso de realizar la parte de la acción criminal que les corresponda en el reparto"[220], de lo que debe entenderse que participan en este supuesto generador de responsabilidad administrativa más de un sujeto, que de forma conjunta actúan para lograr un resultado concreto que es contrario al ordenamiento jurídico.

Según Peña Colmenares, para que proceda el concierto de voluntades –o concierto de los interesados– como supuesto generador de responsabilidad administrativa, es necesario que

[220] *Diccionario panhispánico del español jurídico*, s.v. "concierto de voluntades", https://dpej.rae.es/lema/concierto-de-voluntades

concurran los siguientes presupuestos: 1. El acuerdo previo de un funcionario público con una o más personas, 2. El aprovechamiento por parte de dicho funcionario del poder o autoridad que ostenta en razón del cargo que ejerce, 3. El interés del funcionario de obtener un beneficio económico o ventajas de otra índole, y 4. El interés que deben tener las otras personas involucradas en la conducta, en obtener un beneficio o resultado determinado[221].

En cuanto a los dos últimos presupuestos destacamos que la LOCGRSNCF hace referencia a "que se produzca un determinado resultado", sin mencionar si dicho resultado deba representar un beneficio económico para los sujetos que participan en el hecho, de lo que se entiende que este supuesto generador de responsabilidad administrativa puede concretarse aún y cuando el funcionario que participa en el hecho no consiga ningún beneficio económico.

Creemos que el "determinado resultado" será susceptible de originar este supuesto generador de responsabilidad administrativa cuando para su concreción se haya requerido que los intervinientes hayan orquestado previamente el mismo y el funcionario público haya hecho uso de la posición de autoridad o poder que tiene dentro de la institución a la que presta sus servicios, y que con ello se logró un resultado contrario al ordenamiento jurídico.

Un ejemplo que nos permitiría entender esta situación es el caso de un miembro de la comisión de contrataciones públicas que, previo acuerdo con un sujeto que tiene más de una empresa contratista, logran manipular un procedimiento de selección de contratistas para que se beneficie con la adjudicación del contrato a una determinada empresa. En este caso, el miembro de la comisión de contrataciones no necesariamente ha obtenido un beneficio económico, dado que el "resultado deseado" era que se beneficiara a una empresa contratista en concreto, y ese resultado no hubiese sido posible sin que los

221 Peña Colmenares, *El régimen de la responsabilidad administrativa*, 253-254.

intervinientes previamente hubieran realizado un concierto de voluntades.

En estos casos, el órgano de control fiscal tiene la tarea de demostrar no solo la ilegalidad del resultado, sino que, el mismo se produjo como consecuencia de un concierto de voluntades entre un funcionario público y terceras personas.

En cuanto al segundo de los supuestos "la utilización de maniobras o artificios conducentes para que se produzca un resultado determinado", consideramos que se diferencia del anterior porque una de las partes que participó en el hecho lo hizo mediante engaño o manipulación. Siguiendo el mismo ejemplo anterior, se concretará este supuesto de responsabilidad administrativa si el funcionario de la comisión de contrataciones engañó o manipuló a alguno de los oferentes para alterar el resultado del procedimiento de selección de contratistas; o viceversa, el oferente pudo manipular a los miembros de la comisión de contrataciones para alterar los resultados del concurso. A diferencia del supuesto anterior, una de las partes que participó en el hecho, lo hizo bajo engaño y no por voluntad propia como sería en el caso del concierto de los interesados.

A todo evento destacamos –siguiendo a Peña Colmenares– que la labor del órgano de control fiscal debe concentrarse en demostrar tanto el engaño como el concierto de voluntades, lo que puede constituir una labor muy difícil si asumimos que el concierto puede ser producto de un acuerdo verbal y para el engaño o la manipulación se necesitaría obtener elementos probatorios que vayan mucho más allá de meras presunciones[222].

21. Las actuaciones simuladas o fraudulentas en la administración o gestión de alguno de los órganos y entes públicos

Este supuesto generador de responsabilidad administrativa está referido a la realización de actos que tienen como finalidad engañar, simular o defraudar a los órganos y entes públi-

---

222 Ibid., 254.

cos y que involucran la administración del patrimonio de dichas instituciones. Ejemplos de este supuesto generador puede ser: 1. La celebración de una compraventa de un bien realizado para pretender ocultar una donación, 2. Que un funcionario público venda a un tercero un vehículo como si fuera de su propiedad cuando pertenece a un órgano o ente público, 3. Que se celebre un contrato con un tercero para simular la prestación de un servicio que nunca se materializó, entre otros.

De acuerdo con Peña Colmenares, para que se configure este supuesto es necesario determinar la voluntad de la persona que participa en la actuación simulada o fraudulenta lo que supone "la existencia del ánimo o deseo de engañar (animus decipiendi), que se expresa mediante una actuación deliberada de expresar su voluntad en el sentido contrario al que debería ser"[223], lo que requiere -al igual que en el supuesto analizado en el apartado anterior- el despliegue de una amplia investigación por parte del órgano de control fiscal, quien deberá compilar elementos de prueba que vayan más allá de una duda razonable, para poder declarar la procedencia de este supuesto generador de responsabilidad administrativa.

22. El empleo de fondos de alguno de los órganos y entes públicos en finalidades diferentes de aquellas a que estuvieron destinados por Ley, reglamento o cualquier otra norma, incluida la normativa interna o acto administrativo

Este supuesto generador de responsabilidad administrativa procederá cuando un funcionario que tenga a su cargo el resguardo, manejo, administración y custodia del patrimonio público, le dé a determinados bienes o recursos de dicho patrimonio un fin diferente al que habían sido destinados, "es decir que los utilice para conseguir otra de las finalidades asignadas al ente u órgano que administra. No debe confundirse

223 Ibid., 256.

con el peculado de uso, debido a que no supone un beneficio o lucro para el funcionario público"[224].

La Sala Político Administrativa del Tribunal Supremo de Justicia en sentencia N° 13 del 08-01-2008 consideró que este supuesto generador de responsabilidad administrativa procedía en aquellos casos en los que un funcionario público realizare de manera incorrecta la imputación presupuestaria de los gastos de los órganos y entes del sector público[225], y es que, si en las leyes de presupuesto se determina:

> [E]l empleo que debe dársele a los créditos, es claro, que el funcionario que no acoja lo establecido en el texto presupuestario, incurre en violación del (...) principio de "especificidad cualitativa", que se concreta en la utilización del Plan Único de Cuentas de Recursos y Egresos, de acuerdo con el Sistema de Información Contable y Presupuesto, que es de uso obligatorio por parte de los órganos ejecutores y entes sujetos a la citada Ley. En tal sentido, el funcionario ejecutor del presupuesto no puede apartarse ni desligarse de lo dispuesto en dicho instrumento, respecto a la clasificación de las partidas y sus descripciones, sin incurrir en violación de los principios presupuestarios[226].

Advertimos que la finalidad o el empleo que debe dársele a los recursos públicos no se limita únicamente a las leyes de presupuesto, sino que, tal como establece la LOCGRSNCF, se extiende a "reglamento o cualquier otra norma, incluida la normativa interna o acto administrativo", con lo cual, el órgano de control fiscal deberá -para determinar la incorrecta utilización del patrimonio público- tomar en consideración todos los instrumentos normativos -de rango legal y sublegal- que regulen la actuación de los órganos y entes del sector público.

---

224 Ibid., 259.

225 En este caso un funcionario imputó a la partida 4.03.00.00.00, correspondiente a "Servicios no personales" unos gastos de mejoras de un inmueble destinado a la prestación del servicio municipal de salud que debían ser imputados a la partida 4.04.00.00.00 correspondiente a "Activos reales", que incluye los trabajos de "conservación, ampliaciones y mejoras" de bienes del dominio público y privado.

226 Igualmente, TSJ/SPA N° 1.101 de 03-05-2006.

23. Quienes ordenen iniciar la ejecución de contratos en contravención a una norma legal o sublegal, al plan de organización, las políticas, normativa interna, los manuales de sistemas y procedimientos que comprenden el control interno

Peña Colmenares sobre este supuesto generador de responsabilidad administrativa indica que, debería referirse a ordenar la ejecución ilegal de un contrato y no a ordenar iniciar la ejecución de contratos en contravención con alguna norma o política, y es que, según el artículo 38 de la LOCGRSNCF, todos los funcionarios públicos tienen la obligación de hacer control previo a la adquisición de compromisos, y que dentro de dicho control previo se encuentra revisar que se hubiere cumplido con lo dispuesto en la Ley de Contrataciones Públicas, con lo cual, no podría entender cómo ordenar iniciar la ejecución de un contrato podría considerarse una conducta ilícita o contraria al ordenamiento jurídico; y es que el inicio de todo contrato tendría que entenderse como lícito y conforme en derecho para las partes que lo suscriben[227].

Aunque dicho razonamiento pudiera considerarse válido, no es menos cierto que, durante la ejecución de un contrato celebrado por un órgano o ente público –en el que se han observado todos los requisitos de la Ley de Contrataciones Públicas y se haya efectuado el respectivo control previo al compromiso– pueden darse un conjunto de circunstancias que podrían ocasionar la configuración de este supuesto generador de responsabilidad administrativa, como, por ejemplo, sería el caso de un contrato de ejecución de obras sobre el cual se ha iniciado un procedimiento administrativo para la rescisión del mismo –ya sea por causa imputable al contratista o no– y se ha dictado una medida preventiva de inmovilización de los bienes, equipos, instalaciones, maquinarias y materiales afectos a la obra[228], en el que un funcionario de la Dirección de Obras Pú-

---

[227] Peña Colmenares, *El régimen de la responsabilidad administrativa*, 202.

[228] Artículo 157 de la Ley de Contrataciones Públicas: "Iniciado el procedimiento administrativo para la rescisión unilateral del contrato, o bien para la determinación de cualquier incumplimiento por parte del

blicas ordene la movilización de bienes, o la continuación de las obras.

En este caso, el contrato es legal y válido, pero existe una circunstancia concreta que impedía continuar con su ejecución; entonces el funcionario de la Dirección de Obras Públicas al ordenar la continuación de la ejecución del contrato incurrió –a nuestro criterio– en este supuesto generador de responsabilidad administrativa, dado que existía un impedimento legal para ello. Es decir, el funcionario de la Dirección de Obras Públicas habría ordenado iniciar –o continuar– la ejecución de un contrato en contravención a una norma legal (la Ley de Contrataciones Públicas) y a la normativa interna (el acto a través del cual se haya decretado la medida preventiva de inmovilización de los bienes, equipos, instalaciones, maquinarias y materiales afectos a la obra).

24. Quienes estando obligados a permitir las visitas de inspección o fiscalización de los órganos de control se negaren a ello o no les suministren los libros, facturas y demás documentos que requieren para el mejor cumplimiento de sus funciones

Anteriormente indicábamos que, si la responsabilidad administrativa como institución jurídica persigue garantizar el adecuado resguardo, manejo, administración y custodia del patrimonio público, lo ideal sería que las conductas que el legislador declare como sancionables y por tanto susceptibles de convertirse en un supuesto generador de este tipo de responsabilidad, se encuentren relacionadas con funciones propias de la gestión del patrimonio público.

---

contratista en los contratos de ejecución de obras, el órgano o ente contratante podrá dictar y ejecutar como medida preventiva, la inmovilización de los bienes, equipos, instalaciones, maquinarias y materiales afectos a la obra, y ordenar su debido resguardo y custodia a cargo del contratista, a fin de que éste no los desplace fuera del lugar de la obra, o de su sede si allí se encontraren, ni les otorgue otro uso o destino".

Sin embargo, podremos observar que tanto la LOC-GRSNCF, como la Ley Orgánica de la Administración Financiera del Sector Público y la Ley de Contrataciones Públicas, tipifican como conductas sancionables bajo la figura de la responsabilidad administrativa a un conjunto de hechos o acciones que no guardan relación alguna con el adecuado resguardo, manejo, administración y custodia del patrimonio público, lo que a nuestro criterio desnaturaliza a la responsabilidad administrativa como institución jurídica y evidencia el empeño del legislador venezolano de aumentar las sanciones que pueden imponerse a determinados sujetos, lo que Peña Colmenares denomina como "arbitrismo legislativo"[229].

El supuesto generador de responsabilidad administrativa que se analiza en este apartado -y varios que serán analizados en los apartados siguientes- son el mejor ejemplo de la situación que se acaba de exponer. Si se detalla la conducta prevista -negarse a permitir visitas de inspección o fiscalización de los órganos de control fiscal, o negarse a suministrar libros, facturas y demás instrumentos que sean requeridos por dichos órganos- se podrá observar que nada tiene que ver con el resguardo, manejo, administración y custodia del patrimonio público, sino con el normal ejercicio de la función de control fiscal.

Explica Peña Colmenares que bajo la vigencia de la Ley Orgánica de la Contraloría General de la República del año 1995 este tipo de conductas se consideraban sancionables, pero no constituían hechos generadores de responsabilidad administrativa[230], porque a pesar de que pudieran constituirse en una infracción administrativa, en definitiva, no guardaban relación con el resguardo, manejo, administración y custodia del patrimonio público, elemento central de la responsabilidad administrativa.

Ello evidencia una necesidad: la de revisar y restructurar la responsabilidad administrativa como institución jurídica y pre-

---

229 Peña Colmenares, *El régimen de la responsabilidad administrativa*, 167.
230 Ibid.

ver como conductas sancionables a través de ella, aquellos hechos o circunstancias que estrictamente se relacionen con el resguardo, manejo, administración y custodia del patrimonio público. Ahora bien, si el legislador considera que existe otro conjunto de conductas que se configuran como infracciones administrativas, pero que no guardan relación con el resguardo, manejo, administración y custodia del patrimonio público, deberá prever otro sistema sancionatorio, que pueda ser diferenciado de la responsabilidad administrativa, y más aún, que salga de la competencia de los órganos de control fiscal.

Hechas las consideraciones precedentes, entendemos que esta infracción administrativa se concretará cuando un determinado sujeto –funcionario, empleado, obrero o particular– se niegue a prestar la debida colaboración a los órganos de control fiscal para que éstos puedan ejecutar su labor. No obstante, como ya se ha indicado, no consideramos que deba ser catalogado como supuesto generador de responsabilidad administrativa, a pesar que así lo ha establecido el legislador venezolano.

25. Quienes, estando obligados a rendir cuentas, no lo hicieren en la debida oportunidad, sin justificación, las presenten reiteradamente incorrectas o no restaren las facilidades requeridas para la revisión

Los artículos 51 y 52 de la LOCGRSNCF establecen la obligación de rendir cuentas para todos aquellos sujetos que administren, manejen o custodien recursos de los órganos y entes del sector público, así como recursos de cualquier tipo afectados al cumplimiento de finalidades de interés público. Esta obligación comprende "demostrar formal y materialmente, la corrección de la administración, manejo o custodia de los recursos"[231].

[231] Artículo 51: "Quienes administren, manejen o custodien recursos de los entes y organismos señalados en el Artículo 9, numerales 1 al 11, de esta ley, estarán obligados a formar y rendir cuenta de las operaciones y resultados de su gestión, en la forma, oportunidad y ante el órgano de control fiscal que determine la Contraloría General de la República,

Así, el supuesto generador de responsabilidad administrativa de este apartado se configurará cuando alguno de los sujetos a los que le corresponda presentar y rendir cuenta "formal y materialmente" del patrimonio público que administran, no cumpla con su obligación, ya sea porque: 1. No lo hiciere en la debida oportunidad sin la debida justificación, 2. Rindiere cuentas de forma incorrecta, 3. No preste las facilidades requeridas para su revisión por parte de los órganos de control fiscal.

De acuerdo con Peña Colmenares, la rendición de cuentas es uno de los métodos más antiguos y universales del control fiscal que supone "un control de legalidad documentario, por lo cual, debe acompañarse en cada caso los documentos que sean necesarios para llevar a cabo la revisión"[232].

26. Quienes incumplan las normas e instrucciones de control dictadas por la Contraloría General de la República

Este es otro supuesto generador de responsabilidad administrativa que no guarda relación con el resguardo, manejo, administración y custodia del patrimonio público, sino con el

---

mediante resolución que se publicará en la Gaceta Oficial de la República Bolivariana de Venezuela. Tienen igual obligación quienes administren o custodien, por cuenta y orden de los referidos entes y organismos, recursos pertenecientes a terceros. La rendición de cuentas implica la obligación de demostrar formal y materialmente, la corrección de la administración, manejo o custodia de los recursos". Artículo 52: "Quienes administren, manejen o custodien recursos de cualquier tipo afectados al cumplimiento de finalidades de interés público, provenientes de los entes y organismos señalados en el artículo 9, numerales 1 al 11, de esta ley, en la forma de transferencia, subsidios, aportes, contribuciones, o alguna otra modalidad similar, están obligados a establecer un sistema de control interno y a rendir cuenta de las operaciones y resultados de su gestión, de acuerdo con lo que establezca la resolución indicada en el Artículo anterior. Los administradores o administradoras que incurran en irregularidades en el manejo de estos fondos serán sometidos a las acciones resarcitorias y sanciones, previstas en esta ley".

232 Peña Colmenares, *El régimen de la responsabilidad administrativa*, 169-170.

ejercicio de la función de control fiscal, solo que, en este caso, se limita al incumplimiento de las órdenes e instrucciones dictadas por la Contraloría General de la República en su carácter de órgano rector del Sistema Nacional de Control Fiscal.

Reiteramos que -en nuestro criterio- este hecho no debe considerarse como un supuesto generador de responsabilidad administrativa, no obstante, presentamos el criterio de Peña Colmenares quien considera que "podrá imputarse este supuesto generador de responsabilidad administrativa, si la norma incumplida es de control, y es emanada del Contralor General de la República, o también cuando lo que se incumple es un instructivo emanado de ese mismo alto funcionario"[233].

27. La designación de funcionarios o funcionarias que hubieren sido declarados inhabilitados o inhabilitadas por la Contraloría General de la República

Previamente explicamos que el artículo 105 de la LOCGRSNCF le otorga al Contralor General de la República la competencia para imponer "de manera exclusiva y excluyente" las sanciones de: 1. La suspensión del ejercicio del cargo sin goce de sueldo por un período no mayor de veinticuatro meses, 2. La destitución del declarado responsable, y 3. La inhabilitación para el ejercicio de funciones públicas hasta por un máximo de quince años.

Advertimos que sobre el mencionado artículo 105 pesan diversas denuncias de inconstitucionalidad que serán estudiadas en posteriores capítulos de esta obra. No obstante, para poder conocer el alcance de este supuesto -que al igual que el supuesto del apartado anterior, consideramos que no debería dar lugar a la declaratoria de responsabilidad administrativa por no guardar relación con el resguardo, manejo, administración y custodia del patrimonio público- indicamos que dicho artículo 105 establece que la Contraloría General de la República creará y llevará un registro de inhabilitados que deberá ser

---

[233] Peña Colmenares, *El régimen de la responsabilidad administrativa*, 172.

consultado por las máximas autoridades de los órganos y entes del sector público previa designación de cualquier sujeto para ocupar un cargo público.

En tal sentido, la conducta prevista como sancionable se configurará cuando se designe para ocupar un cargo público a un sujeto que haya sido previamente declarado inhabilitado por la Contraloría General de la República. Advertimos que la sanción de inhabilitación debe ser decretada previo a la ocupación del cargo, con lo cual, no se configuraría el supuesto comentado si el sujeto fue previamente designado para ocupar un cargo público y con posterioridad a su designación la Contraloría General de la República dicta una sanción de inhabilitación en su contra.

28. La retención o el retardo injustificado en el pago o en la tramitación de órdenes de pago

Explica Peña Colmenares que este supuesto generador de responsabilidad administrativa se concreta cuando un funcionario público que ha realizado el control previo al pago y ha verificado que se cumplieron con los extremos previstos en el mismo, de forma injustificada decide no honrar la obligación del órgano o ente público de proceder al pago por las obras, bienes o servicios contratados, ya sea por retener o retardar el mismo[234].

Entendemos que este supuesto generador de responsabilidad administrativa sí guarda relación con el resguardo, manejo, administración y custodia del patrimonio público, puesto que, el pago se trata de una actividad de gestión de fondos públicos, pero, además, el hecho que un órgano o ente público, sin justificación alguna incumpla con sus obligaciones de pago puede generar intereses de mora o la obligación de indemnizar al afectado por el retardo en el mismo, lo que, sin lugar a dudas, no son conductas acordes con una sana gestión del patrimonio público.

---

[234] Ibid., 230.

Para poder comprobar la procedencia de este supuesto generador de responsabilidad administrativa el órgano de control fiscal deberá revisar, entre otras cosas: 1. Si el ordenador del pago cumplió o no con los plazos previstos en los procedimientos internos de la organización para este tipo de trámite, 2. Si el pago cumple con los extremos requeridos en el artículo 38 de la LOCGRSNCF, y 3. Si existe o no una causa que justifique el retraso o retención del pago.

29. Cualquier otro acto, hecho u omisión, contrario a una norma legal o sublegal, al plan de organización, las políticas, normativa interna, los manuales de sistemas y procedimientos que comprendan el control interno

Sobre este supuesto generador de responsabilidad administrativa nos pronunciaremos más adelante cuando examinemos el principio de tipicidad en el marco del procedimiento administrativo para la determinación de la responsabilidad administrativa, ya que de la sola lectura del enunciado de este apartado se podrá observar que no se señala con claridad cuál es la conducta concreta que debe configurarse como sancionable y susceptible de generar la responsabilidad administrativa de un sujeto.

Además de no indicar de forma expresa cuál es la conducta sancionable, tampoco señala cómo dicha conducta puede estar relacionada con el resguardo, manejo, administración y custodia del patrimonio público, elemento central de la responsabilidad administrativa[235].

Siguiendo a Rojas Pérez entendemos que la ausencia de tipificación expresa de la conducta que debe considerarse como supuesto generador de responsabilidad administrativa abre la puerta para que sean los órganos de control fiscal los que, con total y absoluta discrecionalidad, determinen lo que puede y no puede ser sancionable bajo este precepto, impidiéndosele al gestor del patrimonio público poder conocer con anticipación

---

[235] Ibid., 188.

el hecho que se considera prohibido[236]. Se trata de un supuesto generador de responsabilidad administrativa que debe suprimirse de la LOCGRSNCF, no solo por ausencia de tipificación, sino porque no guarda relación alguna con el resguardo, manejo, administración y custodia del patrimonio público.

30. Las máximas autoridades, los niveles directivos y gerenciales de los órganos y entes públicos, comprometen su responsabilidad cuando no dicten las normas, manuales de procedimientos, métodos y demás instrumentos que constituyan el sistema de control interno, o no lo implementen

Hasta el apartado anterior hicimos referencia a los supuestos generadores de responsabilidad administrativa regulados en el artículo 91 de la LOCGRSNCF. Este aparte y los dos siguientes están contenidos en el artículo 92 de la misma ley y se limitan a hechos o circunstancias en las que pueden incurrir las máximas autoridades, los niveles directivos y gerenciales de los órganos y entes públicos. Es decir, son supuestos generadores de responsabilidad administrativa que sólo resultan aplicables a una categoría específica de sujetos.

Hecha esta primera precisión, queremos aclarar un segundo punto, y es que –tal como afirma Peña Colmenares– estos tres últimos supuestos se encuentran "totalmente desvinculados a la administración de bienes o fondos públicos"[237]. El hecho concreto que se menciona en este aparte es el relativo a no dictar ni implementar "las normas, manuales de procedimientos, métodos y demás instrumentos que constituyan el sistema de control interno".

Según el artículo 35 de la LOCGRSNCF:

---

[236] Manuel Rojas Pérez, "Notas sobre las sanciones administrativas en la Ley Orgánica de la Contraloría General de la República", *Omnia*, 07-07-2021, https://omnia.legal/2021/07/07/notas-sobre-las-sanciones-administrativas-en-la-ley-organica-de-la-contraloria-general-de-la-republica/

[237] Peña Colmenares, *El régimen de la responsabilidad administrativa*, 173.

> El control interno es un sistema que comprende el plan de organización, las políticas, normas, así como los métodos y procedimientos adoptados dentro de un ente u organismo sujeto a esta ley, para salvaguardar sus recursos, verificar la exactitud y veracidad de su información financiera y administrativa, promover la eficiencia, economía y calidad en sus operaciones, estimular la observancia de las políticas prescritas y lograr el cumplimiento de su misión, objetivos y metas.

Es decir, el control interno comprende el conjunto de instrumentos internos de cada órgano y ente público que permite garantizar una adecuada gestión de la organización –no solamente del patrimonio público– de allí que su no aprobación e implementación daría lugar a este supuesto, que insistimos, no debería considerarse como susceptible de generar la responsabilidad administrativa de un sujeto.

31. Las máximas autoridades, los niveles directivos y gerenciales de los órganos y entes públicos, comprometen su responsabilidad cuando no acaten las recomendaciones que contengan los informes de auditoría o de cualquier otra actividad de control autorizados por los titulares de los órganos de control fiscal externo, en los términos previstos en la Ley

Este supuesto está relacionado a la actividad de control fiscal. Luego de realizar una auditoría a los distintos órganos y entes públicos, los órganos de control fiscal pueden emitir recomendaciones a éstos con miras a la mejora de su gestión. De acuerdo con este supuesto, no acatar dichas recomendaciones ocasionaría la responsabilidad administrativa del sujeto responsable.

Es otro caso de un supuesto generador de responsabilidad administrativa que no guarda relación con el resguardo, manejo, administración y custodia del patrimonio público. Comprendemos la importancia que tiene en cualquier país la labor de control fiscal y que permitir su sano desarrollo puede contribuir a mejorar la gestión de los órganos y entes del sector público, sin embargo, consideramos que esta circunstancia no debe ser utilizada para sancionar bajo la figura de la responsabilidad administrativa cualquier conducta que no encuadre dentro del ámbito objetivo de esta institución jurídica, máxime aun cuando, las consecuencias para un sujeto de declarársele su responsabilidad administrativa pueden extenderse a su inhabilitación para el ejercicio de las funciones públicas hasta por un período de quince años.

El legislador venezolano debe buscar mecanismos que permitan el adecuado desempeño de la función de control fiscal sin desnaturalizar la figura de la responsabilidad administrativa y sin pretender sancionar a cualquier sujeto por hechos o circunstancias que escapan del ámbito objetivo de la misma.

32. Las máximas autoridades, los niveles directivos y gerenciales de los órganos y entes públicos, comprometen su responsabilidad cuando no procedan a revocar la designación de los titulares de los órganos de control interno, en los casos previsto en la Ley, salvo que demuestren que las causas del incumplimiento no le son imputables

El último supuesto generador de responsabilidad administrativa que se contempla en la LOCGRSNCF es el relativo a la no revocatoria de la designación de los titulares de los órganos de control interno -es decir; las unidades de auditoría interna- en los casos previstos en la Ley.

Se trata de otro supuesto generador de responsabilidad administrativa que no guarda relación con el resguardo, manejo, administración y custodia del patrimonio público, pero que, entendemos, puede concretarse en las siguientes circunstancias: 1. Que la persona que haya sido designada como auditor interno haya sido previamente inhabilitada por el Contralor General de la República y que se ordene revocar su designación, 2. Cuando el Contralor General de la República haya revisado el concurso celebrado para la designación del titular de la unidad de auditoría interna y ordene la revocatoria del acto de designación correspondiente, por encontrar irregularidades en la celebración del mismo[238], y 3. Cuando el Contralor General de la República observe que se ha procedido a la designación del titular de la unidad de auditoría interna sin haber celebrado el concurso público que exige el artículo 27 de la LOCGRSNCF[239].

II. LEY ORGÁNICA DE LA ADMINISTRACIÓN FINANCIERA DEL SECTOR PÚBLICO

La Ley Orgánica de la Administración Financiera del Sector Público contempla cuatro supuestos generadores de responsabilidad administrativa, que se analizan a continuación:

1. No efectuar los procedimientos necesarios para convocar el concurso de selección de los titulares de los órganos de control fiscal, por parte de las máximas autoridades jerárquicas de los órganos y entes del sector público

El primero de los supuestos está contenido en el artículo 143 de la Ley Orgánica de la Administración Financiera del Sector Público y se encuentra relacionado con el incumplimiento del deber de convocar el concurso público para la selección de los titulares de los órganos de control fiscal. Recordemos que el artículo 27 de la LOCGRSNCF prevé que todos los titulares

---

238 Artículo 32 de la LOCGRSNCF: "El Contralor o Contralora General de la República podrá revisar los concursos para la designación de los titulares de los órganos de control fiscal de los entes y organismos señalados en el Artículo 9, numerales 1 al 11, de esta ley, siempre que detecte la existencia de graves irregularidades en la celebración de los mismos y ordenar a las autoridades competentes que en el ejercicio del principio de la autotutela administrativa, revoquen dicho acto y procedan a la apertura de nuevos concursos, e impondrá a los responsables de las irregularidades las multas señaladas en el Artículo 94 de esta ley".

239 Artículo 27: "Todos los titulares de los órganos de control fiscal de los entes y organismos señalados en el Artículo 9, numerales 1 al 11, de esta ley serán designados mediante concurso público, con excepción del Contralor o Contralora General de la República. // Los titulares así designados o designadas, no podrán ser removidos o removidas, ni destituidos o destituidas del cargo sin la previa autorización del Contralor General de la República, a cuyo efecto se le remitirá la información que éste o ésta requiera".

de los órganos de control fiscal con excepción de la Contraloría General de la República deben ser designados mediante concurso público.

El Reglamento sobre los concursos públicos para la designación de los Contralores Distritales y Municipales y los titulares de las Unidades de Auditoría Interna de los órganos del Poder Público Nacional, Estadal, Distrital y Municipal y sus entes descentralizados[240], establece quienes son los sujetos responsables de convocar al mencionado concurso: 1. El Consejo Metropolitano o Distrital o el Concejo Municipal cuando se trate de la selección de Contralores Distritales y Municipales, y 2. La máxima autoridad jerárquica del respectivo órgano y ente público cuando se trate de la selección de los titulares de las unidades de auditoría interna de los órganos que ejercen el Poder Público Nacional, Estadal, Distrital o Municipal y sus entes descentralizados (art. 6).

De lo anterior se aprecian dos cosas: 1. Que es un supuesto que no puede ser imputable a cualquier persona sino a aquellos que tengan el deber de efectuar la convocatoria a concurso, y 2. Que es un supuesto que no guarda relación con el resguardo, manejo, administración y custodia del patrimonio público, caso en el que reiteramos nuevamente que el legislador venezolano no debía prever que este tipo de hechos o circunstancias pudieran ser sancionables bajo la figura de la responsabilidad administrativa.

---

[240] G.O. N° 39.350 de 20-01-2010.

2. **Los encargados de los órganos de auditoría interna que no promuevan la convocatoria del concurso de selección de los titulares de estos órganos, dentro del plazo máximo de seis meses contados a partir de la falta absoluta del titular o de la designación del encargado o interino, salvo que demuestren que notificaron debidamente a las máximas autoridades la necesidad de efectuar dicho procedimiento de selección y comuniquen debidamente la situación a la Superintendencia Nacional de Auditoría Interna y a la Contraloría General de la República**

Este supuesto también se encuentra previsto en el artículo 143 de la Ley Orgánica de la Administración Financiera del Sector Público. La diferencia con el anterior es que se dirige únicamente a los encargados de los órganos de auditoría interna, es decir, al auditor interno, que en condición de encargado o interino y transcurridos seis meses desde su designación, no promueva la convocatoria de concurso público para la selección -en calidad de titular- de la persona que debería ostentar dicho cargo.

Si se observa el encabezado, se podrá detallar que el artículo hace referencia a la falta absoluta del titular de la unidad de auditoría interna. En este caso, si no se ha designado a alguien para dicho cargo y la falta absoluta todavía persiste, no existiría sujeto alguno sobre el que deba recaer la responsabilidad de promover el concurso, puesto que, de acuerdo con la norma, esa responsabilidad recae sobre el encargado de la unidad de auditoría interna. En atención de ello, entendemos que esta responsabilidad recaerá siempre y en todo momento, en aquella persona que haya sido designada como auditor interno encargado o interino y no promueva que se realice el concurso público para la selección del titular de dicha unidad.

Al igual que en el apartado anterior, se trata de un supuesto que no guarda relación con el resguardo, manejo, administración y custodia del patrimonio público, y, por tanto, a nuestro criterio, no debería ser considerado como un supuesto generador de responsabilidad administrativa.

3. La inexistencia de registros de información acerca de la ejecución de los presupuestos, así como el incumplimiento de la obligación de participar los resultados de dicha ejecución a la Oficina Nacional de Presupuesto

Este supuesto se encuentra previsto en el artículo 163 de la Ley Orgánica de la Administración Financiera del Sector Público. Está relacionado con dos hechos concretos: el primero, con el incumplimiento de la obligación de llevar los registros de ejecución presupuestaria, contenida en el artículo 20 de la misma Ley[241] que comprende: 1. El registro de la liquidación o el momento en que se devenguen los recursos y su recaudación efectiva, y 2. El registro del momento en que se causen los egresos según las etapas del compromiso y del pago[242].

El segundo, está relacionado con la obligación de participar los resultados de la ejecución física de los presupuestos a la Oficina Nacional de Presupuesto, que se encuentra contenida en el artículo 69.2 de la Ley Orgánica de la Administración Financiera del Sector Público[243] para la República y sus entes

---

241 Artículo 20: "Los órganos de la República, estados, distritos y municipios y demás entes sujetos a la aplicación de este Decreto con Rango, Valor y Fuerza de Ley, están obligados a llevar los registros de ejecución presupuestaria, en las condiciones que fije el Reglamento de este Decreto con Rango, Valor y Fuerza de Ley. En todo caso, se registrará la liquidación o el momento en que se devenguen los recursos y su recaudación efectiva; y en materia de egresos, además del momento en que se causen éstos, según lo establece el artículo anterior, las etapas del compromiso y del pago. // El registro del compromiso se utilizará como mecanismo para afectar preventivamente la disponibilidad de los créditos presupuestarios; y el del pago para reflejar la cancelación de las obligaciones asumidas".

242 Esta obligación también se contempla en el artículo 69.1 de la Ley Orgánica de la Administración Financiera del Sector Público.

243 Artículo 69: "La Oficina Nacional de Presupuesto evaluará la ejecución de los presupuestos de la República y sus entes descentralizados funcionalmente, con base a la información documental recibida, tanto durante el ejercicio, como al cierre de los mismos. Para ello, los órganos y entes están obligados a: 1. Llevar registros de información de la ejecución física de su presupuesto, sobre la base de los indicadores de gestión previstos y de acuerdo con las normas técnicas correspondientes.

descentralizados funcionalmente y para los estados y municipios en el artículo 73 de la misma Ley[244].

Respecto de estos supuestos, Peña Colmenares considera que:

> El examen de la naturaleza de esas obligaciones revela que las mismas no aparecen vinculadas directamente con la administración de bienes públicos, pues los funcionarios que tienen asignada la competencia de llevar el referido registro, realizan una actividad que se reduce a su mera elaboración. Ello comporta también la correspondiente anotación de los resultados de la ejecución física del presupuesto, razón por la cual, en estricta puridad conceptual, no administran bienes públicos[245].

Compartiendo la opinión de la autora entendemos que se trata de hechos o circunstancias que no guardan relación con el resguardo, manejo, administración y custodia del patrimonio público, de allí que, no debieron configurarse como supuestos generadores de responsabilidad administrativa.

4. El incumplimiento de la obligación de efectuar los procedimientos de carácter legal o sublegal relativos al control interno ordenados o solicitados por la Superintendencia Nacional de Auditoría Interna, en el ámbito de su competencia

Este supuesto está previsto en el artículo 165 de la Ley Orgánica de Administración Financiera del Sector Público. Para poder comprender su alcance es necesario señalar que la Su-

---

2. Participar los resultados de la ejecución física de sus presupuestos a la Oficina Nacional de Presupuesto, dentro de los plazos que determine el Reglamento de este Decreto con Rango, Valor y Fuerza de Ley.// El Reglamento de este Decreto con Rango, Valor y Fuerza de Ley establecerá los términos, oportunidad y condiciones en que se ejecutarán las obligaciones a que se refiere este artículo".

[244] Artículo 73: "Los estados, distritos y municipios remitirán a la Oficina Nacional de Presupuesto, dentro de los quince (15) días siguientes al fin de cada trimestre, información acerca de la respectiva ejecución presupuestaria".

[245] Peña Colmenares, *El régimen de la responsabilidad administrativa*, 189-190.

perintendencia Nacional de Auditoría Interna es el órgano rector del sistema de control interno, así como de la dirección de la Auditoría Interna de los órganos y entes públicos[246] sometidos a la aplicación la Ley Orgánica de Administración Financiera del Sector Público[247].

Entre las atribuciones de la Superintendencia Nacional de Auditoría Interna, se encuentran: 1. Orientar el control interno y facilitar el control externo, de acuerdo con las normas de coordinación dictadas por la Contraloría General de la República, 2. Dictar, promover y verificar la aplicación de las normas y lineamientos de control interno, 3. Establecer normas de auditoría interna y velar por su aplicación en las unidades de auditoría interna, en coordinación con la Contraloría General de la República, 4. Vigilar la aplicación de las normas que dicten los órganos rectores de los sistemas de administración financiera del sector público nacional e informarles los incumplimientos observados, 6. Comprobar la ejecución de las recomendaciones de las unidades de Auditoría Interna, adoptadas por las autoridades competentes, 7. Proponer las medidas necesarias para lograr el mejoramiento continuo de la organización, estructura y procedimientos operativos de las unidades de Auditoría Interna, considerando las particularidades de cada

---

246 Se diferencia de la Contraloría General de la República porque esta última es la rectora del Sistema Nacional de Control Fiscal; el control interno es un componente del Sistema Nacional de Control Fiscal.

247 De acuerdo con el artículo 5 de la Ley, están sujetos a sus regulaciones: 1. La República, 2. Los estados, 3. Los distritos, 4. Los municipios, 5. Los institutos públicos, 6. Las Universidades Nacionales, Institutos, Colegios Universitarios Nacionales y otras instituciones públicas de educación superior, 7. Las Academias Nacionales, 8. Las sociedades mercantiles en las cuales la República o las demás personas a que se refiere este artículo tengan participación igual o mayor al 50 % del capital social. Comprende, además, las sociedades de propiedad totalmente estatal, cuya función, a través de la posesión de acciones de otras sociedades, sea coordinar la gestión empresarial pública de un sector de la economía nacional, 9. Las sociedades mercantiles en las cuales las personas a que se refiere el numeral anterior tengan participación igual o mayor al 50 % del capital social, 10. Las fundaciones, asociaciones civiles y demás instituciones constituidas con fondos públicos, y; 11. Las demás personas jurídicas estatales de derecho público.

organismo, y 8. Formular directamente a los órganos y entes comprendidos en el ámbito de su competencia, las recomendaciones necesarias para asegurar el cumplimiento de las normas de auditoría interna y de los criterios de economía, eficacia y eficiencia.

Es decir, la Superintendencia Nacional de Auditoría Interna es un órgano que se encarga del fortalecimiento del sistema de control interno de los órganos y entes públicos, el cual se encuentra definido en el artículo 35 de la LOCGRSNCF[248].

En atención a ello, entendemos que el supuesto contemplado en el capítulo 165 de la Ley Orgánica de Administración Financiera del Sector Público, más que referirse al resguardo, manejo, administración y custodia del patrimonio público, se encuentra relacionado con el adecuado desarrollo de la actividad de control fiscal –específicamente con el control interno– de lo que entendemos que no debía configurarse como un supuesto generador de responsabilidad administrativa.

No podemos dejar de advertir que ninguno de los cuatro supuestos generadores de responsabilidad administrativa que contempla la Ley Orgánica de la Administración Financiera del Sector Público está relacionado con funciones de resguardo, manejo, administración y custodia del patrimonio público. Por el contrario, se relacionan con el funcionamiento del Sistema Nacional de Control Fiscal (convocatoria a concurso público para designar a los titulares de los órganos de control fiscal, inexistencia de registros de información presupuestaria, desobediencia de órdenes dictadas por la Superintendencia Nacional de Auditoría Interna), con lo cual, reiteramos que no desconocemos la importante labor que debe desarrollar el Sis-

---

[248] Artículo 35: "El control interno es un sistema que comprende el plan de organización, las políticas, normas, así como los métodos y procedimientos adoptados dentro de un ente u organismo sujeto a esta ley, para salvaguardar sus recursos, verificar la exactitud y veracidad de su información financiera y administrativa, promover la eficiencia, economía y calidad en sus operaciones, estimular la observancia de las políticas prescritas y lograr el cumplimiento de su misión, objetivos y metas".

tema Nacional de Control Fiscal en la protección del patrimonio público, pero ello no resulta suficiente para que, dentro de la responsabilidad administrativa, se pretenda sancionar conductas que no guardan relación con el objeto de esta institución jurídica. Es necesario repensar el sistema y delimitar la responsabilidad administrativa al objeto que ella comprende.

III. LEY DE CONTRATACIONES PÚBLICAS

La tercera ley que para el momento en el que se desarrolla esta obra contempla supuestos generadores de responsabilidad administrativa es la Ley de Contrataciones Públicas que, a partir del año 2014, incorporó un listado de supuestos específicos en materia de contratación pública. A criterio de Canónico Sarabia, se trata de un subsistema dedicado al ámbito sancionatorio administrativo que aporta diversos supuestos generadores de responsabilidad administrativa que deben sumarse a aquellos que ya establecían las normas de control fiscal[249].

La Ley de Contrataciones Públicas prevé diecisiete supuestos generadores de responsabilidad administrativa que se analizarán a continuación.

1. Omitir las actividades previas al proceso de selección de contratistas

El artículo 7 del Reglamento de Ley de Contrataciones Públicas[250] establece que para todas las modalidades de selección de contratistas que se regulan en la Ley de Contrataciones Públicas[251], así como en los contratos excluidos de la aplicación de estas modalidades de contratación[252], el órgano o ente con-

---

249 Canónico Sarabia, "El sistema sancionatorio en la contratación pública", 256.

250 G.O. N° 39.181 de 19-05-2009.

251 Las modalidades de selección de contratistas son: 1. Concurso abierto o concurso abierto anunciado internacionalmente, 2. Concurso cerrado, 3. Consulta de precios, y 4. Contratación directa. *Vid.* Ley de Contrataciones Públicas, articulo 6 numerales 26, 27, 28 y 29.

252 Los contratos excluidos de la aplicación de las modalidades de selección de contratistas son: 1. La prestación de servicios profesionales, 2. La prestación de servicios financieros por entidades regidas por la Ley

tratante deberá realizar las siguientes actuaciones previas: 1. Preparar el presupuesto base, 2. Elaborar la programación presupuestaria, 3. Elaborar las especificaciones técnicas, 4. Determinar las ventajas económicas y técnicas de la contratación, 5. Realizar la previsión de la contratación en la programación anual de compras, 6. Realizar el modelo del contrato cuando sea aplicable, 7. Efectuar la notificación al órgano competente en la planificación central si el procedimiento tiene carácter plurianual y 8. Evaluar la recurrencia de la contratación y determinar si es viable agruparla en un solo procedimiento o bajo la modalidad de contrato marco, estimando las cantidades de bienes servicios u obras a contratar.

---

sobre la materia, 3. La adquisición de bienes inmuebles, 4. La adquisición de semovientes, 5. La adquisición de obras artísticas, literarias o científicas, 6. Las alianzas comerciales o estratégicas para la adquisición de bienes, prestación de servicios y ejecución de obras entre personas naturales o jurídicas y los contratantes, 7. Los servicios básicos indispensables para el funcionamiento del contratante, 8. La adquisición de bienes, la prestación de servicios y la ejecución de obras, suministradas o ejecutadas directamente por los órganos y entes de la Administración Pública, 9. La adquisición de bienes, prestación de servicios y ejecución de obras contratados directamente entre los sujetos señalados en el artículo 3° de presente Decreto con Rango, Valor y Fuerza de Ley, 10. La adquisición de bienes, prestación de servicios y ejecución de obras encomendados a los órganos y entes de la Administración Pública, 11. La adquisición de bienes y prestación de servicios con recursos provenientes de caja chica, hasta el monto máximo que estipule la normativa que regule la materia, 12. La adquisición de bienes, la prestación de servicios y la ejecución de obras, requeridos, cuando se decrete cualquiera de los estados de excepción contemplados en la Constitución de la República Bolivariana de Venezuela, 13. La adquisición de bienes, la prestación de servicios y la ejecución de obras, destinados a la seguridad y defensa del Estado relacionados con las operaciones de inteligencia y contra inteligencia realizadas por los órganos y entes de seguridad del Estado, tanto en el país como en el exterior, así como para actividades de protección fronteriza y para movimiento de unidades militares en caso de preparación, entrenamiento o conflicto interno o externo, y 14. La adquisición de bienes, servicios, productos alimenticios y medicamentos, declarados como de primera necesidad, siempre que existan en el país condiciones de desabastecimiento por no producción o producción insuficiente, previamente certificadas por la autoridad competente. *Vid.* Ley de Contrataciones Públicas, artículo 5.

Para Canónico Sarabia, este supuesto generador de responsabilidad administrativa busca garantizar los principios de planificación y transparencia previstos en el artículo 2 de la Ley de Contrataciones Públicas[253], mientras que para Rosas Rivero lo que se persigue es garantizar la objetividad, precisión y legalidad al procedimiento de selección de contratistas[254].

En cuanto al análisis que nos ocupa, es decir, si la conducta que se tipifica como sancionable guarda relación con el resguardo, manejo, administración y custodia del patrimonio público, consideramos que la respuesta debe ser afirmativa. Si se analizan cada una de las actividades previas a la contratación, se podrá observar que éstas se encuentran relacionadas con la gestión de los fondos públicos, es decir, poder contar con un presupuesto estimado del costo de la contratación y realizar la correspondiente incorporación en la planificación anual de compras, no es otra cosa que administrar adecuadamente los recursos del patrimonio público que le han sido asignados a un órgano o ente público. De allí que el funcionario que omita realizar las aludidas actuaciones previas está incumpliendo con su deber de garantizar el adecuado resguardo, manejo, administración y custodia del patrimonio público.

2. Dejar de aplicar la modalidad de selección de contratista correspondiente conforme a la Ley

Este supuesto generador de responsabilidad administrativa se encuentra previsto en el artículo 91.1 de la LOCGRSNCF y se relaciona con "[l]a adquisición de bienes, la contratación de obras o de servicios, con inobservancia total o parcial del procedimiento de selección de contratistas que corresponda, en cada caso, según lo previsto en la Ley de Licitaciones o en la normativa aplicable".

Entendemos que el artículo 91.1 de la LOCGRSNCF y el artículo 166.2 de la Ley de Contrataciones Públicas regulan el

[253] Canónico Sarabia, "El sistema sancionatorio en la contratación pública", 258.

[254] Rosas Rivero, "La responsabilidad administrativa en materia de Contratación Pública", 10.

mismo supuesto generador de responsabilidad administrativa, por lo que damos por reproducidos en esta sección los análisis expuestos previamente cuando se analizó el artículo 91.1 de la LOCGRSNCF.

3. Inobservar o contravenir los principios establecidos en la Ley

El artículo 2 de la Ley de Contrataciones Públicas establece los principios que deben orientar la contratación pública en Venezuela: economía, planificación, transparencia, honestidad, eficiencia, igualdad, competencia, publicidad, simplificación de trámites y participación ciudadana. No obstante, debemos advertir que poder conocer cuáles son los principios que rigen la contratación pública en Venezuela no significa que este supuesto generador de responsabilidad administrativa –si así se quiere considerar– se encuentre correcta o adecuadamente tipificado.

En efecto, Canónico Sarabia advierte que es complejo y subjetivo poder determinar la conducta concreta que transgreda los principios establecidos en la Ley de Contrataciones Públicas y que pueda configurarse como un supuesto generador de responsabilidad administrativa[255], mientras que Rosas Rivero estima que queda a la libre interpretación del órgano de control fiscal determinar cuándo una conducta concreta se configura como una violación a los principios de la Ley de Contrataciones Públicas[256].

Aunado a ello, y aunque los principios de economía y eficiencia puedan relacionarse con la gestión de fondos públicos, no queda claro cómo esta conducta puede relacionarse con el resguardo, manejo, administración y custodia del patrimonio público. Entendemos que estamos ante otro supuesto de ausencia de tipificación –al igual que ocurre con el artículo 91.29 de la LOCGRSNCF– por lo que consideramos que el artículo

---

[255] Canónico Sarabia, "El sistema sancionatorio en la contratación pública", 259.

[256] Rosas Rivero, "La responsabilidad administrativa en materia de Contratación Pública", 27.

166.3 de la Ley de Contrataciones Públicas puede ser declarado inconstitucional.

4. Omitir la elaboración del presupuesto base para la aplicación de las modalidades de selección de contratistas

El presupuesto base es definido en la Ley de Contrataciones Públicas como "una estimación de los costos que se generan por las especificaciones técnicas requeridas para la ejecución de obras, la adquisición de bienes o la prestación de servicios" (art. 6.16), y es considerado una actividad previa a la contratación de conformidad con lo previsto en el artículo 7 del Reglamento de la Ley de Contrataciones Públicas. Para Rosas Rivero:

> El presupuesto base es quizás el documento más importante en materia de contrataciones públicas en Venezuela, ya que la estimación que contiene es el elemento principal para determinar la modalidad de selección de contratistas aplicable a una determinada contratación. En tal sentido, si no se cuenta con el presupuesto base es imposible aplicar los parámetros cuantitativos que definen la aplicación de las modalidades de selección de contratistas previstas en la Ley de Contrataciones Públicas, por lo que sería imposible conocer cuál es la modalidad de selección que se debe aplicar para una contratación en específico[257].

Así las cosas, el presupuesto base es una herramienta que permite mantener un adecuado control del gasto público, ya que representa la estimación que realiza el propio ente contratante del costo que debe tener la obra, el bien o servicio a contratar y que sirve de parámetro, no solo para determinar la modalidad de selección de contratista que deba utilizarse, sino para determinar la correspondiente relación calidad-precio entre las distintas ofertas presentadas.

En este sentido, entendemos que no contar con el presupuesto base impide que el órgano o entre contratante pueda

---

257 Rosas Rivero, "La responsabilidad administrativa en materia de Contratación Pública", 15-16.

efectuar un adecuado resguardo, manejo, administración y custodia del patrimonio público. De allí que consideramos que se trata de un supuesto que se adecúa al ámbito objetivo de la responsabilidad administrativa.

5. Omitir la solicitud o recibo del compromiso de responsabilidad social o destinarlo en términos distintos a lo establecido en la Ley

El compromiso de responsabilidad social es una obligación que asumen los oferentes en la oportunidad de presentar su oferta al órgano o ente público y que debe atender a algunas de las siguientes necesidades según el artículo 6.24 de la Ley de Contrataciones Públicas: 1. La ejecución de proyectos de desarrollo socio comunitario, 2. La creación de nuevos empleos permanentes, 3. Formación socio productiva de integrantes de la comunidad, 3. Venta de bienes a precios solidarios o al costo, 4. Aportes en dinero o especie a programas sociales determinados por el Estado o a instituciones sin fines de lucro, y 5. Cualquier otro que satisfaga las necesidades prioritarias del entorno social del contratante.

Dicho compromiso es una obligación para el contratista que será del 3 % sobre el monto de la contratación y que podrá recibirse a través de aportes en dinero que serán depositados en el Fondo de Responsabilidad Social creado como patrimonio separado e independiente del Tesoro Nacional que se encontrará bajo la administración y supervisión directa del presidente de la República o la autoridad que este designe (arts. 30, 31 y 33).

Realizadas estas aclaratorias, observamos que este supuesto generador de responsabilidad administrativa contempla tres casos: 1. Omitir la solicitud del compromiso de responsabilidad social, es decir, no incluirlo en el pliego de condiciones o en el contrato[258], 2. Omitir recibir el compromiso de responsabilidad social, y 3. Destinarlo para casos distintos a los que establece la Ley de Contrataciones Públicas.

---

[258] Canónico Sarabia, "El sistema sancionatorio en la contratación pública", 261.

Canónico Sarabia considera que este supuesto generador de responsabilidad administrativa no está referido a todas las modalidades que se prevén en la Ley de Contrataciones Públicas para el compromiso de responsabilidad social, sino que se refiere a la entrega de aportes en dinero al ente contratante[259], y es que, mal podría hablarse de "recibir el compromiso de responsabilidad social" cuando lo que se ha establecido entre las partes es, por ejemplo, la creación de nuevos empleos permanentes.

Bajo la óptica que plantea el mencionado autor consideramos que sí se trata de un hecho que guarda relación con el resguardo, manejo, administración y custodia del patrimonio público. No solicitar o no recibir el aporte en dinero que corresponda por concepto de compromiso de responsabilidad social y que dichos recursos no lleguen al Fondo de Responsabilidad Social, significa que el funcionario responsable no ha tenido el debido cuidado en la protección de las cantidades de dinero, y, muy posiblemente, se ha generado un daño al patrimonio público por no garantizar la recepción de estos fondos.

En cuanto al último caso, es decir, los recursos que debían ser entregados al Fondo de Responsabilidad Social se recibieron, pero se destinaron a un fin distinto, estaríamos ante una situación de desvío de fondos que también pudiera dar lugar al supuesto generador de responsabilidad administrativa relativo a:

> ...el pago, uso o disposición ilegal de los fondos u otros bienes de que sean responsables el particular, funcionario respectivo o funcionaria respectiva, salvo que éstos comprueben haber procedido en cumplimiento de orden de funcionario competente y haberle advertido por escrito la ilegalidad de la orden recibida, sin perjuicio de la responsabilidad de quién impartió la orden.

---

[259] Ibid.

6. Incumplir los lapsos establecidos en la Ley para el desarrollo de los procesos sin levantar los actos motivados que justifiquen tal incumplimiento

Este supuesto está directamente relacionado con la tramitación de los procedimientos de selección de contratistas, los cuales, con el fin de garantizar su normal desenvolvimiento y otorgar seguridad jurídica a los oferentes, han sido estructurados en un conjunto de fases preclusivas que deberían ser observadas en todo momento por el órgano o ente contratante[260].

Advertimos que no nos queda claro cómo incumplir los lapsos para la tramitación de un procedimiento administrativo puede configurarse en un supuesto generador de responsabilidad administrativa, ni cómo esta conducta se relaciona con las funciones de resguardo, manejo, administración y custodia del patrimonio público.

Reiteramos que, si se toma en consideración que el objeto de la responsabilidad administrativa es la protección del patrimonio público, todos los supuestos generadores de esta responsabilidad deberían tipificar conductas que atenten contra dicha protección. En el caso concreto, aun cuando el incumplimiento de los lapsos de cualquier procedimiento administrativo puede considerarse una infracción administrativa, entendemos que, para efectos de la institución jurídica que se analiza en esta investigación, este hecho no contendría los elementos necesarios para configurarse como un supuesto generador de responsabilidad administrativa.

7. Incumplir con las actividades relacionadas con el control del contrato

El artículo 118 de la Ley de Contrataciones Públicas enumera un conjunto de actividades que debe realizar el órgano o ente contratante con la finalidad de realizar el debido control y la adecuada administración del contrato. Estas actividades son: 1. Cumplimiento de la fecha de inicio de la obra o suministro de

---

[260] Rosas Rivero, "La responsabilidad administrativa en materia de Contratación Pública", 22.

bienes y servicios, 2. Otorgamiento del anticipo en aquellos casos que sea aplicable, 3. Cumplimiento del compromiso de responsabilidad social, 4. Supervisar e inspeccionar la ejecución de obras o suministro de bienes y servicios, 5. Modificar el alcance original y prórrogas durante la ejecución del contrato, cuando ello sea procedente, 6. Cumplimiento de la fecha de terminación de la obra o entrega de los bienes o finalización del servicio, 7. Otorgamiento de finiquitos, 8. Control y realización de pagos, 9. Cierre administrativo del contrato, y 10. Evaluación de desempeño del contratista.

De acuerdo con Hernández-Mendible et al., se trata de verdaderas potestades de dirección, suspensión y control que poseen los órganos y entes del sector público en Venezuela que se manifiestan a través de la posibilidad de dar órdenes e instrucciones al contratista relacionadas con la ejecución del contrato[261]. Se trata de actividades que persiguen garantizar que el contrato se ejecute según las especificaciones técnicas acordaras y que el contratista realice un adecuado uso de los recursos públicos destinados a la ejecución de la obra, el suministro del servicio o la adquisición del bien.

Ello significa que, si el ente contratante no supervisa adecuadamente la ejecución del contrato y no ejecuta las acciones de control que le han sido otorgadas en la Ley de Contrataciones Públicas, no estaría velando por un resguardo, manejo, administración y custodia del patrimonio público, por lo que consideramos que este supuesto cumple con los requisitos para considerarse un supuesto generador de responsabilidad administrativa.

8. Dejar de realizar el cierre administrativo de los contratos

Este supuesto generador de responsabilidad administrativa está relacionado con el supuesto analizado en el apartado

---

[261] Víctor Rafael Hernández-Mendible et al., "La contratación pública en Venezuela", en *La contratación pública en América Latina*, dir. por José Luis Benavides y Pablo Moreno Cruz (Bogotá: Universidad Externado de Colombia y Fundación para el Derecho Continental, 2016): 663.

anterior, y es que el cierre administrativo de los contratos es una de las actividades de control de la ejecución del contrato que contempla el artículo 118 de la Ley de Contrataciones Públicas.

De acuerdo con el artículo 151 de la misma Ley, el cierre administrativo de los contratos procederá cuando se hayan cumplido todos los aspectos requeridos en el mismo y el ente contratante certifique no existen obligaciones pendientes entre las partes[262]. No nos queda duda que se trata de una actividad que tiene por objeto garantizar la adecuada gestión de los fondos públicos, sin embargo, no entendemos por qué el legislador venezolano incorporó este supuesto como si se tratase de una conducta diferente a la regulada en el apartado anterior (incumplir con las actividades relacionadas con el control del contrato). Dejar de realizar el cierre administrativo del contrato no es otra cosa que incumplir con las actividades de control del mismo.

Aunque no negamos la cualidad de supuesto generador de responsabilidad administrativa que tiene este supuesto, entendemos que resultaba innecesario establecerlo como una conducta diferenciada del supuesto anterior. Si el legislador fue claro al señalar todas las acciones o conductas que comprenden la función de control de los contratos por parte del órgano o ente contratante, su incumplimiento generará responsabilidad administrativa según lo previsto en el artículo 166.7 de la Ley de Contrataciones Públicas, sin que hubiese sido necesario establecer de forma separada el supuesto analizado como causal generadora de dicha responsabilidad.

---

[262] Artículo 151: "Efectuada la recepción definitiva, el contratante, procederá a certificar el cumplimiento de todos los aspectos requeridos en el contrato, realizando el finiquito contable para proceder a la devolución de las retenciones que aún existieren y a la liberación de las fianzas que se hubiesen constituido y realizar el cierre administrativo del contrato".

9. No someter a la Comisión de Contrataciones los informes de recomendación por consulta de precios en plan excepcional o derivadas de modalidades de concursos cerrados fallidos cuando por su cuantía exceda las 5.000 unidades tributarias para adquisición de bienes, 10.000 unidades tributarias para prestación de servicios y 20.000 unidades tributarias para ejecución de obras

De acuerdo con Rosas Rivero[263], este supuesto generador de responsabilidad administrativa guarda relación con el control previo al compromiso que prevé el artículo 38 de la LOC-GRSNCF, según el cual, antes de la adquisición de cualquier compromiso el órgano o ente contratante deberá velar por el cumplimiento de lo dispuesto en la Ley de Contrataciones Públicas, en los casos que sea necesario, y las demás leyes que sean aplicables.

La obligación de someter a la Comisión de Contrataciones los informes de recomendación a que se refiere este supuesto se encuentra contenida en el artículo 99 de la Ley de Contrataciones Públicas[264] y configura un paso previo a la presentación del informe a la máxima autoridad del órgano o ente contratante.

Ahora bien, si tal como afirma Rosas Rivero, no someter a consideración de la Comisión de Contrataciones el informe de

---

263 Rosas Rivero, "La responsabilidad administrativa en materia de Contratación Pública", 24.

264 Artículo 99: "En la modalidad de Consulta de Precios la Unidad Contratante deberá estructurar todo el expediente y elaborar el informe de recomendación que se someterá a la máxima autoridad del contratante, o al funcionario a quien ésta naya delegado esa facultad. El Informe de Recomendación a elaborar en las contrataciones efectuadas en el marco de planes excepcionales que por su cuantía superen las cinco mil unidades tributarias (5.000 U.T.) para la adquisición de bienes, diez mil unidades tributarias (10.000 U.T.) para prestación de servicios y veinte mil unidades tributarias (20.000 U.T.) para la ejecución de obras, o que deriven de un concurso cerrado que haya sido declarado desierto, deberán contar con la aprobación previa de la Comisión de Contrataciones".

recomendación al que hace referencia el artículo 99 de la Ley de Contrataciones Públicas puede considerarse un incumplimiento de la obligación del control previo que prevé el artículo 38 de la LOCGRSNCF; no entendemos por qué el legislador lo tipificó como un supuesto generador de responsabilidad administrativa diferenciado del contenido en el artículo 91.9 de la LOCGRSNCF (omisión del control previo).

Podemos presumir que la intención del legislador fue resaltar la importancia de cumplir con la obligación de someter a la Comisión de Contrataciones todos aquellos asuntos que puedan ser de su interés. Sin embargo, más que considerarse un supuesto autónomo de responsabilidad administrativa, no es otra cosa que un ejemplo de cómo se incumple con la obligación del control previo.

10. No someter a la Comisión de Contrataciones para su opinión los actos motivados que se elaboren para contrataciones directas cuando por su cuantía exceda las 5.000 unidades tributarias para adquisición de bienes, 10.000 unidades tributarias para prestación de servicios y 20.000 unidades tributarias para ejecución de obras

Con este supuesto generador de responsabilidad administrativa ocurre exactamente lo mismo que se explicó en el apartado anterior. La obligación de someter a la Comisión de Contrataciones para su opinión los actos motivados que se elaboren para las contrataciones directas se encuentra contenida en el artículo 103 de la Ley de Contrataciones Públicas[265] y su incumplimiento puede considerarse como la omisión del control

[265] Artículo 103: "En la modalidad de Contratación Directa, que por su cuantía superen las cinco mil unidades tributarias (5.000 U.T.) para la adquisición de bienes, las diez mil unidades tributarias (10.000 U.T.), para prestación de servicios y veinte mil unidades tributarias (20.000 U.T.) para la ejecución de obras, la unidad contratante deberá solicitar la opinión de la Comisión de Contrataciones, sobre los actos motivados que se sometan a la máxima autoridad del contratante. Dicha opinión no tendrá carácter aprobatorio ni vinculante para la decisión que se adopte".

previo al compromiso que prevé el artículo 38 de la LOCGRSNCF, de acuerdo con el cual, el órgano o ente contratante debe velar por el cumplimiento de lo dispuesto en la Ley de Contrataciones Públicas.

Así las cosas, reproducimos en este punto, las mismas afirmaciones que presentamos en el apartado anterior, según lo cual, no se trataría de un supuesto generador de responsabilidad administrativa autónomo, independiente y diferenciado de otros que ya se encuentran en el ordenamiento jurídico, sino un ejemplo de cómo se puede concretar el supuesto generador de responsabilidad administrativa del artículo 91.9 de la LOCGRSNCF relativo a la omisión del control previo.

11. Omitir la verificación de la suficiencia de las garantías que se requiera o no las haga valer oportunamente

Este supuesto generador de responsabilidad administrativa se relaciona con el supuesto previsto en el artículo 91.3 de la LOCGRSNCF relacionado con "[e]l no haber exigido garantía a quien deba prestarla o haberla aceptado insuficientemente".

Así pues, entendemos que el artículo 91.3 de la LOCGRSNCF y el artículo 166.11 de la Ley de Contrataciones Públicas prevén como supuestos generadores de responsabilidad administrativa los mismos hechos, de allí que, damos por reproducidas en este aparte las consideraciones expuestas respecto del 91.3 de la LOCGRSNCF.

12. Incumplir las medidas temporales para la inclusión, promoción, desarrollo y preferencias a los pequeños y medianos actores económicos

Según Rosas Rivero[266] y Canónico Sarabia[267], la Ley de Contrataciones Públicas ha querido promover la inclusión de nuevos actores del sistema económico nacional a la contratación

---

[266] Rosas Rivero, "La responsabilidad administrativa en materia de Contratación Pública", 34.

[267] Canónico Sarabia, "El sistema sancionatorio en la contratación pública", 264.

pública, y por esto, a lo largo de su articulado prevé mecanismos para la incorporación de pequeños y medianos actores económicos dentro del sistema de contratación pública.

Ejemplo de ello lo constituyen: 1. La posibilidad que el Servicio Nacional de Contrataciones apoye la realización de encuentros de oferta y demanda entre pequeños y medianos actores económicos y los entes contratantes[268]; 2. El deber del órgano o ente contratante, en los concursos cerrados, de procurar la contratación de los oferentes de la localidad, dando preferencia a la participación de pequeños y medianos actores económicos[269], y 3. La posibilidad de contratar a través de la modalidad de contratación directa "la adquisición de bienes y contratación de servicios a pequeños y medianos actores económicos que sean indispensables para asegurar el desarrollo de la cadena agroalimentaria"[270].

---

268 Artículo 40: "Con la finalidad de desarrollar la capacidad productiva de bienes, servicios u obras y promover la participación de los pequeños y medianos actores económicos, el Servicio Nacional de Contrataciones podrá apoyar la realización de encuentros de oferta y demanda entre éstos y los contratantes. // Estos encuentros, podrán realizarse con base a la demanda contenida en la programación anual de compras del Estado, para la adquisición de bienes, prestación de servicios o ejecución de obras, que por su cuantía o complejidad puedan ser realizadas por éstos".

269 Artículo 86: "En el Concurso Cerrado debe seleccionarse a presentar ofertas al menos a cinco participantes, mediante invitación acompañada del pliego de condiciones, indicando el lugar, día y hora de los actos públicos de recepción y apertura de los sobres que contengan las ofertas. La selección debe estar fundamentada en los aspectos legales, capacidad financiera y experiencia técnica requeridos y debe constar en el acta de inicio del procedimiento, levantada al efecto. En caso que se verifique que no existen inscritos al menos cinco participantes que cumplan los requisitos establecidos para el concurso cerrado, en el Registro Nacional de Contratistas, se invitará a la totalidad de los inscritos que los cumplan. El contratante atendiendo a la naturaleza de la obra, bien o servicio, procurará la contratación de los oferentes de la localidad, dando preferencia a la participación de pequeños y medianos actores económicos".

270 Artículo 101: "Se podrá proceder excepcionalmente por Contratación Directa, independientemente del monto de la contratación, siempre y cuando la máxima autoridad del contratante, mediante acto motivado, justifique adecuadamente su procedencia, en los siguientes supuestos:

Ahora bien, si se revisa con detalle el conjunto de acciones que implican las medidas de inclusión, promoción, desarrollo y preferencias a los pequeños y medianos actores económicos, se podrá observar que no guardan relación con las funciones de resguardo, manejo, administración y custodia del patrimonio público, sino que, por el contrario, lo que busca es promover un determinado grupo de organizaciones del sector privado -pequeños y medianos actores económicos- para impulsar ciertos sectores económicos del país.

Aunque no se desvaloriza el interés de la Ley de Contrataciones Públicas de favorecer a pequeños y medianos empresarios venezolanos, lo cierto es que incumplir con este tipo de políticas o acciones, no deberían constituir un supuesto generador de responsabilidad administrativa, por el contrario, deberían ser consideradas infracciones administrativas que podrían ser sancionadas bajo otra institución y régimen jurídico de derecho administrativo.

13. Proceder a seleccionar por la modalidad de contratación directa o consulta de precios en violación de lo dispuesto en la Ley y su Reglamento

Sobre este supuesto generador de responsabilidad administrativa, Daniels Pinto[271] y Rosas Rivero[272] reconocen que guarda relación con el previsto en el artículo 166.2 de la Ley de Contrataciones Públicas (dejar de aplicar la modalidad de selección de contratista correspondiente conforme a la Ley) y en consecuencia, con el supuesto contenido en el artículo 91.1 de la LOCGRSNCF (adquisición de bienes, la contratación de obras o de servicios, con inobservancia total o parcial del procedi-

(...) 11. Cuando se trate de la adquisición de bienes y contratación de servicios a pequeños y medianos actores económicos que sean indispensables para asegurar el desarrollo de la cadena agroalimentaria".

271 Alí José Daniels Pinto, "Consideraciones sobre el régimen sancionatorio en las contrataciones públicas", en *La contratación pública en Venezuela*, ed. por Fundación de Estudios de Derecho Administrativo, (Caracas: FUNEDA, 2015): 134.

272 Rosas Rivero, "La responsabilidad administrativa en materia de Contratación Pública", 18.

miento de selección de contratistas que corresponda, en cada caso, según lo previsto en la Ley de Licitaciones o en la normativa aplicable).

Reconocemos la importancia de garantizar que se cumplan los procedimientos de selección de contratistas que ha previsto la legislación venezolana, pero nos parece innecesario tipificar tres veces la misma conducta como un supuesto generador de responsabilidad administrativa. Para Rosas Rivero, lo que persigue el legislador al incluir como supuesto sancionable esta conducta a través de la responsabilidad administrativa es evitar que los órganos o entes contratantes pretendan escapar de una modalidad de selección de contratistas más pública y concurrente "hacia otra en la cual los funcionarios sustanciadores gocen de mayor discrecionalidad y en la que la selección se realiza con menor publicidad y transparencia"[273].

Aunque resultan válidas las consideraciones del mencionado autor, no creemos necesario establecer un supuesto generador de responsabilidad administrativa distinto al que dispone el artículo 91.1 de la LOCGRSNCF, y es que, como explicáramos previamente, este supuesto procede cuando no se aplica la modalidad de selección de contratistas que corresponda de acuerdo a la Ley sino que se aplica otra modalidad de selección de contratistas, lo que ocurriría si se aplica las modalidades de consulta de precios o contratación directa, cuando lo procedente de acuerdo con la Ley de Contrataciones Públicas era el concurso abierto o cerrado.

14. Aprobar o negar de manera injustificada la calificación del Registro Nacional de Contratistas, o incumplir los plazos establecidos para ello

Según el artículo 6.15 de la Ley de Contrataciones Públicas la calificación es la ubicación de los oferentes o contratistas en las categorías de especialidades del Registro Nacional de Contratistas[274] con base a su capacidad técnica general; dicha cali-

[273] Ibid., 20.

[274] El Registro Nacional de Contratistas es una dependencia administrativa del Servicio Nacional de Contrataciones que tiene por objeto cen-

ficación corresponde realizarla a los funcionarios que presten sus servicios en el mencionado registro.

De acuerdo con Rosas Rivero este supuesto procede cuando exista retardo, omisión, distorsión o incumplimiento del procedimiento de calificación por ante el Registro Nacional de Contratistas, y en caso de la aprobación injustificada de la calificación de un contratista. Según el autor, lo que se persigue es que el funcionario que apruebe la calificación:

> [A]plique estrictamente los criterios de clasificación por especialidad, calificación legal y financiera y el reporte de la experiencia técnica de los interesados, que establezca el Servicio Nacional de Contrataciones, de conformidad con lo previsto en el numeral 13 del artículo 37 y en el artículo 48 de la Ley de Contrataciones Públicas[275].

Ahora bien, atendiendo a la delimitación que efectúa el mencionado autor sobre este supuesto, consideramos que no guarda relación con el resguardo, manejo, administración y custodia del patrimonio público, sino con el incumplimiento del deber que tiene todo funcionario público de actuar diligentemente y cumplir con las funciones que le fueron asignadas por Ley. Así pues, entendemos que no debería entenderse como un supuesto generador de esta responsabilidad.

15. Negar a los particulares el acceso a los expedientes administrativos en los cuales posea interés

El artículo 59 de la Ley Orgánica de Procedimientos Administrativos -aplicable de forma supletoria a todos los procedimientos administrativos en Venezuela- establece el derecho de los interesados de examinar en cualquier grado del procedimiento el expediente administrativo, así como solicitar co-

---

tralizar, organizar y suministrar en forma eficiente, veraz y oportuna, la inscripción e información necesaria para la calificación legal y financiera, experiencia técnica y clasificación por especialidad, de las personas naturales o jurídicas, nacionales y extranjeras, públicas o privadas, que deseen contratar con los distintos órganos y entes del sector público. *Vid.* Ley de Contrataciones Públicas, artículos 41 y 42.

[275] Rosas Rivero, "La responsabilidad administrativa en materia de Contratación Pública", 41

pias del mismo y pedir su certificación[276], por su parte el artículo 20 de la Ley de Contrataciones Públicas le otorga carácter público a los expedientes de contratación culminada la selección del contratista[277].

Con fundamento en lo anterior, entendemos que este supuesto está relacionado con el hecho de negar a cualquier interesado el acceso a los expedientes elaborados con ocasión a la selección de un contratista, lo que resultaría contrario a las normas previamente mencionadas. Es un supuesto que no guarda relación con el resguardo, manejo, administración y custodia del patrimonio público, sino que se trata de una infracción administrativa que no debería sancionarse bajo la figura de la responsabilidad administrativa.

16. Incumplir con el deber de suministrar al Servicio Nacional de Contrataciones la información requerida

La Ley de Contrataciones Públicas impone a los órganos y entes del sector público la obligación de remitir al Servicio Nacional de Contrataciones un conjunto de información necesaria para que dicho órgano pueda cumplir con su cometido de desarrollar e impulsar políticas públicas y herramientas, orientadas al desarrollo de capacidades, a la organización y articula-

---

276 G.O. N° 2.818, extraordinario de 01-07-1981. Artículo 59: "Los interesados y sus representantes tienen el derecho de examinar en cualquier estado o grado del procedimiento, leer y copiar cualquier documento contenido en el expediente, así como de pedir certificación del mismo. Se exceptúan los documentos calificados como confidenciales por el superior jerárquico, los cuales serán archivados en cuerpos separados del expediente. La calificación de confidencial deberá hacerse mediante acto motivado".

277 Artículo 20: "Culminada la selección del contratista, los oferentes tendrán derecho a solicitar la revisión del expediente y requerir copia certificada de cualquier documento en el contenido. Se exceptúan de lo dispuesto en este artículo, los documentos del expediente declarados reservados o confidenciales conforme a la Ley que regula los procedimientos administrativos". Rosas Rivero considera que esta norma resulta opaca y que impone límites al acceso al expediente. No nos pronunciaremos sobre el alcance de dicha norma ya que excede el objeto de estudio de esta investigación. *Vid.* Rosas Rivero, "La responsabilidad administrativa en materia de Contratación Pública", 38.

ción, de los participantes en los procesos de contratación pública con miras a lograr una mayor eficiencia, transparencia y optimización de los recursos de los órganos y entes del sector público (art. 37).

Entre la información que debe remitírsele se encuentra: 1. La notificación de la designación de los miembros de la Comisión de Contrataciones (art. 14), 2. La programación de la adquisición de bienes, prestación de servicios y ejecución de obras a contratar para el próximo ejercicio fiscal (art. 38.1), 3. La información de las contrataciones realizadas en ejecución de la Ley de Contrataciones Públicas, dentro de los primeros quince días continuos siguientes al vencimiento de cada trimestre (art. 38.30), 4. El llamado a participar en los concursos abiertos para que sean publicados en la página web del Servicio Nacional de Contrataciones (art. 79 y art. 103 del Reglamento de la Ley de Contrataciones Públicas), entre otros.

Así pues, entendemos que el supuesto que se regula en este caso, es una infracción administrativa que deriva del no suministro de información al Servicio Nacional de Contrataciones, pero que no guarda relación con el resguardo, manejo, administración y custodia del patrimonio público, y, por tanto, no debió considerarse como un supuesto generador de responsabilidad administrativa.

17. Cuando la máxima autoridad administrativa del contratante se abstenga injustificadamente de declarar la nulidad del acto o del contrato, según lo previsto en la Ley

El artículo 112 de la Ley de Contrataciones Públicas establece que podrá declararse la nulidad del acto administrativo que adjudica el contrato a determinado oferente cuando se hubiese producido partiendo de información o documentos falsos o en violación de disposiciones legales[278]. Por su parte, el

[278] Artículo 112. Cuando el otorgamiento de la adjudicación, o cualquier otro acto dictado en ejecución del presente Decreto con Rango, Valor y Fuerza de Ley y su Reglamento, se hubiese producido partiendo de información o documentos falsos o en violación de disposiciones lega-

artículo 121 de la misma Ley dispone que podrá declararse la nulidad del contrato en los siguientes casos: 1. Cuando se evidencie que la adjudicación hubiere sido otorgada con inobservancia de las disposiciones de la Ley o de cualquier otra norma aplicable que regule las contrataciones públicas, y 2. Cuando, sin que medie la debida motivación de acuerdo las normas que regulan la modificación de los contratos, éstos se aparten o difieran de las condiciones establecidas en los respectivos pliegos o condiciones de la contratación y de las ofertas beneficiarias de la adjudicación.

En este caso, consideramos que se trata del incumplimiento del deber de resguardo del patrimonio público. Detectada alguna irregularidad durante el procedimiento de adjudicación o si durante la ejecución del mismo se observa que no se cumplen con las especificaciones de éste, el funcionario debe cumplir con su obligación de cuidado y dar inicio a los procedimientos administrativos correspondientes –en este caso, rescisión del contrato–para garantizar que los recursos de los órganos o entes públicos se utilicen adecuadamente.

En nuestro criterio se trata de un supuesto que encuadra dentro del ámbito objetivo de la responsabilidad administrativa y, por tanto, puede ser susceptible de generar dicha responsabilidad.

Así, revisados como han sido los supuestos generadores de responsabilidad administrativa previstos en la Ley de Contrataciones Públicas y aunque Rosas Rivero[279] y Canónico Sarabia[280] han destacado las bondades de contar con un listado de supuestos generadores de responsabilidad administrativa propios de la contratación pública, consideramos que poco aporta la Ley de Contrataciones Públicas para una mejor tipificación

les, el contratante deberá, mediante motivación, declarar la nulidad del acto.

279 Rosas Rivero, "La responsabilidad administrativa en materia de Contratación Pública", 4.

280 Canónico Sarabia, "El sistema sancionatorio en la contratación pública", 256.

de los supuestos generadores de responsabilidad administrativa.

De acuerdo con nuestro análisis, una parte de ellos no guarda relación directa con las funciones resguardo, manejo, administración y custodia del patrimonio público, y la otra parte se encuentra comprendida dentro de los supuestos generadores que prevé el artículo 91 de la LOCGRSNCF.

IV. RECAPITULACIÓN CONCLUSIVA

En este capítulo hemos querido analizar, uno a uno, los supuestos generadores de responsabilidad administrativa que se encuentran previstos en el ordenamiento jurídico venezolano. De forma general se encontraron 53 supuestos generadores de responsabilidad administrativa: 32 en la LOCGRSNCF, 4 en la Ley Orgánica de la Administración Financiera del Sector Público y 17 en la Ley de Contrataciones Públicas.

Sin embargo, cuando se revisa el detalle de las conductas que tipifica cada uno de estos supuestos, y se compara con el ámbito objetivo de la responsabilidad administrativa como institución jurídica -resguardo, manejo, administración y custodia del patrimonio público- se ha podido observar que no todos los supuestos deberían considerarse como hechos o circunstancias sancionables bajo la figura de la responsabilidad administrativa.

El mejor ejemplo de ello lo constituye la Ley Orgánica de la Administración Financiera del Sector Público que contiene cuatro supuestos generadores de responsabilidad administrativa que no se relacionan con el resguardo, manejo, administración y custodia del patrimonio público, sino con otras conductas que pueden constituir infracciones administrativas que deberían ser sancionadas bajo otra institución jurídica.

Así las cosas, compartimos la opinión de Peña Colmenares según la cual, existe la necesidad de reflexionar sobre los supuestos generadores de responsabilidad administrativa previstos en el ordenamiento jurídico venezolano y mantener únicamente aquellos que guarden relación estrecha y directa con el resguardo, manejo, administración y custodia del patrimonio público.

Sólo así, la normativa legal estaría en sintonía con la preceptiva constitucional que se limita a facultar a la Contraloría General de la República y demás órganos de control fiscal para iniciar investigaciones e imponer sanciones, cuando esas investigaciones recaigan sobre actuaciones relacionadas con la tutela del patrimonio público, y por ende, vinculadas con la administración de bienes o fondos públicos[281].

Todas aquellas conductas que no encuadren dentro del ámbito objetivo de la responsabilidad administrativa deberían salir del esquema sancionatorio previsto en la LOCGRSNCF y encuadrarse en otra legislación o institución jurídica.

Pensamos que ello es viable, si se toma en consideración, por ejemplo, que la Ley contra la Corrupción en su artículo 38 establece un conjunto de hechos o circunstancias que pueden ser sancionadas por el Contralor General de la República o sus delegatarios, con las multas que impone dicha ley y previa tramitación del procedimiento que ella misma regula, que son procedimientos, conductas sancionables y sanciones autónomos y diferenciables de lo previsto en la LOCGRSNCF[282].

---

[281] Peña Colmenares, *El régimen de la responsabilidad administrativa*, 181-182.

[282] Artículo 38: "Con independencia a las responsabilidades civiles, penales, administrativas o disciplinarias que puedan tener lugar, serán sancionadas o sancionados, con multa equivalente de cien (100) a mil (1000) unidades del tipo de cambio oficial de la moneda de mayor valor publicado por el Banco Central de Venezuela, vigente para el momento del pago. 1. Quienes omitieren presentar la declaración jurada de patrimonio dentro del término previsto para ello. 2. Quienes omitieren presentar en el término que se le hubiere acordado, los documentos solicitados con motivo del procedimiento de verificación patrimonial. 3. Quienes se les exija mediante resolución, presentar la declaración jurada de patrimonio y no lo hicieren. 4. Quienes no participen los nombramientos, designaciones, tomas de posesiones, remociones o destituciones. 5. Las y los responsables del área de recursos humanos cuando no exijan a la funcionaria pública o funcionario público el comprobante que demuestre el cumplimiento de haber presentado la declaración jurada de patrimonio. 6. Las máximas autoridades a quie-

Tomando como referencia lo anterior, creemos que es necesario realizar una revisión armonizada de la LOCGRSNCF, la Ley Orgánica de la Administración Financiera del Sector Público y la Ley de Contrataciones Públicas, para excluir del régimen jurídico de la responsabilidad administrativa aquellas conductas tipificadas como sancionables que no guarden relación con la gestión del patrimonio público, y pasarlas al esquema jurídico que prevé la Ley contra la Corrupción en su artículo 38 u otro que pueda considerarse más adecuado.

nes se les haya solicitado la aplicación de medidas preventivas y no lo hicieren o a quienes éstos hayan encargado su aplicación. 7. Las funcionarias públicas y funcionarios públicos que ordenen la cancelación de prestaciones sociales u otros conceptos con motivo del cese o terminación en el ejercicio de labores, empleo o funciones por renuncia, destitución o porque se les conceda el beneficio de jubilación, sin antes haber exigido el comprobante donde conste la presentación de la declaración jurada de patrimonio. 8. Cualquiera que de algún modo obstaculice o entrabe la práctica de alguna diligencia que deba efectuarse con motivo de la auditoria patrimonial. 9. Cualquier persona que falseare u ocultare los datos contenidos o que deba contener su declaración de patrimonio o la información o datos que se les requiera con ocasión a su verificación. 10. Los titulares de los órganos y entes a que se refieren los artículos 4 y 5 de esta Ley, que no publiquen y pongan a disposición el informe a que se refiere el artículo 10 de esta Ley. // Quienes la Contraloría General de la República les haya ordenado practicar actuaciones específicas, con la finalidad de verificar el contenido de la declaración jurada de patrimonio y no las hicieren".

CAPÍTULO III: PROCEDIMIENTO PARA LA DECLARATORIA DE RESPONSABILIDAD ADMINISTRATIVA

Lo primero que debemos destacar es que en Venezuela la responsabilidad administrativa se declara previa sustanciación de un procedimiento administrativo de tipo sancionatorio, y es que, como se comentó en capítulos anteriores, la finalidad principal es sancionar –siendo la multa, la sanción principal– aquellas conductas cometidas por determinadas personas que tengan a su cargo el resguardo, manejo, administración o custodia del patrimonio público y que hayan sido establecidas como supuestos generadores de responsabilidad. Pero, además, si se comprueba la existencia de un daño al patrimonio del Estado se ordenará el resarcimiento correspondiente mediante la formulación del reparo.

Ello significa, además, que los actos dictados por los órganos de control fiscal son actos administrativos que están sujetos, entre otras, a las disposiciones de la Ley Orgánica de Procedimientos Administrativos; actos contra los que se podrán presentar recursos administrativos y que podrán ser impugnados mediante recurso de nulidad ante los tribunales de la jurisdicción contencioso-administrativa.

Debemos advertir que la LOCGRSNCF establece un único procedimiento administrativo para la declaratoria de responsabilidad, la imposición de la sanción de multa y el establecimiento del reparo –la declaratoria de responsabilidad civil–, situación que ha sido cuestionada, entre otros, por autores como Orlando[283], Peña Colmenares[284] y Peña Solís[285] por consi-

---

[283] Orlando S., *La potestad inquisitiva de los órganos de control fiscal*, 130.

[284] Peña Colmenares, "La responsabilidad administrativa en el marco del control fiscal", 156.

derar que se trata de dos responsabilidades de distinta naturaleza que deberían ser determinadas mediante procedimientos diferentes, lo cual analizaremos en los siguientes apartados. Así, hechas estas consideraciones, procedemos a examinar el procedimiento para la declaratoria de la responsabilidad administrativa de Venezuela.

I. ÓRGANOS COMPETENTES

Disponen los artículos 93.1 y 95 de la LOCGRSNCF que les corresponde a los órganos de control fiscal declarar la responsabilidad administrativa de los funcionarios, funcionarias, empleados, empleadas, obreros y obreras que presten servicio en los entes del sector público, así como los particulares que hayan incurrido en los actos, hechos u omisiones generadores de dicha responsabilidad.

Estos órganos de acuerdo con lo establecido en los artículos 24.1 y 26 de la misma Ley son: 1. La Contraloría General de la República, 2. La Contraloría de los estados, de los distritos, distritos metropolitanos y de los municipios, 3. La Contraloría general de la Fuerza Armada Nacional Bolivariana y; 4. Las unidades de auditoría interna los órganos y entes del sector públicos. La Contraloría General de la República y las contralorías de los estados, distritos, distritos metropolitanos y municipios, son órganos de control fiscal externos (no pertenecen a la estructura organizativa de los órganos y entes sujetos a su control), mientras que las unidades de auditoría interna son órganos de control fiscal interno (se encuentran insertas dentro de la estructura organizativa de los órganos sujetos a su control y forman parte de esta).

Mención especial merece la Contraloría General de la Fuerza Armada y es que ni la Constitución de 1999 –artículo 291– ni la LOCGRSNCF, ni la Ley Orgánica de la Fuerza Armada

---

[285] José Peña Solís, *El régimen de la formulación de reparos en la Ley Orgánica de la Contraloría General de la República y del Sistema Nacional de Control Fiscal* (Caracas: Tribunal Supremo de Justicia, 2002): 25.

Nacional Bolivariana[286] establecieron de forma expresa si se trata de un órgano de control fiscal externo o interno. Frente a ello, la Sala Político-Administrativa del Tribunal Supremo de Justicia, en sentencia N° 1421 de 15-12-2016, realizó una interpretación de los mencionados instrumentos normativos y determinó que la Contraloría General de la Fuerza Armada ejerce control fiscal interno sobre: 1. Los órganos que integran la estructura del Ministerio del Poder Popular para la Defensa, 2. Los órganos, componentes y cuerpos que integran la Fuerza Armada Nacional Bolivariana, a saber: el Comando Estratégico Operacional (máximo órgano de planificación, programación, dirección, ejecución y control estratégico operacional), los componentes militares (ejército, armada, aviación militar y guardia nacional), la milicia bolivariana (cuerpo especial destinado a complementar a la fuerza armada en la defensa de la nación), y las regiones militares, y 3. Los entes descentralizados funcionalmente adscritos al Ministerio del Poder Popular para la Defensa cuando éstos no cuenten con sus respectivas unidades de auditoría interna[287].

---

286 La ley vigente para la fecha de la decisión era la Ley Orgánica de la Fuerza Armada Nacional Bolivariana (G.O. N° 6.156, extraordinario de 18-11-2014) que fue derogada por la Ley constitucional de la Fuerza Armada Nacional Bolivariana (G.O. N° 6.508, extraordinario de 30-01-2020). Esta ley, en su artículo 39.9 establece que corresponde al Contralor General de la Fuerza Armada Nacional Bolivariana ejercer el control interno y externo, la vigilancia y la fiscalización de los ingresos, gastos y bienes públicos afectos al sector defensa, sin menoscabo de las atribuciones que sobre el control externo confiere las leyes y reglamentos a los órganos de la función contralora.

287 El parágrafo único del artículo 26 de la LOCGRSNCF establece: "En caso de organismos o entidades sujetos a esta Ley, cuya estructura, número, tipo de operaciones o monto de los recursos administrados no justifiquen el funcionamiento de una unidad de auditoría interna propia, la Contraloría General de la República evaluará dichas circunstancias y, de considerarlo procedente, autorizará que las funciones de los referidos órganos de control fiscal sean ejercidas por la unidad de auditoría interna del órgano de adscripción. Cuando se trate de organismos o entidades de la administración pública nacional para el otorgamiento de la aludida autorización, se oirá la opinión de la Superintendencia Nacional de Auditoría Interna".

La decisión también indicó que la Contraloría General de la Fuerza Armada Nacional Bolivariana ejerce un control fiscal externo *sui generis* sobre las unidades de auditoría interna de los entes descentralizados funcionalmente adscritos al Ministerio del Poder Popular para la Defensa. Respecto de ello, afirmó:

> [C]onsidera esta Sala Político-Administrativa que la Contraloría General de la Fuerza Armada Nacional Bolivariana ejerce un control fiscal externo sui generis (por no encontrarse así expresamente denominado en la normativa analizada -conforme se indicó en líneas anteriores- y por cuanto, como ya se ha señalado, las funciones por antonomasia de aquélla son de control interno), sobre las Unidades de Auditoría Interna de los entes funcionalmente descentralizados adscritos al Ministerio del Poder Popular para la Defensa.
> Tal control, debe precisarse, obedece a la especialidad del Sector Defensa, que involucra a la Fuerza Armada y demás entes u órganos vinculados con la misión de dicha organización militar, y que por ello mismo exige de un órgano de control especializado; de allí que pueda sostenerse que la Contraloría General de la Fuerza Armada Nacional Bolivariana ejerce la rectoría del control fiscal en el Sector Defensa, sin perjuicio de la rectoría que, sobre el Sistema Nacional de Control Fiscal, le ha sido constitucionalmente atribuida a la Contraloría General de la República.

Advertimos que, previo a esta decisión, Peña Colmenares[288] y Hernández González ya habían reconocido la cualidad de órgano de control fiscal interno de la Contraloría General de la Fuerza Armada. Para este último:

> [A] pesar de estar incorporada dentro de la sección [que] corresponde a la CGR, y, por tanto, dentro del Capítulo que atañe al Poder Ciudadano [en la Constitución de 1999], entendemos que la Contraloría General de la Fuerza Armada no es un órgano del Poder Ciudadano, sino que es un órgano integrado a la Fuerza Armada: es, por ello, un órgano de control interno. La existencia de la Contraloría General de la Fuerza Armada, integrada al Poder Ejecutivo, demuestra

288 Peña Colmenares, *El régimen de la responsabilidad administrativa*, 75.

también que el ejercicio del control fiscal no ha sido atribuido exclusivamente a la CGR[289].

Así las cosas, son los denominados órganos de control fiscal a los que se les ha atribuido la competencia para declarar la responsabilidad administrativa de los sujetos que resguarden, administren, manejen o custodien el patrimonio público, para lo cual han sido dotados de "potestades de investigación" que serán detalladas de seguidas.

II. POTESTADES DE INVESTIGACIÓN DE LOS ÓRGANOS DE CONTROL FISCAL

De acuerdo con Cruz Méndez, Fernández de Pelekais y Torres las potestades de investigación pueden definirse como:

> El conjunto de atribuciones y competencias que tiene los órganos de Control Fiscal, para realizar las actuaciones e investigaciones preliminares destinadas al esclarecimiento de actos, hechos u omisiones, de los cuales se tenga conocimiento, que existan graves indicios de que sus peculiaridades fácticas pudieran encuadrar dentro de los supuestos generadores de responsabilidad administrativa[290].

La Contraloría General de la República ha reconocido que la potestad de investigación "es inmanente a la actividad de control posterior" que desarrollan los órganos de control fiscal, en la que se recopilan los elementos del hallazgo de auditoría[291] con sus respectivas pruebas[292].

---

289 Hernández González, "La Contraloría General de la República y los principios", 207.

290 Andrés Cruz Méndez, Cira Fernández de Pelekais y William Torres, *La responsabilidad administrativa* (Maracaibo: Astro Data, 2005): 32.

291 Se entiende por hallazgo de auditoría todo acto, hecho u omisión, contrario a una disposición legal, sublegal o técnica, detectado en una auditoria. *Vid.* Artículo 4 de las Normas generales de auditoría de Estado (G.O. N° 40.172 de 22-05-2013).

292 Así lo ha manifestado en memorándums N° 4-00-090 10-02-2009 y 4-00-398 del 09-07-2009. *Vid.* Contraloría General de la República Bolivariana de Venezuela, *Dictámenes de la Dirección General de los Servicios Jurídicos* 2009-2010 (Caracas: Dirección de Comunicación Corporativa, 2013): 117 y 154. Los elementos del hallazgo de auditoría son: 1. Condición: situación o hecho relevante encontrado en la ejecución de

Las potestades de investigación de los órganos de control fiscal se encuentran previstas en los artículos 77 al 80 de la LOCGRSNCF y en los artículos 63 y siguientes de su reglamento y comprenden: 1. La posibilidad que estos órganos realicen las actuaciones que sean necesarias con el objeto de comprobar la ocurrencia de actos, hechos u omisiones contrarios a una disposición legal o sublegal, determinar el monto de los daños causados al patrimonio público, si fuere el caso, la procedencia de acciones fiscales correspondientes, 2. Tomar declaración a cualquier persona y ordenar su comparecencia ante el órgano de control, y 3. Solicitar la suspensión en el ejercicio del cargo de cualquier funcionario sometido a un procedimiento de determinación de responsabilidades.

Explica Abache Carvajal que la potestad de investigación no es necesariamente una actividad instrumental de la actividad sancionadora, aunque en múltiples ocasiones pueda dar paso al inicio de un procedimiento de determinación de responsabilidades administrativas. Para el autor, la potestad de investigación tiene una finalidad propia, a saber: "velar por la garantía y efectiva satisfacción de la legalidad, esto es, la obediencia del Derecho"[293]. A través de ella, los órganos de control fiscal dejaran constancia de la posible ocurrencia de hechos, actos u omisiones que supongan la violación de una norma jurídica y si consideran que existen indicios suficientes para el inicio de un procedimiento de determinación de responsabilidad administrativa pueden proceder a su tramitación.

Así lo ha reconocido la Contraloría General de la República al afirmar que las actividades relacionadas con la potestad de investigación deben estar separadas del procedimiento de de-

la auditoria. 2. Criterio: norma legal, sublegal, administrativa y/o técnica, que resulte aplicable al órgano, ente, dependencia, proyecto, proceso, actividad u operación objeto de la auditoría. 3. Causa: origen de la posible situación o hecho relevante, y 4. Efecto: consecuencia de la situación observada o hecho relevante. *Vid.* Normas generales de auditoría de Estado, artículo 33.

293 Abache Carvajal, "Forma y tiempo de la potestad administrativa de investigación", 25.

terminación de responsabilidades[294], incluso respecto de los funcionarios que tramitan uno y otro, "con la finalidad de preservar, por un lado el derecho a la defensa, y por el otro el principio de equilibrio, es decir, que se le garantice al interesado en esta etapa, que la investigación será objetiva e imparcial"[295], "evitando así que quien investiga decida"[296].

La potestad de investigación puede ejercerse no solo contra funcionarios públicos sino contra sujetos de derecho privado (personas naturales y jurídicas). Ello ha sido afirmado por la Contraloría General de la República al señalar que los órganos de control fiscal podrán iniciar "potestades investigativas" y declarar responsabilidad administrativa que deriven de irregularidades cometidas por contratistas en el desempeño de sus actividades[297] y que también están facultados para "vigilar que los aportes, subsidios y otras transferencias hechas por las entidades sometidas a su control a otras entidades públicas o privadas sean invertidos en las finalidades para las cuales fueron efectuados"[298]. Recordemos que uno de los elementos característicos de la responsabilidad administrativa de Venezuela es que ésta no es exclusiva de los funcionarios públicos, sino que puede ser declarada contra empleados y obreros que presten sus servicios en los distintos órganos y entes del sector público, pero también, contra personas naturales o jurídicas que en cualquier forma intervengan en la administración, manejo o custodia de recursos públicos, de allí que resulte necesario que los órganos de control fiscal puedan ejercer sobre

---

[294] Memorando N° 4-00-398 de 09-07-2009. *Vid.* Contraloría General de la República Bolivariana de Venezuela, *Dictámenes de la Dirección General de los Servicios Jurídicos* 2009-2010, 155.

[295] Ibid.

[296] Oficio N° 1-00-000872 de 27-10-2010. *Vid.* Contraloría General de la República Bolivariana de Venezuela, *Dictámenes de la Dirección General de los Servicios Jurídicos* 2009-2010, 238.

[297] Memorando 04-00-254 del 27-04-2011. *Vid.* Contraloría General de la República Bolivariana de Venezuela, *Dictámenes de la Dirección General de los Servicios Jurídicos* 2011-2012, 104-110.

[298] Memorando 04-00-390 del 28-06-2011. *Vid.* Contraloría General de la República Bolivariana de Venezuela, *Dictámenes de la Dirección General de los Servicios Jurídicos* 2011-2012, 111-116.

éstos potestades de investigación, entendiendo que su finalidad es verificar la ocurrencia de cualquier hecho, acto u omisión que pueda considerarse un supuesto generador de responsabilidad administrativa.

Enfatizamos que constituye un elemento característico de la potestad de investigación el carácter reservado de las actuaciones de los órganos de control fiscal[299], sin embargo, si en el desarrollo de la investigación, el órgano de control fiscal imputare a algún sujeto se deberá notificar de forma inmediata a éste, informándole de manera específica los hechos que dan lugar a la investigación y facilitándole el acceso al expediente para que pueda promover todos los medios de prueba necesarios para su defensa (art. 77 LOCGRSNCF). Para Omaña Peña esta excepción al carácter reservado de las investigaciones de los órganos de control fiscal tiene su justificación en el artículo 49 de la Constitución de 1999 que prevé el derecho a la defensa de cualquier persona tanto en procesos judiciales como en procedimientos administrativos[300].

El ejercicio de la potestad de investigación por los órganos de control fiscal puede generar el inicio del procedimiento de determinación de responsabilidades administrativa. En efecto, el artículo 96 de la LOCGRSNCF, dispone que el procedimiento administrativo para la declaratoria de la responsabilidad administrativa de un sujeto podrá iniciarse: 1. Como consecuencia del ejercicio de las funciones de control o de las potestades investigativas establecidas en esta Ley, cuando de éstas surjan elementos de convicción que pudieran dar lugar a la formulación de reparos, a la declaratoria de responsabilidad administrativa o a la imposición de multas, 2. Por denuncia, 3. A solicitud de cualquier organismo o empleado público, siempre que se acompañen elementos suficientes de convicción o prueba

---

299 Humberto Omaña Peña, "Las potestades de investigación de los órganos de control fiscal y el procedimiento administrativo para la determinación de responsabilidades", *Revista de control fiscal*, N° 149 (2002): 15.

300 Ibid., 16.

que permitan presumir fundamentalmente la responsabilidad de personas determinadas.

Las distintas etapas de lo que se ha denominado la "potestad investigativa" como paso previo al procedimiento de determinación de responsabilidades serán analizadas en el apartado correspondiente a las formas de inicio del procedimiento de determinación. En este apartado destacamos que la Ley les reconoce a los órganos de control fiscal la posibilidad de realizar investigaciones en el ámbito de sus competencias y que las mismas no necesariamente derivan en el inicio de un procedimiento de determinación de responsabilidad administrativa, sino que, persiguen determinar si las distintas operaciones administrativas, financieras y contables de los órganos sujetos a su control se efectúan con apego a la Ley y al derecho.

III. LÍMITES A LA POTESTAD DE INVESTIGACIÓN DE LOS ÓRGANOS DE CONTROL FISCAL

La LOCGRSNCF y su reglamento establecen límites a la potestad de investigación que pueden ejercer las contralorías estadales, distritales y municipales, así como los órganos de control fiscal interno (unidades de auditoría interna y Contraloría General de la Fuerza Armada).

El artículo 97 de la Ley dispone que cuando un órgano de control fiscal, en el transcurso de una investigación o actuación de control observe que existen elementos de convicción que pudieran dar lugar a la declaratoria de responsabilidad administrativa, imposición de multa o formulación de reparo de un funcionario de alto nivel que se encuentre en ejercicio de su cargo, deberá remitir "inmediatamente" el expediente a la Contraloría General de la República para que ésta continúe la investigación, decida su archivo o inicie el procedimiento para la determinación de responsabilidades administrativas.

El artículo 68 del Reglamento de la LOCGRSNCF, define lo que debe entenderse como funcionarios de alto nivel a los fines de la remisión de los expedientes a la Contraloría General de la República, referida previamente. Para el reglamento, estos comprenden los titulares, máximas autoridades jerárquicas e integrantes de los cuerpos colegiados o deliberantes de:

1. Los órganos a los que incumbe el ejercicio del Poder Público Nacional.
2. Los órganos a los que incumbe el ejercicio del Poder Público en los Estados, Distritos, Distritos Metropolitanos, Municipios y Territorios Federales.
3. Los Institutos Autónomos Nacionales.
4. El Banco Central de Venezuela.
5. Las Universidades Públicas Nacionales.
6. Las demás personas jurídicas de Derecho Público Nacionales.
7. Las sociedades de cualquier naturaleza en las cuales las personas a que se refieren los numerales 1 y del 3 al 8, del presente artículo, tengan participación en su capital social, así como las que se constituyan con la participación de aquéllas.
8. Las fundaciones y asociaciones civiles y demás instituciones creadas con fondos públicos Nacionales, o que sean dirigidas por las personas referidas previamente, o en las cuales tales personas designen sus autoridades, o cuando los aportes presupuestarios o contribuciones efectuados en un ejercicio presupuestario por una o varias de las personas a que se refieren dichos numerales representen el cincuenta por ciento (50%) o más de su presupuesto.

Adicionalmente, el artículo 67 del reglamento establece otra limitante a las potestades de investigación, que resulta aplicable a las unidades de auditoría interna de los órganos y entes del poder público en los estados, distritos, distritos metropolitanos y municipios. El reglamento señala que, si durante una investigación o actuación de control la unidad de auditoría interna de los órganos y entes previamente señalados considera que existen suficientes elementos de convicción o prueba que pudieran dar lugar a la determinación de responsabilidad administrativa, la imposición de multa o la formulación de reparo contra los titulares o máximas autoridades jerárquicas de dichos órganos o entes "que se encuentren en ejercicio de sus cargos, y no estén calificados como funcionarios de alto nivel a los fines de la remisión del expediente a la Contraloría General de la República", deberá remitir las actuaciones que tengan a su disposición a la Contralorías de los estados, distritos, distritos metropolitanos y municipios, según corresponda con su ámbito de competencia, para que sean dichos órganos de control fiscal externo los que realicen las actuaciones correspondientes y den inicio a los procedimientos administrativos respectivos.

Es decir, sólo la Contraloría General de la República puede tramitar investigaciones y procedimientos de determinación de responsabilidad administrativa, imponer multas y establecer reparos contra los funcionarios de alto nivel que se encuentren en ejercicio de su cargo; y las unidades de auditoría interna de los órganos y entes del poder público en los estados, distritos, distritos metropolitanos y municipios no pueden realizar investigaciones ni procedimientos de determinación de responsabilidad administrativa, imponer multas y establecer reparos contra los titulares o máximas autoridades jerárquicas de dichos órganos o entes que se encuentren en ejercicio de sus cargos y que no sean considerados como funcionarios de alto nivel (ello le corresponde a los órganos de control fiscal externo).

Esta limitante tiene una justificación importante, y es que se ha querido evitar posibles conflictos de intereses durante el desarrollo de potestades de investigación y procedimientos de determinación de responsabilidad administrativa, sobre todo, aquellos que son tramitados por las unidades de auditoría interna. Téngase presente que se trata de órganos de control fiscal interno que se encuentran dentro de la misma estructura organizativa del órgano sujeto a su control y por tanto, "no goza de autonomía orgánica, funcional ni administrativa"[301], encontrándose adscrita a la máxima autoridad de dichas instituciones (art. 19 del reglamento).

Así, por ejemplo, si una unidad de auditoría interna inicia una potestad de investigación y observa que existen elementos

---

[301] Así lo reconoció la Contraloría General de la República en memorando 04-00-549 de 06-09-2011. *Vid.* Contraloría General de la República Bolivariana de Venezuela, *Dictámenes de la Dirección General de los Servicios Jurídicos* 2011-2012, 122.

de convicción para abrir un procedimiento de determinación de responsabilidades contra la máxima autoridad de la institución o un funcionario de alto nivel, existirá entre el titular de la unidad de auditoría interna y el funcionario sujeto al procedimiento o investigación una relación de jerarquía y dependencia –situación que es considerada como un conflicto de interés real[302]– la cual puede afectar el juicio del auditor interno[303]. Por ello, se han establecido límites a las actuaciones de control o

302 La doctrina identifica al menos tres tipos de conflictos de interés: reales, potenciales y aparentes. 1. Reales: conformados por aquellas situaciones que pueden identificarse de forma objetiva. Entran dentro de este conjunto las situaciones que involucran a familiares consanguíneos y afines; por ejemplo, un funcionario público miembro de una comisión de contrataciones observa que una empresa que ha presentado ofertas es aquella en la que trabaja un familiar (esposa, tío, sobrino, hijo, etc.), o en que tenga participación accionaria. En estos casos, el funcionario puede ver influenciado su juicio decisor –a favor de la empresa donde trabaja ese familiar– afectando a su deber de actuar con imparcialidad y objetividad. 2. Potenciales: constituidos por situaciones futuras que pueden ocurrir y afectar el juicio de determinado funcionario público. Siguiendo el mismo ejemplo del punto anterior, el conflicto sería potencial por la probabilidad de que la empresa en la que el familiar del funcionario trabaje o tenga participación accionaria, se postule o presente una oferta en la institución de la cual forma parte el funcionario. 3. Aparentes: aquellas situaciones que no necesariamente afecten el juicio o la capacidad decisoria de un funcionario público, pero que sí puedan afectar la reputación del individuo y en consecuencia de la institución. Por ejemplo, que, en un procedimiento disciplinario de destitución, el superior jerarca tenga los mismos apellidos que el funcionario a destituir pero en realidad no exista ningún parentesco entre ambos sujetos. Cualquier persona puede considerar que el funcionario que debe decidir sobre el procedimiento de destitución tiene un conflicto de interés en el caso; sin embargo, demostrada la no existencia de un vínculo familiar, dicho conflicto aparente desaparece. *Vid.* Veeduría Distrital, *Metodología de gestión de conflictos de intereses en el sector público distrital* (Bogotá: Alcaldía Mayor de Bogotá, 2018): 5. Roberto De Michele y Nicolás Dassen, *Conflicto de intereses: Desafíos y oportunidades para implementar un sistema efectivo de prevención y control* (Washington: Banco Interamericano de Desarrollo, 2018): 3-5, doi: http://dx.doi.org/10.18235/0001362. Jessica Vivas Roso, "Los conflictos de interés y su incidencia en la actuación de los órganos de control fiscal a nivel local. Análisis del caso venezolano", *Cuadernos de derecho local*, N° 53 (2020): 175-176.

303 Vivas Roso, "Los conflictos de interés", 190.

potestades de investigación de los órganos de control fiscal internos y externos –con excepción de la Contraloría General de la República, por su condición de órgano rector del Sistema Nacional de Control Fiscal– sobre los funcionarios de alto nivel y sobre las máximas autoridades jerárquicas de órganos y entes del poder público en los estados, distritos, distritos metropolitanos y municipios, en ejercicio de sus funciones.

Ello fue reconocido por la Corte Segunda de lo Contencioso Administrativo[304] en sentencia N° 2011-1663 de 08-11-2011 en la que señaló:

> [S]e entiende que la intensión (sic) del legislador al atribuir la competencia a la Contraloría General de la República, de los procedimientos de responsabilidad administrativa, multas y reparos en los que se encuentren involucrados "funcionarios de alto nivel", es la de evitar alguna manipulación en el procedimiento por parte de dicho funcionario, valiéndose de su jerarquía[305].

Respecto de este punto, Orlando ha señalado que para evitar las posibles injerencias que puedan tener las máximas autoridades de los órganos y entes de las distintas Administraciones públicas sobre la actividad de control fiscal, las potestades de investigación y los procedimientos de determinación de responsabilidad administrativa que desarrollen las unidades de auditoría interna; la LOCGRSNCF ha previsto como solución que la designación de los titulares de las unidades de auditoría interna se realice mediante concurso público, no pudiendo ser destituidos del cargo sin previa autorización de la Contraloría General de la República (arts. 27 y 30)[306], sin embargo, advierte Paredes Calderón:

> [L]a realidad ha demostrado una situación muy diferente a la reglamentación sobre la forma de ingreso antes indicada. Es el caso que, más allá de dar fiel cumplimiento al ingreso por concurso de los funcionarios que van a ocupar el cargo de Auditor Interno, lamentablemente se ha adoptado la mala

[304] Ahora denominada Juzgado Nacional de lo Contencioso Administrativo.

[305] Soto Villasmil y Ramos González, *Investigación Contraloría*, 112.

[306] Orlando S., *La potestad inquisitiva de los órganos de control fiscal*, 158.

práctica de adoptar el sistema de las encargadurías como la regla, en frontal burla al sistema de ingreso por concurso consagrado[307].

Debido a ello, consideramos acertada la limitación que ha establecido la LOCGRSNCF y su reglamento, a las unidades de auditoría interna de los órganos y entes del poder público en los estados, distritos, distritos metropolitanos y municipios de no poder realizar investigaciones ni procedimientos de determinación de responsabilidad administrativa, imponer multas ni establecer reparos contra los titulares o máximas autoridades jerárquicas de dichos órganos o entes que se encuentren en ejercicio de sus cargos, así como de los funcionarios de alto nivel, puesto que, en aquellos casos en los que el auditor interno haya sido designado en condición de encargado y pueda ver comprometida de alguna manera su imparcialidad por no contar con la estabilidad propia de su cargo, no podrá ejercer potestades de investigación o iniciar y tramitar procedimientos de determinación de responsabilidades administrativas contra funcionarios de alto nivel y máximas autoridades de órganos y entes del poder público en los estados, distritos, distritos metropolitanos y municipios, por disposición expresa de la Ley.

Ahora bien, Orlando destaca que la limitante contenida en LOCGRSNCF y su reglamento está referida de forma expresa a los funcionarios de alto nivel y los titulares o máximas autoridades jerárquicas los órganos y entes del poder público en los estados, distritos, distritos metropolitanos y municipios "que se encuentren en ejercicio de sus cargos", por lo que cabe pre-

---

307 Iván Paredes Calderón, "Análisis del régimen funcionarial del auditor interno en el marco del Sistema Nacional de Control Fiscal", *Revista de derecho funcionarial*, N° 25 (2018): 23-24. El autor sustenta sus afirmaciones en la designación de los auditores internos de los siguientes órganos y entes públicos: Bolivariana de Puertos S.A (Bolipuertos), Instituto Nacional de Canalizaciones, Ministerio del Poder Popular para las Comunas y Movimientos Sociales, Fundación Centro de Estudios sobre Crecimiento y Desarrollo de la Población Venezolana (Fundacredesa) y el Ministerio del Poder Popular para Hábitat y Vivienda. En todos estos casos, los titulares de la unidad de auditoría interna fueron designados en condición de encargados, sin haber realizado el concurso de oposición previsto en la LOCGRSNCF.

guntarse si dicha limitante no existe si luego de iniciada la potestad de investigación o el procedimiento de determinación de responsabilidades administrativas, el funcionario ha cesado en el ejercicio del cargo[308].

El mismo autor también afirma que si una vez iniciada la averiguación administrativa o el procedimiento de determinación de responsabilidades, el funcionario ha dejado de ocupar el cargo de alto nivel o ya no ostenta la condición de titular o máxima autoridad jerárquica de los órganos y entes del poder público en los estados, distritos, distritos metropolitanos y municipios, la competencia para proseguir el procedimiento de determinación de responsabilidad administrativa seguirá siendo del órgano de control fiscal que corresponda[309], es decir, de la Contraloría General de la República en el caso de funcionarios de alto nivel, y de los órganos de control fiscal externo de los estados, distritos, distritos metropolitanos y municipios, para el caso de titulares o máximas autoridades jerárquicas de los órganos o entes del poder público de los estados, distritos, distritos metropolitanos y municipios.

Al respecto, la Contraloría General de la República sostiene un criterio más amplio, manifestado en memorándum nro. 04-00-154 del 21-09-2004, donde afirmó que:

> [E]sta Dirección General es del criterio que si bien el legislador no hizo distinciones sobre si dichos funcionarios deben estar ejerciendo el mismo cargo bajo el cual ocurrieron los hechos presuntamente irregulares, es posible aseverar que a los fines de dar cumplimiento a la normativa en cuestión, basta que el funcionario objeto de investigación esté ocupando precisamente, para el momento de realizarse la investigación o actuación de control, algún cargo de alto nivel dentro de la Administración Pública, independientemente que no se trate del mismo cargo ni del mismo ente en el cual

308 Orlando S., *La potestad inquisitiva de los órganos de control fiscal*, 160.
309 Ibid., 161-162.

prestó servicios para el momento de la ocurrencia de los hechos[310].

Realizando una interpretación armónica de ambos criterios tenemos que la limitante prevista para el caso de potestades de investigación y procedimientos de determinación de responsabilidad administrativa que se inicien contra funcionarios de alto nivel y titulares o máximas autoridades jerárquicas de los órganos o entes del poder público de los estados, distritos, distritos metropolitanos y municipios, es aplicable siempre que el sujeto investigado esté ocupando un cargo de la categoría que da lugar a la limitación –es decir, funcionarios de alto nivel y titulares o máximas autoridades jerárquicas– para el momento que se dé inicio a la potestad de investigación o procedimiento de determinación de responsabilidad, con independencia de si es el mismo cargo que ocupaba –o no– para la fecha que ocurrió la irregularidad administrativa. De igual forma, el órgano de control fiscal externo que ha iniciado la investigación no perderá su competencia por el hecho que el sujeto investigado haya cesado en el cargo de alto nivel o titular o máxima autoridad jerárquica.

IV. PROCEDIMIENTO DE DETERMINACIÓN DE LA RESPONSABILIDAD ADMINISTRATIVA

Los artículos 95 y siguientes de la LOCGRSNCF indican la forma como se desarrollará el procedimiento para la determinación de responsabilidades. Se trata de un procedimiento administrativo cuyo objetivo principal es sancionar a aquellos sujetos que incurran en alguno de los supuestos generadores de responsabilidad administrativa, y por tanto le resultan aplicables los principios de los procedimientos administrativos en general, pero además, los principios específicos de los procedimientos administrativos sancionatorios[311], que de acuerdo

---

[310] Contraloría General de la República Bolivariana de Venezuela, *Dictámenes de la Dirección General de los Servicios Jurídicos 2003-2004* (Caracas: Dirección de Información Técnica y Cooperación, 2010): 68-69.

[311] Badell Madrid et. al, *Régimen de control fiscal*, 189.

con De León Osorio y Mendoza Gómez "deben impregnar la actuación y las decisiones de los órganos de control fiscal"[312].

1. Principios del procedimiento administrativo general aplicables al procedimiento de determinación de responsabilidad administrativas

A. Principio de legalidad

El sometimiento de la actuación de los órganos y entes públicos a la Constitución y a la ley es un principio fundamental del Estado de derecho, de allí que, el principio de legalidad es el primer principio que delimita el ejercicio de la potestad sancionadora de los órganos y entes públicos[313]. De acuerdo con Gallardo Castillo, el principio de legalidad según la doctrina de la "vinculación positiva" supone que a los órganos y entes públicos sólo pueden hacer aquello que le autorice una norma jurídica, mientras que desde la perspectiva de la "vinculación negativa", pueden actuar válidamente siempre que no contradigan las normas jurídicas existentes[314].

En Venezuela, el artículo 137 de la Constitución de 1999 dispone que "La Constitución y la ley definirán las atribuciones de los órganos que ejercen el Poder Público, a las cuales deben sujetarse las actividades que realicen", ello significa que es la Constitución y la Ley, el marco que delimita la actuación de los distintos órganos y entes públicos, y es a ella, a la que deben someterse.

Para Badell Madrid et al., el cumplimiento del principio de legalidad no se agota en el acatamiento de la Constitución y las

---

[312] Omaira De León Osorio y Rutilio Mendoza Gómez, *Los principios, los actos y las pruebas en el procedimiento de determinación de responsabilidad administrativa* (San Cristóbal: Lito-formas, 2011): 185.

[313] Irene Nuño Jiménez y Francisco Eusebio Puerta Seguido, "Derecho administrativo sancionador. Principios de la potestad sancionadora", *Gabilex: Revista del Gabinete Jurídico de Castilla-La Mancha*, N° 5 (2016): 150.

[314] María Jesús Gallardo Castillo, *Los principios de la potestad sancionadora: teoría y práctica* (Madrid: Iustel, 2008): 23-24. Ver igualmente: Alfredo Galán Galán, "La consolidación del principio de vinculación negativa en el ámbito local", *Revista* CEMCI, N° 8 (2010): 3.

normas que tengan rango de ley, sino que además comprende el "bloque de la legalidad", es decir, el conjunto de disposiciones normativas que integran el ordenamiento jurídico[315]. Trasladándolo a los órganos de control fiscal, significa que no podrán:

> [D]esarrollar actividades innovadoras y apartadas de las decisiones tomadas por el legislador, aunque dichos órganos tienen competencia dentro de su ámbito para dictar actos con carácter normativo, con el objeto de regular su actividad interna, esta competencia no se extiende hasta la materia sancionatoria la cual forma parte de la reserva legal[316].

De acuerdo con Peña Solís, el principio de legalidad encierra un conjunto de garantías formales y materiales que tradicionalmente se han identificado con la exigencia de *lex scripta, lex previa* y *lex certa*[317]. La garantía de *lex previa* se relaciona con el principio de seguridad jurídica en el entendido que cualquier conducta que pueda ser considerada sancionable debe estar determinada de forma expresa en una norma jurídica previa a la ocurrencia de esta; pero también con el principio de libertad, lo que significa que cualquier prohibición o restricción a la libertad de actuación de los ciudadanos, que pueda traducirse en una conducta sancionable, debe estar previamente establecida en una norma jurídica.

La garantía de *lex certa* está referida a la obligación de que la conducta sancionable debe estar delimitada con un cierto grado de certeza y precisión, para que, por una parte, se evite a toda costa el uso arbitrario de la potestad sancionatoria de los órganos y entes públicos, y por la otra, se le permita al ciudadano conocer a qué debe atenerse cuando incurra en algún comportamiento que la norma ha definido como sancionable. Mientras que la garantía de *lex scripta* se traduce en la necesidad que la norma jurídica conste mediante escritura, en con-

---

315 Badell Madrid et. al, *Régimen de control fiscal*,190.

316 De León Osorio y Mendoza Gómez, *Los principios, los actos y las pruebas*, 46.

317 José Peña Solís, *La potestad sancionatoria de la Administración pública venezolana* (Caracas: Tribunal Supremo de Justicia, 2005): 76.

traposición a la oralidad. Es decir, debe existir un documento –físico o digital– en el que se describa la conducta sancionable.

En el procedimiento de determinación de responsabilidad administrativa, el principio de legalidad se refleja en el artículo 93 de la LOCGRSNCF que dispone que "Las potestades sancionatorias de los órganos de control serán ejercidas de conformidad con lo previsto en la Constitución de la República y las Leyes, siguiendo el procedimiento establecido en esta ley para la determinación de responsabilidades". En otras palabras, los órganos de control fiscal deben tramitar el procedimiento de determinación de responsabilidades administrativas dando estricto cumplimiento a las distintas etapas procedimentales dispuestas para el mismo.

Pero además, se manifiesta en la necesidad de dar cumplimiento a los distintos requisitos y formalidades que se han establecido para diferentes actos o etapas del procedimiento, tales como, el auto de inicio o apertura, las notificaciones, el acto oral y público o la decisión (arts. 88, 76, 92 y 98 del reglamento de la LOCGRSNCF), entre otros, y finalmente, en la imposibilidad que los órganos de control fiscal puedan crear manuales de normas y procedimientos, instructivos u otras normas que invadan materias reservadas a la ley, como sería, por ejemplo, crear nuevos supuestos generadores de responsabilidad administrativa[318].

B. Principio de unidad de la tramitación administrativa

Este principio se encuentra reconocido en los artículos 31, 51 y 52 de la Ley Orgánica de Procedimientos Administrativos al establecer que de cada asunto se formará expediente y se mantendrá la unidad de éste y de la decisión respectiva, aun cuando participen distintas dependencias o existan varios interesados[319]. Para De León Osorio y Mendoza Gómez, este

[318] De León Osorio y Mendoza Gómez, *Los principios, los actos y las pruebas*, 49.

[319] Artículo 31: "De cada asunto se formará expediente y se mantendrá la unidad de éste y de la decisión respectiva, aunque deban intervenir en

principio es obligatorio en todos los procedimientos administrativos, aún y cuando exista una Ley especial que pueda regular determinado procedimiento administrativo y ésta no contemple nada al respecto[320].

En el procedimiento de determinación de responsabilidad administrativa, la LOCGRSNCF (arts. 81, 87, 97 y 101) y su reglamento (arts. 74, 89, 91 y 100), hacen referencia a la necesidad de contar con un expediente y se establecen las formalidades que debe cumplir el mismo. Además, prevé que en el caso de existir varios interesados legítimos todos deberán tener acceso al expediente (arts. 79 de la ley y 80 y 86 del reglamento).

Para Pellegrino Pacera la necesidad de contar con un único expediente y aplicar la técnica de acumulación cuando existan varios interesados en el mismo asunto, es expresión de los principios de economía procedimental y celeridad, y tiene como finalidad evitar decisiones contradictorias en asuntos que tengan íntima relación o conexión[321].

C. Principio de informalidad

Explica Brewer-Carías que de acuerdo con este principio el procedimiento administrativo no debe convertirse "en un bosque de formalidades" que entrabe la acción administrati-

---

el procedimiento oficinas de distintos Ministerios o Institutos Autónomos". Artículo 51: "Iniciado el procedimiento se procederá a abrir expediente en el cual se recogerá toda la tramitación a que dé lugar el asunto. De las comunicaciones entre las distintas autoridades, así como de las publicaciones y notificaciones que se realicen, se anexará copia al expediente". Artículo 52: "Cuando el asunto sometido a la consideración de una oficina administrativa tenga relación íntima o conexión con cualquier otro asunto que se tramite en dicha oficina, podrá el jefe de la dependencia, de oficio o a solicitud de parte, ordenar la acumulación de ambos expedientes, a fin de evitar decisiones contradictorias".

320 De León Osorio y Mendoza Gómez, *Los principios, los actos y las pruebas*, 54.

321 Cosimina Pellegrino Pacera, "Algunas consideraciones sobre el procedimiento administrativo y el expediente administrativo", *Revista de la facultad de derecho*, N° 64 (2009): 32.

va[322]. El mismo se refleja en la flexibilidad procedimental, no preclusividad de los lapsos y adaptabilidad de las distintas fases del procedimiento administrativo. Se encuentra recogido en la Ley Orgánica de Procedimientos Administrativos, artículo 32 (posibilidad de efectuar alegaciones en cualquier momento del procedimiento administrativo), artículo 58 (posibilidad de utilizar cualquier medio de prueba o flexibilidad probatoria), artículo 60 (no preclusividad de los lapsos procedimentales) y artículo 86 (intrascendencia de los errores en la calificación de los recursos).

El principio de informalidad resulta aplicable al procedimiento de determinación de responsabilidad administrativa. El artículo 100 de la LOCGRSNCF hace referencia al principio de flexibilidad probatoria al destacar que "[s]alvo previsión expresa en contrario de la ley, se podrán probar todos los hechos y circunstancias de interés para la solución del caso por cualquier medio de prueba que no esté expresamente prohibido por la ley". Asimismo, el artículo 91 del Reglamento de dicha Ley señala que durante el lapso de promoción de pruebas en el procedimiento de determinación de responsabilidades administrativas el interesado legítimo podrá presentar "todas las pruebas que a su juicio le favorezcan".

En este mismo sentido, el artículo 93 del Reglamento de la LOCGRSNCF, respecto del acto oral y público que se celebra como parte del procedimiento de determinación de responsabilidades administrativas –contemplado en el artículo 101 de la Ley– dispone que "se considerará realizado en una sola y única audiencia, aun cuando su duración pueda extenderse por días y horas habilitados para ello mediante auto expreso, debidamente motivado, dictado por el titular del respectivo órgano de control fiscal o su delegatario".

---

322 Allan Brewer-Carías, *Principios del procedimiento administrativo. Estudio de derecho comparado*, vol. 2 (Santo Domingo: Asociación Dominicana de Derecho Administrativo, Editorial Jurídica Venezolana International, 2016): 162.

Ahora bien, es necesario referirse a la sentencia N° 411 de 04-07-2019 dictada por la Sala Político-Administrativa en la que manifestó:

> [E]n cuanto a la aplicación del principio de flexibilidad de los lapsos en el ámbito del derecho administrativo, la Sala advierte que según lo dispuesto en el artículo 10 del Decreto con Rango, Valor y Fuerza de Ley Orgánica de la Administración Pública los principios que rigen la actividad de la Administración Pública son economía, celeridad, simplicidad, rendición de cuentas, eficacia, eficiencia, proporcionalidad, oportunidad, objetividad, imparcialidad, participación, honestidad, accesibilidad, uniformidad, modernidad, transparencia, buena fe, paralelismo de la forma y responsabilidad en el ejercicio de la misma, con sometimiento pleno a la ley y al derecho, y con supresión de las formalidades no esenciales.
>
> Como puede observarse ninguno hace alusión a la flexibilidad indicada por la apelante. En este sentido, entiende la Sala que el acatamiento de los lapsos constituye una formalidad esencial que determinaba quienes cumplían para el otorgamiento de las divisas, y que la opción que tenía la solicitante, era en todo caso, pedir una prórroga, lo cual tal como lo apreció el *a quo* no ocurrió en el caso bajo examen.

Respecto de esta decisión, Reverón Boulton enfatiza que la Sala Político-Administrativa, a pesar de que en su narrativa se refiere al principio de flexibilidad, en realidad habla del principio antiformalista –o principio de informalidad– "cuya finalidad es que el procedimiento administrativo esté alejado de todo formulismo"[323] y que se encuentra expresamente establecido en la Ley Orgánica de Procedimientos Administrativos como indicáramos previamente.

Según el autor, el procedimiento administrativo debe garantizar el logro de la verdad material para lo cual es necesario contar con todos los elementos de convicción para decidir, de allí que no debía la Sala Político-Administrativa considerar que

---

[323] Carlos Reverón Boulton, "Sala Político Administrativa niega la aplicación de principios del procedimiento administrativo", *Revista de derecho público*, N° 159/160 (2019): 343.

el órgano que tramitó el procedimiento debía sujetarse de forma estricta a los lapsos previstos en la Ley.

Compartimos la opinión del autor, y consideramos que la sentencia en cuestión debe entenderse como una decisión aislada que no debe ser considerada para "inaplicar" el principio de informalidad y es que, tal como señala Araujo-Juárez, este principio permite a los órganos administrativos alcanzar la verdad material y garantizar que se cuenta con la información idónea para decidir el procedimiento y tomar la mejor resolución[324].

D. Principio de economía procedimental

De acuerdo con Brewer-Carías este principio se encuentra íntimamente relacionado a los principios de eficacia y celeridad y se refiere a la necesidad de racionalizar la actividad administrativa[325], es decir, los procedimientos administrativos deben ser claros, sencillos, ágiles, racionales, pertinentes, útiles y de fácil entendimiento para las personas[326].

Por su parte, De León Osorio y Mendoza Gómez consideran que este principio está relacionado con la necesidad de asegurar que la decisión del órgano administrativo sea tomada en el menor tiempo posible, sin retrasos ni reposiciones inútiles[327] lo que se expresa en la concentración de las pruebas y la resolución ordenara y rápida de los expedientes[328].

---

[324] José Araujo-Juárez, *Tratado de derecho administrativo formal*, 4ta edición (Valencia: Vadell Hermanos Editores, 2005): 130-131. En este mismo sentido puede consultarse: José Rafael Belandria García, "La buena Administración en el procedimiento administrativo", *Revista Electrónica de Derecho Administrativo Venezolano*, N° 11 (2018): 131-155. Alejandro Gallotti Urbano, "Los principios rectores del procedimiento administrativo en las Leyes Habilitadas de 2014", *Revista Electrónica de Derecho Administrativo Venezolano*, N° 6 (2015): 145-197.

[325] Brewer-Carías, *Principios del procedimiento administrativo*, 159-160.

[326] Ley de simplificación de trámites administrativos (G.O. N° 40.549 de 26-11-2014), artículo 9.

[327] De León Osorio y Mendoza Gómez, *Los principios, los actos y las pruebas*, 56.

[328] Badell Madrid et. al, *Régimen de control fiscal*, 202.

En el procedimiento de determinación de responsabilidades administrativas podemos observar cómo la LOCGRSNCF y su reglamento han organizado las distintas etapas del procedimiento, detallando inclusive los requisitos que debe cumplir el auto de inicio o apertura, las notificaciones, el acto oral y público o la decisión, así como los plazos prestablecidos para cada una de las fases del procedimiento que serán analizadas con más detalle en próximos apartados, ello con la finalidad de permitir que dicho procedimiento se pueda desarrollar dentro de los plazos correspondientes y sin dilaciones indebidas.

Debemos destacar que el principio de economía procedimental en modo alguno debe considerarse como un elemento para desconocer el principio de informalidad previamente reseñado. Es decir, si bien es importante que el procedimiento lleve su curso natural y se decida dentro de los plazos correspondientes, también es cierto que, si el órgano de control fiscal considera que debe ampliarse algún plazo para obtener los elementos de prueba necesarios que permitan el esclarecimiento de los hechos, o si el sujeto investigado es quien pide la ampliación de tales plazos, el órgano de control fiscal podrá acordarlo, mediante auto debidamente motivado y sin que ello implique la violación del principio de economía procedimental. Recordemos que, el procedimiento administrativo siempre debe perseguir la búsqueda de la verdad material[329].

E. Principios de eficacia y celeridad

Como indicamos previamente, los principios de eficacia y celeridad se relacionan con el principio de economía procedimental y es que todos persiguen la misma finalidad: que el procedimiento administrativo se desarrolle de forma rápida, eficiente, sin dilaciones indebidas.

Para Pellegrino Pacera la eficacia y la celeridad están referidas a la rapidez y a la sencillez del procedimiento administrativo, lo que constituye "una exigencia tanto del interés público como de los derechos subjetivos o intereses legítimos de las

---

[329] Reverón Boulton, "Sala Político Administrativa", 343.

personas que actúan en el procedimiento, quienes exigen decisiones rápidas y debidamente fundamentadas"[330]. Por su parte, Brewer-Carías indica que el principio de eficacia se manifiesta en la posibilidad que el órgano administrativo impulse de oficio el procedimiento[331], así como en la sencillez o simplificación, las actuaciones en serie y en la no suspensión de éste[332].

En el procedimiento de determinación de responsabilidad administrativa los principios de eficacia y celeridad pueden verse reflejados en: 1. La posibilidad que el órgano de control fiscal inicie el procedimiento de oficio (art. 96 LOCGRSNCF), 2. La posibilidad que dicte autos para mejor proveer, luego de la celebración del acto oral y público (art. 101 LOCGRSNCF) "cuando estime necesaria la obtención de nuevas pruebas o la ampliación de las existentes, con el fin de esclarecer los hechos y las responsabilidades" (art. 97 del reglamento de la ley), y 3. La obligación de emitir la decisión "el mismo día o a más tardar el día siguiente" de la celebración del acto oral y público, debiendo informar si "formula el reparo, declara la responsabilidad administrativa, impone la multa, absuelve de dichas responsabilidades, o pronuncia el sobreseimiento, según corresponda" (art. 103 LOCGRSNCF).

F. Principio de imparcialidad

De acuerdo con Badell Madrid et. al, este principio se refiere a la necesaria independencia y objetividad del órgano que tramita el procedimiento y dicta el acto administrativo, lo que supone que el funcionario no debe estar vinculado a los interesados legítimos, ni movido por intereses personales o de otro tipo, que puedan desviarlo de su actuación[333]. Para Brewer-Carías:

---

330 Pellegrino Pacera, "Algunas consideraciones sobre el procedimiento administrativo", 22.

331 Brewer-Carías, *Principios del procedimiento administrativo*, 91.

332 Allan Brewer-Carías, *El derecho administrativo y la Ley Orgánica de procedimientos administrativos. Principios del procedimiento administrativo*, 8va edición (Caracas: Editorial Jurídica Venezolana, 2009): 252-255.

333 Badell Madrid et. al, *Régimen de control fiscal*, 198.

Conforme a este principio, la Administración, en el curso del procedimiento y al decidirlo, no debe tomar partido, ni inclinar la balanza o beneficiar ilegítimamente a una parte en perjuicio de otra, sino que debe tomar su decisión únicamente conforme al ordenamiento jurídico y con la finalidad de interés general que la motiva[334].

El principio de imparcialidad se interrelaciona con los principios de igualdad y no discriminación, en tanto que, los ciudadanos tienen derecho de participar en los procedimientos administrativos en igualdad de condiciones, sin que alguno pueda recibir un trato diferente o diferenciado sobre otro.

Ahora bien, al estudiar los límites que ha impuesto el legislador a las potestades de investigación de los órganos y entes públicos, se hizo referencia a este principio. En efecto, la LOCGRSNCF y su reglamento han contemplado situaciones que eventualmente puedan afectar la imparcialidad de los funcionarios que tramitan el procedimiento de determinación de responsabilidades administrativas y por ello, ha planteado ciertos parámetros que pretendan garantizar la objetividad del juicio del funcionario decisor.

Pero además de este supuesto, las Normas generales de auditoría de Estado –que regulan la actuación de los órganos de control fiscal sobre el examen de las operaciones financieras, administrativas y técnicas de los órganos y entes del poder público– han establecido de forma expresa en su artículo 18la obligación de los auditores de actuar con objetividad e imparcialidad, debiendo inhibirse[335] cuando se encuentre incurso en alguno de los supuestos previstos en el artículo 36 de la Ley Orgánica de Procedimientos Administrativos, a saber: 1. Cuando personalmente, o bien su cónyuge o algún pariente dentro del cuarto grado de consanguinidad o segundo de afinidad, tuvieren interés en el procedimiento, 2. Cuando tuvieren amistad íntima o enemistad manifiesta con cualquiera de las personas interesadas que intervengan en el procedimiento, 3. Cuando hubieren intervenido como testigos o peritos en el expe-

---

334 Brewer-Carías, *Principios del procedimiento administrativo*, 171.

335 *Vid.* Vivas Roso, "Los conflictos de interés", 186.

diente de cuya resolución se trate, o si como funcionarios hubieren manifestado previamente su opinión en el mismo, de modo que pudieran prejuzgar ya la resolución del asunto, o, tratándose de un recurso administrativo, que hubieren resuelto o intervenido en la decisión del acto que se impugna, y 4. Cuando tuvieren relación de servicio o de subordinación con cualquiera de los directamente interesados en el asunto.

Advertimos que ni la LOCGRSNCF ni su reglamento establecen el procedimiento que deba seguirse cuando un funcionario se inhiba de la tramitación de un procedimiento de determinación de responsabilidades administrativas. En estos casos, consideramos que resultan aplicables las disposiciones de la Ley Orgánica de Procedimientos Administrativos por ser la norma general en la materia.

Para Meier Echeverría la figura de la inhibición tiene por finalidad apartar del conocimiento del asunto a aquellos funcionarios que por determinadas circunstancias expresamente formuladas en la Ley no puedan garantizar el principio de imparcialidad, por encontrarse "en una situación de hecho proclive a parcializarse a favor de los derechos del interesado o a prejuiciarse en su contra"[336].

De acuerdo con De León Osorio y Mendoza Gómez este principio es vital en el procedimiento de determinación de responsabilidades administrativas, toda vez que abrir un procedimiento cuando no se cumplen los requisitos o no abrirlo cuando dichos requisitos existan –o incluso cuando exista evidencia del daño al patrimonio público– no solo resulta contrario a este principio[337], lo que, además, afecta el funcionamiento de las Administraciones públicas y atenta contra el interés general, toda vez que, en el último caso mencionado, es decir, no apertura del procedimiento aun cuando exista daño al patrimonio público, se le estaría causando un daño al ciudadano al no garantizar la posibilidad de recuperar el patrimonio público

---

[336] Henrique Meier Echeverría, *El procedimiento administrativo ordinario* (Caracas: Editorial Jurídica Alva, 1992): 115.

[337] De León Osorio y Mendoza Gómez, *Los principios, los actos y las pruebas*, 62.

gastado indebidamente, que bien pudo utilizarse para la satisfacción de las necesidades colectivas de la población[338].

G. Principio de publicidad

Según Pellegrino Pacera, este principio guarda relación con el principio de transparencia y se refiere al "leal conocimiento de las actuaciones administrativas"[339] y presupone que las actuaciones que se ejecuten como parte de un procedimiento administrativo, así como el expediente administrativo, no deben ser secretas, "por el contrario, las partes deben tener acceso al mismo a los fines de ejercer cabalmente su derecho a la defensa"[340].

Para Badell Madrid et. al, este principio tiene dos vertientes: 1. La publicidad relativa, referida a la necesidad de garantizar la participación del sujeto en el procedimiento administrativo, permitiéndole el acceso al expediente, y 2. La publicidad absoluta, relacionada con la disponibilidad al público de los

---

338 Somos del criterio que el uso inadecuado de los fondos públicos impide la satisfacción de las necesidades de los ciudadanos, por ello, la responsabilidad administrativa es un mecanismo que permite combatir y minimizar la posibilidad de que sujetos que tengan a su cargo el resguardo, manejo, custodia o administración del patrimonio público, los utilicen indebidamente, de allí que resulte fundamental que el procedimiento de determinación de responsabilidades administrativas se aplique con toda imparcialidad, estableciendo las sanciones respectivas y recuperando las cantidades de dinero utilizadas indebidamente cuando sea procedente, toda vez que ello contribuirá a impedir que conductas indebidas sigan ocurriendo, además que permitirá garantizar que se le dé a los fondos públicos, el uso para el cual estaban previstos. Jessica Vivas Roso, "La responsabilidad administrativa de los servidores públicos como garantía de la buena administración y su importancia en la protección de los derechos humanos de los ciudadanos" (comunicación presentada en las XII Jornadas de Derecho Administrativo Iberoamericano, 11-04-2019).

339 Pellegrino Pacera, "Algunas consideraciones sobre el procedimiento administrativo", 26.

340 José Rafael Belandria García, El procedimiento administrativo previo a las demandas contra la República (Caracas: Fundación Estudios de Derecho Administrativo, 2008): 34.

documentos que consten en archivos y registros públicos que no hayan sido calificados como confidenciales[341].

Respecto de las actuaciones relacionadas con el procedimiento de determinación de responsabilidad administrativa, la LOCGRSNCF ha establecido una publicidad relativa. Recordemos que por disposición del artículo 79 de la Ley, las actuaciones que ejecuten los órganos de control fiscal como parte de sus potestades de investigación tendrán el carácter de reservado, salvo que se considere que existen elementos de convicción para iniciar un procedimiento de determinación de responsabilidades administrativas, caso en el cual, se deberá notificar a los interesados legítimos y permitir el acceso al expediente correspondiente.

El Reglamento de la LOCGRSNCF también prevé supuestos de publicidad relativa. En efecto, el artículo 92.8 dispone que el acto oral y público del procedimiento de determinación de responsabilidades administrativa podrá celebrarse de forma privada cuando: 1. Se afecte directamente, la vida privada o la integridad física de alguno de los intervinientes, por la trascendencia de los actos, hechos u omisiones investigados, 2. Se obstruya el ejercicio de las funciones de control por estar vinculados con otros actos, hechos u omisiones que aún se encuentran en etapa de investigación, 3. Peligre un secreto oficial, particular, comercial o industrial, cuya revelación indebida sea punible, y 4. Cualquier otro caso previsto en el ordenamiento jurídico o cuando la divulgación de los actos, hechos u omisiones irregulares pudiere afectar gravemente el ejercicio de las funciones de control o el interés público, para lo cual deberá dictarse el correspondiente acto motivado.

El mencionado artículo 92 dispone, además, que el órgano de control fiscal podrá imponer a las personas que intervienen en el acto oral y público el deber de guardar secreto sobre los hechos que presenciaron o conocieron.

Destaca Badell Madrid et al. que el carácter de reserva o secreto del procedimiento administrativo debe ser interpreta-

---

[341] Badell Madrid et. al, *Régimen de control fiscal*, 192.

do de forma restrictiva –a lo que agregamos, que debe ajustarse a los supuestos que prevé la LOCGRSNCF, siempre y cuando el órgano de control fiscal de forma motivada justifique dicha reserva– dado que ha de respetar los intereses superiores del Estado y no los intereses particulares del funcionario[342]. La confidencialidad o reserva siempre deberá entenderse como una excepción y no como la regla.

Esta interpretación restrictiva de la publicidad relativa tiene su fundamento en el artículo 10 de la Ley contra la Corrupción, que establece que toda la información relacionada con la administración, manejo y custodia del patrimonio público tendrá carácter público, salvo las excepciones que por razones de seguridad de la Nación establezca la Ley, es decir; debe regir el principio de máxima publicidad para todos los aspectos relacionados con la administración, manejo y custodia del patrimonio público –dentro de lo que se pudiera incluir los procedimientos de determinación de responsabilidad administrativa, al ser precisamente el objeto de esta institución jurídica la administración, manejo y custodia del patrimonio público– y se limitará dicha publicidad sólo en aquellos casos expresamente previstos en la Ley.

2. Principios del procedimiento administrativo sancionatorio aplicables al procedimiento de determinación de responsabilidad administrativa

A. Principio de presunción de inocencia

El principio de presunción de inocencia se encuentra estrechamente vinculado con el derecho a la defensa. Parte de la idea que "toda persona se presume inocente mientras no se pruebe lo contrario" y de acuerdo con el artículo 49 de la Constitución de 1999 se aplica a todas las instancias administrativas y judiciales, en las que se incluye el procedimiento de determinación de responsabilidad administrativa.

Así lo reconoció la Sala Político-Administrativa del Tribunal Supremo de Justicia en sentencia N° 69 de 27-01-2016, al

342 Ibid., 193.

afirmar que este principio supone una regla de tratamiento al sujeto sometido a un procedimiento sancionador:

> [Q]ue proscribe que pueda ser tenido por culpable en tanto su culpabilidad no haya sido legalmente declarada, esto es, que se le juzgue o precalifique de estar incurso en irregularidades, sin que para llegar a esta conclusión se le dé la oportunidad de desvirtuar los hechos que se le atribuyen. (Vid., entre otras, sentencias de la Sala Nros. 182 y 00607 de fechas 6 de febrero de 2007 y 2 de junio de 2015)[343].

La LOCGRSNCF ha asumido el principio de presunción de inocencia en el procedimiento de determinación. Ello se puede observar por ejemplo, en el uso de términos tales como "sujetos presuntamente responsables" (art. 98) o "interesados legítimos" (art. 79 del reglamento).

De igual forma, el reglamento de la Ley, cuando se refiere al informe de resultados que se emite como parte de la potestad de investigación, afirma que "constituye un acto de mero trámite cuyo contenido no implica pronunciamiento alguno que prejuzgue sobre la culpabilidad de los interesados legítimos", es decir, si bien, la potestad de investigación puede dar lugar a la apertura de un procedimiento de determinación de responsabilidad administrativa, ello no significa que su tramitación implique que se haya demostrado *per se* la responsabilidad del sujeto investigado. Por el contrario, si se considera que existen indicios suficientes para la declaratoria de responsabilidad administrativa, la Ley ha previsto una etapa posterior –el procedimiento de determinación– para que el órgano de control fiscal verifique la existencia de algún supuesto generador de responsabilidad y, en consecuencia, declare la misma. Etapa en la cual el interesado legítimo podrá presentar los alegatos y pruebas necesarios para su defensa.

Mención especial merece el artículo 79 de la LOCGRSNCF que dispone:

---

343 Mary Ramos Fernández (compiladora), "Jurisprudencia Administrativa y Constitucional (Tribunal Supremo de Justicia y Cortes de lo Contencioso Administrativo): Primer Semestre de 2016", *Revista de derecho público*, N° 145/146 (2016): 149.

> Las investigaciones a que se refiere el Artículo 77 tendrán carácter reservado, pero sí en el curso de una investigación el órgano de control fiscal *imputare* a alguna persona actos hechos u omisiones que comprometan su responsabilidad, quedará obligado a informar de manera específica y clara de los hechos que se le *imputan*. En estos casos, el *imputado* o *imputada* tendrá inmediatamente acceso al expediente y podrá promover todos los medios probatorios necesarios para su defensa, de conformidad con lo previsto en el ordenamiento jurídico. (Cursivas nuestras).

Aquí el legislador ha utilizado el término imputar, propio del derecho penal, que es definido en el artículo 126 del Código Orgánico Procesal Penal de la siguiente forma:

> Se denomina imputado o imputada a toda persona a quien se le señale como autor o autora, o participe de un hecho punible, por un acto de procedimiento de las autoridades encargadas de la persecución penal conforme a lo establecido en este código. De igual forma se denomina imputado o imputada a la persona investigada a quien el fiscal del Ministerio Público le atribuye la comisión de un hecho punible en acto de imputación formal ante la fiscal o el fiscal[344].

Sobre el referido artículo 79, indica Omaña Peña que el legislador no ha querido utilizar el término desde la óptica del derecho penal, sino que lo ha entendido desde una acepción gramatical "como el hecho de 'atribuir a una persona alguna cosa'" y que cuando los órganos de control fiscal notifiquen a cualquier sujeto del inicio de un procedimiento administrativo en su contra previo al procedimiento de determinación de responsabilidad administrativa, deberán referirse a los hechos que dan lugar a la misma, sin indicar si los mismos constituyen un supuesto de determinación de responsabilidad administrativa, o de multa o reparo, pues ello corresponde al procedimiento de determinación[345].

Consideramos que, si se toma en cuenta que mediante el ejercicio de la potestad de investigación otorgada a los órganos

344 G.O. N° 6.644, extraordinario de 17-09-2021.

345 Omaña Peña, "Las potestades de investigación de los órganos de control fiscal", 16.

de control fiscal, lo que se persigue es comprobar la posible existencia de hechos, actos u omisiones que supongan la violación de una norma jurídica y que ella no necesariamente deba dar lugar al inicio de un procedimiento de determinación de responsabilidad administrativa, la notificación que se realice a un sujeto no debería entenderse como que se le está atribuyendo algún tipo de responsabilidad, sino, por el contrario, que el órgano de control fiscal lo invita a ser parte de la investigación para que pueda aportar argumentos y pruebas que contribuyan a alcanzar la verdad material.

En una futura reforma de la LOCGRSNCF debe plantearse una modificación del mencionado artículo 76 donde se suprima el término imputar para no ocasionar confusiones. Como afirma Badell Madrid et al., cualquier juicio que emita el órgano de control fiscal con anterioridad a la decisión que declara la responsabilidad administrativa de un sujeto sería contrario al principio de presunción de inocencia, y constituiría una violación al mismo[346].

Por otro lado, el principio de presunción de inocencia comporta, en el caso de los procedimientos administrativos sancionadores, la inversión de la carga de la prueba, obligando al órgano que tramita el procedimiento administrativo a demostrar la culpabilidad del sujeto investigado. Para De León Osorio y Mendoza Gómez, este principio implica:

> [L]a posibilidad cierta, de que el presunto responsable, no pruebe absolutamente nada durante el proceso y aún salga absuelto de responsabilidades, en virtud de que la obligación de probar su culpabilidad y de recabar las pruebas necesarias para ello es de los órganos de control fiscal[347].

En este mismo sentido se pronuncia Peña Solís, quien considera que, como consecuencia del principio de presunción de inocencia, el órgano administrativo que tramite un procedimiento sancionatorio deberá: 1. Demostrar que la sanción está fundada en medios probatorios tanto de la conducta incrimi-

---

346 Badell Madrid et. al, *Régimen de control fiscal*, 215.

347 De León Osorio y Mendoza Gómez, *Los principios, los actos y las pruebas*, 68.

nada, como de su culpabilidad, 2. Aceptar que en su carácter de acusador le corresponde exclusivamente la carga de la prueba, y que en consecuencia, no podrá solicitarle bajo ninguna circunstancia al sujeto que pruebe su inocencia, y 3. Aceptar que cualquier insuficiencia derivada de la actividad probatoria traerá como consecuencia una resolución absolutoria[348].

Ello significa que "es al órgano sancionador a quien corresponde probar los hechos que hayan de servir de soporte a la posible infracción, mientras que al imputado únicamente le incumbe probar los hechos que puedan resultar excluyentes de su responsabilidad"[349].

En el procedimiento de determinación de responsabilidades administrativas este principio se ve reflejado en las potestades de investigación que han sido otorgadas a los órganos de control fiscal, a las que nos hemos referido en apartados previos. Entendiendo que el procedimiento de determinación de responsabilidad administrativa es un procedimiento sancionador, el legislador le ha otorgado a los órganos de control fiscal las más amplias potestades de investigación con miras a que sean dichos órganos los que recojan todas las pruebas necesarias para demostrar la culpabilidad del sujeto, pudiendo dictar autos para mejor proveer con posterioridad a la celebración del acto oral y público, "cuando estime necesaria la obtención de nuevas pruebas o la ampliación de las existentes, con el fin de esclarecer los hechos y las responsabilidades" (art. 96 del reglamento de la LOCGRSNCF).

B. Principio de culpabilidad

Otro de los principios que recobra importancia en los procedimientos administrativos sancionatorios es el de culpabilidad. Parte de la idea que, para la declaratoria de responsabilidad administrativa de un sujeto es necesario que se demuestre no sólo la existencia de la irregularidad administrativa, sino, además, la relación de causalidad entre ésta y el sujeto. Adicio-

---

348 Peña Solís, *La potestad sancionatoria de la Administración pública*, 198.

349 *Vid.* Francisco López Menudo, "Principios del procedimiento sancionador", *Documentación administrativa*, N° 280-281 (2008): 167.

nalmente, este principio proscribe la existencia de infracciones administrativas objetivas, puesto que la imposición de cualquier sanción requerirá que se compruebe la voluntad del sujeto, ya sea por dolo o culpa[350].

Explica Gallardo Castillo que este principio ha sido uno de los más controvertidos de los que conforman la potestad sancionadora de los órganos y entes públicos, y es que no existe un abandono absoluto del principio de responsabilidad objetiva en pro del principio de culpabilidad. Para la autora, el principio de culpabilidad presupone no solo la concreción de la conducta infractora y su relación con el autor de ésta, es necesario además, "que la acción productora del resultado haya sido cometida con un claro elemento intencional o, cuando menos, imprudente"[351].

De acuerdo con Peña Solís, el principio de culpabilidad en los procedimientos administrativos sancionatorios encuentra su sustento en los numerales 1 y 5 del artículo 49 de la Constitución de 1999[352] lo que implica que en Venezuela no será posible declarar responsabilidades objetivas o por resultado, ya que el texto constitucional le otorga plena vigencia a la responsabilidad subjetiva[353]. De allí que "la culpabilidad resulta un elemento imprescindible para que la Administración ejerza sus potestades sancionatorias, pues resultaría incomprensible que se impusieran sanciones a aquellos que no han actuado de forma dolosa, ni siquiera negligente"[354].

---

[350] Badell Madrid et. al, *Régimen de control fiscal*, 210-211.

[351] Gallardo Castillo, *Los principios de la potestad sancionadora*, 154.

[352] Artículo 49: "El debido proceso se aplicará a todas las actuaciones judiciales y administrativas y, en consecuencia: 1. (...) Toda persona declarada culpable tiene derecho a recurrir del fallo, con las excepciones establecidas en esta Constitución y en la ley. (...) 5. Ninguna persona podrá ser obligada a confesarse culpable o declarar contra sí misma, su cónyuge, concubino o concubina, o pariente dentro del cuarto grado de consanguinidad y segundo de afinidad.

[353] Peña Solís, *La potestad sancionatoria de la Administración pública*, 169.

[354] Rafael Badell Madrid y José Ignacio Hernández González, *Régimen jurídico de las telecomunicaciones en Venezuela* (Caracas: Paredes Editores, 2002): 403. También puede consultarse: Rafael Badell Madrid,

En materia de determinación de responsabilidad administrativa –a pesar de tratarse de un procedimiento administrativo sancionatorio– ni la doctrina ni la jurisprudencia ha sido uniforme respecto de la aplicabilidad del principio de culpabilidad a este procedimiento, pudiendo encontrarse autores y sentencias de los tribunales de la jurisdicción contencioso-administrativa que proclaman por una parte, la responsabilidad administrativa como una responsabilidad objetiva, y por la otra, la responsabilidad administrativa como responsabilidad subjetiva.

A favor de la primera postura (responsabilidad objetiva) se pronuncia Rojas Hernández al afirmar que:

> [H]oy en día a raíz de la entrada en vigencia de la nueva Ley Orgánica de la Contraloría General de la República[355], se volvió al sistema previsto en la Ley de 1984, y en consecuencia, la responsabilidad adquiere nuevamente su naturaleza objetiva, donde no se tomará en cuenta la intención, salvo que el tipo así lo exija, del sujeto infractor para hacerlo acreedor de este tipo de responsabilidad, pues, basta con que éste adecue su conducta a alguno de los supuestos de hecho previstos en ese texto legal convertirse (sic) en sujeto pasible de responsabilidad administrativa[356].

El autor fundamenta su argumento en el hecho que el artículo 91 de la LOCGRSNCF, al enumerar los supuestos generadores de responsabilidad administrativa no menciona la exigencia de culpabilidad como condición necesaria para la declaratoria de la responsabilidad.

"Potestad sancionatoria de la administración en Venezuela", *Revista Electrónica de Derecho Administrativo Venezolano*, N° 22 (2021): 33-84.

355 El autor analiza el artículo 91 de la LOCGRSNCF del año 2001, sin embargo, esta norma no sufrió modificaciones con la reforma de la Ley del año 2010.

356 Jesús Rojas Hernández, *Los principios del procedimiento administrativo sancionador como límites de la potestad administrativa sancionadora* (Caracas: Ediciones Paredes, 2004): 158.

De forma similar se ha pronunciado la Corte Segunda de lo Contencioso Administrativo[357], en sentencia N° 570 de 11-04-2011, en la que afirmó que para que se configure la responsabilidad administrativa se requiere verificar el supuesto generador de esta "sin que para ello sea necesario entrar a valorar las razones que pudieron influir en el funcionario al momento de incurrir en la conducta antijurídica"[358]. De acuerdo con dicha Corte:

> [P]or el simple hecho de realizar una conducta antijurídica tipificada por la ley como antijurídica y sancionable, se incurre en responsabilidad o delito, según sea el caso.
> (...)
> De esta forma, puede inferirse que la configuración de las infracciones en materia de la responsabilidad administrativa de los funcionarios como ilícitos de carácter objetivo, atienden únicamente al incumplimiento del precepto por parte de los funcionarios, empleados públicos o particulares que tengan a su cargo o intervengan de cualquier forma en la administración, manejo o custodia de bienes o fondos públicos de las entidades sometidas a control, sin necesidad de indagar sobre el comportamiento subjetivo de su conducta[359].

---

357 Hoy día se denomina Juzgado Nacional de lo Contencioso Administrativo.

358 Soto Villasmil y Ramos González, *Investigación Contraloría*, 103.

359 La Corte utiliza como fundamento de su decisión la sentencia N° 13 de 09-01-2008, dictada por la Sala Político-Administrativa del Tribunal Supremo de Justicia en la que se afirmó que "la responsabilidad objetiva surge cuando la norma prevé la responsabilidad para el encargado del manejo de los fondos públicos prescindiendo de los elementos dolo o culpa, cuando se configura un hecho típicamente antijurídico que ha causado una lesión al patrimonio público. Es decir, por el solo hecho de realizar la conducta tipificada por la ley como antijurídica y sancionable, se incurre en responsabilidad o en delito, según sea el caso. La responsabilidad objetiva implica la negación del principio de culpabilidad. // En este sentido, no es extraño encontrar dentro del ordenamiento jurídico normas que prevean la responsabilidad objetiva, como lo son, por ejemplo, la malversación de fondos, anteriormente previsto en la Ley Orgánica de Salvaguarda del Patrimonio Público, actualmente en la Ley Contra la Corrupción".

A favor de la segunda postura encontramos a Badell Madrid et. al[360], De León Osorio y Mendoza Gómez[361] quienes consideran que partiendo del artículo 49 de la Constitución de 1999 debe entenderse que para perder la condición de inocente es necesario que se pruebe la culpabilidad del sujeto, es decir, que actuó con dolo o con culpa, de allí que, no pueden los órganos de control fiscal comprobar solamente la existencia de la infracción administrativa, es necesario además, la relación de culpabilidad entre el hecho, acto u omisión y la conducta del sujeto.

Esta postura también ha sido acogida por la Corte Segunda de lo Contencioso Administrativo, pudiendo referir la sentencia N° 1415 del 11-08-2009 en la que se indicó:

> Resulta menester señalar, que en reiterada jurisprudencia patria se ha dejado claramente establecido que, en nuestro sistema de determinación de responsabilidades administrativa, a los fines de imputar a un sujeto determinado con este tipo de responsabilidad, es necesario que exista una relación de causalidad entre el sujeto y el acto generador de tal responsabilidad.
> Es así como para determinar la responsabilidad administrativa de un funcionario público se requiere una intervención con discernimiento, intención y voluntad, elementos que deben valorarse en el marco circunstancial y en concordancia con los principios que regulan la materia.
> (...)
> De modo que en tales casos, la negligencia e impericia se convierten en el principio de responsabilidad solidaria por culpa debido al incumplimiento de normas de cuidado o deberes de precaución[362].

Si se toma en consideración que el procedimiento de determinación de responsabilidades administrativas es un procedimiento sancionatorio y que la consecuencia principal es la imposición de una sanción no corporal -multa- para el sujeto investigado, entendemos que los órganos de control fiscal de-

360 Badell Madrid et. al, *Régimen de control fiscal*, 210-211.

361 De León Osorio y Mendoza Gómez, *Los principios, los actos y las pruebas*, 91-92.

362 Soto Villasmil y Ramos González, *Investigación Contraloría*, 119-123.

ben atender al principio de culpabilidad al momento de analizar la procedencia o no de la responsabilidad del sujeto, aun cuando los supuestos generadores de responsabilidad administrativa previstos en distintas leyes no aludan de forma expresa a este principio.

C. Principio de tipicidad

Se trata de un principio íntimamente relacionado con el principio de legalidad, y que de acuerdo con Gallardo Castillo no puede ser estudiado con independencia de este[363]. El principio de tipicidad es entendido como "la descripción legal de una conducta específica a la que se conectará una sanción administrativa"[364] y es comúnmente conocido bajo la expresión *nullum crimen, nulla poena sine lege.*

De acuerdo con Parejo Alfonso este principio exige la "predeterminación normativa de las conductas ilícitas", y según Nieto García "es condición previa a la imposición de multas administrativas el que la infracción esté tipificada en una norma anterior"[365], es decir, se requiere identificar de forma suficiente la conducta que se considera ilícita y la consecuencia sancionatoria que pesa sobre ésta[366].

Para Gamero Casado y Fernández Ramos una conducta típica es aquella en la que "se aprecia identidad entre sus componentes fácticos y los descritos en la norma jurídica, es decir, cuando existe homogeneidad entre el hecho cometido y los

---

363 Gallardo Castillo, *Los principios de la potestad sancionadora*, 86.

364 Marta Silva de Lapuerta y Silvia García Malsipica, coord., *Manual de derecho administrativo sancionador*, tomo I, 3ra edición (Pamplona: Editorial Aranzadi, 2014): 139.

365 Alejandro Nieto García, *Derecho administrativo sancionador*, 2da edición (Madrid: Editorial Tecnos, 1994): 69.

366 Luciano Parejo Alfonso, "La actividad administrativa represiva y el régimen de las sanciones administrativas", en *Las formas de la actividad administrativa: II jornadas internacionales de derecho administrativo "Allan Randolph Brewer-Carias"*, coord. por Belén Ramírez Landaeta, Gustavo Urdaneta Troconis y Norka Moncada Redondo (Caracas: Fundación Estudios de Derecho Administrativo, 1996): 157.

elementos normativos que describen y fundamentan el contenido material del injusto"[367].

Lo anterior trae como consecuencia que sólo podrán sancionarse aquellas conductas que se encuentren determinadas por una norma jurídica como contrarias a la legalidad, tipificación que no debe ser amplia y genérica, sino que por el contrario, la conducta sancionable debe detallarse de forma exhaustiva[368], y la interpretación de tal conducta no puede ser amplia sino restringida, los supuestos y las penas contenidas en ella no admiten aplicación analógica. Según Rojas Pérez:

> La decantación de la exigencia de la tipicidad proviene fundamentalmente del principio propio del Estado de Derecho, de la seguridad jurídica, que este terreno exige determinada certeza, con la consecuencia que la definición normativa de los ilícitos administrativos debe reunir, para ser válida, unas características de precisión que satisfagan dicha demanda de certeza[369].

En materia de determinación de responsabilidad administrativa, los supuestos generadores de esta responsabilidad no se encuentran únicamente en la LOCGRSNCF, sino que, como se explicó previamente, también se han establecido supuestos generadores en la Ley Orgánica de la Administración Financiera del Sector Público y la Ley de Contrataciones Públicas.

Esta situación tiene su fundamento en el hecho que es necesario que todas las infracciones administrativas que dan lugar a la declaratoria de responsabilidad administrativa se encuentren previstas en un instrumento de rango legal, a fin de dar cumplimiento al principio de tipicidad, aunque lo ideal sería que dichos supuestos se concentren en un único instrumento legal, preferiblemente la LOCGRSNCF, por ser dicha

---

[367] Eduardo Gamero Casado y Severiano Fernández Ramos, *Manual básico de Derecho Administrativo* (Madrid: Editorial Tecnos: 2014): 831.

[368] Badell Madrid et. al, *Régimen de control fiscal*, 205.

[369] Manuel Rojas Pérez, "Aspectos particulares del régimen de sanciones administrativas en la Ley Orgánica de la Contraloría General de la República y del Sistema Nacional de Control Fiscal", *Revista de la Facultad de Ciencias Jurídicas y Políticas de la Universidad Central de Venezuela*, N° 128 (2007): 327.

norma la que regula la figura de la responsabilidad administrativa en Venezuela, y así evitar la dispersión normativa que, cada vez es más frecuente en el ordenamiento jurídico venezolano[370].

Se destaca que la tipificación de la conducta como infracción y la sanción correspondiente debe encontrarse establecida en una norma de rango legal, no siendo posible tipificar infracciones o sanciones por vía de reglamento, aunque bien es sabido que se ha aceptado la posibilidad que el reglamento pueda desarrollar las infracciones que ha establecido el legislador, pero en estos casos, como afirma Hernández González, "el Reglamento debe limitarse a ser el complemento indispensable de la tipificación previamente establecida por el Legislador"[371].

Ahora bien, en materia de determinación de responsabilidad administrativa, el principio de tipicidad ha sido objeto de análisis y discusión, respecto de uno de los supuestos generadores de ésta, que se encuentra previsto en el artículo 91 de la LOCGRSNCF; concretamente el numeral 29 que dispone:

> Artículo 91. Sin perjuicio de la responsabilidad civil o penal, y de lo que dispongan otras leyes, constituyen supuestos generadores de responsabilidad administrativa los actos, hechos u omisiones que se mencionan a continuación.
> (...)
> 29. Cualquier otro acto, hecho u omisión contrario a una norma legal o sublegal, al plan de organización, las políticas, normativa interna, los manuales de sistemas y procedimientos que comprenden el control interno.

---

370 Entendemos por dispersión normativa la falta de unidad en la legislación que la regula una materia en concreto. Sobre el tema *vid.* Alejandro Canónico Sarabia, "Dispersión normativa en el marco jurídico de la contratación pública", en *La contratación pública en Iberoamérica*, coord. por Daniel Rosas Rivero (Caracas: Centro para la Integración y el Derecho Público, Asociación Venezolana de Derecho Administrativo, 2022): 123-138.

371 Hernández González, "La Contraloría General de la República y los principios", 234-235.

Aunque nos referimos a este supuesto de determinación de responsabilidad administrativa en otros capítulos de esta obra, concentraremos su estudio desde la perspectiva de su adecuación o no al principio de tipicidad, entendiendo que se trata de un supuesto que se encuentra vinculado a un procedimiento administrativo sancionatorio, concretamente el de determinación de responsabilidades administrativa previsto en la LOCGRSNCF.

Lo primero que se observa de la lectura del artículo 91.29 es que no establece de forma concreta cuál es la conducta que se considera irregular o contraria al ordenamiento jurídico o susceptible de causar daños al patrimonio público. Pareciera que esta norma no se ajusta al principio de tipicidad y que se trata de una "norma en blanco", es decir, una norma que no especifica ni concreta la conducta que debería ser sancionable[372].

Para Rojas Pérez, esta norma "conculca el principio de la tipicidad exhaustiva; además, ese numeral admite expresamente que la violación a normas de rango inferior a la ley pueda comprometer la responsabilidad administrativa del sujeto infractor, menoscabándose el principio de la legalidad"[373]. En igual sentido se pronuncia Hernández González quien, además de compartir los planteamientos anteriores, agrega que la disposición anterior genera incertidumbre jurídica puesto que es difícil poder conocer todas las normas sublegales que contengan obligaciones cuya violación pueda dar lugar a la declaratoria de responsabilidad administrativa, máxime aún si se trata de normas internas –como por ejemplo, los manuales de normas y procedimientos que se mencionan en el numeral 29– que por definición, no producen efectos fuera del órgano o ente público que las dicta[374].

---

372 De León Osorio y Mendoza Gómez, *Los principios, los actos y las pruebas*, 72.

373 Rojas Pérez, "Aspectos particulares del régimen de sanciones administrativas", 331.

374 Hernández González, "La Contraloría General de la República y los principios", 238.

Contra esta norma se intentó recurso de nulidad por razones de inconstitucionalidad que fue decidido por la Sala Constitucional del Tribunal Supremo de Justicia mediante sentencia N° 488 de 30-03-2004[375] y declarado sin lugar con fundamento en los siguientes argumentos:

Primero. Que, por razones de técnica legislativa, ante la multiplicidad de normativas dictadas en materia de control fiscal, el artículo 91 de la LOCGRSNCF no puede enumerar todas y cada una de dichas normas, so pena de excluir alguna de ellas o de que pierda su vigencia en el tiempo cuando se modifique, o elimine alguna de ellas. De allí que, a criterio de la Sala Constitucional, la redacción del legislador no está referido a un número ilimitado de actos hechos u omisiones, sino que se circunscribe o limita a aquellas actuaciones que resulten contrarias a una norma legal o sublegal al plan de organización, las políticas normativas internas, los manuales de sistemas y procedimientos dictados dentro del ámbito del control interno con el propósito de salvaguardar el patrimonio público y procurar la eficacia y legalidad de los procesos y operaciones institucionales.

Segundo. Que el numeral 29 del artículo 91 referido, se ajusta a las tendencias más recientes respecto al principio de legalidad, toda vez que -a su criterio- el ilícito administrativo que da lugar a la responsabilidad ha sido especificado por el legislador de manera clara y cierta, logrando que el administrado conozca anticipadamente el hecho prohibido y las consecuencias de sus actos, a los fines de evitar aquellas conductas que pudieran ser objeto de sanción.

---

[375] El recurso de nulidad se interpuso contra la LOCGRSNCF del año 2001, no obstante, el artículo 91.29 mantuvo su redacción en la reforma de la Ley, del año 2010. Esta decisión cuenta con el voto salvado del Magistrado Pedro Rondón Haaz, quien discrepó del criterio de la mayoría de los miembros de la Sala Constitucional y manifestó que el numeral 29 del artículo 91 de la LOCGRSNCF debía ser declarado inconstitucional porque "lo que contempla es una norma en blanco que no respeta el núcleo esencial de dichas garantías constitucionales y, en consecuencia, del derecho al debido proceso".

Tercero. Que no queda a la discrecionalidad del órgano de control fiscal que tramite el procedimiento de determinación de responsabilidad administrativa, establecer la conducta sancionable. De acuerdo con la Sala, lo que se sanciona es la violación de normas, así como de formas de proceder establecidos recogidos en los manuales de normas y procedimientos de los órganos y entes del sector público.

Cuarto. Respecto del principio de tipicidad indicó que los tipos sancionadores administrativos -a diferencia de los delitos- no son autónomos, sino que se remiten a otras normas jurídicas en las que se formula una orden o prohibición, cuyo incumplimiento supone la infracción. Para la Sala "si se quisiera ser riguroso, la descripción literal de un tipo infractor habría de consistir en la reproducción de la orden o la prohibición del pre-tipo con la advertencia añadida de la sanción que lleva aparejada su incumplimiento".

Este criterio fue acogido por la Corte Segunda de lo Contencioso Administrativo[376] en sentencia N° 191 del 11-07-2011 en la que, respecto del artículo 91.29 de la LOCGRSNCF, afirmó:

> Dicha normativa deriva de la propia naturaleza de la actividad administrativa, de su constante movimiento y evolución, en la cual se suscita con frecuencia nuevas situaciones que no pueden ser en su totalidad previstas por el legislador, estimándose por tanto que sujetar la actuación de las autoridades administrativas, a lo que prescriba exclusivamente un texto de carácter legal, conllevaría indefectiblemente a que la gestión pública se torne ineficiente e incapaz de darle respuesta a las nuevas necesidades del colectivo.
>
> De allí que surge que el legislador, en la misma ley, faculte a la Administración para que dicte reglas y normas reguladoras de la función administrativa, que le permita tener cierta libertad de acción en el cumplimiento de sus funciones propias, lo cual de modo alguno puede estimarse como una transgresión de los principios de legalidad y de reserva legal, pues en el campo sancionador administrativo propiamente dicho, si bien es cierto que se debe evitar la posibilidad que se produzcan actuaciones arbitrarias por parte de la autori-

[376] Hoy día Juzgado Nacional de lo Contencioso Administrativo.

> dad administrativa, siendo para ello preciso que ésta se encuentre supeditada a una serie de reglas jurídicas, no es menos cierto que tal sujeción no debe ser excesiva, al punto que se impida un normal desenvolvimiento de la actividad administrativa, lo que de igual forma causaría perjuicios a los administrados[377].

Sobre estos criterios judiciales, Rojas Pérez y Hernández González consideran que no solo se pretende mitigar el contenido y alcance de los principios de legalidad y tipicidad, sino que además, aun cuando se reconozca que la Ley pueda remitir al reglamento para que éste desarrolle infracciones administrativas, esta remisión debe ir acompañada por instrucciones exhaustivas que aseguren el ejercicio subordinado de la potestad reglamentaria[378].

Por su parte, Peña Solís es del criterio que se convalidó una norma en blanco que no contiene ni un solo elemento que permita identificación de la conducta infractora, y que, además, deja en manos de la Administración la calificación de los ilícitos administrativos, con el agravante que:

> [E]sa calificación no sólo proviene de cualquier tipo de norma legal o sublegal, sino también de actos administrativos de efectos particulares, como son las políticas, los manuales de procedimiento y el plan de organización, con la particularidad de que estos actos pueden y deben revestir distintos contenidos en cada uno de los innumerables órganos y entes que conforman la Administración Pública venezolana[379].

Ahora bien, a pesar los tribunales venezolanos han reconocido y mantenido la vigencia del numeral 29 del artículo 91 comentado, consideramos que las decisiones que se han pronunciado sobre este artículo no solamente atenúan el principio de tipicidad, sino que además, vulneran el principio de seguridad jurídica y dejan bajo la absoluta discrecionalidad de los

---

377 Soto Villasmil y Ramos González, *Investigación Contraloría*, 71.

378 Rojas Pérez, "Aspectos particulares del régimen de sanciones administrativas", 335. Hernández González, "La Contraloría General de la República y los principios", 238.

379 Peña Solís, *La potestad sancionatoria de la Administración pública*, 109-110.

órganos de control fiscal lo que se debe considerar una infracción administrativa susceptible de ser un supuesto generador de responsabilidad administrativa.

Adicionalmente, pensamos que el argumento utilizado de que por razones de técnica legislativa se justificaba dejar una norma que pudiera englobar todas las posibles conductas contrarias a la buena gestión del patrimonio público, pierde validez ante el aumento considerable de Leyes que prevén supuestos generadores de responsabilidad administrativa y que fueron mencionadas previamente. Estimamos que en una futura reforma de la LOCGRSNCF este numeral debe ser eliminado y que los supuestos generadores de responsabilidad administrativa deben adecuarse a los postulados del principio de tipicidad.

D. Principio de proporcionalidad

Este principio parte de la idea de que la sanción debe ser proporcionada a la gravedad de la infracción. Explican Rebollo Puig et al., que esta regla debe ser tenida en cuenta por el legislador para establecer el marco sancionador, es decir, decidir qué son infracciones y qué no lo son; cuáles son infracciones son leves, graves o muy graves y cuál es el tipo de sanción para cada una de estas, y además, por el órgano sancionador cuando impone una sanción concreta a determinado sujeto[380].

De acuerdo con Pesci Feltri el principio de proporcionalidad busca garantizar que las actuaciones de los órganos y entes públicos sean lógicas y congruentes, es decir, "que se adecuen a los supuestos de hecho y normas aplicables a cada caso"[381]. En palabras de Rojas Pérez el principio de proporcionalidad implica:

> [U]na total y absoluta correspondencia entre los hechos y las medidas adoptadas, de allí, que las sanciones que tienen lí-

---

[380] Rebollo Puig et al., "Panorama del derecho administrativo sancionador en España", *Revista Estudios Socio-Jurídicos*, vol. 7, N° 1 (2005): 36.

[381] Flavia Pesci Feltri, "Los principios rectores del procedimiento administrativo en Venezuela", *Revista Electrónica de Derecho Administrativo Venezolano*, N° 14 (2018): 296.

mites variables (mínimo-máximo) deben ser siempre adecuadas a los fines que las justifican, así como a los hechos que las motivan. El principio de la proporcionalidad supone una correspondencia entre la infracción y la sanción, con interdicción de medidas innecesarias o excesivas[382].

Mientras que para Gallardo Castillo, la formulación jurídica de este principio se concreta en dos vertientes: 1. La adecuación de los medios al fin, y 2. La prohibición de desproporción o exceso que sirve de mecanismo de control en aquellos casos donde los órganos y entes públicos pueden afectar los derechos individuales de los ciudadanos[383].

Sobre este principio Peña Solís advierte que tradicionalmente se vincula el principio de proporcionalidad con las potestades discrecionales de la Administración, llegando a considerar que el artículo 12 de la Ley Orgánica de Procedimientos Administrativos venezolana es la norma que contempla dicho principio[384]. Sin embargo, para el autor, lo que esta norma regula son los límites al ejercicio de las potestades discrecionales de la Administración, pero ello no significa que consagre el principio de proporcionalidad y menos aún en el ámbito de la potestad sancionatoria[385]. En materia de potestades discrecionales de la Administración la proporcionalidad viene a ser uno de los elementos que debe considerar los órganos y entes públicos, pero no el único, además deben considerar la razonabilidad, la adecuación, la proporcionalidad de los medios con los fines, la igualdad y la no arbitrariedad, como elementos que

---

382 Rojas Pérez, "Aspectos particulares del régimen de sanciones administrativas", 339. En este mismo sentido puede consultarse: Silva de Lapuerta y García Malsipica, *Manual de derecho administrativo sancionador*, 267. Badell Madrid, "Potestad sancionatoria de la administración en Venezuela", 77.

383 Gallardo Castillo, *Los principios de la potestad sancionadora*, 214.

384 Artículo 12: "Aun cuando una disposición legal o reglamentaria deje alguna medida o providencia a juicio de la autoridad competente, dicha medida o providencia deberá mantener la debida proporcionalidad y adecuación con el supuesto de hecho y con los fines de la norma, y cumplir los trámites, requisitos y formalidades necesarios para su validez y eficacia". *Vid.*

385 Peña Solís, *La potestad sancionatoria de la Administración pública*, 187.

serán estudiados en otros apartados de esta investigación al analizar las potestades discrecionales de los órganos de control fiscal en materia sancionatoria.

Sobre este principio, la Sala Político-Administrativa del Tribunal Supremo de Justicia en sentencia N° 216 de 15-05-2019 afirmó que:

> [L]a sujeción del poder sancionatorio administrativo al principio de proporcionalidad implica que la pena o castigo impuesto debe ser adecuado, idóneo, necesario y razonable, lo que significa lo siguiente: a) que exista congruencia entre la sanción y la falta cometida, y entre el medio (el castigo impuesto) y el fin de la norma que le sirve de sustento; b) que el poder represivo del Estado debe ejercerse con el objeto de garantizar que al particular le resulte menos provechoso infringir la ley que acatarla, sin que por intermedio del mecanismo sancionatorio empleado se desborden los límites de la norma representados por la consecuencia jurídica en ella contemplada y la finalidad que la misma persigue; y c) que en el ejercicio de la aludida potestad, la Administración debe estar en capacidad de justificar la solución adoptada en el caso concreto.

En materia de determinación de responsabilidades administrativas, el principio de proporcionalidad ha sido analizado en tres aspectos: 1. La falta de proporcionalidad entre las sanciones accesorias y la sanción principal en materia de responsabilidad administrativa, 2. Las dificultades para determinar la gravedad de la conducta y su correspondencia con la sanción que se imponga al sujeto dado el carácter lineal de los supuestos generadores de responsabilidad administrativa, y 3. Las amplias potestades discrecionales del Contralor General de la República para imponer las sanciones previstas en el artículo 105 de la LOCGRSNCF. Nos referiremos brevemente a cada uno de estos supuestos.

a. Falta de proporcionalidad entre las sanciones accesorias y la sanción principal en materia de responsabilidad administrativa

Cuando se revisan las sanciones que ha previsto la LOCGRSNCF para aquellos sujetos a los que se les declare la responsabilidad administrativas, se observa que la sanción principal es la multa -entre cien y mil unidades tributarias- y que las sanciones accesorias -que puede imponer de manera exclusiva y excluyente el Contralor General de la República -pueden resultar más gravosas y "dañinas" que la sanción principal, siendo éstas: 1. La suspensión del ejercicio del cargo sin goce de sueldo por un período no mayor de veinticuatro meses, 2. La destitución del declarado responsable, y 3. La inhabilitación para el ejercicio de funciones públicas hasta por un máximo de quince años (art. 105).

De acuerdo con Peña Solís, en materia sancionatoria y siguiendo el modelo del derecho penal, las sanciones principales deberían ser las que ocasionan el "mal mayor" al sujeto sancionado, mientras que las accesorias o complementarias deberían ser menos gravosas[386]. Esta situación no se observa respecto de las sanciones en materia de responsabilidad administrativa, puesto que son precisamente las sanciones accesorias contenidas en el artículo 105 de la LOCGRSNCF las que mayores perjuicios ocasionan al sujeto. Para Peña Solís esto resulta ser un "exceso o desproporción en que incurrió el legislador"[387] que atenta contra el principio de proporcionalidad.

---

[386] Ibid., 192.

[387] Ibid., 193.

b. Dificultades para determinar la gravedad de la conducta y su correspondencia con la sanción que se imponga al sujeto dado el carácter lineal de los supuestos generadores de responsabilidad administrativa

Otro de los elementos que atenta contra el principio de proporcionalidad tiene que ver con los supuestos generadores de responsabilidad administrativa previstos en el ordenamiento jurídico venezolano –LOCGRSNCF, Ley Orgánica de la Administración Financiera del Sector Público y Ley de Contrataciones Públicas– y es que ninguno de los instrumentos legales que regulan dichos supuestos, les otorga una ponderación de mayor o menor grado a los mismos. Es decir, no establecen elementos objetivos que permitan considerar la mayor o menor gravedad de cada uno de ellos, por lo que todos deben considerarse con el mismo nivel de gravedad[388].

Ello significa que el análisis que efectúan los órganos de control fiscal para imponer las sanciones que son consecuencia de la declaratoria de responsabilidad administrativa debe partir de la idea que todos los supuestos generadores de responsabilidad administrativa son "igualmente graves", lo que puede resultar contrario al principio de proporcionalidad, y es que existen supuestos que por su sola enunciación parecen "menos gravosos" que otros. Tal es el caso del supuesto contenido en el artículo 92 de la LOCGRSNCF relativo a la no aprobación de "normas, manuales de procedimientos, métodos y demás instrumentos que constituyan el sistema de control interno" y el supuesto previsto en el numeral 21 del artículo 91 de la misma Ley, relacionado con la realización de actuaciones simuladas o fraudulentas en la administración o gestión de alguno de los órganos y entes del sector público.

En el primero de los casos la conducta que da lugar a la sanción puede derivar de una simple omisión del sujeto mientras que, en el segundo caso, puede existir la intención de generar un daño al patrimonio público mediante la ejecución de

---

[388] Peña Colmenares, *El régimen de la responsabilidad administrativa*, 288.

una acción fraudulenta. No obstante, ante la ausencia de parámetros objetivos del legislador, ambas conductas deben considerarse igualmente dañinas y gravosas, y, en consecuencia, sancionables de la misma forma.

La situación se torna igualmente compleja por el hecho que un mismo supuesto generador de responsabilidad administrativa –por ejemplo, la omisión del control previo– puede ser considerado en algunos momentos y situaciones específicas como muy grave, mientras que, en otros, la gravedad puede ser media o leve, con lo cual, atender solamente al supuesto de hecho que generó la responsabilidad administrativa para poder determinar la sanción que resulte procedente resultará insuficiente y atentará contra el principio de proporcionalidad, dado que no se estaría garantizando la debida congruencia entre la sanción y la falta cometida.

Consideramos que los órganos de control fiscal en la oportunidad de imponer las sanciones que son consecuencia de la declaratoria de responsabilidad administrativa deberán evaluar otros factores de tiempo, lugar, modo y finalidad de los hechos que dan lugar a la infracción para determinar la gravedad de ésta, y poder imponer una mayor o menor sanción al sujeto declarado responsable, que se ajuste a los postulados del principio de proporcionalidad.

c. Las amplias potestades discrecionales del Contralor General de la República para imponer las sanciones previstas en el artículo 105 de la Ley Orgánica de la Contraloría General de la República y del Sistema Nacional de Control Fiscal

El tercero de los aspectos relacionados con el principio de proporcionalidad tiene que ver con las potestades discrecionales del Contralor General de la República para imponer las denominadas sanciones accesorias. Analizaremos este asunto de forma breve, puesto que será objeto de un análisis más profundo en el apartado relativo a las sanciones que se imponen como consecuencia de la declaratoria de responsabilidad administrativa.

Los parámetros que impuso el legislador para la imposición de las sanciones accesorias fueron: 1. Evaluar la "entidad del ilícito cometido", para la suspensión del ejercicio del cargo sin goce de sueldo por un período no mayor de veinticuatro meses y la destitución del declarado responsable, y 2. Atender a la "gravedad de la irregularidad cometida", para la inhabilitación para el ejercicio de las funciones públicas hasta por un máximo de quince años[389].

La Ley utiliza dos términos distintos –ilícito e irregularidad– para referirse a los supuestos generadores de responsabilidad administrativas que son, en definitiva, los supuestos que dan lugar a la imposición de las sanciones previstas en el artículo 105 de la LOCGRSNCF[390], no obstante, no establece mayores parámetros para determinar cuándo procede una u otra

[389] Artículo 105: "La declaratoria de responsabilidad administrativa de conformidad con lo previsto en los Artículos 91 y 92 de esta ley será sancionada con la multa prevista en el Artículo 94, de acuerdo con la gravedad de la falta y el monto de los perjuicios que se hubieren causado. Corresponderá al Contralor o Contralora General de la República de manera exclusiva y excluyente, sin que medie ningún otro procedimiento, acordar en atención a la entidad del ilícito cometido, la suspensión del ejercicio del cargo sin goce de sueldo por un período no mayor de veinticuatro meses o la destitución del declarado responsable, cuya ejecución quedará a cargo de la máxima autoridad; e imponer, atendiendo la gravedad de la irregularidad cometida, su inhabilitación para el ejercicio de funciones públicas hasta por un máximo de quince (15) años, en cuyo caso deberá remitir la información pertinente a la dependencia responsable de la administración de los recursos humanos del ente u organismo en el que ocurrieron los hechos para que realice los trámites pertinentes".

[390] Sobre esta disparidad terminológica Peña Colmenares afirma que lo que debe realmente entenderse cuando la Ley se refiere a ilícito e irregularidad, es "ilícitos administrativos de carácter fiscal", que sería la acepción que debe darse a los supuestos generadores de responsabilidad administrativa. Además, los términos "gravedad" y "entidad" han de considerarse sinónimos puesto que ambos están referidos al valor, importancia o significación que tuvo determinado hecho, en este caso, los supuestos generadores de responsabilidad administrativa. Peña Colmenares, *El régimen de la responsabilidad administrativa*, 313.

sanción accesoria. A ello se le debe agregar –como se indicó previamente– que todos los supuestos de responsabilidad administrativa deben considerarse con el mismo nivel de gravedad dado que el legislador no distingue entre supuestos más graves o menos graves.

De allí que queda al juicio del Contralor General de la República la escogencia de la sanción accesoria que impondrá a determinado sujeto, así como la evaluación respecto de la gravedad del supuesto generador de responsabilidad administrativa, situación que no solamente es contraria al principio de proporcionalidad, sino que, además, puede dar lugar a decisiones arbitrarias y discriminatorias por parte del Contralor General de la República.

E. Principio non bis in ídem

Este principio prohíbe sancionar dos veces a una misma persona por los mismos hechos y se encuentra previsto en el artículo 49.7 de la Constitución de 1999 de la siguiente forma: "Ninguna persona podrá ser sometida a juicio por los mismos hechos en virtud de los cuales hubiese sido juzgada anteriormente".

De acuerdo con Nieto García, el *non bis in ídem* tiene dos vertientes: la primera implica la prohibición de una doble sanción, mientras que la segunda se refiere a la prohibición de un doble enjuiciamiento simultáneo por los mismos hechos[391]. Así, "[e]l principio *non bis in ídem* desarrolla su eficacia 'ex post', es decir, impide la nueva sanción cuando una infracción ha sido ya sancionada con anterioridad"[392].

Este principio busca restringir la potestad sancionadora al prohibir que los órganos administrativos actúen sobre un acto ilícito cuando el mismo esté siendo conocido por la jurisdicción penal o la jurisdicción administrativa sancionadora, no obstante, se advierte que ha sido objeto de matices y ha pasado

---

391 Nieto García, *Derecho administrativo sancionador*, 422.

392 Nuño Jiménez y Puerta Seguido, "Derecho administrativo sancionador", 178.

de ser una prohibición absoluta a aceptarse que mediante un procedimiento o a través de procedimientos distintos, se pueda imponer al mismo sujeto una sanción penal y una sanción disciplinaria, por los mismos hechos.

En el derecho español, por ejemplo, el Tribunal Constitucional ha admitido la posibilidad que a un mismo sujeto se le pueda imponer una sanción administrativa y a la vez una de orden penal siempre que: 1. El sujeto se encuentra en relación de sujeción especial con la Administración, 2. El interés jurídicamente protegido sea distinto, y 3. La sanción sea proporcionada a esa protección[393]. En Venezuela, esta tesis ha sido aceptada por Peña Solís[394], Badell Madrid[395] y De León Osorio y Mendoza Gómez[396].

Ahora bien, en aquellos casos en los que exista identidad de sujeto, hecho y fundamento jurídico (el interés jurídico tutelado es el mismo), deben necesariamente aplicarse las reglas del *non bis in ídem* y, en consecuencia, un procedimiento deberá suspenderse hasta que no se resuelva el anterior y en caso de ser sancionado el sujeto, no podrá ser sancionado nuevamente por el segundo procedimiento.

En cuanto procedimiento de determinación de responsabilidad administrativa este principio ha sido objeto de discusión y polémica, específicamente respecto de las sanciones accesorias previstas en el artículo 105 de la LOCGRSNCF. Como se ha dicho en distintas oportunidades, esta Ley dispone la sanción de multa y adicionalmente las sanciones de: 1. La suspensión del ejercicio del cargo sin goce de sueldo por un período no mayor de veinticuatro meses, 2. La destitución del

---

393 Entre otras, STC N° 234/1991, de 10-12-1991 y STC N° 188/2005, de 4-07-2005.

394 Peña Solís, *La potestad sancionatoria de la Administración pública*, 223-226.

395 Badell Madrid, "Potestad sancionatoria de la administración en Venezuela", 76.

396 De León Osorio y Mendoza Gómez, *Los principios, los actos y las pruebas*, 76.

declarado responsable, y 3. La inhabilitación para el ejercicio de funciones públicas hasta por un máximo de quince años.

Es decir, con ocasión a unos mismos hechos (tipificados en las leyes como supuestos generadores de responsabilidad administrativa) y luego de la tramitación de un único procedimiento (dado que las sanciones accesorias por disposición de la Ley son impuestas "sin que medie procedimiento alguno") un sujeto puede ser sancionado dos veces: la multa y las ya referidas sanciones accesorias; ello sin considerar que también pueden recaer sobre éste las sanciones propias de otros órdenes jurídicos como el penal o el civil.

La doctrina venezolana de manera uniforme ha pregonado la inconstitucionalidad del referido artículo 105[397], entre otros argumentos que serán analizados en próximos apartados de esta investigación, por la violación del principio *non bis in ídem*. Entre estos autores, podemos mencionar a Peña Colmenares quien considera que en materia de determinación de responsabilidad administrativa, lejos de preverse sanciones principales y accesorias, en realidad se prevén cuatro sanciones principales que pueden imponerse a un sujeto por haber incurrido en alguno de los supuestos generadores de responsabilidad administrativa[398].

Sin embargo, la Sala Constitucional del Tribunal Supremo de Justicia en sentencia N° 1265 de 05-08-2008 consideró que el artículo 105 de la LOCGRSNCF no contradice el principio *non bis in ídem*, dado que:

> [N]o se trata de juzgar a un sujeto en más de una oportunidad por una misma conducta, sino de establecer una pena accesoria como consecuencia de una sanción impuesta por un solo hecho, cuestión que se encuentra plenamente avala-

---

397 Al respecto puede consultarse: Carrillo Artiles, "La paradójica declaratoria de constitucionalidad del artículo 105", 370. Rojas Pérez, "Aspectos particulares del régimen de sanciones administrativas", 342-344. De León Osorio y Mendoza Gómez, Los principios, los actos y las pruebas, 77. Orlando S., *La potestad inquisitiva de los órganos de control fiscal*, 148-152.

398 Peña Colmenares, *El régimen de la responsabilidad administrativa*, 302.

da constitucional y legalmente en nuestro ordenamiento jurídico.

Esta decisión cuenta con el voto salvado del Magistrado Pedro Rondón Haaz quien respecto de la vulneración del *non bis in ídem* afirmó que:

> [P]ara que se pudiese concordar con los asertos que anteceden, el artículo 105 de la Ley Orgánica de la Contraloría General de la República y del Sistema Nacional de Control Fiscal tendría que ofrecer dos garantías que no ofrece; en primer lugar, como en materia penal, ambos tipos de sanciones habrían de ser impuestas como consecuencia del mismo procedimiento y por la misma autoridad para que pudieran ser objeto, en conjunto, del mismo control administrativo y judicial y, en segundo lugar, debería establecer con claridad la posibilidad de imposición, o no, de más de una sanción accesoria, a través de más de un acto administrativo "complementario".

A pesar de esta decisión consideramos que efectivamente el artículo 105 de la LOCGRSNCF incurre en franca violación del principio *non bis in ídem* puesto que la norma contempla la imposición de dos tipos de sanciones de naturaleza y consecuencias distintas a un mismo sujeto previa tramitación de un único procedimiento administrativo y por unos mismos hechos. Es decir, en estos casos existe identidad de sujeto, hecho y fundamento (incluso de procedimiento administrativo), lo que efectivamente se encuentra dentro de la prohibición contenida en el artículo 49.7 de la Constitución de 1999.

Distinto sería que un sujeto al que se le ha declarado la responsabilidad administrativa, además le sea impuesta una sanción penal o una disciplinaria, si se trata de un funcionario público. En estos casos, estaríamos ante las excepciones del *non bis in ídem* puesto que, a pesar de que los hechos que den lugar a las distintas sanciones pudieran ser los mismos (o tener el mismo origen) cada régimen jurídico (penal, administrativo o disciplinario) protege un interés jurídico distinto.

F. Principio de irretroactividad

Este principio está previsto en el artículo 24 de la Constitución de 1999 de la siguiente forma: "Ninguna disposición legislativa tendrá efecto retroactivo, excepto cuando imponga menor pena". En los procedimientos administrativos sancionatorios este principio cobra relevancia respecto de la excepción que contiene la norma, es decir, en cuanto a la posibilidad de aplicar retroactivamente una norma jurídica cuando imponga una menor pena, o, en el caso del procedimiento de determinación de responsabilidad administrativa, cuando imponga menores sanciones administrativas.

El principio de irretroactividad, aunque está consagrado en la Constitución venezolana de 1999, no se menciona expresamente ni en la LOCGRSNCF ni en la Ley Orgánica de Procedimientos Administrativos, por ello, Peña Solís[399] afirma que este principio resultará aplicable a los procedimientos administrativos sancionatorios en los términos previstos en el artículo 2 del Código Penal venezolano[400]. Para el autor:

> En esta perspectiva interpretativa, rigurosamente lógica, sale triunfante la tesis de la aplicación del dispositivo penal, y ella adquiere mayor sustentación si se recuerda que el fundamento de la retroactividad *in bonus*, que es la figura recogida en el artículo 2 del Código Penal, es la igualdad, la cual también es erigida en un derecho y en una garantía constitucionales de trascendental importancia en el artículo 21 de la Constitución. Si se respalda dicha tesis con la disposición categórica contenida en el artículo 24, y éste se armoniza con el encabezamiento del artículo 49, ambos del texto constitucional, no queda mas (sic) que admitir que mientras se dicte una disposición que regule la retroactividad favorable de las normas administrativas sancionatorias, debe aplicarse en forma total el artículo 2 del Código Penal[401].

---

[399] Peña Solís, *La potestad sancionatoria de la Administración pública*, 86.

[400] G.O. N° 5.768, extraordinario de 13-04-2005. Artículo 2: "Las leyes penales tienen efecto retroactivo en cuanto favorezcan al reo, aunque al publicarse hubiere ya sentencia firme y el reo estuviere cumpliendo la condena".

[401] Peña Solís, *La potestad sancionatoria de la Administración pública*, 86.

Para De León Osorio y Mendoza Gómez, este principio es "cardinal" para limitar el *ius puniendi* de los órganos de control fiscal en pro de favorecer al sujeto investigado[402]. Así las cosas, y siguiendo las afirmaciones de Peña Solís, tendremos que, en el procedimiento de determinación de responsabilidad administrativa, la excepción de la retroactividad resultará aplicable a los procedimientos en curso, a los procedimientos terminados sin que la sanción se haya ejecutado y a las sanciones cumplidas o no cumplidas.

Es decir, que, si en una futura reforma de la LOCGRSNCF se eliminara entre las causales de responsabilidad administrativa la omisión del control previo, los órganos de control fiscal deberían declarar el sobreseimiento de los procedimientos en curso que tuvieran como fundamento la referida causal y levantar todas las sanciones que se hayan impuesto con fundamento en la misma.

G. Principio de prescripción

Este principio presupone la extinción de la responsabilidad por el transcurso del tiempo. Guarda relación con el principio de seguridad jurídica y que ningún sujeto debería esperar "eternamente" a ser sancionado por haber cometido una infracción administrativa. De acuerdo con Badell Madrid, en materia sancionatoria, este principio:

> [E]xige que estén previstos en la ley, de forma clara y precisa, plazos perentorios tanto para el caso de las infracciones como de las sanciones, de modo que se impida que se mantengan indefinidamente en el tiempo situaciones contrarias a la seguridad jurídica y al debido proceso[403].

El artículo 114 de la LOCGRSNCF prevé un plazo de cinco años para la prescripción de las acciones sancionatorias y resarcitorias de los órganos de control fiscal que derivan de di-

---

[402] De León Osorio y Mendoza Gómez, *Los principios, los actos y las pruebas*, 85.

[403] Badell Madrid, "Potestad sancionatoria de la administración en Venezuela", 76.

cha Ley[404]. Este plazo correrá de forma distinta, dependiendo del sujeto que se trate. En términos generales, comenzará a computarse desde la fecha de ocurrencia del hecho, acto u omisión que origine la responsabilidad administrativa, la imposición de la multa o la formulación del reparo; sin embargo: 1. Cuando el infractor fuere funcionario público, la prescripción comenzará a contarse desde la fecha de cesación en el cargo o función ostentado para la época de ocurrencia de la irregularidad; y 2. Cuando se trate de funcionarios que gocen de inmunidad, la prescripción se contará a partir del momento en que esta hubiere cesado en el cargo que origina la inmunidad o ésta haya sido allanada. Advierte la norma que, si durante el lapso de prescripción el sujeto investigado llegare a gozar de inmunidad, se continuarán los procedimientos que pudieran dar lugar a las acciones administrativas, sancionatorias o resarcitorias que correspondan.

Peña Colmenares efectúa algunas precisiones sobre los plazos de prescripción previstos para cada categoría de sujetos. En cuanto a los funcionarios que no tengan inmunidad parlamentaria indica que el plazo de prescripción –de una lectura literal del artículo 114– se computa desde el momento que cesa en el cargo que ocupaba cuando cometió la conducta que pueda configurarse como supuesto generador de responsabilidad administrativa, independientemente de que posteriormente pueda ocupar otro cargo dentro de la estructura del Estado[405].

Así, por ejemplo, si un sujeto comete una irregularidad administrativa mientras ocupaba el cargo de administrador, y luego, pasa a ocupar un cargo de gerente o Presidente de la institución –o de cualquier otra–, la prescripción debe comenzar a computarse cuando cesa en su cargo de administrador, por ser en dicho cargo en el que se cometió el acto, hecho u omisión que puede dar lugar a la declaratoria de responsabilidad administrativa.

---

404 Peña Colmenares, *El régimen de la responsabilidad administrativa*, 263-265.

405 Ibid., 268.

En cuanto a los funcionarios que gocen de inmunidad -por ejemplo, diputados del Parlamento Nacional[406] o Defensor del Pueblo[407]- la autora considera que debe diferenciarse si el hecho, acto u omisión que puede dar lugar a la declaratoria de responsabilidad administrativa ocurrió antes de ocupar un cargo con inmunidad, o durante el ejercicio de éste.

Si la irregularidad ocurre antes de ocupar el cargo con inmunidad, la prescripción se computa desde el momento de ocurrencia de dicha irregularidad y no desde la fecha del cese o allanamiento de la inmunidad parlamentaria, independientemente de que el cómputo de la prescripción pueda sufrir de una suspensión en el tiempo que el funcionario goce de inmunidad. Por el contrario, si la irregularidad se comete en el ejercicio del cargo que posee inmunidad parlamentaria, el plazo de prescripción se computa cuando haya cesado la inmunidad o ésta haya sido allanada de acuerdo con los procedimientos establecidos para ello, con independencia que el órgano de control fiscal haya dado inicio o no al procedimiento de determinación de responsabilidades administrativas[408].

De León Osorio y Mendoza Gómez cuestionan que se hayan previsto plazos de prescripción distintos dependiendo del sujeto que se trate, es decir, que para cualquier otro sujeto que no sea funcionario público -en los que pueden incluirse a los empleados y obreros de los órganos y entes públicos, por tratarse de categorías distintas y diferenciables de la noción de funcionario, y a los particulares que por cualquier forma resguarden, administren, manejen o custodien patrimonio público- el plazo comience a computar "desde el momento de la

---

406 Artículo 200 de la Constitución: "Los diputados o diputadas a la Asamblea Nacional gozarán de inmunidad en el ejercicio de sus funciones desde su proclamación hasta la conclusión de su mandato o de la renuncia del mismo".

407 Artículo 282 de la Constitución: "El Defensor o Defensora del Pueblo gozará de inmunidad en el ejercicio de sus funciones y, por lo tanto, no podrá ser perseguido, detenido, ni enjuiciado por actos relacionados con el ejercicio de sus funciones".

408 Peña Colmenares, *El régimen de la responsabilidad administrativa*, 272-273.

ocurrencia del hecho", mientras que para el funcionario, el plazo se computa desde la fecha de cesación en el cargo ostentado para la época de ocurrencia de la irregularidad[409], y si dicho funcionario posee inmunidad, el plazo compute desde el cese de ésta o desde su allanamiento.

De igual forma, Peña Colmenares considera que el establecimiento de distintos plazos de prescripción para distintas categorías de sujetos resulta contrario al principio de igualdad, más aún cuando los cargos de elección popular -como el de diputados del Parlamento Nacional- pueden ser objeto de reelección indefinida, según dispone la Constitución de 1999[410]. Ello puede ocasionar, por ejemplo, que un funcionario de elección popular que ostente inmunidad pueda procurar su reelección de forma indefinida con la finalidad de evitar que se imponga contra éste las sanciones propias de la responsabilidad administrativa.

Adicionalmente encontramos el caso de las infracciones permanentes o continuadas, es decir, aquellas que se siguen cometiendo en el transcurso del tiempo cualquiera que sea la fecha de inicio, y por tanto no se inicia el plazo de prescripción de la infracción. En estos casos el lapso de prescripción debe comenzar a computarse el día que finaliza definitivamente el comportamiento del infractor y se elimina la situación ilícita[411].

---

409 De León Osorio y Mendoza Gómez, *Los principios, los actos y las pruebas*, 89. Peña Solís advierte que cualquier cómputo de plazos de prescripción variará dependiendo si se trata de una "única infracción" o de "infracciones continuadas", es decir; en aquellos casos donde el sujeto cometa de forma recurrente la misma conducta infractora. Aquí el autor considera que el plazo de prescripción debe comenzar a computarse desde la fecha última de ocurrencia de la conducta infractora. *Vid.* Peña Solís, *La potestad sancionatoria de la Administración pública*, 249.

410 Artículo 192: "Los diputados o diputadas a la Asamblea Nacional durarán cinco años en el ejercicio de sus funciones, pudiendo ser reelegidos o reelegidas".

411 Nuño Jiménez y Puerta Seguido, "Derecho administrativo sancionador", 172. Gallardo Castillo distingue entre infracciones instantáneas (simples o complejas), infracciones permanentes e infracciones de estado. La infracción instantánea simple es aquella que se concreta en un

Advertimos que estas no son las únicas discusiones que se han generado en torno al cómputo del plazo de prescripción para la declaratoria de responsabilidad administrativa y la imposición de las sanciones correspondientes. También se han generado debates sobre el cómputo del plazo de prescripción para la imposición de las sanciones previstas en el artículo 105 de la LOCGRSNCF.

El artículo no establece el plazo de prescripción para las sanciones accesorias, y entendiendo que dichas sanciones surgen "como consecuencia de la declaratoria de responsabilidad administrativa" se planteaba la duda de si el plazo contenido en el artículo 114 de la misma Ley resultase aplicable a las sanciones accesorias y bajo qué parámetros.

Al respecto, la Sala Político-Administrativa del Tribunal Supremo de Justicia en sentencia N° 35 de 24-01-2012 indicó que para las sanciones accesorias previstas en el artículo 105 de la LOCGRSNCF, el lapso de cinco años previsto en el artículo 114 de la misma Ley debe computarse a partir de la fecha de la declaratoria de responsabilidad administrativa y no desde la fecha en que ocurrieron los hechos que motivaron la declaratoria de su responsabilidad administrativa[412].

Se observa entonces que, aun cuando el principio de prescripción debe ser entendido como una garantía del sujeto para no tener que esperar de forma indeterminada en el tiempo a que le sea impuesta una sanción como consecuencia de haber cometido una infracción administrativa, en materia de control fiscal, los plazos de prescripción previstos en la LOCGRSNCF

---

solo acto mientras que la infracción instantánea compleja requiere de la realización de varios actos para que se concrete la infracción administrativa. La infracción permanente es aquella que se produce en una única acción, pero sus efectos se prorrogan en el tiempo y la infracción de estado es la que crea un "*status quo* antijurídico duradero pero que se consuma cuando se produce una situación antijurídica". *Vid.* Gallardo Castillo, *Los principios de la potestad sancionadora*, 237-238.

412 Este mismo criterio ha sido asumido en sentencias de la misma Sala Político-Administrativa N° 642 de 20-05-2009; 1516 de 21-10-2009; 1231 de 21-02-2010; 782 de 28-07-2010; 47 de 19-01-2011; 363 de 24-03-2011; y 599 de 11-05-2011.

tiene sus propias peculiaridades y matices, que, lejos de aportar en pro de la seguridad jurídica, generan dudas e incertidumbres al momento de aplicar dicha figura jurídica.

De igual forma, del repaso realizado a los principios del procedimiento administrativo que resultan aplicables al procedimiento de determinación de responsabilidad administrativa se observa que existen varios principios (tipicidad, proporcionalidad y *non bis in ídem*) que parecen no ser respetados en este procedimiento, y peor aún, que los tribunales venezolanos lejos de declarar la nulidad de las normas que pueden resultar contrarias a los mismos, han ratificado su vigencia.

En un Estado de derecho resulta fundamental que se respeten los derechos y garantías de los ciudadanos, más aún en procedimientos que tengan por finalidad la imposición de sanciones a los mismos. Es importante que tanto los órganos de control fiscal como los tribunales venezolanos puedan comprender la importancia de respetar los principios del procedimiento administrativo en el procedimiento de determinación de responsabilidad administrativa. Las decisiones que han surgido de la Sala Constitucional o los tribunales de la jurisdicción contencioso-administrativa y que se han comentado en los apartados previos, dejan a los ciudadanos en indefensión y le otorgan los más amplios poderes a los órganos de control fiscal para sancionar a los sujetos que administren, resguarden, manejen o custodien el patrimonio público sin las debidas garantías procedimentales, lo cual, no necesariamente se traduce en beneficio para el colectivo.

3. El inicio del procedimiento

Según el artículo 96 de la LOCGRSNCF y el artículo 84 de su reglamento, el procedimiento de determinación de responsabilidades administrativas puede iniciarse al cumplirse cualquiera de los siguientes supuestos: 1. Como consecuencia del ejercicio de las funciones de control, es decir, que el órgano de control fiscal realizó auditoría siguiendo lo dispuesto en las Normas generales de auditoría de Estado y en ésta se observaron hechos, actos u omisiones que pudieran encuadrarse en alguno de los supuestos generadores de responsabilidad administrativa, 2. Como consecuencia del ejercicio de las potestades de investigación previstas en los artículos 77 y siguientes de la LOCGRSNCF y a las que nos referimos en apartados previos, 3. Por denuncia de particulares, y 4. A solicitud de cualquier organismo o empleado público. Procederemos a revisar cada uno de estos mecanismos.

A. Como consecuencia del ejercicio de funciones de control

Las Normas generales de auditoría de Estado establecen el marco técnico-normativo para la evaluación de la gestión pública y el ejercicio de la actividad del auditor. De acuerdo con su artículo 4, la auditoría de Estado persigue el examen objetivo, sistemático, profesional y posterior de las operaciones financieras, administrativas y técnicas que realizan los órganos y entes del sector público.

Los procesos de auditoría constan de cuatro fases o etapas: planificación, ejecución, presentación de resultados y seguimiento[413]. Para el procedimiento de determinación de responsabilidades administrativas resultan fundamentales las etapas de ejecución y presentación de resultados de la auditoría por ser en éstas donde se recopila toda la información necesaria para evaluar los mecanismos de control del órgano o ente público auditado, el cumplimiento de las normas que regulan el proceso que se evalúa y se determina la posible existencia o no de hallazgos de auditoría.

Dispone el artículo 35 de las Normas generales de auditoría de Estado que:

> Si durante la auditoría se determinan indicios de actos, hechos u omisiones presuntamente irregulares que pudieran generar responsabilidad administrativa, civil o penal, el auditor deberá identificar el efecto que éstos producen, a fin de que las autoridades del respectivo órgano de control fiscal lo

---

413 Contraloría General de la República Bolivariana de Venezuela, "El rol del supervisor en el proceso de auditoría", *Revista de Control Fiscal*, N° 170 (2013): 19-20.

> comunique, en forma inmediata, a las autoridades donde se desarrolle la auditoría, con el objeto de que se adopten las medidas correctivas y se dispongan las demás acciones a que haya lugar.

Durante estas etapas se producen dos informes: informe preliminar e informe definitivo que, según entiende la Contraloría General de la República, tienen el carácter de actos de trámite y que no se pronuncian sobre el fondo del asunto –es decir, que en ellos no se emite ningún juicio de valor sobre la procedencia o no de la responsabilidad administrativa de un sujeto o si determinada conducta se puede subsumir en un supuesto generador de responsabilidad administrativa– sino que:

> [S]u contenido se limita por una parte a observaciones y conclusiones sobre la existencia de hechos irregulares que el funcionario con conocimiento técnico constató en la actuación fiscal realizada, y por la otra, a recomendaciones destinadas a instar al ente, a implementar acciones correctivas sobre los hallazgos obtenidos en dicha actuación fiscal. Es claro que tampoco prejuzga sobre el mérito principal del asunto a debatir, en el procedimiento administrativo que se origine como consecuencia de una acción fiscal, es decir, sobre la responsabilidad del o de los funcionarios involucrados, empleados, obreros o particulares[414].

Así tenemos que, si durante un proceso de auditoría los responsables de su ejecución observan que existen elementos que pudieran dar curso a un procedimiento de determinación de responsabilidad administrativa, éstos deberán recolectar los elementos de prueba suficientes e informarlo al órgano de control fiscal que corresponda para que notifique al órgano o ente público auditado, pero además, para que dé inicio al procedimiento de determinación contra los sujetos presuntamen-

---

[414] Memorando N° 4-00-311 del 02-06-2009. *Vid.* Contraloría General de la República Bolivariana de Venezuela, *Dictámenes de la Dirección General de los Servicios Jurídicos* 2009-2010, 140. Este mismo criterio se refleja en Memorando N° 4-00-60 del 30-01-2007. *Vid.* Contraloría General de la República Bolivariana de Venezuela, *Dictámenes de la Dirección General de los Servicios Jurídicos* 2007-2008, 131-135.

te responsables, tal como disponen los artículos 96 de la LOCGRSNCF y 84 de su reglamento.

B. Como consecuencia del ejercicio de las potestades de investigación

El artículo 96 de la LOCGRSNCF y 84 de su reglamento establecen que el procedimiento de determinación de responsabilidades administrativa puede iniciarse como consecuencia del ejercicio de las potestades de investigación de los órganos de control fiscal. Previamente nos hemos referido a dichas potestades de investigación y hemos destacado que se trata de la facultad otorgada por la Ley a los órganos de control fiscal para realizar auditorías, fiscalizaciones, inspecciones, tomar declaraciones, entre otras; y que, de acuerdo al artículo 70 del reglamento de la LOCGRSNCF, "es inmanente a todas las actuaciones de control que llevan a cabo los órganos de control fiscal".

Ahora bien, tradicionalmente se ha denominado "potestad investigativa" al procedimiento previsto en los artículos 73 al 80 del reglamento de la LOCGRSNCF. Sin embargo, lo cierto es que, tal como hemos indicado en apartados previos de esta obra, las potestades de investigación están relacionadas con facultades inherentes a los órganos de control fiscal que les permiten realizar investigaciones encaminadas a determinar la ocurrencia de hechos, actos u omisiones que pudieran configurar supuestos generadores de responsabilidad administrativa.

Lo que se regula en el reglamento de la LOCGRSNCF es un procedimiento administrativo previo al procedimiento de determinación de responsabilidad administrativa, que tiene por finalidad "verificar la ocurrencia de actos, hechos u omisiones contrarios a una disposición legal o sublegal, determinar el monto de los daños causados al patrimonio público, si fuere el caso, así como la procedencia de acciones fiscales" (art. 77.1 LOCGRSNCF).

Esto no significa que las potestades de investigación de los órganos de control fiscal se agoten con este procedimiento, sino que, el legislador, entendiendo la necesidad de contar con elementos de prueba suficiente para declarar la responsabilidad administrativa de un sujeto, ha considerado necesario establecer una etapa previa (que puede ser complementaria a la práctica de alguna auditoría, pero que también puede desarrollarse con independencia de ésta) para recolectar los elementos necesarios para poder dar inicio a un procedimiento de determinación de responsabilidad administrativa.

Ello puede tener su justificación en el hecho que no resulta menor la finalidad que tiene la determinación de responsabilidades relacionadas con el manejo, resguardo, custodia y administración del patrimonio del Estado y es por lo que se ha dotado a los órganos investigadores de todas las herramientas necesarias para cumplir adecuadamente con su función.

Hechas estas precisiones revisaremos el procedimiento previo a la determinación de responsabilidad administrativa denominado "potestad investigativa", que se encuentra previsto en los artículos 73 al 80 del reglamento de la LOCGRSNCF.

a. El auto de proceder

El artículo 73 del Reglamento de la LOCGRSNCF dispone que este procedimiento inicia mediante auto de proceder que deberá cumplir con los siguientes requisitos:

> 1. La identificación del órgano de control fiscal, así como de la dependencia del mismo que efectuó o se encuentra efectuando la respectiva actuación de control, con indicación expresa del alcance de la misma y de las disposiciones legales y reglamentarias que fundamenten su competencia.
> 2. La identificación del órgano o entidad objeto de la actuación de control fiscal.
> 3. La descripción de los actos, hechos u omisiones presumiblemente contrarios a una norma legal o sublegal, con expresión de la fecha de ocurrencia de los mismos; del monto de los daños causados al patrimonio público, si fuere el caso, y de la vinculación de tales actos, hechos u omisiones con

personas específicas, quienes en esta etapa y durante la investigación tendrán el carácter de interesados legítimos[415].
4. La indicación de todos los elementos probatorios recabados durante la respectiva actuación de control fiscal.
5. La orden de que se practiquen todas las diligencias necesarias a fin de verificar la ocurrencia de los actos, hechos u omisiones presumiblemente irregulares y se forme el correspondiente expediente, en el cual se insertarán en original o copia debidamente certificada, todos los documentos que se recaben con ocasión de la investigación.
6. La orden de que sean notificados los interesados legítimos, con indicación de los lapsos siguientes: diez (10) días hábiles, más el término de la distancia cuando corresponda, para exponer sus argumentos y promover pruebas, y quince (15) días hábiles para evacuarlas.
7. La indicación expresa en la notificación del auto de proceder, que los interesados legítimos quedarán a derecho para todos los efectos de la investigación.

Nos parece importante que el reglamentista haya detallado de forma expresa los elementos que debe contener el auto de proceder, es decir, el auto que inicia el procedimiento de "potestad investigativa", puesto que ello se constituye un elemento relevante para evaluar si al sujeto o sujetos investigados se les ha garantizado o no su derecho a la defensa.

Del contenido del auto de proceder se destaca que el "trato" o "identificación" que debe dársele a los sujetos que participan en este procedimiento es el de "interesado legítimo", que, como señalábamos en apartados previos es acorde con el principio de presunción de inocencia, puesto que la "potestad investigativa" -como se indicó previamente- es una etapa preliminar que no necesariamente puede desencadenar un procedimiento de determinación de responsabilidad administrativa, de allí que, en esta etapa no se puede denominar al sujeto como "responsable" o acreditársele la autoría de los hechos, dado que resulta contrario a la presunción de inocencia.

---

415 El reglamento define a los interesados legítimos como "las personas directamente vinculadas a los actos, hechos u omisiones a que se contraen las investigaciones" (art. 75).

Respecto de los interesados legítimos, De León Osorio y Mendoza Gómez consideran que si en el curso de la investigación surgen nuevos interesados, el órgano de control fiscal deberá realizar una ampliación del auto de proceder para incorporarlos a este procedimiento, así como notificarlos para que puedan presentar alegatos y pruebas[416]. Asimismo indican que, si como consecuencia de las investigaciones realizadas surgieran nuevos hechos que no fueron debidamente notificados al primero de los interesados, se deberá respecto de este realizar un "alcance del auto"[417].

Estimamos que en este caso -nuevos hechos para el interesado legítimo que ya estaba al tanto de la investigación- lo ideal es que se le otorgue nuevamente el plazo de diez días hábiles para presentar alegatos y promover pruebas y quince días hábiles para evacuarlas con la finalidad de permitirle que pueda ejercer su derecho a la defensa respecto de la totalidad de los hechos, pruebas y afirmaciones que consten en la potestad de investigación de la cual ostenta la condición de interesado legítimo.

Otro elemento para destacar es el otorgamiento del "término de la distancia". El artículo 73 del Reglamento de la LOCGRSNCF indica que en el auto de proceder se deberá informar al interesado legítimo que dispone de un lapso de diez días hábiles "más el término de la distancia cuando corresponda", para exponer sus argumentos y promover pruebas.

El término de la distancia es una figura prevista en el artículo 205 del Código de Procedimiento Civil venezolano[418]. Se trata de un lapso adicional que se otorga a las partes cuando

---

[416] De León Osorio y Mendoza Gómez, *Los principios, los actos y las pruebas*, 103-104.

[417] Ibid.

[418] G.O. N° 4.209, extraordinario de 18-09-1990. Artículo 205: "El término de distancia deberá fijarse en cada caso por el Juez, tomando en cuenta la distancia de poblado a poblado y las facilidades de comunicaciones que ofrezcan las vías existentes. Sin embargo, la fijación no podrá exceder de un día por cada doscientos kilómetros, ni ser menor de un día por cada cien".

éstas se encuentran fuera del lugar donde se encuentre ubicado el tribunal de la causa. Por ejemplo, la Sala Político-Administrativa del Tribunal Supremo de Justicia se encuentra ubicada en la ciudad de Caracas, si un sujeto que tiene un juicio ante dicha sala tiene su domicilio en ciudades como Valencia, Maracaibo o San Cristóbal, la Sala Político-Administrativa deberá otorgar a dicho sujeto un plazo adicional que permita garantizarle su traslado desde el lugar donde se encuentre hasta la ciudad de Caracas para cumplir con la actuación procesal que corresponda.

Aunque es una figura regulada en el Código de Procedimiento Civil, la Sala Político-Administrativa del Tribunal Supremo de Justicia ha reconocido que resulta aplicable supletoriamente por disposición expresa del artículo 31 de la Ley Orgánica de la Jurisdicción Contencioso Administrativa[419] en los procesos contencioso-administrativos y según el artículo 73 del Reglamento de la LOCGRSNCF, también aplicable a la "potestad investigativa".

En sentencia N° 168 de 19-11-2020 la Sala Político-Administrativa del Tribunal Supremo de Justicia manifestó lo siguiente:

> [C]onsiste en aquel lapso que se establece a los efectos de permitir el desplazamiento de personas o de los autos desde un lugar a otro, cuando la sede del Tribunal en que se deba efectuar el acto del procedimiento resultare diferente de aquel donde se encuentran las personas o los autos solicitados, con el fin de evitar que el término o lapso para la actuación procesal resulte disminuido en la práctica.
> Dicho término debe ser sumado al lapso ordinario establecido en la Ley para la realización del acto en particular (...).
> [C]onsidera la Sala que, excepcional y prudencialmente, el término de la distancia puede ser concedido por el juez en aquellos casos y dependiendo de la circunstancia fáctica

[419] G.O. N° 39.451 de 22-06-2010. Artículo 31: "Las demandas ejercidas ante la Jurisdicción Contencioso Administrativa se tramitarán conforme a lo previsto en esta Ley; supletoriamente, se aplicarán las normas de procedimiento de la Ley Orgánica del Tribunal Supremo de Justicia y del Código de Procedimiento Civil".

> particular, en donde se pueda afectar de manera flagrante el derecho a la defensa, con la idea de preservar dicha garantía constitucional[420].
> (...)
> Vistos los anteriores criterios jurisprudenciales y en atención al artículo 205 del Código de Procedimiento Civil, aplicable supletoriamente por disposición expresa del artículo 31 de la Ley Orgánica de la Jurisdicción Contencioso Administrativa, esta Sala como garante del derecho a la defensa, reitera que el otorgamiento del término de la distancia comporta una obligación para el Juez conforme a las previsiones de la Ley Adjetiva, tal como lo ha señalado la Sala Constitucional en la sentencia parcialmente transcrita. (Vid., sentencia de esta Sala Núm. 00176 del 7 de mayo de 2019).

Entendemos que la mención expresa al término de la distancia en el auto de proceder constituye un parámetro para determinar si al interesado legítimo se le han otorgado todas las garantías necesarias para que pueda ejercer su derecho a la defensa. Así, si un sujeto que tenga su domicilio fuera de la sede donde se encuentra el órgano de control fiscal no se lo otorga el término de la distancia, éste, ya sea durante el procedimiento de determinación de responsabilidad administrativa o con ocasión a la interposición del recurso contencioso administrativo de nulidad podrá argumentar la violación del derecho a la defensa y el incumplimiento de los requisitos que de acuerdo con el artículo 73 del Reglamento de la LOCGRSNCF debe contener el auto de proceder.

El tercer elemento que queremos destacar del auto de proceder es el relativo al lapso de diez días hábiles para que el interesado legítimo pueda exponer sus argumentos y promover pruebas, y el lapso de quince días hábiles para evacuarlas. Si bien se han establecido dichos plazos para ordenar el procedimiento, consideramos que con fundamento en el principio de informalidad, el órgano de control fiscal que tramite –siempre que se encuentre debidamente justificado y que se persiga obtener todos los elementos de prueba suficientes para verifi-

---

420 Véase igualmente sentencias TSJ/SPA N° 1445 de 08-10-2009, 181 de 03-03-2010 y 921 de 12-06-2014.

car la ocurrencia de actos, hechos u omisiones contrarios a una norma legal o sublegal, determinar el monto de los daños causados al patrimonio público, o la procedencia de acciones fiscales– podrá prorrogar los mismos.

Adicionalmente, advierte Peña Colmenares que ni la LOC-GRSNCF ni su reglamento, realizan mención alguna sobre los medios probatorios que pueden promoverse y evacuarse en este procedimiento. Para la autora, ante el vacío existente deben resultar aplicables los artículos 100 y 102 de la LOC-GRSNCF –que se encuentran en el articulado correspondiente al procedimiento de determinación de responsabilidad administrativa– que consagran el principio de libertad de prueba y que es la sana crítica la regla especial de valoración de estas[421].

b. El informe de resultados

La "potestad investigativa" finaliza con un informe de resultados que deberá producirse dentro de los quince días hábiles siguientes a la conclusión del lapso probatorio previsto y que se enviará junto con el expediente del caso a la dependencia encargada de la determinación de responsabilidades. Si existieren varios interesados legítimos, el lapso anterior se computará a partir del vencimiento del lapso probatorio concedido al último de los notificados (art. 79 del reglamento).

De acuerdo con el artículo 78 del Reglamento de la LOC-GRSNCF, el informe de resultados "constituye un acto de mero trámite cuyo contenido no implica pronunciamiento alguno que prejuzgue sobre la culpabilidad de los interesados legítimos".

La Sala Político-Administrativa del Tribunal Supremo de Justicia ha considerado que ese carácter de "acto de mero trámite" del informe de resultados no lo hace susceptible de ser impugnado ante la jurisdicción contencioso-administrativa. En sentencia N° 342 de 21-03-2018, esta Sala indicó:

> En torno a tales actos (los de trámite) se fueron suscitando varias posturas, que, a la postre, resultaron ser complemen-

---

[421] Peña Colmenares, *El régimen de la responsabilidad administrativa*, 383.

> tarias, a saber: **(i)** la que los excluye del control en referencia, por no tratarse de actos que resuelven el mérito de un asunto con carácter definitivo -como se indicó supra-; **(ii)** las que supeditan su impugnación judicial a la verificación de determinadas circunstancias; y **(iii)** aquellas que condicionan dicho control a la potencial impugnación del "verdadero" acto definitivo.
> (...)
> [S]e colige que los actos de trámite también llamados preparatorios no son, en principio, recurribles de forma autónoma, salvo que el interesado en su impugnación en sede jurisdiccional acredite que el acto: (i) pone fin a un procedimiento; (ii) imposibilita su continuación; o (iii) prejuzga como definitivo; pudiendo causarle indefensión o lesionar algún otro derecho subjetivo o interés legítimo.
> En el caso que nos ocupa, el acto de "Informe de Resultados" es el acto mediante el cual se le notificó a la accionante del inicio de la investigación, lo cual constituye un acto preparatorio al acto definitivo con el que habrá de concluir el procedimiento administrativo en su fase cognoscitiva, y, por ende, un acto de trámite, los términos en que fue notificada, por tanto, no prejuzga como definitivo, toda vez que indica que la investigación (...).
> Siendo ello así, esta Sala estima que el referido Informe de Resultados por ser un acto de trámite es irrecurrible de manera autónoma. Así se declara.

Orlando ha cuestionado que se le otorgue la consideración de "acto de mero trámite" al informe de resultados de la "potestad investigativa" y más aún que se considere que no pueda ser recurrible de forma autónoma, lo cual puede contradecir lo dispuesto en el artículo 85 la Ley Orgánica de Procedimientos Administrativos[422] que dispone:

> Los interesados podrán interponer los recursos a que se refiere este Capítulo contra todo acto administrativo que ponga fin a un procedimiento, imposibilite su continuación, cause indefensión o lo prejuzgue como definitivo, cuando dicho

---

[422] Freddy Orlando S., "Evolución del derecho a la defensa en el procedimiento de determinación de responsabilidad administrativa por parte de la Contraloría General de la República", *Revista de derecho público*, N° 163/164 (2020): 340.

acto lesione sus derechos subjetivos o intereses legítimos, personales y directos.

En efecto, si partimos de la idea de que el informe de resultados es el acto que finaliza la "potestad investigativa", entendemos que éste cumple con el requisito del ya citado artículo 85 de ser un acto "que ponga fin a un procedimiento". Adicionalmente, tal y como afirma Orlando, el informe de resultados puede lesionar los derechos del interesado legítimo en aquellos casos donde se considere que éste ha cometido una irregularidad administrativa susceptible de dar inicio a un procedimiento de responsabilidad administrativa[423], o incluso cuando no se hayan respectado las debidas formalidades del procedimiento, por ejemplo, que no se le otorgue al interesado legítimo el término de la distancia o no se le permita evacuar algún medio de prueba.

Afirmar que el informe de resultados no pueda convertirse en un acto de mero trámite susceptible de impugnación ante la jurisdicción contencioso administrativa, siempre que se cumplan los supuestos previstos en la Ley Orgánica de Procedimientos Administrativos, constituye una vulneración del derecho a la defensa del interesado legítimo, quien deberá esperar que se termine la tramitación del procedimiento de determinación de responsabilidades administrativas y le sean impuestas las sanciones previstas en la Ley, para poder acudir a la jurisdicción contencioso administrativa.

Entendemos que el artículo el artículo 78 del Reglamento de la LOCGRSNCF debe ser interpretado de forma armónica con el artículo 85 la Ley Orgánica de Procedimientos Adminis-

---

[423] Orlando S., "Evolución del derecho a la defensa", 340. Afirma Peña Colmenares que en aquellos casos que el informe de resultados concluya que se debe iniciar un procedimiento de determinación de responsabilidad administrativa, será muy difícil que el interesado legítimo sea declarado inocente en el procedimiento de determinación, puesto que el informe de resultados se configura como una especie de "acto conclusivo" de la potestad de investigación, de allí que deba otorgarse a los particulares la posibilidad de impugnación de forma autónoma. *Vid.* Peña Colmenares, *El régimen de la responsabilidad administrativa*, 384.

trativos y se debe aceptar la posibilidad de impugnar el informe de resultados de la "potestad investigativa" siempre que se cumplan con los extremos del último de los artículos mencionados.

c. La evacuación de pruebas testimoniales

El artículo 80 del Reglamento de la LOCGRSNCF dispone lo siguiente:

> Cuando el órgano de control fiscal, en el curso de las investigaciones que realice, necesite tomar declaración a cualquier persona, ordenará su comparecencia dentro de los diez (10) días hábiles siguientes a la fecha de su notificación, más el término de la distancia. El llamado a comparecer no tendrá el carácter de interesado legítimo, salvo que hubiese sido notificado de conformidad con lo dispuesto en el artículo 79 de la Ley, en cuyo caso su declaración deberá ser rendida sin juramento y previa lectura del numeral 5 del artículo 49 de la Constitución de la República Bolivariana de Venezuela.

Entendemos que esta norma regula la evacuación de pruebas testimoniales dentro de la "potestad investigativa". Más allá del plazo para la evacuación de la prueba –diez días hábiles siguientes a la fecha de la notificación del testigo, más el término de la distancia–, ni la LOCGRSNCF ni su reglamento contemplan otra formalidad respecto de esta.

En este sentido, consideramos que en aquellos casos donde la declaración no sea del sujeto –o sujetos– que tenga la condición de interesado legítimo en la potestad de investigación, dicha declaración deberá realizarse dentro del plazo de quince días hábiles que prevé el artículo 73 del Reglamento de la LOCGRSNCF para la evacuación de pruebas. De igual forma estimamos que el interesado legítimo debe participar en el acto de toma de declaración y debe tener la oportunidad de controlar y contradecir la prueba (preguntar o repreguntar al testigo).

Recordemos que según dispone el artículo 79 de la LOCGRSNCF, el procedimiento analizado dejará de tener carácter reservado una vez que se realice la notificación del interesado legítimo y en consecuencia, debe permitírsele a éste no solamente el acceso al expediente sino participar en las distintas actuaciones procedimentales que realice el órgano de control fiscal con miras a garantizar que ejerza su derecho a la defensa.

d. El auto motivado

Una vez que se emita el informe de resultados, éste debe remitirse al órgano de control fiscal encargado de tramitar el procedimiento de determinación de responsabilidades administrativas -recordemos que con fundamento en el principio de imparcialidad, la dependencia que tramita la "potestad investigativa" debe ser distinta a la que tramita el procedimiento de determinación de responsabilidad administrativa- quien deberá dictar dentro de los treinta días hábiles siguientes a su recepción, un auto motivado mediante el cual ordenará el archivo de las actuaciones realizadas o el inicio del procedimiento de determinación de responsabilidades.

De acuerdo con el artículo 86 del Reglamento de la LOCGRSNCF el procedimiento de determinación de responsabilidad administrativa se iniciará "cuando surgieren elementos de convicción o prueba que pudieran dar lugar a la declaratoria de responsabilidad administrativa, la formulación de reparos o imposición de multa".

Dispone el mismo artículo que se podrá ordenar el archivo de las actuaciones:

> 1. Cuando los hechos investigados no constituyan supuestos que conforme a las Leyes pudieran dar lugar a la declaratoria de responsabilidad administrativa, formulación de reparo o imposición de multa.
> 2. Cuando de las pruebas recabadas por el órgano de control fiscal o de las aportadas durante el procedimiento investigativo por los interesados legítimos, quedaren plenamente desvirtuados los actos, hechos u omisiones presuntamente irregulares o la participación de las personas directamente vinculadas con los mismos.

3. Cuando se verifique la existencia de alguno de los supuestos que hacen procedente el sobreseimiento[424].
4. Cuando existan otros motivos legales que lo justifiquen.

De lo anterior se aprecia que no corresponde al funcionario que tramita la "potestad investigativa" decidir si se inicia o no el procedimiento de determinación de responsabilidad administrativa; y su participación culmina con la emisión del informe de resultados. Es el órgano que tramita el procedimiento de determinación el que -previa evaluación del mencionado informe de resultados- decide dar inicio o no a la determinación de responsabilidad administrativa.

Para De León Osorio y Mendoza Gómez, el auto motivado es un auto de valoración jurídica del informe de resultados que no representa el auto de apertura del procedimiento de determinación de responsabilidad administrativa. El auto motivado puede ordenar el archivo de la "potestad investigativa" u ordenar el inicio del procedimiento de determinación[425]. Es "un acto trascendente para la continuación o no del procedimiento exigiéndose como principal formalidad su motivación, para explicar las razones de hecho y de derecho en las cuales se fundamenta"[426].

El artículo 87 del Reglamento de la LOCGRSNCF prevé que, si al momento de emitir el correspondiente acto motivado, la dependencia encargada de tramitar el procedimiento de determinación de responsabilidad administrativa considera que es necesario aclarar alguna circunstancia vinculada con la investigación, evacuar nuevas pruebas o ampliar las ya existen-

---

424 A saber: 1. Que al momento de iniciarse el procedimiento de determinación de responsabilidades se constatare que las acciones que pudieran derivarse de los actos, hechos u omisiones que le dieron origen están prescritas, 2. Que haya fallecido el sujeto presuntamente responsable de los actos, hechos u omisiones, 3. Que los actos, hechos u omisiones investigados no revistan carácter irregular a la luz de lo previsto en las Leyes que regulan la materia, y 4. Que existan otros motivos legales que justifiquen no proseguir el procedimiento. Ibid., artículo 99.

425 De León Osorio y Mendoza Gómez, *Los principios, los actos y las pruebas*, 114.

426 Ibid., 115.

tes, podrá solicitar a la dependencia que tramitó la "potestad investigativa" que practique las actuaciones que estime necesarias.

Asimismo, si evidenciare la participación de otros sujetos en los actos, hechos u omisiones que fueron investigados, que no participaron en la "potestad investigativa", solicitará se practiquen las notificaciones correspondientes, se les garantice el ejercicio de su derecho a la defensa y se elabore un alcance al informe de resultados de la potestad de investigación.

C. Por denuncia de los particulares

Otro medio que puede dar lugar al inicio de un procedimiento de determinación de responsabilidad administrativa es la denuncia que presenten los particulares sobre posibles irregularidades en el manejo de los fondos y bienes públicos. Para Paredes Calderón la denuncia es un mecanismo de participación ciudadana –actuación funcional– ante los órganos de control fiscal que les permite ponerlos en conocimiento sobre la presunta comisión de actos, hechos u omisiones contrarios a una disposición legal o sublegal vinculadas al manejo o custodia de fondos o bienes públicos, para que éstos puedan iniciar los procedimientos administrativos que correspondan[427].

Según el artículo 86 de la LOCGRSNCF y los artículos 20 y siguientes de las Normas para fomentar la participación ciudadana, en el caso de las denuncias se procederá de la siguiente forma:

La denuncia podrá presentarse por escrito firmada en original ante la Oficina de Atención Ciudadana de cualquier órgano o ente del sector público o directamente ante los órganos de control fiscal (arts. 16 al 18 de las normas). En el primero de los casos, presentada la denuncia ante la Oficina de Atención Ciudadana, esta deberá remitirá al órgano de control fiscal competente, para que ejerza las acciones fiscales a que hubiere lugar.

---

[427] Paredes Calderón, "La participación ciudadana", 180-186.

También podrá presentarse verbalmente, caso en el cual se levantará un acta en presencia del denunciante, quien la firmará junto con el funcionario que la recibe (art. 20 de las normas). De igual forma podrá presentarse a través de los medios electrónicos que dispongan las Oficinas de Atención Ciudadana y los órganos de control fiscal.

En cualquiera de los casos anteriores la denuncia debe contener la identificación del denunciante, la narración de los actos, hechos u omisiones presuntamente irregulares, el señalamiento de quienes los han cometido, fecha de ocurrencia, ente u organismo donde ocurrieron y todo cuanto le constare al denunciante (art. 20 de las normas), no siendo admisibles las denuncias anónimas (art. 23 de las normas).

El órgano que recibe la denuncia preservará la identidad del denunciante, así como su domicilio, profesión, lugar de trabajo y cualquier otro dato que pudiera servir para su identificación (art. 22 de las normas).

Si la denuncia resultare falsa, infundada o versare sobre actos, hechos u omisiones que no ameritaren averiguación, se dejará constancia mediante auto expreso y se acordará su archivo (art. 24 de las normas), en caso contrario se ordenará el inicio del procedimiento de determinación de responsabilidad administrativa. En ambos casos se deberá notificar al denunciante de la decisión tomada por el órgano de control fiscal (art. 18 de las normas).

Respecto de la denuncia, Peña Colmenares plantea la duda de si puede dársele al denunciante la condición de interesado legítimo en el procedimiento de determinación de responsabilidad administrativa. De acuerdo con la autora, a pesar de que se reconoce que la denuncia es un mecanismo de participación ciudadana que abre la posibilidad al inicio de un procedimiento de determinación, ni la ley ni el reglamento hacen mención alguna a que el denunciante pueda ser considerado como interesado legítimo en este tipo de procedimientos[428].

---

[428] Peña Colmenares, *El régimen de la responsabilidad administrativa*, 395.

En el caso de España, por ejemplo, el artículo 62.5 de la Ley 39/2015, de 1 de octubre, del procedimiento administrativo común de las Administraciones Públicas es claro al afirmar que "[l]a presentación de una denuncia no confiere, por sí sola, la condición de interesado en el procedimiento"[429]. En Venezuela, ni la Ley Orgánica de Procedimientos Administrativos, ni la LOCGRSNCF, ni su reglamento, contienen una disposición expresa referida al tratamiento que debe dársele al denunciante en el procedimiento de determinación de responsabilidad administrativa.

El artículo 18 de las Normas para fomentar la participación ciudadana señala que el órgano de control fiscal o la Oficina de Atención Ciudadana deberán informar al denunciante de la decisión o respuesta sobre la denuncia presentada, lo que puede dar a entender que no se le ha considerado interesado legítimo en el procedimiento.

Advierte Peña Colmenares que la Sala Político Administrativa del Tribunal Supremo de Justicia en sentencia de 18 de julio de 2000 señaló que "el denunciante en la esfera administrativa, no poseía la condición de interesado", lo que trae como consecuencia que la participación del denunciante en el procedimiento de determinación de responsabilidades administrativas se limita a poner en conocimiento de los órganos de control fiscal de la ocurrencia de alguna infracción administrativa que pueda considerarse un supuesto generador de responsabilidad[430].

No obstante, considera que nada obsta para que cualquier denunciante pretenda hacer valer su condición de interesado legítimo y solicite su participación en las distintas fases del procedimiento de determinación de responsabilidad administrativa, con fundamento en el principio de participación ciudadana previsto en los artículos 55, 62, 70, 79, 80, 81, 83, 84, 86,

---

[429] BOE N° 236, de 2-10-2015.

[430] Peña Colmenares, *El régimen de la responsabilidad administrativa*, 397-398.

102, 118, 119, 127, 128, 132, 171, 173, 178, 184, 187 y 255 de la Constitución de 1999[431].

D. A solicitud de cualquier organismo o empleado público

El último de los mecanismos que puede iniciar un procedimiento de determinación de responsabilidades administrativas es la solicitud que realice cualquier órgano o ente público o un empleado público. Ni la LOCGRSNCF ni su reglamento explican lo que debe contener esa solicitud. Entendemos que para estos casos pueden resultar aplicables los mismos parámetros que para las denuncias, es decir, se puede presentar de forma verbal, escrita o a través de medios electrónicos, debiendo contar con todos los elementos necesarios que le permitan al órgano de control fiscal conocer los actos, hechos u omisiones presuntamente irregulares, el señalamiento de quienes los han cometido, fecha de ocurrencia, ente u organismo donde ocurrieron y cualquier otro elemento que permita hacerse un juicio suficiente para determinar la procedencia o no del procedimiento de determinación de responsabilidades administrativas.

Destacamos que si la denuncia o la solicitud que realiza el órgano o el empleado público resultan insuficientes para abrir un procedimiento de determinación, ello no necesariamente significa que la información presentada deba ser descartada, recordemos que los órganos de control fiscal cuentan con potestades de investigación que le permitirían recabar otros elementos de prueba para formarse un mejor juicio de valor y determinar con mayor grado de certeza la procedencia o no del procedimiento de determinación contra el sujeto denunciado, de allí que puedan hacer uso de las potestades de investigación para complementar aquellas solicitudes o denuncias que no cuenten con todos los elementos de prueba necesarios, más aún cuando ninguna de las formas de inicio previamente estudiadas son excluyentes entre sí.

---

[431] Ibid., 399.

Ahora bien, advierte Peña Colmenares que lo anterior no puede considerarse una excusa para "reconducir" todas las denuncias o solicitudes a través de la "potestad investigativa", puesto que a su criterio, la intención del legislador es considerarlos como mecanismos directos para iniciar un procedimiento de determinación de responsabilidad administrativa[432].

4. El auto de apertura y su notificación

El procedimiento de determinación de responsabilidad administrativa inicia con el auto de apertura referido en los artículos 96 y 98 de la LOCGRSNCF. En dicho auto "se describirán los hechos imputados, se identificarán los sujetos presuntamente responsables y se indicarán los correspondientes elementos probatorios y las razones que comprometen, presumiblemente, su responsabilidad" (art. 98).

Para Orlando, el auto de apertura es el acto en el que se particulariza la materia objeto de controversia y se establecen los extremos que deberá desvirtuar el interesado legítimo en el procedimiento de determinación de responsabilidad administrativa, de allí que en él se deberá indicar de forma clara y precisa el hecho, acto u omisión irregular cuya autoría se le atribuye al sujeto, que constituye un ilícito administrativo, la norma infringida, y la debida correspondencia entre una y otra[433].

De León Osorio y Mendoza Gómez consideran que en aquellos casos que el procedimiento de determinación de responsabilidad administrativa derive de la previa tramitación de la "potestad investigativa", el auto de apertura del procedimiento de determinación debe limitarse a lo previsto en el informe de resultados y el expediente de dicha potestad:

> [H]asta el punto que los únicos que pueden ser señalados como presuntos responsables en este auto, son aquellos considerados interesados legítimos en el informe de resultados, o en el alcance realizado a éste, e igualmente el auto de apertura debe únicamente referirse a los actos, hechos u omisiones contenidos en el informe de resultado que quedan

---

[432] Ibid., 408.

[433] Orlando S., *La potestad inquisitiva de los órganos de control fiscal*, 131.

> firmes y fundamentarse solo en las pruebas tanto de los hechos como de la culpabilidad[434].

Estimamos que la afirmación de los autores se refuerza con el artículo 87 del Reglamento de la LOCGRSNCF que prevé la posibilidad de que la dependencia encargada de tramitar el procedimiento de determinación de responsabilidad administrativa le solicite a la dependencia que tramitó la "potestad investigativa" realizar diligencias adicionales para aclarar alguna circunstancia o para la notificación de otros interesados legítimos que no fueron notificados durante la tramitación de la "potestad investigativa".

De acuerdo con Peña Colmenares, cuando el procedimiento de determinación de responsabilidades es precedido de una "potestad investigativa", el auto de apertura no es más que la concreción del inicio del procedimiento de determinación ya que –como vimos previamente– debe limitarse a lo señalado en el informe de resultados de la "potestad investigativa"[435]. Distinto sentido tiene el auto de apertura para los otros supuestos de inicio del procedimiento (actuaciones de control, denuncia o a solicitud de un órgano o ente público o un empleado público), ya que en estos casos, el auto de apertura "adquiere la entidad formal y sustantiva para dar lugar a la apertura del procedimiento"[436].

El artículo 88 del Reglamento de la LOCGRSNCF detalla los elementos que debe contener el auto de apertura, siendo éstos:

> 1. La identificación del órgano de control fiscal, así como de la dependencia encargada de la determinación de responsabilidades, con indicación expresa de las disposiciones legales y reglamentarias que fundamenten su competencia.
> 2. La identificación del órgano o entidad donde ocurrieron los actos, hechos u omisiones.

---

434 De León Osorio y Mendoza Gómez, *Los principios, los actos y las pruebas*, 117.

435 Peña Colmenares, *El régimen de la responsabilidad administrativa*, 410.

436 Ibid.

3. Descripción de los actos, hechos u omisiones imputados.
4. Identificación de los sujetos presuntamente responsables.
5. Indicación de los correspondientes elementos probatorios y las razones que comprometen, presumiblemente, su responsabilidad.
6. La orden de que sean notificados los sujetos presuntamente responsables de los actos, hechos u omisiones.
7. La indicación expresa en la notificación del auto de inicio o apertura, que los sujetos presuntamente responsables quedarán a derecho para todos los efectos del procedimiento administrativo para la determinación de responsabilidades.

Las afirmaciones contenidas en el auto de apertura deberán manifestarse en todo momento de forma presuntiva, no pudiendo en esta etapa dar por probados los hechos, actos u omisiones que pudieran constituirse como un supuesto generador de responsabilidad administrativa ya que ello resulta contrario al principio de presunción de inocencia y violatorio del derecho a la defensa de los interesados legítimos[437]. Así lo ha reconocido la Sala Político-Administrativa del Tribunal Supremo de Justicia en sentencia N° 69 de 27-01-2016, en la que manifestó:

> [C]onsidera necesario la Sala ratificar lo expuesto por el *a quo*, en cuanto a que la Dirección de Determinación de Responsabilidad de la Contraloría General del Estado Lara en el auto de inicio del procedimiento administrativo sancionatorio, preliminarmente atribuyó y dio por probado el hecho de que el recurrente, en su condición de Presidente del Consejo Legislativo del Estado Lara, incumplió con los requisitos mínimos exigidos en el Manual Descriptivo de Cargos del Consejo Legislativo del Estado Lara y en los artículos 78 y 30 del Reglamento Interior de Debates del Consejo Legislativo de esa misma entidad, al nombrar en los cargos de Directora General de Servicios Administrativos y Jefe de la Unidad de Compras a unas ciudadanas que no encuadraban dentro del perfil requerido para dichos cargos, según el instrumento normativo vigente.

---

[437] Omaña Peña, "Las potestades de investigación de los órganos de control fiscal", 21.

> (...)
> En atención a todo lo antes expuesto, concluye esta Alzada que la Corte Primera de lo Contencioso Administrativo no incurrió en suposición falsa pues efectivamente, la Contraloría General del Estado Lara, desde el inicio del procedimiento administrativo sancionatorio consideró que [el recurrente], en su condición de Presidente del Consejo Legislativo de ese Estado, incurrió en responsabilidad administrativa al haber incumplido con lo dispuesto en el Manual Descriptivo de Cargos del Consejo Legislativo del Estado Lara y en el Reglamento Interior de Debates de ese Consejo Legislativo, antes mencionados, lo cual resulta violatorio del derecho a la presunción de inocencia; en razón de lo cual se desecha la denuncia formulada al respecto.

Así el auto de apertura se configura en el elemento formal que da inicio al procedimiento de determinación de responsabilidad administrativa, en el cual el órgano de control fiscal expone los hechos, actos u omisiones que considera comprometen la responsabilidad de determinados sujetos. Este acto delimita la actuación de los órganos de control fiscal y los hechos, actos u omisiones a los que debe circunscribirse su decisión. "[S]i la decisión final se apartara de tales hechos, omisiones, o acto, indicados en el auto de apertura o declara culpable a otros sujetos diferente a los indicados en el auto, seguramente estaría afectada de vicios de ilegalidad"[438].

El artículo 96 de la LOCGRSNCF dispone que la notificación del auto de apertura se realizará según lo dispuesto en la Ley Orgánica de Procedimientos Administrativos, es decir, de forma personal o mediante carteles. Para Peña Colmenares, esto no limita a que puedan darse notificaciones de hecho durante la tramitación del procedimiento de determinación de responsabilidad administrativa, es decir, que el interesado legítimo comparezca ante el órgano de control fiscal, tenga acceso al expediente y solicite fotocopias de este, o realice cualquier

---

[438] De León Osorio y Mendoza Gómez, *Los principios, los actos y las pruebas*, 122.

actuación que evidencie que tuvo conocimiento del contenido del expediente[439].

El artículo 90 del Reglamento de la LOCGRSNCF prevé los requisitos mínimos que debe contener el oficio de notificación, detallando que deberá realizarse mediante oficio. Estos requisitos son:

1. Identificación de los sujetos presuntamente responsables de los actos, hechos u omisiones investigados.
2. El número del expediente.
3. La dependencia en que se encuentra, con su dirección exacta y el horario de atención al público.
4. Señalamiento del lapso dentro del cual podrán los sujetos presuntamente responsables de los hechos investigados o sus representantes legales indicar todas las pruebas, y consignar en el expediente los medios de prueba documentales de que dispongan, que a su juicio desvirtúen los elementos de prueba o convicción a que se refiere el artículo 96 de la Ley.
5. Indicación del lapso para la admisión de las pruebas y señalamiento expreso de que en caso de ser admitidas, podrán evacuarse, de ser necesario, antes del acto oral y público a que se refiere el artículo 101 de la ley.
6. Indicación de que la dependencia encargada de la determinación de responsabilidades por auto expreso fijará el día y la hora en que tendrá lugar el acto oral y público a que se refiere el artículo 101 de la Ley.
7. Señalamiento expreso a los sujetos presuntamente responsables de los actos, hechos u omisiones o sus representantes legales, que a partir de la fecha de notificación quedarán a derecho para todos los efectos del procedimiento.

El establecimiento de los requisitos que debe cumplir tanto el auto de apertura como el oficio de notificación permiten evaluar que se hayan cumplido todas las fases del procedimiento y se haya garantizado debidamente el derecho a la defensa de los interesados legítimos. La omisión de cualquiera de estos requisitos que pudiera convertirse en motivo de indefen-

---

439 Peña Colmenares, *El régimen de la responsabilidad administrativa*, 410-411.

sión para los interesados pudiera dar lugar a la nulidad del procedimiento y del acto que eventualmente declare la responsabilidad administrativa.

5. Las medidas preventivas

La LOCGRSNCF y su reglamento, prevén la posibilidad de dictar medidas preventivas en el curso de las investigaciones que realicen los órganos de control fiscal. El artículo 112 de la Ley dispone:

> El Contralor o Contralora General de la República y con su previa autorización, los titulares de los demás órganos de control fiscal externo, podrán adoptar en cualquier momento, mediante acto motivado, las medidas preventivas que resulten necesarias cuando en el curso de una investigación se determine que existe riesgo manifiesto de daño al patrimonio de alguno de los entes u organismos señalados en los numerales 1 al 11 del Artículo 9 de esta ley, o que quede ilusoria la ejecución de la decisión[440].

De esta norma se pueden extraer los siguientes elementos:

Primero, la competencia para acordar las medidas preventivas corresponde de forma "exclusiva y excluyente" al Contralor General de la República. Si se aprecia con detenimiento la redacción de la norma, podrá observarse que los órganos de control fiscal externo no tienen competencia plena para ello, dado que requieren previa autorización del Contralor General de la República[441].

Segundo, los órganos que pueden acordar las medidas preventivas son los órganos de control fiscal externo. La Ley se

---

440 De forma similar se hayan previstas las medidas preventivas en el artículo 102 del reglamento que prevé: "Las medidas preventivas a ser adoptadas por los órganos de control fiscal en el curso de las investigaciones o del procedimiento administrativo para la determinación de responsabilidades cuando exista riesgo manifiesto de daño al patrimonio público o de quedar ilusoria la ejecución de la decisión, deberán ser autorizadas por el Contralor General de la República y mantendrán su vigencia hasta el momento en que cesen las causas o motivos que la originaron".

441 Peña Colmenares, *El régimen de la responsabilidad administrativa*, 394.

refiere a éstos de forma expresa, por lo que debería entenderse que las unidades de auditoría interna y la Contraloría General de la Fuerza Armada, aun cuando tienen competencia para la tramitación de procedimientos de determinación de responsabilidad administrativa, no podrán acordar medidas preventivas.

Respecto de este punto, Peña Colmenares advierte que el artículo 80 de la LOCGRSNCF, al referirse a la medida de suspensión en el ejercicio del cargo, no distingue el órgano de control fiscal que podrá acordarla[442], situación que se ve reforzada con el artículo 102 del reglamento que hace referencia a las medidas preventivas "a ser adoptadas por los órganos de control fiscal", sin hacer distinción a órganos de control fiscal internos o externos.

Evidentemente existe una contradicción entre la norma que consagra de forma general las medidas preventivas (art. 112 de la Ley) y la norma que consagra una medida preventiva en concreto (art. 80 de la Ley). Para Peña Colmenares, la competencia debe venir determinada por la norma específica, es decir; el artículo 80 de la LOCGRSNCF que regula de forma concreta la medida de suspensión del cargo, y en consecuencia, debe entenderse que cualquier órgano de control fiscal, interno o externo, siempre que obtenga la autorización de la Contraloría General de la República, podrá acordar la medida cautelar del mencionado artículo 80.

Tercero, las medidas preventivas deben dictarse mediante acto motivado.

Cuarto, podrán dictarse cuando exista el riesgo manifiesto de daño al patrimonio público o que quede ilusoria la decisión que dicte el órgano de control fiscal.

El artículo 113 de la LOCGRSNCF dispone que las medidas preventivas deben estar expresamente previstas y ajustarse a la proporcionalidad y necesidades de los objetivos que se pretendan garantizar en cada supuesto concreto. Respecto de ello queremos advertir que la única medida preventiva que se en-

---

[442] Ibid., 438.

cuentra "expresamente prevista" está regulada en el artículo 80 de la misma Ley de la siguiente forma: "El titular del órgano de control fiscal que practique la investigación podrá solicitar la suspensión en el ejercicio del cargo de cualquier funcionario sometido o funcionaria sometida a un procedimiento de determinación de responsabilidades".

Si nos ajustamos a lo señalado en el artículo 113 de la Ley, debemos entender que la única medida preventiva que se ha previsto es la de la suspensión del cargo para los funcionarios sometidos a un procedimiento de determinación de responsabilidad administrativa, ante lo cual Peña Colmenares plantea si esta medida puede ser aplicable durante la tramitación de una "potestad investigativa"[443].

Pensamos que al ser la medida de suspensión del cargo una medida restrictiva que tiene un impacto negativo en la esfera jurídica de los interesados legítimos, su aplicación debe ser interpretada de forma restrictiva, es decir: 1. Sólo podrá aplicarse a los sujetos que tengan la categoría de funcionarios públicos, debiendo excluir de su aplicación a los contratados, empleados, obreros y particulares, y 2. Sólo podrán dictarse en el curso de un procedimiento de determinación de responsabilidad administrativa, no pudiendo darse durante la tramitación de una "potestad investigativa".

No obstante lo anterior, pareciera que esa no ha sido la intención del legislador ni del reglamentista dado que el artículo 112 de la LOCGRSNCF señala que las medidas preventivas podrán dictarse "en el curso de una investigación" sin determinar a qué tipo de investigación se refiere, y el artículo 102 del reglamento dispone que las medidas preventivas podrán ser adoptadas "en el curso de las investigaciones o del procedimiento administrativo para la determinación de responsabilidades".

Sin embargo, consideramos que la interpretación de las normas que regulan las medidas preventivas en materia de control fiscal debe ser realizada de forma armónica y siempre

---

443 Ibid., 391.

preservando los derechos y garantías de los interesados legítimos a quienes, por disposición constitucional los acompaña el principio de presunción de inocencia. En tal sentido, al encontrarse regulada solamente la medida de suspensión del cargo "durante la tramitación de un procedimiento de determinación de responsabilidad administrativa", esta debe ser la única medida preventiva que puede ser aplicada. Corresponderá al legislador en una futura reforma de la Ley estimar si amplia dicha medida cautelar o incorpora medidas de otro tipo[444], tanto en la "potestad investigativa" como en el procedimiento de determinación de responsabilidad administrativa.

El procedimiento que prevé el Reglamento de la LOCGRSNCF para las medidas preventivas, es el siguiente:

Primero, si el interés en una medida preventiva deriva de un órgano de control fiscal distinto a la Contraloría General de la República, éste deberá presentar su solicitud al máximo órgano de control fiscal, la cual tendrá que cumplir con los siguientes requisitos: 1. Identificación plena del sujeto sobre quien recaería la medida, 2. Cargo que ocupa o razón social, 3. Supuestos de hecho que hacen inminente la aplicación de la medida, a saber: cuando exista riesgo manifiesto de daño al patrimonio público o de quedar ilusoria la ejecución de la decisión, 4. Base legal en que se consagra la medida, y 5. Los elementos probatorios que a juicio del solicitante justifiquen la procedencia de la medida.

Llama la atención que entre los requisitos, se haga referencia a la identificación de la "razón social" y es que de conformidad con el artículo 201 del Código de Comercio venezolano[445], la razón social es la denominación que se le otorga a las compañías de comercio –personas jurídicas a distintas a sus

---

[444] Un ejemplo de medida preventiva que podría incorporarse sería la del aseguramiento de los bienes de los interesados legítimos, en aquellos casos donde se presuma de la existencia de un daño al patrimonio público, con miras a garantizar la reparación de este.

[445] G.O. N° 475, extraordinario de 21-12-1955.

socios- constituidas en nombre colectivo[446] o en comandita[447], y hemos explicado previamente que la única medida cautelar regulada en la LOCGRSNCF es la de suspensión del cargo de los funcionarios públicos -personas naturales- por lo que debemos entender que el requisito de "cargo que ocupa o razón social" está referido a poder identificar de forma plena el lugar dentro de la estructura del Estado donde el funcionario presta sus servicios, lo que servirá entre otros, para justificar por qué resulta necesario su separación del cargo durante el procedimiento de determinación de responsabilidad administrativa. Como afirma Peña Colmenares, lo que se persigue con las medidas preventivas es evitar que el sujeto en virtud del cargo que ocupa o de la jerarquía del mismo, directa o indirectamente, busque incidir a su favor, o persiga dificultar e imposibilitar la obtención de pruebas que consten en las oficinas o dependencias donde presta sus servicios, por parte de los órganos de control fiscal[448].

Segundo, recibida la solicitud y los recaudos correspondientes el Contralor General de la República, deberá pronunciarse sobre la autorización en un plazo que no excederá de quince días hábiles (art. 104 del reglamento).

Tercero, recibida la autorización de la Contraloría General de la República, el órgano de control fiscal que tramite el procedimiento de determinación de responsabilidad administrativa dictará auto motivado, acordando la medida preventiva. Dicho auto motivado debe contener, como mínimo, lo siguiente: 1. Señalamiento expreso del titular del órgano que adopta la medida, 2. Identificación del sujeto sobre quien recaería la me-

---

446 La compañía en nombre colectivo es aquella en la cual las obligaciones sociales están garantizadas por la responsabilidad limitada y solidaria de todos los socios.

447 La compañía en comandita es aquella en la que las obligaciones sociales están garantizadas por la responsabilidad limitada y solidaria de uno o más socios, llamados socios solidarios o comanditantes y por la responsabilidad limitada a una suma determinada de uno o más socios, llamados comanditarios. El capital de los comanditarios puede estar dividido en acciones.

448 Peña Colmenares, *El régimen de la responsabilidad administrativa*, 390.

dida, 3. Razones de hecho y fundamentos de derecho que justifican su procedencia, y 4. Señalamiento del acto mediante el cual el Contralor General de la República autorizó la medida (art. 105 del reglamento).

Ni la Ley ni el reglamento señalan la oportunidad en la que se podrá acordar la medida preventiva; por lo que pensamos que podrá darse a partir de la emisión del acto de apertura por ser éste el acto formal que da inicio al procedimiento de determinación de responsabilidad administrativa. En cuanto al tiempo de duración de la medida preventiva, el artículo 102 del Reglamento de la LOCGRSNCF no prevé un lapso de tiempo concreto, sólo indica que las medidas preventivas mantendrán su vigencia hasta el momento en que cesen las causas o motivos que la originaron.

Cuarto, las medidas preventivas no las ejecuta directamente el órgano de control fiscal que las dicta, sino que ello le corresponde a las "autoridades competentes", quienes deberán ejecutarlas en un plazo que no excederá de tres días hábiles y participadas al órgano de control fiscal correspondiente, dentro de los tres días hábiles siguientes a su ejecución (art. 106 del reglamento).

Aunque no se define quién es la autoridad competente, la responsabilidad recae en principio, en la máxima autoridad del órgano o ente público donde el funcionario preste sus servicios, con independencia que otras autoridades puedan participar en el proceso, por ejemplo, el área de recursos humanos.

Ahora bien, ni la Ley ni el reglamento aclaran si la medida de suspensión del cargo contra el funcionario público trae como consecuencia la suspensión del goce de sueldo y demás beneficios económico-sociales. Ante el silencio de la norma, creemos que debe dársele la interpretación más favorable para el funcionario y entender que la medida cautelar se limita a la separación del ejercicio de las funciones del sujeto, como mecanismo para evitar que éste pueda entorpecer el procedimiento de determinación de responsabilidad administrativa.

El artículo 106 del Reglamento de la LOCGRSNCF dispone que la autoridad competente "deberá" ejecutar la medida preventiva, lo que permite entender que se trata de un mandato y no de una solicitud cuya ejecución queda a la discrecionalidad del órgano o ente público.

Además, el artículo 94 de la LOCGRSNCF establece la posibilidad de sancionar con multa entre 100 y 1000 unidades tributarias a aquellos sujetos que "entraben o impidan el ejercicio de las funciones de los órganos de control fiscal", supuesto dentro del que puede subsumirse la decisión de no dar cumplimiento a una medida preventiva decretada por un órgano de control fiscal[449].

Con fundamento en lo anterior, entendemos que resulta muy precaria y deficiente la regulación que existe en la LOCGRSNCF y su reglamento, respecto de las medidas preventivas que pueden dictar los órganos de control fiscal en el curso de las investigaciones que realicen para declarar la responsabilidad administrativa de determinado sujeto. Es necesario realizar una reforma de las normas jurídicas existentes, no solamente para armonizarlas entre sí, sino, además, para prever otro tipo de medidas preventivas que -más allá de la simple separación del funcionario de su cargo- permitan garantizar no solo el adecuado desarrollo del procedimiento sino la ejecución de la decisión, sobre todo en aquellos casos en los que se presuma la existencia de un daño al patrimonio público.

6. Las pruebas

Lo primero que debemos hacer en este punto es recordar que el procedimiento de determinación de responsabilidad administrativa es un procedimiento administrativo sancionatorio, y que en estos casos, se produce la inversión de la carga de la prueba contra el órgano o ente que tramita dicho procedimiento -concretamente los órganos de control fiscal-, quienes deberán comprobar la culpabilidad de los interesados legítimos

---

449 Ibid., 391.

respecto de la infracción administrativa, así como del daño al patrimonio público.

Ello significa que quien tiene la obligación principal de probar en los procedimientos de determinación de responsabilidad administrativa, son los órganos de control fiscal y ante la ausencia o ineficiente actividad probatoria deberá exonerarse de responsabilidad a los interesados legítimos. Lo anterior no es una limitante para que los interesados legítimos puedan llevar al procedimiento todos los medios de prueba que estimen necesarios para desvirtuar los argumentos del órgano de control fiscal puesto que ello forma parte del contenido del derecho a la defensa. Sin embargo, esto debe ser interpretado como una potestad del sujeto y no una obligación, dado que la obligación recae sobre los órganos de control fiscal.

Hechas estas consideraciones revisamos cómo se regula la promoción y evacuación de las pruebas en la LOCGRSNCF y su reglamento.

A. Promoción de pruebas

Los artículos 99 y 100 de la LOCGRSNCF establecen que los interesados legítimos dentro de los quince días hábiles siguientes a la notificación del auto de apertura podrán indicar cualquier medio de prueba que consideren necesario, y que no esté expresamente prohibido en la Ley. Aunque la Ley utilice el término "indicar", debe entenderse que se trata de un lapso de promoción de pruebas porque el artículo 99 señala que estas pruebas se "producirán en el acto público", mientras que el artículo 91 del Reglamento de la LOCGRSNCF indica que tales pruebas "podrán evacuarse, de ser necesario, antes del acto oral y público".

Independientemente de las imprecisiones que puedan observarse respecto de la oportunidad para evacuar las pruebas –que serán destacadas más adelante–, lo cierto es que el lapso de quince días hábiles previsto en el artículo 99 de la LOCGRSNCF está referido únicamente a la promoción de las pruebas, oportunidad en la que se deberán presentar las pruebas documentales que se dispongan.

Peña Colmenares cuestiona el tipo de pruebas que deba promover el interesado legítimo en el procedimiento de determinación de responsabilidad administrativa, y más aún que el artículo 99 de la LOCGRSNCF refiera que dichas pruebas deban desvirtuar los elementos de prueba y de convicción a los que hayan tenido acceso los órganos de control fiscal a través de los distintos mecanismos de inicio del procedimiento de determinación (el ejercicio de actuaciones de control, la "potestad investigativa", la denuncia o la solicitud de un órgano o ente público, o empleado público). Para la autora, este señalamiento presupone que "el interesado se coloca en la dificilísima situación de probar su inocencia"[450], dado que ya los órganos de control fiscal han debido recolectar algunos medios probatorios que fueron los que dieron como resultado el auto de apertura del procedimiento de determinación de responsabilidades administrativas.

En esta misma línea de argumentos, resalta Peña Colmenares que si el procedimiento de determinación de responsabilidad administrativa se inicia como consecuencia de una "potestad investigativa", ya en esta etapa previa, el interesado legítimo promovió los medios necesarios para desvirtuar los hechos que dieron lugar a la potestad y que si se dio inicio al procedimiento de determinación es porque de alguna manera no se logró demostrar su inocencia[451].

Respecto de tales argumentos, si bien es cierto que en la "potestad investigativa" el interesado legítimo ya ejerció una actividad probatoria, no es menos cierto que, es en el auto de apertura del procedimiento de determinación de responsabilidad administrativa donde se concreta la controversia y donde el órgano de control fiscal subsume los hechos, actos u omisiones, en alguno de los supuestos generadores de responsabilidad administrativa, de allí que, consideramos que puede darse una actividad probatoria distinta a la que se desarrolló como parte de la "potestad investigativa", no solo para el interesado legítimo, sino también para el órgano de control fiscal pues es

---

450 Peña Colmenares, *El régimen de la responsabilidad administrativa*, 443.
451 Ibid., 444.

éste el que, en definitiva, tiene la carga de probar la responsabilidad del sujeto.

Otro aspecto que debe destacarse de la etapa de promoción de pruebas es que el artículo 99 de la LOCGRSNCF dispone de forma expresa que, en el caso de existir varios interesados legítimos, el plazo de promoción de pruebas se computará individualmente para cada uno de ellos. Entendemos que ello significa que, si las notificaciones se realizan en oportunidades diferentes, el lapso de promoción de pruebas para cada interesado legítimo será distinto. Cabe preguntarse si ello no resulta contrario al principio de unidad de la tramitación administrativa y si lo idóneo sería que el lapso de quince días de promoción de pruebas comience a computarse una vez que se haya efectuado la notificación de todos los interesados legítimos.

B. Oposición a las pruebas y posterior admisión

Ni la LOCGRSNCF ni su reglamento prevén de forma expresa una oportunidad para realizar la oposición a los medios probatorios presentados por los interesados legítimos, en aquellos casos donde exista más de un interesado legítimo. El artículo 91 del Reglamento de la LOCGRSNCF prevé que las pruebas serán admitidas, dentro de los tres días hábiles siguientes al vencimiento del lapso de promoción de estas.

En el caso de existir varios interesados legítimos y con el fin de garantizar el derecho a la defensa, consideramos que el órgano encargado del procedimiento de determinación de responsabilidad administrativa debe otorgarles un lapso prudencial para que puedan realizar la oposición a los medios de que se hubieren presentado y luego de ello, correspondería emitir pronunciamiento sobre la admisión de estos. Entendemos que proceder garantizaría la posibilidad que los interesados legítimos puedan ejercer su derecho de contradicción y control de la prueba.

Respecto a la admisión de las pruebas, De León Osorio y Mendoza Gómez aclaran que ni la LOCGRSNCF ni su reglamento establecen las posibles causas por las cuales se pueda inadmitir o desestimar una prueba[452]. El artículo 100 de la LOCGRSNCF al consagrar el principio de libertad probatoria señala que se podrán probar todos los hechos por cualquier medio de prueba "que no esté expresamente prohibido por la ley", por lo que este sería el único parámetro expresamente establecido para inadmitir una prueba.

Los prenombrados autores consideran que para la promoción de las pruebas pueden resultar aplicables los parámetros para la admisión de pruebas previstos en el artículo 398 del Código de Procedimiento Civil venezolano, es decir; "admitiendo las que sean legales y procedentes y desechando las que aparezcan manifiestamente ilegales o impertinentes"[453].

El auto de admisión de pruebas, aunque es un auto de trámite, puede ser susceptible de impugnación, siempre que concurran los supuestos previstos en la Ley Orgánica de Procedimientos Administrativos, a saber: que ponga fin a un procedimiento, imposibilite su continuación, cause indefensión o lo prejuzgue como definitivo, cuando dicho acto lesione sus derechos subjetivos o intereses legítimos, personales y directos (art. 85). Concretamente, la inadmisión de un medio probatorio puede causar indefensión y lesionar los derechos e intereses de los interesados legítimos, de allí que el auto del órgano de control fiscal que inadmita cualquier prueba puede ser impugnado de forma autónoma.

C. Evacuación de las pruebas

Otra de las áreas grises que se observan en el procedimiento de determinación de responsabilidad administrativa, se relaciona con la oportunidad para la evacuación de las pruebas. El artículo 99 de la LOCGRSNCF hace referencia a las pruebas que se "producirán en el acto público", mientras que el artículo 91 del reglamento indica que la evacuación de las pruebas deberá realizarse antes del acto oral y público y que las pruebas

---

452 De León Osorio y Mendoza Gómez, *Los principios, los actos y las pruebas*, 124.

453 *Vid.* De León Osorio y Mendoza Gómez, *Los principios, los actos y las pruebas*, 126.

documentales deberán acompañarse en el escrito de promoción de pruebas.

Ahora bien, dado que está permitido promover cualquier medio de prueba previsto en el ordenamiento jurídico, los interesados legítimos pudieran promover medios de prueba que por su naturaleza requieran del cumplimiento de ciertas formalidades que hacen necesario contar con un lapso suficiente que permita la evacuación de la prueba. Ejemplo de ello es la prueba de experticia, que requiere de la designación del o los expertos, su juramentación, la realización del estudio en el ámbito del cuál es experto, la consignación del informe en el expediente, entre otros. Mientras que otros medios de prueba, como por ejemplo, la prueba testimonial, pudiera evacuarse durante la celebración del acto oral y público.

No establecer un lapso cierto para la evacuación de pruebas que así requieran, atenta contra el principio de seguridad jurídica toda vez que los interesados legítimos quedan al criterio del funcionario responsable de la tramitación de los procedimientos de determinación de responsabilidades, quien cuenta con la potestad de decidir discrecionalmente el tiempo que otorgará para la evacuación de prueba; circunstancia que eventualmente pudiera ocasionar violaciones al derecho a la defensa de las partes en el procedimiento.

D. Valoración de las pruebas

El artículo 102 de la LOCGRSNCF impone a los órganos de control fiscal valorar las pruebas de acuerdo con las reglas que estén previstas legalmente, o en su defecto, las reglas de la sana crítica. Así pues, el órgano de control fiscal al momento de realizar la valoración de las pruebas deberá constatar en primer lugar que no exista una norma legal que establezca las reglas para ello. Un ejemplo de regla de valoración establecida a nivel legal, la encontramos en el artículo 508 del Código de Procedimiento Civil que, respecto de las testimoniales, establece lo siguiente:

> Para la apreciación de la prueba de testigos, el Juez examinará si las deposiciones de éstos concuerdan entre sí y con

> las demás pruebas, y estimará cuidadosamente los motivos de las declaraciones y la confianza que merezcan los testigos por su edad, vida y costumbres, por la profesión que ejerzan y demás circunstancias, desechando en la sentencia la declaración del testigo inhábil, o del que apareciere no haber dicho la verdad, ya por las contradicciones en que hubiere incurrido, o ya por otro motivo, aunque no hubiese sido tachado, expresándose el fundamento de tal determinación.

Entendemos que, siguiendo lo previsto en el mencionado artículo 102, las pruebas testimoniales promovidas y evacuadas en un procedimiento de determinación de responsabilidad administrativa deberán valorarse conforme a lo dispuesto en el artículo 508 del Código de Procedimiento Civil, y aquellos medios probatorios que no tengan una regla de valoración legal tendrán que valorarse conforme a la sana crítica entendida como "la unión de la lógica y de la experiencia, sin excesivas abstracciones de orden intelectual, pero también sin olvidar esos preceptos que los filósofos llaman higiene mental, tendientes a asegurar el más certero y eficaz razonamiento"[454].

E. De la fuerza probatoria de las diligencias efectuadas por los órganos de control fiscal mientras no sean desvirtuadas en el debate judicial

Los artículos 83 y 85 de la LOCGRSNCF al referirse a la responsabilidad penal y la responsabilidad civil que pudieran derivar de hechos, actos u omisiones que causen un menoscabo del patrimonio público, prevén lo siguiente: "Las diligencias efectuadas por los órganos de control fiscal, incluida la prueba testimonial, tienen fuerza probatoria mientras no sean desvirtuadas en el debate judicial".

Respecto de tales afirmaciones, Orlando plantea la duda de si no se estaría vulnerando el principio de presunción de inocencia de los sujetos en las jurisdicciones penal o civil, o los principios de oralidad y publicidad del proceso penal, si por

---

[454] Eduardo Couture Etcheverry, *Fundamentos del derecho procesal civil* (Buenos Aires, Ediciones De Palma, 1993): 271.

ejemplo, se quiere traer a este una prueba testimonial evacuada en un procedimiento de determinación de responsabilidad administrativa[455].

Sobre dicha afirmación, entendemos que aun cuando el legislador les otorga fuerza probatoria en jurisdicción civil y penal a las diligencias efectuadas por los órganos de control fiscal en la "potestad investigativa" y en el procedimiento de determinación de responsabilidad administrativa, no se les otorga la consideración de "plena prueba"[456], por lo que el juez que corresponda deberá evaluar las mismas con fundamento en el principio de unidad de la prueba y de acuerdo con las reglas de la sana crítica, considerando otros medios de prueba que hayan sido incorporados en los procesos penales y civiles aunque éstos no se encuentren dirigidos de forma expresa a desvirtuar las diligencias efectuadas por los órganos de control fiscal.

7. El acto oral y público

Finalizado el lapso probatorio, corresponde realizar el acto oral y público que se fijará por auto expreso para el décimo quinto día hábil siguiente (art. 101 LOCGRSNCF). Los requisitos que debe cumplir la celebración del acto oral y público se encuentran previstos en el artículo 92 del Reglamento de la LOCGRSNCF, siendo éstos los siguientes:

> 1. El titular del órgano de control fiscal o su delegatario ordenará las lecturas necesarias; recibirá los juramentos y declaraciones; moderará la discusión, impidiendo intervenciones impertinentes o que no conduzcan al esclarecimiento de la verdad, sin coartar por ello el ejercicio del derecho a la defensa; ejercerá el poder de disciplina y con tal carácter podrá ordenar el desalojo de las personas cuya presencia no sea necesaria; designará un funcionario para que funja durante el acto como Secretario, a fin de prestarle asistencia en el mantenimiento del orden durante la realización del ac-

[455] Orlando S., *La potestad inquisitiva de los órganos de control fiscal*, 136-137.

[456] Entendemos por plena prueba aquella que basta por sí sola para establecer la verdad de un hecho.

to oral y público, así como la ejecución de las demás funciones que le asignen.

2. Se advertirá a los asistentes al acto que deberán comportarse de manera respetuosa y permanecer en silencio, mientras no estén autorizados para exponer o responder a las preguntas que se les formulen.

3. Se prohibirá el ingreso de armas u otros objetos aptos para incomodar u ofender, así como adoptar conductas intimidatorias, provocativas o producir disturbios que alteren la realización del acto.

4. Sólo con la autorización previa del titular del órgano de control fiscal o su delegatario las empresas de radiodifusión, televisión o prensa podrán, antes del inicio del acto oral y público, instalar en el lugar donde éste se realizará, aparatos de grabación, fotografía, radiofonía, filmación u otros. En todo caso la presencia de las referidas empresas y de las personas que actúen en su nombre no podrá afectar el normal desarrollo del acto, ni generar interrupciones o alteraciones de ningún tipo. El titular del órgano de control o su delegatario señalará, en cada caso, las condiciones en que se ejercerán esas facultades. Podrá, sin embargo, prohibirse por resolución motivada la instalación de los referidos equipos. Asimismo, cuando el imputado o alguna persona que deba rendir declaración solicite expresamente que aquellas empresas no graben ni su voz ni su imagen, se hará respetar su derecho.

5. No se permitirá el ingreso de menores de edad al acto.

6. Atendiendo a la capacidad del lugar donde se realiza el acto podrá limitarse el ingreso a un determinado número de personas.

7. Las intervenciones de las personas que participen en el acto se harán de forma oral. El tiempo del uso de la palabra a quienes intervengan en el acto podrá restringirse fijando límites máximos igualitarios para todos los imputados o sus representantes legales. Asimismo, el titular del órgano de control fiscal o su delegatario podrá interrumpir a cualesquiera de estos cuando haga uso manifiestamente abusivo de su facultad.

8. El acto será público, no obstante, el titular del órgano de control fiscal o su delegatario podrá resolver por auto motivado que se realice total o parcialmente en forma privada, cuando: a) Se afecte directamente, la vida privada o la integridad física de alguno de los intervinientes, por la trascen-

dencia de los actos, hechos u omisiones investigados. b) Se obstruya el ejercicio de las funciones de control por estar vinculados con otros actos, hechos u omisiones que aún se encuentran en etapa de investigación. c) Peligre un secreto oficial, particular, comercial o industrial, cuya revelación indebida sea punible. d) Cualquier otro caso previsto en el ordenamiento jurídico o cuando la divulgación de los actos, hechos u omisiones irregulares pudiere afectar gravemente el ejercicio de las funciones de control o el interés público.
9. El titular del órgano de control fiscal o su delegatario podrá imponer a las personas que intervienen en el acto el deber de guardar secreto sobre los hechos que presenciaron o conocieron.
10. De lo ocurrido en el acto se efectuará de ser posible registro preciso, claro y circunstanciado de lo acontecido, a través de medios de grabación de voz, video grabación o cualquier otro medio de reproducción similar en el cual se hará constar el lugar, fecha y hora en que se ha producido el acto, así como la identidad de las personas que han participado en el mismo. Del registro efectuado se dejará constancia en un acta que firmarán el titular del órgano de control fiscal o su delegatario y los imputados y sus representantes legales. El medio de reproducción utilizado, si fuere el caso, estará a disposición del imputado o sus representantes legales, sólo dentro de la dependencia del órgano de control fiscal.
11. De la realización del acto se dejará constancia a través de un acta que sólo hará prueba respecto al modo como se desarrolló, la observancia de las formalidades previstas, las personas que intervinieron y los actos que se llevaron a cabo, dicha acta se leerá ante los comparecientes con lo que quedará notificada.

Para De León Osorio y Mendoza Gómez estas formalidades no resultan menores, puesto que se constituyen como un parámetro para considerar inválidos aquellos actos orales que no se ajusten a las mismas, situación que acarrearía como consecuencia la nulidad de la decisión del procedimiento de determinación de responsabilidad administrativa[457].

---

[457] De León Osorio y Mendoza Gómez, *Los principios, los actos y las pruebas*, 129.

Ahora bien, existen algunos elementos que no fueron considerados por el reglamentista al momento de regular el acto oral, como, por ejemplo, cuál debe ser el proceder de los órganos de control fiscal si llegado el día y la hora de celebración del acto oral, el interesado legítimo o uno de los interesados en caso de que fuesen varios no compareciere al mismo. ¿Debe celebrarse el acto? ¿Debe suspenderse el acto para verificar el motivo de la inasistencia?

Entendemos que, al ser el acto oral la única oportunidad con la que cuentan los interesados legítimos para exponer de forma directa todos los elementos que sean necesarios para su defensa[458], ante la incomparecencia de cualquier interesado legítimo, el órgano de control fiscal deberá suspender el mismo de conformidad con lo dispuesto en el artículo 96 del Reglamento de la LOCGRSNCF[459] para constatar el motivo de la incomparecencia y dependiendo de cada caso fijar una nueva oportunidad, con la advertencia que en caso de una nueva incomparecencia sin causa justificada, el acto continuará su curso.

Respecto a lo anterior, Peña Colmenares entiende que al tratarse de un procedimiento administrativo sancionatorio, la incomparecencia del interesado legítimo a la celebración del acto oral y público, no debe acarrar consecuencias negativas para éste, más allá de la pérdida de la oportunidad para intentar desvirtuar los hechos, actos u omisiones que le son atribuidos, puesto que le acompaña el principio de presunción de

---

458 Artículo 95 del reglamento: "El titular del órgano de control fiscal o su delegatario concederán el derecho de palabra a los sujetos presuntamente responsables de los actos, hechos u omisiones y a sus representantes legales, a fin de que expongan los correspondientes argumentos de defensa".

459 Artículo 96: "El acto oral y público a que se refiere el artículo 101 de la Ley sólo podrá suspenderse por un plazo máximo de cinco (5) días hábiles, por razones de fuerza mayor, si ocurre alguna situación inesperada que produzca alteraciones sustanciales que impidan su realización o continuación. // El titular del órgano de control fiscal o su delegatario decidirá la suspensión y anunciará el día y la hora para que tenga lugar el acto, ello valdrá como citación para todos los comparecientes. El acto continuará el día y hora señalados".

inocencia conforme al cual, le corresponde a los órganos de control fiscal demostrar la culpabilidad del sujeto[460].

Este acto oral y público se efectúa en una única audiencia, aunque ello no implica que el debate deba agotarse en un solo día. El artículo 93 del Reglamento de la LOCGRSNCF prevé que cuando su duración pueda extenderse por días y horas, dicha extensión deberá ser motivada por auto expreso. Asimismo, el ya referido artículo 96 dispone que el acto oral y público podrá suspenderse por un plazo máximo de cinco días hábiles, si ocurre alguna situación inesperada que produzca alteraciones sustanciales que impidan su realización o continuación.

Finalmente queremos destacar que aun cuando el acto debe celebrarse de forma oral y pública, el artículo 92 del LOCGRSNCF prevé unos supuestos específicos en los que, por auto motivado, el órgano de control fiscal podrá acordar que el acto se celebre de forma privada, según citamos más arriba. Dispone el mismo artículo que el órgano de control fiscal podrá imponer a las personas que intervienen en el acto el deber de guardar secreto sobre los hechos que presenciaron o conocieron.

8. Los autos para mejor proveer

El artículo 101 de la LOCGRSNCF le otorga al órgano de control fiscal la posibilidad de dictar autos para mejor proveer con posterioridad a la celebración del acto oral y público, que deberá ser resuelvo en un término no mayor a quince días hábiles[461]. El artículo 97 del reglamento de la mencionada Ley

460 Peña Colmenares, *El régimen de la responsabilidad administrativa*, 468.

461 Peña Colmenares considera que se trata de un lapso excesivo que atenta contra la sumariedad que acompaña al procedimiento de determinación de responsabilidad administrativa, sin embargo, entendemos que el lapso para resolver el auto para mejor proveer dependerá de la prueba que se quiera recolectar, así por ejemplo, si se trata de una prueba documental o una prueba testimonial, consideramos que el órgano de control fiscal no tiene por qué hacer uso del plazo total previsto en la norma sino que deberá ordenar la evacuación de la testimonial o la presentación del documento a la brevedad posible. Distinto sería, por ejemplo, una prueba de experticia que por la complejidad del asunto puede requerir de un tiempo mayor, el cual, no deberá pasar

dispone que dicho auto podrá dictarse "cuando estime necesaria la obtención de nuevas pruebas o la ampliación de las existentes, con el fin de esclarecer los hechos y las responsabilidades".

Ni la LOCGRSNCF ni su reglamento establecen mayores formalidades respecto a los autos para mejor proveer, más allá de disponer el tiempo en el que deben resolverse los mismos.

No obstante, destacamos que el artículo 514 del Código de Procedimiento Civil, también regula los autos para mejor proveer y establece los medios de prueba que el juez podrá solicitar a través de esta figura jurídica. Consideramos que los órganos de control fiscal pueden hacer uso de lo dispuesto en la normativa procedimental y en tal sentido, ordenar: 1. La comparecencia de cualquiera de los interesados legítimos para interrogarlos sobre algún hecho importante del proceso que aparezca dudoso u obscuro. El Código de Procedimiento Civil hace referencia a "los litigantes" sin embargo, entendiendo que en el procedimiento de determinación de responsabilidad administrativa no existen litigantes sino "interesados legítimos", el órgano de control fiscal puede hacer uso del auto para mejor proveer, por ejemplo, para ordenar la comparecencia del interesado legítimo cuando este no haya comparecido al acto oral y público, 2. La presentación de algún instrumento de cuya existencia haya algún dato en el expediente, y que se juzgue necesario, 3. Que se practique inspección judicial en alguna localidad, y se forme un croquis sobre los puntos que se determinen, o bien, que se tenga a la vista un proceso que exista en algún archivo público, y se ponga certificación de algunas actas, siempre que en el asunto de que se trate tenga alguna relación con el procedimiento de determinación de responsabilidad administrativa, y 4. Que se practique alguna experticia o se amplíe o aclare algunos puntos sobre las experticias que puedan constar en el procedimiento de determinación de responsabilidad administrativa.

---

del plazo previsto en la Ley. *Vid.* Peña Colmenares, *El régimen de la responsabilidad administrativa*, 472.

Aclaramos que, si bien, el Código de Procedimiento Civil puede servir de marco de referencia para los órganos de control fiscal, entendemos que se trata de una lista enunciativa[462], puesto que, el parámetro que debe cumplir dicho auto se encuentra previsto en el artículo 97 del LOCGRSNCF y "la obtención de nuevas pruebas o la ampliación de las existentes, con el fin de esclarecer los hechos y las responsabilidades", y en atención a dicho parámetro, el órgano de control fiscal deberá motivar suficientemente, por qué considera que el medio de prueba que requiere servirá para "esclarecer los hechos y las responsabilidades". Ello para evitar –como afirma Peña Colmenares– que el auto para mejor proveer sea utilizado como mecanismo para contar con un tiempo prudencial para que el órgano de control fiscal pueda preparar su decisión[463] y no dictarla al finalizar el acto oral y público como explicaremos en el apartado siguiente.

9. La decisión

A. Lapso para dictar la decisión

De una interpretación armonizada de los artículos 101 y 103 de la LOCGRSNCF y 97 de su reglamento, entendemos que la decisión del procedimiento de determinación de responsabilidad administrativa deberá dictarse de forma oral y pública: 1. El mismo día o a más tardar el día siguiente de la celebración del acto oral y público, 2. Al vencimiento del plazo de quince días hábiles previsto en el artículo 101 de la LOCGRSNCF, para dar cumplimiento a los autos para mejor proveer, en caso de que estos hayan sido acordados y cualquiera que sea la causa, no se haya dado respuesta al mismo[464], o 3. El mismo día o a más tardar el día siguiente que conste en el expediente las resultas del auto para mejor proveer, cuando éste haya sido respondido en un plazo menor de quince días hábiles.

---

[462] De León Osorio y Mendoza Gómez, *Los principios, los actos y las pruebas*, 132.

[463] Peña Colmenares, *El régimen de la responsabilidad administrativa*, 468.

[464] Ibid., 473.

Esta decisión deberá constar por escrito en expediente en el término de cinco días hábiles después de pronunciada, y tendrá efectos de inmediato (art. 103 LOCGRSNCF).

B. Funcionario que debe dictar la decisión

Peña Colmenares plantea la duda sobre quién debe ser el funcionario que debe dictar la decisión que resuelva el procedimiento de determinación de responsabilidad administrativa, y es que, el artículo 103 de la LOCGRSNCF hace referencia a "la autoridad competente" sin mencionar con exactitud cuál es dicha autoridad[465].

La autora considera que aún cuanto el artículo 101 de la misma Ley hace referencia que el acto oral y público lo pueden celebrar el titular del órgano de control fiscal o su delegatario, el único funcionario que tiene expresamente atribuida la competencia para delegar funciones es el Contralor General de la República por preverlo expresamente el artículo 16 de la LOCGRSNCF[466] y que la figura de la delegación de competencias prevista en el artículo 34 del Decreto con Rango, Valor y Fuerza de Ley Orgánica de la Administración Pública no resulta aplicable a otros órganos de control fiscal puesto que la misma se limita en la Administración Pública Central, a los ministros y viceministros, y en la administración descentralizada, a sus máximos jerarcas, cosa que también ocurre en las administra-

---

[465] Peña Colmenares, *El régimen de la responsabilidad administrativa*, 471.

[466] Artículo 16: "El Contralor o Contralora podrá delegar en funcionarios o funcionarias de la Contraloría el ejercicio de determinadas atribuciones. Asimismo, podrá delegar la firma de determinados documentos. Los actos cumplidos por los delegatarios o delegatarias deberán indicar el carácter con que actuó el funcionario o funcionaria que los dictó, y en el caso de ejercicio de delegaciones de firma, producirán efectos como si hubiesen sido adoptados por el Contralor o Contralora y, en consecuencia, contra ellos no se admitirá recurso jerárquico. Los delegatarios o delegatarias no podrán subdelegar. // La delegación aquí prevista, al igual que su revocatoria, surtirán efectos desde la fecha de su publicación en la Gaceta Oficial de la República Bolivariana de Venezuela".

ciones estadales y municipales[467]. En tal sentido concluye que la decisión que ponga fin al procedimiento de determinación de responsabilidad administrativa puede dictarla "el Contralor General de la República o sus delegatarios, y de los titulares de los restantes órganos de control fiscal, tanto internos como externos"[468].

No compartimos el criterio de la autora con fundamento en lo siguiente:

Primero, si bien el artículo 16 de la LOCGRSNCF hace referencia a la posibilidad que el Contralor General de la República delegue las atribuciones que le han sido conferidas, ello no significa que la delegación como institución jurídica no resulte aplicable a los demás órganos de control fiscal. Si se revisan los artículos 101 de la LOCGRSNCF y 92 de su reglamento, se puede apreciar que el acto oral y público estará precedido por el "el titular del respectivo órgano de control fiscal o su delegatario", sin distinguir entre uno u otro órgano de control fiscal, por lo que se debería entender que los titulares de cualquier órgano de control fiscal puede delegar sus atribuciones a otro funcionario.

Segundo, entendemos que la figura de la delegación prevista en el artículo 34 del Decreto con Rango, Valor y Fuerza de Ley Orgánica de la Administración Pública no se limita solo a los órganos de la Administración Pública. Dicho artículo prevé:

> La Presidenta o Presidente de la República, la Vicepresidenta Ejecutiva o Vicepresidente Ejecutivo, las ministras o ministros, las viceministras o viceministros, las gobernadoras o gobernadores, las alcaldesas o alcaldes, las jefas o jefes de Gobierno y los superiores jerárquicos de los órganos y entes de la Administración Pública, *así como las demás funcionarias o funcionarios superiores de dirección podrán delegar las atribuciones que les estén otorgadas por ley*, a los órganos o

---

467 Decreto con Rango, Valor y Fuerza de Ley Orgánica de la Administración Pública (G.O. N° 6.147, extraordinario de 17-11-2014), artículo 34. *Vid.* Peña Colmenares, *El régimen de la responsabilidad administrativa*, 471.

468 Ibid., 472.

funcionarias o funcionarios bajo su dependencia, así como la firma de documentos en funcionarias o funcionarios adscritas a los mismos, de conformidad con las formalidades que determine el presente Decreto con Rango, Valor y Fuerza de Ley Orgánica y su Reglamento. (Cursivas nuestras).

La norma transcrita no está redactada de forma taxativa, es decir, no señala que la delegación se aplicará a determinados órganos de la Administración pública, por el contrario, deja abierta la posibilidad a que "las demás funcionarias o funcionarios superiores de dirección" puedan delegar sus competencias, entre los que pueden incluirse a los titulares de los órganos de control fiscal. Esta afirmación cobra relevancia si concatenamos la norma anterior con el artículo 2 de la misma Ley que indica que "Las disposiciones del presente Decreto con Rango, Valor y Fuerza de Ley Orgánica se aplicarán supletoriamente a los demás órganos y entes del Poder Público".

Tercero, finalmente, el artículo 98 del Reglamento de la LOCGRSNCF cuando regula los requisitos que debe contener la decisión que ponga fin al procedimiento de determinación de responsabilidad administrativa, señala que ésta deberá expresar:

> Artículo 98. La decisión deberá contener:
> (...)
> 11. Cuando el funcionario que dicta la decisión actué por delegación del titular del órgano de control fiscal, hará constar dicha circunstancia expresamente en el texto de la decisión con indicación del acto administrativo donde conste la delegación y los datos de su publicación en la Gaceta Oficial de la República Bolivariana de Venezuela o del respectivo Estado, Distrito, Distrito Metropolitano o Municipio, según corresponda.

Con fundamento en lo anterior, consideramos que la decisión que ponga fin al procedimiento de determinación de responsabilidad administrativa podrá ser dictada por los titulares de los órganos de control fiscal o en su defecto, por su delegatario, siempre que dicha delegación cumpla con los extremos de Ley, es decir, conste en un acto administrativo publicado en la Gaceta Oficial nacional, estadal, distrital o municipal, según corresponda.

C. Contenido de la decisión

El artículo 104 de la LOCGRSNCF y los artículos 97 y 98 de su reglamento, regulan los aspectos de forma y fondo que debe contener la decisión que ponga fin al procedimiento de determinación de responsabilidad administrativa.

a. Aspectos de forma

Los aspectos de forma son los siguientes: 1. Identificación del órgano de control fiscal y fecha en que se dicta, 2. Identificación completa de los interesados legítimos, 3. Descripción de los actos, hechos u omisiones que dieron lugar al procedimiento, 4. Indicación de las pruebas promovidas y evacuadas con señalamiento de las razones para su desestimación, si fuere el caso, 5. Resultado de las pruebas evacuadas, 6. Análisis de los alegatos opuestos por los imputados o sus representantes legales, 7. Expresión de las razones de hecho y de derecho en que se fundamente la decisión, 8. Pronunciamiento expreso sobre la declaratoria de responsabilidad administrativa, imposición de multa, formulación de reparo, la absolución o el sobreseimiento, según corresponda, 9. Indicación de los recursos que proceden y del lapso para su interposición, 10. Firma del titular del órgano de control fiscal o su delegatario y 11. Cuando el funcionario que dicta la decisión actúe por delegación del titular del órgano de control fiscal, hará constar dicha circunstancia expresamente en el texto de la decisión con indicación del acto administrativo donde conste la delegación y los datos de su publicación en la Gaceta Oficial de la República Bolivariana de Venezuela o del respectivo Estado, Distrito, Distrito Metropolitano o Municipio, según corresponda.

Respecto de la lista anterior, De León Osorio y Mendoza Gómez consideran que la omisión de alguno de estos requisitos no necesariamente acarreará la nulidad del acto que ponga fin al procedimiento de determinación de responsabilidad administrativa, puesto que se trata de una lista orientadora sobre los aspectos en los que debe enmarcarse la decisión. Para los autores, los requisitos esenciales que deben cumplirse se encuentran previstos en el artículo 103 de la LOCGRSNCF, a saber: 1. Que la decisión sea dictada por el titular del órgano de control fiscal o su delegatario el mismo día o a más tardar el día siguiente del acto oral y público, 2. Que se dicte en forma oral y pública, y 3. Que conste por escrito en el respectivo expediente en el término de cinco días hábiles después de pronunciada[469].

No obstante, destacamos que cuando el artículo 98 del Reglamento de la LOCGRSNCF enlista los requisitos que debe contener la decisión que ponga fin al procedimiento de determinación de responsabilidad administrativa utiliza de forma expresa el calificativo "deberá", de lo que entendemos que se trata de un listado de cumplimiento obligatorio. Además, cuando se revisan estos requisitos, se puede apreciar que están dirigidos fundamentalmente a la motivación de la decisión, es decir: a garantizar que el órgano de control fiscal exponga todos los argumentos, así como el análisis de las pruebas y alegatos que sirvieron de sustento para su decisión, lo que redunda para considerar que dichos requisitos deben ser señalados de manera expresa en el acto correspondiente.

b. Aspectos de fondo

Los aspectos de fondo que debe contener la decisión son: 1. Declarar la responsabilidad administrativa, 2. Impone la multa, 3. Absolver de las responsabilidades, 4. Pronunciarse sobre el sobreseimiento, según corresponda, y 5. Si procede, formular el reparo.

El aspecto medular de la decisión que debe tomar el órgano de control fiscal es la procedencia o no de la declaratoria de responsabilidad administrativa, es decir, si al interesado legítimo se le puede considerar culpable de haber incurrido en alguno de los supuestos generadores de responsabilidad administrativa que se encuentran previstos en el ordenamiento

---

469 De León Osorio y Mendoza Gómez, *Los principios, los actos y las pruebas*, 134.

jurídico venezolano. Una vez que se declare la responsabilidad administrativa es que el órgano de control fiscal puede imponer la sanción de multa y, cuando proceda, ordenar la reparación del daño al patrimonio público mediante la formulación de reparo. Como explicamos en capítulos anteriores, la declaratoria de responsabilidad administrativa es el presupuesto necesario para que los órganos de control fiscal puedan imponer las sanciones correspondientes.

No nos pronunciaremos en este capítulo sobre las sanciones que surgen como consecuencia de la declaratoria de responsabilidad administrativa ni sobre la figura del reparo, puesto que se efectuará un análisis más detallado en el capítulo siguiente. Presentaremos algunas consideraciones sobre los aspectos medulares de la decisión, es decir, la declaratoria de responsabilidad administrativa, la absolución o el sobreseimiento.

Sobre la declaratoria de responsabilidad administrativa, como indicamos previamente, el presupuesto que da lugar a la imposición de las sanciones previstas en la LOCGRSNCF, así como la formulación del reparo es la declaratoria de responsabilidad administrativa del sujeto. Ésta, de acuerdo con Peña Colmenares, debe proceder cuando el órgano de control fiscal haya comprobado con plena prueba que el interesado legítimo es responsable de haber cometido alguno de los supuestos generadores de responsabilidad administrativa regulados en el ordenamiento jurídico venezolano[470].

Enfatizamos que debe ser el órgano de control fiscal el que ha de probar la responsabilidad del sujeto y es que, al tratarse de un procedimiento administrativo sancionatorio, le corresponde a dicho órgano la carga de la prueba, por lo que, aun cuando el interesado legitimo no haya presentado argumentos a su favor o no haya promovido ningún medio de prueba en su defensa, si el órgano de control fiscal no prueba la responsabilidad administrativa del sujeto, no deberá declarar la misma.

---

[470] Peña Colmenares, *El régimen de la responsabilidad administrativa*, 474.

Recordamos, además, que la sola ocurrencia del hecho, acto u omisión no debe ser presupuesto necesario para la declaratoria de responsabilidad, es necesario comprobar la culpabilidad del sujeto, puesto que, aun cuando existen algunas sentencias de los tribunales contenciosos administrativos que han afirmado que la responsabilidad administrativa es una responsabilidad objetiva –a lo cual nos referimos previamente–, somos del criterio que los órganos de control fiscal deben atender al principio de culpabilidad al momento de analizar la procedencia o no de la responsabilidad del sujeto.

Sobre la absolución del interesado legítimo, si de la tramitación del procedimiento de responsabilidad administrativa no queda demostrado con toda certeza que la ocurrencia de los hechos, actos u omisiones son atribuibles al sujeto, pero, además, que este obró con dolo, culpa o negligencia, el órgano de control fiscal deberá acordar su absolución.

Siguiendo a Peña Colmenares "la inexistencia de plena prueba del hecho o de la culpabilidad del investigado, debe conducir en todos los casos a declarar su absolución de responsabilidad administrativa"[471].

Finalmente nos referiremos al sobreseimiento. El artículo 99 del Reglamento de la LOCGRSNCF prevé los supuestos de procedencia de este:

> 1. Cuando al momento de iniciarse el procedimiento administrativo para la determinación de responsabilidades se constatare que las acciones que pudieran derivarse de los actos, hechos u omisiones que le dieron origen están prescritas.
> 2. Cuando haya fallecido el sujeto presuntamente responsable de los actos, hechos u omisiones.
> 3. Cuando los actos, hechos u omisiones investigados no revistan carácter irregular a la luz de lo previsto en las Leyes que regulan la materia.
> 4. Cuando existan otros motivos legales que justifiquen no proseguir el procedimiento.

---

471 Ibid., 475.

Lo primero que debemos destacar es que, en el sobreseimiento, no se declara la irresponsabilidad del sujeto frente a un hecho concreto –en esos casos lo precedente sería la absolución–, lo que se reconoce es que ha ocurrido alguna circunstancia concreta que no hace posible declarar la responsabilidad administrativa de éste. Ejemplo de ello es la prescripción. En el caso de la prescripción lo que ocurre es que se ha extinguido la responsabilidad del sujeto por el transcurso del tiempo.

El segundo elemento es el supuesto referido al fallecimiento del sujeto. Al respecto, planteamos la duda si en realidad debe ser considerado un supuesto para el sobreseimiento del procedimiento. Entendemos, tal como afirma Peña Colmenares, que la responsabilidad administrativa es *intuito personae* y que en principio no deben trasladarse sus efectos a otros sujetos como puede realizarse con la responsabilidad civil[472], sin embargo, también entendemos que la LOCGRSNCF prevé un único procedimiento tanto para la determinación de responsabilidad administrativa –cuya consecuencia principal es la imposición de la sanción de multa– como para la determinación de la responsabilidad civil –formulación de reparos–, olvidando como afirma Peña Solís que ambas responsabilidades:

> [P]ese a que pueden concurrir, e inclusive tener su origen en un mismo hecho, acción u omisión, son sustancialmente distintas, pues la declaratoria de responsabilidad administrativa es esencialmente de carácter sancionatoria, y para su procedencia no se requiere necesariamente que con su actuación el funcionario ocasione un daño al patrimonio público[473].

Tal como se encuentra redactada la norma –o incluso sobre la absolución– queda la duda si el órgano de control fiscal una vez que haya declarado el sobreseimiento del procedimiento por fallecimiento del interesado legítimo pueda pronunciarse sobre la responsabilidad civil y en caso de existir

---

472 Peña Colmenares, *El régimen de la responsabilidad administrativa*, 476.

473 Peña Solís, *El régimen de la formulación de reparos*, 26-27.

daño al patrimonio público ordenar, por ejemplo, que sean sus herederos los que reparen dicho daño[474].

Tal como plantea Peña Solís, lo ideal sería que se hubiese establecido que en la decisión que ponga fin al procedimiento de responsabilidad administrativa –ya sea por absolución del interesado legítimo o por sobreseimiento debido al fallecimiento de éste– el órgano de control fiscal se pronuncie de forma separada e independiente respecto de la responsabilidad civil y que en caso de existir un daño al patrimonio público se ordene su reparación[475].

10. Otras formas de terminación del procedimiento

Finalizamos este capítulo revisando si conforme al ordenamiento jurídico venezolano es posible que el procedimiento de declaratoria de responsabilidad administrativa finalice de manera "anormal", es decir, sin que el órgano de control fiscal dicte el acto administrativo que declare la responsabilidad administrativa del sujeto, lo absuelva o declare el sobreseimiento.

Lo primero que debemos destacar es que ni la LOCGRSNCF ni su reglamento prevén: 1. El tiempo máximo de duración del procedimiento, 2. Si es aplicable alguna figura jurídica que permita dar por concluido el procedimiento sin que se dicte el acto administrativo correspondiente. Nos referimos concretamente a figuras como la perención, caducidad o desistimiento del procedimiento.

Por su parte, la Ley Orgánica de Procedimientos Administrativos respecto al tiempo para la tramitación y resolución de los procedimientos administrativos prevé que no se podrá exceder de cuatro meses, sin embargo, cuando existan circunstancias excepcionales que requieran extender dicho lapso, éste se podrá prorrogar por un período no mayor de dos meses (at. 60). Es decir, el tiempo máximo para la tramitación y resolu-

[474] Ello es posible en países como España, donde la obligación de reparar el daño originado en la responsabilidad contable puede ser trasmisible a los herederos del responsable.

[475] Peña Solís, *El régimen de la formulación de reparos*, 60.

ción de los procedimientos administrativos incluidas eventuales prórrogas, no debería exceder de seis meses.

No obstante, destacamos que la Ley Orgánica de Procedimientos Administrativos no establece consecuencia alguna en aquellos casos en los que, transcurridos los seis meses previamente comentados, el órgano o ente público sustanciador del procedimiento administrativo no emita el acto administrativo que ponga fin al mismo.

Ahora bien, respecto a las formas de terminación anormal del procedimiento administrativo[476], la Ley Orgánica de Procedimientos Administrativos contempla la perención y el desistimiento del procedimiento en los siguientes términos (arts. 63 a 65):

El desistimiento del procedimiento operará a solicitud o petición del interesado, la cual deberá presentarse por escrito. Si existe una pluralidad de interesados en el mismo procedimiento, el desistimiento de uno de ellos no afectara a los otros.

La perención procederá en aquellos procedimientos iniciados a instancia de un particular que se paralicen por un período de dos meses por causa imputable a éste. La declaratoria de perención de un procedimiento no extingue los derechos y acciones del interesado, ni interrumpe el término de la prescripción de aquéllos.

De lo anterior se puede apreciar que las figuras de la perención y el desistimiento del procedimiento administrativo,

---

[476] Sobre este punto puede consultarse: José Peña Solís, "La prescripción y la caducidad en el procedimiento administrativo y en los recursos contencioso-administrativos en Venezuela", *Revista de derecho público*, N° 44 (1990): 21-38. Carlos Luis Carrillo Artiles, "Desistimiento y perención como formas de terminación anormal de los procedimientos administrativos", http://www.carrilloartiles.com/wp-content/uploads/Desestimie nto_PerencionLegis.pdf. Miguel Ángel Basile Urizar, "La prescripción de los procedimientos administrativos sancionatorios del Instituto Nacional para la Defensa de los Derechos de las Personas en el Acceso a los Bienes y Servicios no terminados para la fecha de su supresión", *Boletín Electrónico de Derecho Administrativo de la Universidad Católica Andrés Bello*, N° 1 (2016): 36-45.

tal como se encuentran reguladas en la Ley Orgánica de Procedimientos Administrativos, resultan aplicables a los procedimientos administrativos iniciados a instancia de parte o por solicitud del particular, que en el primero de los casos -el desistimiento- es un derecho del particular, pero en el segundo -la perención- es una consecuencia jurídica del incumplimiento de la carga que tiene el particular de impulsar el procedimiento administrativo[477].

Se aprecia entonces que la Ley Orgánica de Procedimientos Administrativos, no contempla ninguna forma de terminación anormal que pueda resultar aplicable a los procedimientos administrativos sancionatorios. Advertimos que, figuras como la perención, la caducidad o la prescripción de los procedimientos administrativos sancionatorios tienen como finalidad dar seguridad jurídica a los particulares que no deberían quedar eternamente sometidos a la espera de una decisión que resuelva el procedimiento sancionador iniciado en su contra, y menos aun cuando dicha espera es producto de una tardanza injustificada de los órganos o entes públicos.

Destacamos que, en España, por ejemplo, el artículo 25 de la Ley 39/2015, de 1 de octubre, del procedimiento administrativo común de las Administraciones Públicas prevé la caducidad de los procedimientos administrativos sancionatorios cuando el órgano o ente público al que le corresponda su tramitación no hubiere decidido y notificado de forma expresa al particular dentro del plazo máximo establecido para ello[478]. La consecuencia de la caducidad es que en los procedimientos caducados no se interrumpe el plazo de prescripción de las acciones del órgano o ente público[479].

---

[477] Carrillo Artiles, "Desistimiento y perención como formas de terminación", 1.

[478] Este plazo será de tres meses cuando las normas reguladoras de los procedimientos no fijen el plazo máximo. *Vid.* Ley 39/2015, de 1 de octubre, del procedimiento administrativo común de las Administraciones Públicas, artículo 21.3.

[479] Ibid., artículo 95.

Así, en España la caducidad de los procedimientos administrativos sancionatorios es "una institución jurídica con la que se trata de evitar la tardanza injustificada en resolver aquéllos, por entender el legislador que los sujetos expedientados (sic) se encuentran en una situación desfavorable que no ha de alargar indebidamente la Administración sancionadora"[480].

No ocurre lo mismo en el caso venezolano, donde ni la LOCGRSNCF ni la Ley Orgánica de Procedimientos Administrativos, contemplan alguna figura que permita otorgarle seguridad jurídica al particular que pueda ser interesado legítimo de un procedimiento administrativo sancionatorio y evitarle la tardanza innecesaria de la emisión de un acto administrativo por parte del órgano o ente público.

Ahora bien, ¿qué ocurriría si la Contraloría General de la República declara la responsabilidad administrativa de un sujeto luego de tramitar un procedimiento administrativo que ha superado con creses el plazo máximo de seis meses previsto en la Ley Orgánica de Procedimientos Administrativos?

La Sala Político Administrativa del Tribunal Supremo de Justicia en sentencia N° 38 del 25-01-2018 estableció que el incumplimiento de los lapsos para tramitar y decidir el procedimiento administrativo no se configura como un vicio que afecte la validez del acto administrativo y por tanto no implica la nulidad del mismo. Para dicha Sala:

> [L]o que produciría sería la responsabilidad individual del funcionario a quien corresponda resolver el asunto. Igualmente, se advierte que si el retraso en el pronunciamiento de la cuestión tratada menoscaba los derechos e intereses del particular, sí prosperaría la denuncia contra la demora de la emisión de la resolución correspondiente[481].

---

480 STS N° 351 de 27-01-2010.

481 Esta decisión ratifica el criterio expuesto en sentencias dictadas por la misma Sala en los años 2001 y 2009. TSJ/SPA N° 1505 de 18 de julio 2001 y TSJ/SPA N° 54 de 21-01-2009. La denuncia que se menciona en la decisión es el recurso de queja previsto en el artículo 3 de la Ley Orgánica de Procedimientos Administrativos que se interpone ante el su-

Esta decisión resulta contraria al principio de seguridad jurídica, de allí que, compartiendo el criterio de Peña Colmenares, consideramos necesario que en una futura reforma de la LOCGRSNCF se prevean figuras como la caducidad del procedimiento administrativo de determinación de responsabilidad administrativa:

> [C]on el fin de garantizar que el administrado no pueda quedar sometido indefinidamente a un procedimiento administrativo sancionatorio, esto es, sin límite de tiempo, o a mucho más tiempo del que pueda ser establecido por la Ley para que opere la prescripción, bajo la condición de imputado o presunto responsable[482].

---

perior jerarca del funcionario que no ha tramitado y resuelto el procedimiento administrativo dentro del lapso legal previsto para ello. La consecuencia jurídica para el funcionario es la imposición de la sanción de multa entre el 5 y el 50% de su remuneración total correspondiente al mes en que se cometió la infracción, según la gravedad de la falta. *Vid.* Ley Orgánica de Procedimientos Administrativos, artículos 3 y 100.

482 Peña Colmenares, *El régimen de la responsabilidad administrativa*, 261.

CAPÍTULO IV: CONSECUENCIAS DE LA DECLARATORIA DE RESPONSABILIDAD ADMINISTRATIVA

Procederemos ahora a analizar cuáles son las consecuencias que pesan sobre un sujeto, luego que un órgano de control fiscal le declara la responsabilidad administrativa y sobre ello debemos considerar lo siguiente: primero, que en Venezuela la responsabilidad administrativa tiene como finalidad principal sancionar la conducta indebida y si existe eventualmente un daño al patrimonio público se podrá ordenar su reparación, con lo cual –siguiendo a Peña Colmenares– el elemento del daño al patrimonio público no constituye un requisito necesario para declarar la responsabilidad administrativa de un sujeto[483]; segundo, que la responsabilidad administrativa se considera *intuito personae*, lo que trae como resultado que sus efectos no puedan ser transferibles a otros sujetos[484].

Entendemos que ello tiene sentido respecto de las sanciones que derivan como consecuencia de su declaratoria –que estudiaremos más adelante– pero no resuelve el problema de la necesaria reparación del daño al patrimonio público, en aquellos casos que dicho daño quede debidamente comprobado en el expediente administrativo, más aún, si dicho daño puede ser capaz de causar un importante enriquecimiento sin causa para los herederos del sujeto responsable. Esto nos hace observar una importante contradicción respecto de la responsabilidad administrativa como institución, que en palabras de Peña Colmenares puede resumirse de la siguiente forma:

> Pese a que la finalidad básica del establecimiento de la responsabilidad administrativa es garantizar la administración eficaz y transparente de los bienes públicos, no condiciona

---

[483] Ibid., 147.
[484] Ibid., 476.

la declaratoria de la misma, a la demostración de que el funcionario o particular hay causado un daño al patrimonio público[485].

La afirmación anterior nos lleva a plantearnos lo siguiente: si en un procedimiento de determinación de responsabilidad administrativa queda demostrada la ocurrencia de un supuesto generador de esta, así como el daño al patrimonio público, pero durante su tramitación el sujeto responsable fallece ¿la consecuencia necesaria debe ser el sobreseimiento del procedimiento? y el daño al patrimonio público, aunque se encuentre debidamente comprobado ¿quedará sin reparación? Otro supuesto: si en un procedimiento de determinación de responsabilidad administrativa se demuestra que la conducta del sujeto no constituye un supuesto generador de responsabilidad administrativa, pero éste causó un daño al patrimonio público ¿puede el órgano de control fiscal absolver al sujeto de la responsabilidad administrativa y posteriormente ordenar la reparación del daño?

Estas interrogantes deberían ser contestadas revisando qué ocurre cuando culmina el procedimiento de determinación y le corresponde al órgano de control fiscal emitir el pronunciamiento sobre la procedencia o no de la responsabilidad administrativa, ya que es en esta etapa donde el ordenamiento jurídico debe prever los mecanismos necesarios para la reparación del daño al patrimonio público, entendiendo que, tal como afirmamos en otros capítulos de esta obra, la responsabilidad administrativa es la institución que tiene como finalidad principal la protección del patrimonio del Estado.

I. POTESTADES SANCIONATORIAS Y REPARATORIAS DE LOS ÓRGANOS DE CONTROL FISCAL

La LOCGRSNCF otorga a los órganos de control fiscal potestades sancionatorias y reparatorias. Las potestades sancionatorias que se mencionan en el artículo 93 de la Ley son: 1. Declarar la responsabilidad administrativa de los funcionarios, empleados, obreros y particulares que hayan incurrido en al-

485 Ibid., 147.

guno de los supuestos generadores de responsabilidad administrativa, 2. Imponer multas en los términos previstos en la Ley, 3. Imponer las sanciones previstas en el 105 de la Ley.

Nótese que el legislador ha considerado que declarar la responsabilidad administrativa de un sujeto es una manifestación de la potestad sancionatoria de los órganos de control fiscal, que se diferencia de la imposición de multas u otro tipo de sanciones y que, al momento de dictar la decisión que ponga fin al procedimiento de determinación, lo primero sobre lo que deberá pronunciarse es sobre la procedencia o no de la responsabilidad administrativa, con lo cual, la declaratoria de responsabilidad administrativa es el presupuesto necesario para que los órganos de control fiscal puedan imponer las sanciones administrativas correspondientes.

Pero además el artículo 85 del Reglamento de la LOCGRSNCF se refiere a las potestades resarcitorias de los órganos de control fiscal, entendiéndolas como la "facultad para formular reparo, en los términos establecidos en los artículos 58 y 85 de la Ley"[486]. El reparo no es otra cosa que la responsabilidad civil que puede ser declarada por los órganos de control fiscal a sujetos que causen daños al patrimonio público, que se hace

[486] Artículo 58: "Como consecuencia de los resultados del examen de cuentas, los órganos de control fiscal, dentro del ámbito de sus competencias, formularán reparos a quienes hayan causado daños al patrimonio de la república o de los entes u organismos señalados en el Artículo 9, numerales 1 al 11, de esta ley, por una conducta omisiva o negligente en el manejo de los recursos que le correspondía administrar, así como por la contravención del plan de organización, las políticas, normas, así como los métodos y procedimientos que comprenden el control interno". Artículo 85: "Los órganos de control fiscal procederán a formular reparo cuando, en el curso de las auditorías, fiscalizaciones, inspecciones, exámenes de cuentas o investigaciones que realicen en ejercicio de sus funciones de control, detecten indicios de que se ha causado daño al patrimonio de un ente u organismo de los señalados en los numerales 1 al 11 del Artículo 9 de esta ley, como consecuencia de actos, hechos u omisiones contrarios a una norma legal o sublegal, al plan de organización, las políticas, normativa interna, los manuales de sistemas y procedimientos que comprenden el control interno, así como por una conducta omisiva o negligente en el manejo de los recursos".

efectiva a través de un acto administrativo en el que se ordena el resarcimiento de los daños. Se trata de un título ejecutorio para lograr el mencionado resarcimiento[487].

Observamos entonces que la LOCGRSNC y su reglamento, le reconoce a los órganos de control fiscal las siguientes potestades: 1. De investigación (que analizamos en el capítulo anterior), 2. De sanción que se circunscriben a la declaratoria de responsabilidad administrativa y la imposición de multas y otras sanciones, y 3. De reparación que se traduce en la posibilidad de ordenar la reparación del daño al patrimonio público a determinado sujeto. Ahora bien, la potestad de sanción y de reparación se ejercen bajo el mismo procedimiento administrativo, y es que el artículo 95 de la LOCGRSNCF dispone que "Para la formulación de reparos, la declaratoria de la responsabilidad administrativa y la imposición de multas, los órganos de control fiscal deberán seguir el procedimiento previsto en este Capítulo", es decir, el capítulo IV que regula el procedimiento administrativo para la determinación de responsabilidades, cuyas fases o etapas ya fueron revisadas previamente.

Esa unificación del procedimiento administrativo para la declaratoria de la responsabilidad administrativa y de la responsabilidad civil genera algunas dudas respecto de su aplicación, puesto que se trata de dos responsabilidades que responden a distinta naturaleza y fines. Entre las dudas que podemos plantear está la de si es posible que el órgano de control fiscal inicie un procedimiento administrativo únicamente para la declaratoria de la responsabilidad civil o únicamente para la declaratoria de la responsabilidad administrativa, ¿Si en el transcurso de un procedimiento cuyo objeto se limitó a la determinación de la responsabilidad civil, se advierte que ésta no procede y que por el contrario existen indicios para la declaratoria de responsabilidad administrativa, o viceversa, puede el órgano de control fiscal declarar aquella responsabilidad que no fue discutida en la tramitación del procedimiento?

Sobre esto Canónico Sarabia expone:

---

487 Peña Colmenares, *El régimen de la responsabilidad administrativa*, 110.

> [L]os órganos de control fiscal determinarán en un mismo procedimiento todas las responsabilidades a que haya lugar, en torno a los hechos investigados. Pareciera que si al órgano de control fiscal, luego de sustanciar el procedimiento y determinar la responsabilidad administrativa de u funcionario, no le formuló el reparo, [o viceversa] ya no lo podrá hacer porque no podrá sustanciarle nuevamente otro procedimiento por los mismos hechos[488].

Pareciera que para garantizar la efectividad de un único procedimiento el órgano de control fiscal siempre deberá tramitar la responsabilidad administrativa y la responsabilidad civil, aún en aquellos casos en los que no existan indicios suficientes para declarar una o la otra, lo cual nos lleva a plantear la inquietud mencionada al inicio de este capítulo: Si en un procedimiento de determinación de responsabilidad administrativa se demuestra que la conducta del sujeto no constituye un supuesto generador de responsabilidad administrativa, pero éste causó un daño al patrimonio público ¿puede el órgano de control fiscal absolver al sujeto de la responsabilidad administrativa y posteriormente ordenar la reparación del daño?

Partiendo del hecho que el órgano de control fiscal solo cuenta con un único procedimiento para determinar ambas responsabilidades, la respuesta a la interrogante anterior necesariamente debe ser sí. El órgano de control fiscal podrá declarar la responsabilidad administrativa y no formular reparo, o formular el reparo y no declarar la responsabilidad administrativa. Como afirma Peña Solís, no toda acción u omisión contraria a una norma jurídica que pueda causar un daño al patrimonio público debe necesariamente configurarse en alguna de las infracciones que dan lugar a la declaratoria de responsabilidad administrativa, más aún si se toma en consideración que buena parte de los supuestos generadores de la responsabilidad administrativa previstos en el ordenamiento jurídico venezolano son fundamentalmente violaciones legales que no necesaria-

---

488 Canónico Sarabia, "El reparo como forma de determinación de la responsabilidad civil", 232. En este mismo sentido *vid.* Peña Colmenares, *El régimen de la responsabilidad administrativa*, 112.

mente pueden causar un daño al patrimonio público[489]. No obstante, se advierte que para que ello sea posible, en el auto de apertura del procedimiento se deberá formular los elementos probatorios y las razones que presumiblemente comprometen tanto la responsabilidad civil como la responsabilidad administrativa del sujeto, con la finalidad de permitirle que durante la tramitación del procedimiento pueda ejercer su derecho a la defensa respecto de ambas responsabilidades.

Aunque somos conscientes que la responsabilidad administrativa y la responsabilidad civil responden a principios y reglas distintas, parten de una misma idea –garantizar la protección del patrimonio público– por lo que pareciera que puede compatibilizarse la declaración de ambas responsabilidades en un mismo procedimiento administrativo. Sin embargo, cuando se revisan las formas de terminación del procedimiento previstas en el Reglamento de la LOCGRSNCF, concretamente el sobreseimiento, observamos que éste se encuentra fundamentalmente circunscrito a la determinación de responsabilidad administrativa, olvidando el reglamentista que se ha previsto un mismo procedimiento tanto para la responsabilidad civil, como para la responsabilidad administrativa.

Ya nos referimos al sobreseimiento en el capítulo anterior, pero intentaremos profundizar un poco más al respecto. Existen causales de sobreseimiento en el artículo 99 del Reglamento de la LOCGRSNCF que pueden resultar aplicables tanto para la responsabilidad administrativa como para la responsabilidad civil, por ejemplo, la prescripción, y es que esta figura no es otra cosa que la extinción de la responsabilidad del sujeto por el transcurso del tiempo y en este sentido puede extinguirse tanto una como otra responsabilidad.

Pero el resto de los supuestos mencionados en el artículo 99 pueden generar dificultades en su aplicación, como lo sería el supuesto referido a que "los actos, hechos u omisiones investigados no revistan carácter irregular a la luz de lo previsto en las Leyes que regulan la materia" y el referido a "cuando

---

[489] Peña Solís, *El régimen de la formulación de reparos*, 59.

existan otros motivos legales que justifiquen no proseguir el procedimiento". En principio, ambos supuestos de sobreseimiento pueden resultar aplicables tanto para la responsabilidad administrativa como para la responsabilidad civil, en tanto que el hecho que da lugar al sobreseimiento no genere incompatibilidades entre una y otra responsabilidad. Pongamos algunos ejemplos:

¿Qué ocurriría si un hecho, acto u omisión no configura un supuesto generador de responsabilidad administrativa, pero sí un supuesto de responsabilidad civil? En este caso, creemos que no resulta aplicable la figura del sobreseimiento del procedimiento porque a pesar de la posible improcedencia de la responsabilidad administrativa, el órgano de control fiscal debería emitir pronunciamiento sobre la responsabilidad civil.

¿Qué ocurriría si el interesado legítimo durante la tramitación del procedimiento realiza de manera voluntaria el resarcimiento del daño? ¿Se configuraría el supuesto de sobreseimiento referido a la existencia de otros motivos legales que justifiquen no proseguir el procedimiento?

Sobre este punto la Contraloría General de la República en memorando N° 04-00-132 del 12-03-2009 señaló que:

> [E]s importante reiterar que independientemente de que se produzca el resarcimiento voluntario por parte del interesado, corresponde al órgano de control fiscal continuar el procedimiento para determinar las demás responsabilidades a que hubiere lugar, en el entendido de que las responsabilidades civil, penal y administrativa son independientes, a tenor de lo dispuesto en el artículo 88 de la citada Ley[490].

De lo cual entendemos que si la circunstancia concreta pondrá fin al procedimiento respecto de una sola de las responsabilidades que deban determinarse –solo la administrativa o solo la civil– no podrá aplicarse la figura del sobreseimiento, dado que, como ya se ha indicado, la LOCGRSNCF ha estable-

---

[490] *Vid.* Contraloría General de la República Bolivariana de Venezuela, *Dictámenes de la Dirección General de los Servicios Jurídicos 2009-2010*, 300.

cido un único procedimiento para la determinación de dos responsabilidades, la administrativa y la civil, que derivan del inadecuado manejo, custodia, resguardo y administración del patrimonio público.

Somos del criterio que lo procedente en estos casos no es que el órgano de control fiscal declare el sobreseimiento del procedimiento, sino que dicte la decisión correspondiente y se pronuncie sobre la procedencia de la responsabilidad administrativa y de la responsabilidad civil.

Ahora bien, nos referiremos al último supuesto de sobreseimiento, del cual ya hemos emitido algunos comentarios en el capítulo anterior. Hablamos del supuesto relativo al "fallecimiento del sujeto presuntamente responsable de los actos, hechos u omisiones". Entendemos que este es un supuesto que puede aplicarse a la responsabilidad administrativa dado que se trata de una responsabilidad de carácter personal, sin embargo, si la oportunidad para que el órgano de control fiscal se pronuncie sobre la responsabilidad administrativa y la responsabilidad civil es una sola puesto que la LOCGRSNCF ha previsto un único procedimiento para determinar ambas responsabilidades, mal puede el órgano de control fiscal declarar el sobreseimiento del procedimiento en caso del fallecimiento del interesado legítimo puesto que ello imposibilitaría que se declarase la responsabilidad civil del mismo, y que se pueda transmitir a los herederos la obligación de reparar el daño al patrimonio público que causó el interesado legítimo.

Pensamos que aun cuando la LOCGRSNCF o su reglamento no contemplan de forma expresa esta posibilidad, ello sería viable según lo dispuesto en el Código Civil venezolano. Tal como afirma Domínguez Guillén, la herencia comprende "por un lado, de bienes, derechos y acciones y, por otro, de modo indisociable, de obligaciones y responsabilidades cuya exigibilidad corresponde a terceros"[491] y cuando es aceptada de forma

---

491 María Candelaria Domínguez Guillén, *Manual de derecho sucesorio*, 2da edición (Caracas: Revista Venezolana de Legislación y Jurisprudencia, 2019): 87.

pura y simple se "origina la responsabilidad civil ilimitada del heredero por las deudas del causante"[492].

Hechas las consideraciones anteriores, estimamos que existe la necesidad de regular de una mejor manera las formas de terminación del procedimiento administrativo contemplado en la LOCGRSNCF, y entender que, si el legislador ha establecido un único procedimiento para determinar dos tipos de responsabilidades distintas, la absolución y el sobreseimiento sólo procederán cuando la decisión que se tome abarque los dos tipos de responsabilidad, es decir, se absuelva al sujeto tanto de la responsabilidad administrativa como de la responsabilidad civil o cuando la causal que da origen al sobreseimiento del procedimiento no afecte a uno u otro tipo de responsabilidad.

De lo contrario, el órgano de control fiscal deberá emitir el pronunciamiento correspondiente y señalar cuál responsabilidad resultare improcedente –la administrativa o la civil– y dependiendo de ello, acordar las consecuencias que derivan de una u otra: en el caso de la responsabilidad administrativa la imposición de la multa y otras sanciones y en el caso de la responsabilidad civil la formulación del reparo. Consecuencias que analizaremos de seguida.

II. LAS SANCIONES

Afirma Pemán Gavín que la sanción como figura jurídica ha estado íntimamente relacionada con el derecho sancionador y que se ha servido de la figura de la pena, propia del derecho penal[493]. Su finalidad es la imposición de un castigo a un sujeto determinado por contravenir el ordenamiento jurídico[494].

---

492 Ibid., 114.

493 Ignacio Pemán Gavín, *El sistema sancionador español: (hacia una teoría general de las infracciones y sanciones administrativas)* (Barcelona: Editorial Cedecs, 2000): 27.

494 María Lourdes Ramírez Torrado, "La sanción administrativa y su diferencia con otras medidas que imponen cargas a los administrados en el contexto español", *Revista de derecho*, N° 27 (2007): 284.

Así las cosas, encontramos que para García de Enterría y Fernández Rodríguez la sanción administrativa es un "un mal infligido por la Administración al administrado como consecuencia de una conducta ilegal"[495], mientras que para Gamero Casado y Fernández Ramos es la "privación, restricción o suspensión de determinados derechos o bienes jurídicos del sujeto responsable de la infracción, precisamente como reacción –castigo– a la comisión de la misma"[496].

Respecto de la responsabilidad administrativa, ya hemos indicado que se trata de una figura que persigue garantizar la administración eficaz y transparente de los bienes públicos mediante la imposición de sanciones a los sujetos que realicen una conducta considerada como supuesto generador de responsabilidad. Estas sanciones son: 1. La multa que impone el órgano de control fiscal que tramita y decide el procedimiento de determinación de responsabilidad administrativa, y 2. Las sanciones previstas en el artículo 105 de la LOCGRSNCF que impone de forma exclusiva y excluyente el Contralor General de la República. Las primeras han sido consideradas como sanciones principales mientras que las segundan se califican como sanciones accesorias.

1. Sanciones principales

Los artículos 94 y 105 de la LOCGRSNCF disponen que la responsabilidad administrativa será sancionada con multa "de acuerdo con la gravedad de la falta y el monto de los perjuicios que se hubieren causado".

En la responsabilidad administrativa la multa se configura como la sanción principal; ésta puede ser impuesta por todos los órganos de control fiscal. Para Peña Colmenares, la multa es la sanción administrativa por excelencia en el ordenamiento jurídico venezolano[497]. Se trata de la imposición de una sanción

---

495 García de Enterría y Fernández Rodríguez, *Curso de Derecho Administrativo II*, 163.

496 Gamero Casado y Fernández Ramos, *Manual básico de Derecho Administrativo*, 365.

497 Peña Colmenares, *El régimen de la responsabilidad administrativa*, 282.

económica que deriva de la declaratoria de responsabilidad administrativa, y es que tal como afirma Mejías Palazzi "serán simultáneas las declaratorias de responsabilidad administrativa y aplicación de la sanción pecuniaria correspondiente"[498].

A. Cuantía de la multa

El artículo 94 de la LOCGRSNCF establece que la multa oscilara entre 100 y 1.000 Unidades Tributarias. Anteriormente indicamos que se trata de una unidad de medida que tiene como finalidad mantener actualizados algunos montos y conceptos previstos en el ordenamiento jurídico venezolano, como en este caso concreto, el valor de la multa que surge como consecuencia de la declaratoria de responsabilidad administrativa.

Respecto de los rangos establecidos sobre la multa, Peña Colmenares considera que éstos respetan el carácter de no confiscatoriedad dado que se establece un límite máximo y mínimo "relativamente proporcional a la situación de los potenciales sancionados"[499]. Sin embargo, como ya se comentó la unidad tributaria ha sido subestimada por el Servicio Nacional Integrado de Administración Aduanera y Tributaria (SENIAT) y si efectuamos los cálculos de cuanto sería el valor de la multa que deriva de la declaratoria de responsabilidad administrativa para el mes de abril de 2025, en sus rangos mínimos y máximos, observamos lo siguiente:

El valor de la unidad tributaria para abril de 2025 es de 9 bolívares[500], equivalente a 0,10 dólares[501], ello significa que 100 unidades tributarias equivaldrían a 900 bolívares, es decir;

---

[498] Mejías Palazzi, "La responsabilidad administrativa", 135.

[499] Peña Colmenares, *El régimen de la responsabilidad administrativa*, 285.

[500] Monto establecido mediante Providencia N° SNAT/2023/000031 de 13-04-2023 (G.O. N° 42.623 de 08-05-2023).

[501] Para este cálculo se tomó como referencia la tasa oficial de cambio bolívar/dólar (1 dólar = 83,41 bolívares) establecida por el Banco Central de Venezuela para el 24-04-2025. Dicho valor puede consultarse en el siguiente portal web: https://www.bcv.org.ve/

10,79 dólares, y 1000 unidades tributarias equivaldrían a 9000 bolívares, es decir; 107,90 dólares[502].

Estos montos pueden dar lugar a múltiples discusiones. Para abril de 2025 el salario mínimo mensual –que aplica para los funcionarios, obreros y contratados de los órganos y entes públicos– es de 130 bolívares[503], a saber; 1,55 dólares por mes. Cualquiera puede afirmar que un sujeto que gane menos de 5 dólares mensuales no tendrá la capacidad económica para afrontar una multa de 10,79 dólares –muchísimo menos de 107,90 dólares–, sin embargo, lo cierto es que el valor de la multa en sí misma –sin considerar el posible ingreso mensual de los sujetos sancionables– resulta irrisorio, y en nuestra opinión, más allá de respetar los criterios de no confiscatoriedad, lo que ocasiona es que la multa como sanción ejemplificadora que busca que el sujeto sancionado y otros sujetos que resguarden, manejen, administren o custodien fondos públicos sientan "temor" y se abstengan de realizar alguna conducta que pueda convertirse en un supuesto generador de responsabilidad administrativa, pierda todo su sentido.

Advertimos que en el año 2022 se realizó una reforma de la Ley contra la Corrupción que, entre otras cosas, modificó la unidad de medida prevista para el cálculo de las multas contempladas en dicha Ley. La ley anterior –vigente desde 2014 hasta 2022– establecía como unidad de medida de las multas la unidad tributaria, al igual que la 1.000. Su artículo 33 –hoy día derogado– enlistaba un conjunto de conductas que podrían ser sancionadas por la Contraloría General de la República con multas que oscilaban entre "cincuenta (50) a quinientas unidades tributarias (500 U.T.)"[504].

---

502 Éste monto puede disminuir con el transcurso del tiempo mientras se mantenga la pérdida del valor del bolívar frente al dólar y no se actualice el valor de la unidad tributaria.

503 Establecido mediante Decreto N° 4.653 de 15-03-2022 (G.O. N° 6.691, extraordinario de 15-03-2022).

504 Decreto N° 1.410, mediante el cual se dicta el Decreto con rango, valor y fuerza de Ley de reforma de la Ley contra la Corrupción (G.O. N° 6.155, extraordinario de 19-11-2014), artículo 33.

Con la reforma de la Ley efectuada en el año 2022, el artículo 33 pasa a convertirse en el artículo 38 y su encabezado queda redactado de la siguiente forma:

> Artículo 38. Con independencia a las responsabilidades civiles, penales, administrativas o disciplinarias que puedan tener lugar, serán sancionadas o sancionados, con multa equivalente de cien (100) a mil (1000) unidades del tipo de cambio oficial de la moneda de mayor valor publicado por el Banco Central de Venezuela, vigente para el momento del pago.

Para abril de 2025 la divisa/moneda de mayor valor en Venezuela es el euro. Si calculamos los límites máximos y mínimos previstos en la Ley contra la Corrupción de acuerdo con la fórmula contenida en esta Ley tenemos que la multa de 100 equivaldría a 100 euros, es decir, 9.477 bolívares y la multa de 1000 equivaldría a 1000 euros, a saber: 94.770 bolívares[505].

Esto representa un salto cuantitativo importante respecto del valor de la multa prevista en la LOCGRSNCF. Lo interesante de la diferencia que ahora existe entre la unidad de medida utilizada en una y otra Ley, es que, el artículo 38 de la Ley contra la Corrupción contiene un conjunto de hechos que pudieran dar lugar a la declaratoria de responsabilidad administrativa, cuando alguno de ellos pueda encuadrar entre los supuestos generadores de responsabilidad administrativa previstos en la LOCGRSNCF, la Ley Orgánica de la Administración Financiera del Sector Público y la Ley de Contrataciones Públicas, y esto podría dar lugar a la imposición de una multa con un valor irrisorio, es decir; entre 100 y 1.000 Unidades Tributarias si se sanciona bajo el procedimiento previsto en la LOCGRSNCF.

Lo que queremos destacar es la desproporción que existe hoy día entre las medidas de cálculo previstas en la LOCGRSNCF y la Ley contra la Corrupción, y que, la multa que se impone como consecuencia de la declaratoria de responsabili-

---

[505] Para este cálculo se tomó como referencia la tasa oficial de cambio bolívar/euro (1 euro=94,77 bolívares) establecida por el Banco Central de Venezuela para el 24-04-2025. Dicho valor puede consultarse en el siguiente portal web: https://www.bcv.org.ve/

dad administrativa es inefectiva y no ejemplificante. Ello demuestra la necesidad de compatibilizar lo previsto en la LOCGRSNCF y la Ley contra la Corrupción, pero, además, la necesidad de evaluar si en realidad la multa que resulta como consecuencia de la declaratoria de responsabilidad administrativa cumple su función de castigo y de medida ejemplificante para evitar que otros sujetos se vean tentados a incurrir en algún supuesto generador de responsabilidad administrativa por temor a las consecuencias que ello implica.

B. Criterios para la determinación de la multa

El artículo 105 de la LOCGRSNCF establece como criterios para la determinación del monto de la multa: 1. La gravedad de la falta, y 2. El monto de los perjuicios que se hubieren causado.

Respecto al primer elemento, "la gravedad de la falta", Peña Colmenares considera que resulta una incongruencia terminológica el uso de la palabra "falta"[506] y es que las distintas leyes que prevén conductas susceptibles de generar responsabilidad administrativa se refieren a estas como "supuestos generadores de responsabilidad" (LOCGRSNCF y Ley de Contrataciones Públicas) o como "causal de responsabilidad administrativa" (Ley Orgánica de la Administración Financiera del Sector Público), con lo cual el término "falta" parece que no se ajusta al verdadero sentido de la responsabilidad administrativa como institución jurídica puesto que es un término propio del derecho penal que generalmente se utiliza para catalogar una conducta que resulta de menor gravedad que un delito[507].

Hecha esta salvedad terminológica, reiteramos lo mencionado en capítulos anteriores de esta obra. Existe una imposibilidad objetiva de determinar la "gravedad" del supuesto generador de responsabilidad administrativa –cuál supuesto es más grave y cual es menos grave– por cuanto ninguno de los instrumentos legales que los regulan, les otorga una ponderación

---

[506] Peña Colmenares, *El régimen de la responsabilidad administrativa*, 286.
[507] Ibid., 287.

de mayor o menor grado a los mismos, por lo que todos deben considerarse con el mismo nivel de gravedad[508].

Ello significa que el análisis que efectúan los órganos de control fiscal para determinar la cuantía de la sanción de multa es completamente subjetivo y que lo ideal sería que se parta de la idea que todos los supuestos generadores de responsabilidad administrativa son "igualmente graves" aunque en ocasiones no resulte una tarea fácil. También sería ideal que el análisis efectuado por el órgano de control fiscal se encuentre debidamente reflejado en el acto administrativo que imponga la sanción de multa, ya que, la motivación del acto administrativo cumple una función legitimadora del porqué de la declaración de voluntad que este contiene[509], así como una garantía para el ciudadano[510].

Sobre el segundo elemento para determinar la cuantía de la multa, "el monto de los perjuicios que se hubieren causado", es preciso reiterar que no todo supuesto generador de responsabilidad administrativa puede ser susceptible de causar un daño al patrimonio público y que el daño en sí mismo no constituye un elemento de procedencia de la declaratoria de responsabilidad administrativa. De allí que llama la atención que el legislador haya considerado el elemento del daño al patrimonio público como un factor a considerar para la fijación del valor de la multa.

Entendemos que ello es así, por la unificación que realiza la LOCGRSNCF del procedimiento para la determinación de la responsabilidad administrativa y de la responsabilidad civil y que –como indicáramos previamente– pareciera que los órga-

---

508 Ibid., 288.

509 David Vicente Blanquer Criado, *La justificación del acto administrativo: (la obligación de exteriorizar su causa legitimadora)* (Valencia: Tirant lo Blanch, 2023): 91. Igualmente *vid.* José Luis Meilán Gil y Marta García Pérez, *Norma y acto administrativos*, (Madrid: Iustel, 2018): 245-281.

510 Jaime Rodríguez-Arana, "Discrecionalidad y motivación del acto administrativo en la ley española de procedimiento administrativo", *Derecho PUCP: Revista de la Facultad de Derecho*, N° 67 (2011): 215-216. María Jesús Gallardo Castillo, "A vueltas con la motivación de los actos administrativos", *Actualidad administrativa*, N° 2 (2010): 1.

nos de control fiscal cuentan con una única oportunidad para el establecimiento de ambas responsabilidades, de lo cual, el elemento del daño surge como hecho a tomar en consideración para la fijación de la sanción que deriva de la declaratoria de responsabilidad administrativa.

A diferencia del criterio anterior –la gravedad de la falta–, el monto del daño si constituye un elemento objetivo, dado que, existe o no existe daño, y éste tiene un valor determinable. Ahora bien, tal como afirma Peña Colmenares, aun cuando no existiera un daño al patrimonio público, el órgano de control fiscal debe emitir un pronunciamiento sobre ello en el análisis que se realice para la determinación de la cuantía de la multa[511].

Finalmente, corresponde analizar si los criterios para la determinación de la multa deben ser concurrentes o no. Peña Colmenares estima que la respuesta a este planteamiento debe ser negativa, afirmando que en caso de no existir un daño al patrimonio público no resultaría posible establecer el monto de la multa, a pesar de que se haya cometido un hecho grave[512].

Consideramos que la concurrencia de ambos criterios –el legislador en la redacción de la norma ha utilizado la conjunción "y" que suele significar adición, suma o concurrencia– no debe constituir un problema para determinar la cuantía de la multa y mucho menos, que por no existir un daño al patrimonio público ésta no pueda determinarse. La multa es una consecuencia necesaria de la declaratoria de la responsabilidad administrativa de un sujeto, por lo que, declarada la responsabilidad, ésta procede. Los criterios que prevé la Ley sirven para determinar el valor de la multa, es decir, si se acerca al límite inferior o al superior, y es allí donde entra el análisis del daño o no al patrimonio público.

En principio, si no existe daño y la gravedad del supuesto generador de responsabilidad administrativa es menor, la multa debería ser baja; pero, si aun cuando no exista daño el hecho fue grave, la cuantía de la multa puede establecerse en su lími-

511 Peña Colmenares, *El régimen de la responsabilidad administrativa*, 294.
512 Ibid., 295.

te máximo. Repetimos nuevamente que cualquier juicio de valor que efectúe el órgano de control fiscal debe constar en el acto administrativo correspondiente puesto que ello nos permitirá realizar un análisis más exhaustivo de la proporcionalidad de la multa.

C. Circunstancias atenuantes y agravantes

El Reglamento de la LOCGRSNCF prevé un conjunto de circunstancias atenuantes y agravantes que deberán ser consideradas "a los fines de la imposición de las multas". Esta delimitación resulta importante puesto que una interpretación literal nos puede llevar a concluir que tales circunstancias no resultan aplicables en el análisis que debe realizar el Contralor General de la República para imponer las sanciones previstas en el artículo 105 de la LOCGRSNCF.

Las circunstancias agravantes que prevé el artículo 107 del reglamento son: 1. La reincidencia y la reiteración. El reglamento entiende por reincidencia la comisión de alguno de los supuestos generadores de responsabilidad administrativa dentro del término de cinco años contados a partir de que ha quedado firme la decisión que le haya impuesto al sujeto la sanción de multa. Mientras que la reiteración ocurre cuando el sujeto cometiere una nueva falta de la misma índole dentro del término de cinco años después de la anterior, sin que exista decisión firme, 2. La condición de funcionario público, 3. La resistencia o reticencia del infractor para esclarecer los hechos, 4. La gravedad del acto, hecho u omisión que comprometió la responsabilidad del imputado, 5. La magnitud del perjuicio causado al patrimonio público, 6. El haber sido advertido acerca de la irregularidad del acto, hecho u omisión por el que se comprometió su responsabilidad, 7. Ser funcionario de un órgano de control fiscal, y 8. Ser funcionario electo por votación popular.

Por otra parte, son circunstancias atenuantes según el artículo 108: 1. No haber sido objeto de alguna de las sanciones establecidas en la Ley, 2. El estado mental del imputado que no excluya totalmente la responsabilidad, y 3. Las demás atenuantes que resultaren, a juicio del respectivo titular del órgano de control fiscal o su delegatario.

Peña Colmenares cuestiona que se haya incluido como circunstancia agravante la gravedad del acto, hecho u omisión que comprometió la responsabilidad del sujeto puesto este criterio fue establecido por el legislador como una condición para la aplicación de la multa y no como un agravante[513], y consideramos que el mismo criterio aplica para la "magnitud del perjuicio causado al patrimonio público". Es decir, que después de apreciada la gravedad de la falta y la magnitud del daño al patrimonio público es que el órgano de control fiscal debe valorar las circunstancias atenuantes y agravantes previstas en el reglamento para fijar el valor de la multa hacia su límite superior o inferior.

Destacamos que el artículo 109 del Reglamento de la LOCGRSNCF establece unos parámetros para la apreciación de las circunstancias agravantes y atenuantes. La norma señala que:

> En el caso de la multa que oscila entre dos límites y no concurran atenuantes ni agravantes, la misma se aplicará en su término medio, debiendo compensárselas cuando las haya de una u otra especie. Si hubiese sólo atenuantes se aplicará por debajo del término medio y si concurriesen sólo agravantes se aplicará por encima del término medio.

En nuestro criterio, esta disposición tiene un valor importante ya que delimita y orienta la potestad discrecional de los órganos de control fiscal para la determinación del valor de la multa, lo que significa que se debería partir del término medio (500 unidades tributarias) y luego del análisis de todos los elementos existentes (gravedad del hecho y del daño al patrimonio público, circunstancias atenuantes y agravantes) se determinará si dicho valor debe "moverse" hacia el límite inferior o superior.

---

513 Peña Colmenares, *El régimen de la responsabilidad administrativa*, 291.

D. Liquidación y ejecución de la multa

Dispone el artículo 110 del Reglamento de la LOCGRSNCF que la liquidación y ejecución de las multas impuestas por los órganos de control fiscal estarán a cargo de la hacienda pública respectiva, es decir; nacional, estadal y municipal dependiendo del órgano de control fiscal que haya tramitado y decidido el procedimiento de determinación de responsabilidad administrativa.

El órgano de control fiscal competente solicitará la expedición de la planilla de liquidación y la oficina de hacienda pública deberá ejercer de forma inmediata las acciones de cobro correspondientes. Advierte Peña Colmenares que en aquellos casos en el que el sujeto sancionado no efectúe de forma voluntaria el pago de la multa, la Administración pública correspondiente podrá solicitar su ejecución forzosa siguiendo el procedimiento de ejecución de créditos fiscales previstos en los artículos 653 a 659 del Código de Procedimiento Civil.

2. Sanciones accesorias

Quizás el aspecto más polémico en el estudio de la responsabilidad administrativa como institución jurídica, es el relativo a las otras sanciones que adicional a la multa, contiene el artículo 105 de la LOCGRSNCF. De acuerdo con esta norma corresponde al Contralor General de la República "de manera exclusiva y excluyente sin que medie ningún procedimiento" acordar la suspensión del ejercicio del cargo sin goce de sueldo por un período no mayor de veinticuatro meses o la destitución del declarado responsable e imponer su inhabilitación para el ejercicio de funciones públicas hasta por un máximo de quince años.

Son distintos los argumentos que se han utilizado para cuestionar la existencia de estas sanciones dentro del esquema de la responsabilidad administrativa en Venezuela.

Para Peña Solís, por ejemplo, estas sanciones constituyen "un monumento a la severidad y al concepto draconiano de las sanciones"[514], mientras que Peña Colmenares duda sobre su cualidad de sanciones accesorias -como suelen denominarse- y las califica como sanciones principales, adicionales a la multa[515], y Carrillo Artiles cuestiona su constitucionalidad[516].

En los apartados siguientes analizaremos cada uno de los aspectos mencionados, comenzando por efectuar un análisis histórico sobre la evolución de estas sanciones, y es que, aun cuando en esta obra no se efectúa un análisis de la responsabilidad jurídica desde una perspectiva histórica, creemos que para mayor entendimiento de la sanciones previstas en el artículo 105 de la LOCGRSNCF es necesario conocer su regulación a lo largo de los años y las modificaciones que han sufrido.

A. Antecedentes normativos del artículo 105 de la Ley Orgánica de la Contraloría General de la República y del Sistema Nacional de Control Fiscal

La Ley Orgánica de Hacienda Nacional del 1938 no le otorgó potestades sancionatorias a la Contraloría General de la Nación -hoy día Contraloría General de la República- sino que el acto que declaraba la responsabilidad administrativa era exclusivamente declarativo[517]. En 1975 se promulga la primera Ley Orgánica de la Contraloría General de la República –a pesar de ser un órgano constitucional desde 1947–, instrumento legal que tampoco le otorga potestad sancionatoria a la Contraloría General de la República. En su texto se preveía que la declaratoria de responsabilidad administrativa daba lugar a la sanción de destitución y a la sanción de inhabilitación para el ejercicio de la función pública durante un período no mayor de tres años, pero estas sanciones eran impuestas por el superior je-

---

[514] Orlando S., *La potestad inquisitiva de los órganos de control fiscal*, 146.

[515] Peña Colmenares, *El régimen de la responsabilidad administrativa*, 302.

[516] Carrillo Artiles, "La paradójica declaratoria de constitucionalidad del artículo 105", 372-378.

[517] Peña Colmenares, *El régimen de la responsabilidad administrativa*, 115; Orlando S., *La potestad inquisitiva de los órganos de control fiscal*, 89-99.

rarca del sujeto al cual se le declaraba la responsabilidad administrativa[518].

Esta Ley se reforma en 1984 y es aquí donde se le otorga potestad sancionatoria a la Contraloría General de la República. La Ley disponía que en los casos que se declare la responsabilidad administrativa, la Contraloría podía imponer la sanción pecuniaria que corresponda conforme a lo dispuesto en la Ley Orgánica de Salvaguarda del Patrimonio Público[519]. También se establecía que una vez firme la decisión que declaraba la responsabilidad administrativa, el funcionario competente debía imponer en el término de treinta días la sanción disciplinaria de destitución y además la inhabilitación para el ejercicio de la función pública durante un período no mayor de tres años, que fijaría de acuerdo con la gravedad de la falta y el monto de los perjuicios causados, independientemente que el funcionario haya dejado de prestar sus servicios en el órgano o ente público (art. 84).

En 1995 se produce una nueva reforma de la Ley Orgánica de la Contraloría General de la República[520]. Esta Ley mantiene la competencia de la Contraloría General de la República para imponer la sanción de multa y la competencia del jerarca del sujeto declarado responsable para imponer la sanción de destitución, pero, como novedad, le otorga tanto a la Contraloría General de la República como a la máxima autoridad del respectivo organismo, la competencia para imponer la inhabilitación para el ejercicio de la función pública por un período no mayor de tres años. Le correspondía a la Contraloría General de la República, de forma exclusiva, imponer la sanción de inhabilitación en los casos que el declarado responsable se haya separado de la función pública (art. 122).

---

518 Carrillo Artiles, "La paradójica declaratoria de constitucionalidad del artículo 105", 359.

519 G.O. N° 3.482, extraordinario de 14-12-1984) artículo 92. Igualmente, *vid.* Peña Colmenares, *El régimen de la responsabilidad administrativa*, 115; Orlando S., *La potestad inquisitiva de los órganos de control fiscal*, 89-99, y; Carrillo Artiles, "La paradójica declaratoria de constitucionalidad del artículo 105", 359.

520 G.O. N° 5.017, extraordinario de 13-12-1995.

En 2001 se promulga la LOCGRSNCF[521] que atenderá a la nueva configuración del Poder Público prevista en la Constitución venezolana de 1999 y desarrollará todo lo concerniente al Sistema Nacional de Control Fiscal. Esta Ley, otorga a todos los órganos de control fiscal la competencia para imponer la sanción de multa –lo que en palabras de Peña Colmenares significó la descentralización y desconcentración de las funciones de control fiscal incluyendo las potestades de investigación y sanción[522]– pero le otorga a la Contraloría General de la República la competencia "exclusiva y excluyente" para imponer las sanciones de suspensión del ejercicio del cargo sin goce de sueldo por un período no mayor de veinticuatro meses, la destitución del declarado responsable y la inhabilitación para el ejercicio de funciones públicas hasta por un máximo de quince años (art. 105). Esta Ley se reforma en el año 2010 pero no se modifican las competencias de los órganos de control fiscal para imponer la sanción de multa, ni la competencia "exclusiva y excluyente" de la Contraloría General de la República para imponer las otras sanciones previstas en la misma.

Así pues, se observa cómo la competencia para imponer las sanciones de destitución e inhabilitación en un principio estaban atribuidas al superior jerarca del funcionario declarado responsable administrativamente. Ello tiene su justificación en que la destitución, por ejemplo, se configura como la típica sanción del derecho disciplinario y que la inhabilitación también tiene consecuencias respecto del ejercicio de la función pública de un sujeto. Sin embargo, con el transcurso del tiempo ha ido *in crescendo* la potestad del Contralor General de la República para imponer sanciones que deriven de la declaratoria de la responsabilidad administrativa a un sujeto, al punto que se le otorgaron competencias "exclusivas y excluyentes" respecto de otros órganos de control fiscal.

---

[521] G.O. N° 37.347 de 17-12-2001.

[522] Peña Colmenares, *El régimen de la responsabilidad administrativa*, 285.

B. La cuestionada constitucionalidad de las sanciones accesorias

La doctrina venezolana ha sido uniforme al considerar que el artículo 105 de la LOCGRSNCF es inconstitucional[523], a pesar de que el Tribunal Supremo de Justicia declaró lo contrario. Los argumentos utilizados para considerar que la norma es inconstitucional son los siguientes.

a. Violación del principio non bis in ídem

Ya nos referimos a este principio y su vulneración por el artículo 105 de la LOCGRSNCF en otros capítulos de esta obra. Reiteramos que se cuestiona que en una misma norma se establezca como sanción principal la multa, pero además, con oca-

[523] Sobre este punto puede consultarse, entre otros: Orlando S., *La potestad inquisitiva de los órganos de control fiscal*, 146. Peña Colmenares, *El régimen de la responsabilidad administrativa*, 302. Carrillo Artiles, "La paradójica declaratoria de constitucionalidad del artículo 105", 372-378. Rojas Pérez, "Aspectos particulares del régimen de sanciones administrativas", 342-344. De León Osorio y Mendoza Gómez, Los principios, los actos y las pruebas, 77. José Ignacio Hernández González, "La inconstitucionalidad de la competencia del Contralor General de la República para acordar la inhabilitación en el ejercicio de funciones públicas", *Revista de derecho público*, N° 114 (2008): 55-57. Allan Brewer-Carías, "La inconstitucional inhabilitación política y revocación de su mandato popular, impuestos al Gobernador del Estado Miranda Henrique Capriles Radonski, por un funcionario incompetente e irresponsable, actuando además con toda arbitrariedad", *Revista de derecho público*, N° 149/150 (2017): 326-337. Allan Brewer-Carías, "El derecho político de los ciudadanos a ser electos para cargos de representación popular y el alcance de su exclusión judicial en un régimen democrático (O de cómo la Contraloría General de la República de Venezuela incurre en inconstitucionalidad e inconvencionalidad al imponer sanciones administrativas de inhabilitación política a los ciudadanos)", *Revista elementos de juicio*, año V, tomo 17 (2012): 65-104. Freddy J. Orlando S., "La inhabilitación del presidente Guaidó por la Contraloría General de la República", *Revista Electrónica de Derecho Administrativo Venezolano*, N° 15 (2018): 381-396. Allan Brewer-Carías, "El ilegítimo 'control de constitucionalidad' de las sentencias de la Corte Interamericana de Derechos Humanos por parte la Sala Constitucional del Tribunal Supremo de Justicia de Venezuela: el caso Leopoldo López vs. Venezuela, septiembre 2011", *Estudios Constitucionales*, año 10, N° 2 (2012): 575-608.

sión a unos mismos hechos –tipificados en las leyes como supuestos generadores de responsabilidad administrativa– y luego de la tramitación de un único procedimiento, un sujeto puede ser sancionado con la suspensión del ejercicio del cargo sin goce de sueldo por un período no mayor de veinticuatro meses, la destitución del declarado responsable y la inhabilitación para el ejercicio de funciones públicas hasta por un máximo de quince años[524].

La Sala Constitucional del Tribunal Supremo de Justicia en sentencia N° 1265 de 05-08-2008 consideró que el artículo 105 de la LOCGRSNCF no contradice el principio *non bis in ídem* bajo el argumento que estas sanciones eran accesorias y por tanto su aplicación se encuentra condicionada a la previa declaratoria de responsabilidad administrativa del sujeto y la imposición de la multa[525].

No obstante, la jurisprudencia del máximo tribunal de justicia no ha sido consistente respecto de la accesoriedad de estas sanciones. En efecto, la propia Sala Constitucional en sentencia N° 778 de 20-06-2013 afirmó:

> [E]sta Sala considera pertinente precisar que esta facultad sancionatoria que tiene el Contralor General de la República, prevista en el artículo 105 de la Ley Orgánica de la Contraloría General de la República y del Sistema Nacional de Control Fiscal, no es más que la potestad para la gradación de la sanción atendiendo a la entidad de la infracción y de sus efectos, tal como se expuso en la sentencia n° 1266/2008 del 6 de agosto, caso: 'Nidia Gutiérrez de Atencio'; por lo que, la sanción de inhabilitación no resulta consustancial ni accesoria a la sanción pecuniaria, sino que forma parte de la gama de consecuencias principales que derivan del hecho de haberse declarado la responsabilidad administrativa del funcionario (Vid. En este sentido, sentencia de esta Sala n.° 329/2012).

---

[524] *Vid.* Carrillo Artiles, "La paradójica declaratoria de constitucionalidad del artículo 105", 370. Rojas Pérez, "Aspectos particulares del régimen de sanciones administrativas", 342-344. De León Osorio y Mendoza Gómez, Los principios, los actos y las pruebas, 77. Orlando S., *La potestad inquisitiva de los órganos de control fiscal*, 148-152.

[525] Peña Colmenares, *El régimen de la responsabilidad administrativa*, 300.

Por ende, se advierte que la sentencia impugnada no se ajustó a los criterios expuestos por esta Sala en la decisión n° 1266/2008, caso: 'Nidia Gutiérrez de Atencio', en la que se declaró la constitucionalidad del artículo 105 de la Ley Orgánica de la Contraloría General de la República y del Sistema Nacional de Control Fiscal, en atención a la no dependencia entre las sanciones impuestas -multa e inhabilitación- con fundamento a la autonomía de cada una de ellas, así como en función del órgano competente para la imposición de cada una de éstas.

En este mismo sentido se pronunció la Sala Político-Administrativa en sentencia N° 872 de 17-07-2013, en la que se fundamentó en el ya mencionado criterio de la Sala Constitucional para afirmar lo siguiente:

> El criterio precedentemente señalado conlleva a establecer que una vez declarada la responsabilidad administrativa del funcionario, procede como consecuencia, la imposición de las sanciones previstas en el mencionado artículo 105 de la Ley Orgánica de la Contraloría General de la República y del Sistema Nacional de Control Fiscal, independientemente de que el investigado haya resarcido el daño causado por el ilícito cometido.
>
> Por tanto, considera esta Sala que los alegatos establecidos por el recurrente a los efectos de fundamentar la desproporcionalidad de la sanción, tales como "haber cancelado en su totalidad el arma de fuego extraviada" y que "nunca una sanción accesoria puede ser más aflictiva que la principal", deben ser desechados por improcedentes, toda vez que dichas circunstancias en modo alguno conllevan a establecer que la sanción de inhabilitación debió haber sido fijada en un límite inferior, pues aun cuando el actor haya cumplido la obligación establecida por la Administración a fin de procurar resarcir el daño causado, las sanciones previstas en el citado artículo 105 son impuestas como consecuencia de la declaratoria de responsabilidad administrativa y no son accesorias a la sanción pecuniaria, como erradamente lo sostiene el recurrente.

De lo expuesto se aprecia que el argumento de accesoriedad que fue utilizado por la Sala Constitucional en el año 2008 para justificar la constitucionalidad del artículo 105 de la LOCGRSNCF fue desechado cinco años después, no solo por la Sala

Constitucional sino también por la Sala Político-Administrativa del Tribunal Supremo de Justicia.

Aun así, no se ha declarado la inconstitucionalidad de la norma a pesar de que existe un reconocimiento expreso que las sanciones del mencionado artículo son sanciones principales como ya había anunciado Peña Colmenares[526]. Sin embargo, redunda en el argumento que el artículo 105 de la LOCGRSNCF viola el principio *non bis in ídem* puesto que contempla la posibilidad de imponer dos tipos de sanciones "principales" a un mismo sujeto previa tramitación de un único procedimiento administrativo y por unos mismos hechos.

b. Violación del derecho al debido procedimiento administrativo

El artículo 105 de la LOCGRSNCF prevé que el Contralor General de la República podrá imponer las sanciones "sin que medie ningún otro procedimiento". Esto resulta contrario al artículo 49 de la Constitución de 1999 que establece el derecho de toda persona al debido proceso que se aplica a todas las instancias administrativas y judiciales[527] y convierte a estas sanciones en "sanciones de plano", es decir, sanciones impuestas sin que el sujeto sobre el que recaerá la medida tenga oportunidad de alegar y probar en su defensa[528].

Además de la garantía del debido proceso que prevé la Constitución de 1999, existen otros elementos que redundan en la necesidad de que las sanciones previstas en el artículo 105 de la LOCGRSNCF sean impuestas con posterioridad a la tramitación de un procedimiento administrativo. Estos son: 1. Que ya ha sido reconocido por el Tribunal Supremo de Justicia que se trata de sanciones principales y autónomas e independientes de la sanción de multa, y 2. Que se trata de sanciones que poseen una naturaleza distinta a la multa. En efecto – aunque sobre este punto nos pronunciaremos en los apartados

---

[526] Ibid., 300.

[527] Orlando S., "La inhabilitación del presidente Guaidó", 389.

[528] Badell Madrid, "Potestad sancionatoria de la administración en Venezuela", 72.

siguientes– las sanciones que puede imponer de forma "exclusiva y excluyente" el Contralor General de la República, son propias del derecho disciplinario y que, como sanción disciplinaria, deben responder a un análisis previo del incumplimiento o no, por parte del sujeto, de los deberes propios del ejercicio de su cargo; mientras que la multa es una sanción del derecho sancionatorio que deriva de la ocurrencia de un supuesto generador de responsabilidad administrativa[529].

En este caso, nuevamente el Tribunal Supremo de Justicia ha hecho caso omiso y ha considerado que las sanciones de suspensión del ejercicio del cargo sin goce de sueldo por un período no mayor de veinticuatro meses, la destitución del declarado responsable y la inhabilitación para el ejercicio de funciones públicas hasta por un máximo de quince años pueden imponerse sin que sea necesario la tramitación de un procedimiento previo porque el procedimiento de determinación de responsabilidad administrativa "comprende tres etapas que garantizan el derecho a la defensa y el debido proceso de los imputados administrativamente; guardando así plena y efectiva compatibilidad con lo previsto en el artículo 49 constitucional" y que "con el sano desarrollo del procedimiento principal –tendente a la comprobación de la responsabilidad administrativa del imputado– se garantizan los derechos que asisten a los funcionarios públicos cuestionados"[530].

Es de advertir que la Contraloría General de la República también ha emitido pronunciamientos similares y ha estimado que la mención contenida en el artículo 105 de la LOCGRSNCF respecto a que las sanciones que impone el Contralor General de la República se acuerdan "sin que medie ningún otro procedimiento" se extiende incluso frente a otros procedimientos previstos en leyes especiales. En efecto, a través de memorando N° 04-00-612 de 11-10-2012, consideró que no era necesario agotar el procedimiento de calificación de despido previsto en la Ley Orgánica del Trabajo, los Trabajadores y las Trabajado-

---

[529] Carlos Luis Carrillo Artiles, "El derecho administrativo sancionador en Venezuela", *Revista de derecho público*, N° 171/172 (2022): 39-40.

[530] TSJ/SC N° 1265 de 05-08-2008 y TSJ/SPA 00947 de 12-08-2008.

ras[531] para ejecutar la sanción de destitución contra un sujeto que preste sus servicios como obrero en un órgano o ente público. Para la Contraloría General de la República:

> [C]onviene destacar que si bien es cierto que con la imposición de la sanción de destitución se produce la terminación

---

531 Artículo 422: Solicitud de autorización del despido, traslado o modificación de condiciones. "Cuando un patrono o patrona pretenda despedir por causa justificada a un trabajador o trabajadora investido o investida de fuero sindical o inamovilidad laboral, trasladarlo o trasladarla de su puesto de trabajo o modificar sus condiciones laborales, deberá solicitar la autorización correspondiente al Inspector o Inspectora del Trabajo, dentro de los treinta días siguientes a la fecha en que el trabajador o trabajadora cometió la falta alegada para justificar el despido, o alegada como causa del traslado o de la modificación de condiciones de trabajo, mediante el siguiente procedimiento: 1.- El patrono, patrona o sus representantes, deberán dirigir escrito al Inspector o Inspectora del Trabajo de la jurisdicción donde el trabajador o trabajadora presta servicios, indicando nombre y domicilio del o de la solicitante y el carácter con el cual se presenta; el nombre y el cargo o función del trabajador o trabajadora a quién se pretende despedir, trasladar o modificar sus condiciones de trabajo y las causas que se invoquen para ello. 2.- El Inspector o la Inspectora del Trabajo, dentro de los tres días hábiles siguientes a la solicitud, notificará al trabajador o a la trabajadora para que comparezca a una hora determinada del segundo día hábil siguiente a su notificación para que de contestación a la solicitud presentada y en este acto oirá las razones y alegatos que haga el trabajador, trabajadora o su representante y exhortará a las partes a la conciliación. La no comparecencia del patrono o patrona al acto de contestación se entenderá como desistimiento de la solicitud. 3.- De no lograrse la conciliación se abrirá una articulación probatoria de ocho días hábiles, de los cuales los tres primeros serán para promover pruebas y los cinco restantes para su evacuación. Si el trabajador o trabajadora no compareciere se considerará que rechazó las causales invocadas en el escrito presentado. Serán procedentes todas las pruebas establecidas en la Ley que rige la materia procesal del trabajo. 4.- Terminada la etapa probatoria, las partes tendrán dos días hábiles para presentar sus conclusiones. 5.- Terminado el lapso establecido en el numeral anterior, el Inspector o Inspectora del Trabajo tendrá un lapso máximo de diez días hábiles para dictar su decisión. // Para este procedimiento se considerará supletoria la Ley Orgánica Procesal del Trabajo al momento de la comparecencia del trabajador para dar respuesta a la solicitud del patrono o patrona. // De esta decisión no se oirá apelación, quedando a salvo el derecho de las partes de interponer el Recurso Contencioso Administrativo Laboral ante los Tribunales Laborales competentes".

de la relación de trabajo para el obrero, sin embargo, esta no se origina como consecuencia de las causales establecidas en el Decreto con Rango, Valor y Fuerza de Ley Orgánica del Trabajo, los Trabajadores y las Trabajadoras, sino que, se insiste, es producto de una sanción disciplinaria derivada de la declaratoria de responsabilidad administrativa en los términos supra señalados, por tal motivo en criterio de esta Dirección General, la autoridad competente para ejecutar la decisión no tiene que recurrir a ningún otro procedimiento, a los fines de hacer efectiva la materialización definitiva de la sanción de destitución al personal obrero al servicio del Ministerio del Poder Popular para la Educación[532].

Ahora bien, aunque el procedimiento para la determinación de responsabilidad de administrativa y la formulación del reparo está conformado por un conjunto de fases o etapas que permiten a los interesados legítimos ejercer su derecho a la defensa, lo cierto es que esa defensa se ejerce sobre la ocurrencia o no de algún supuesto generador de responsabilidad administrativa y la existencia o no de un daño al patrimonio público, pero en modo alguno se examina el incumplimiento por parte del sujeto, de deberes inherentes al ejercicio de su cargo o se discute sobre la procedencia o no de las sanciones disciplinarias que prevé el artículo 105 de la LOCGRSNCF. Con lo cual, efectivamente, estas sanciones se imponen sin que se le dé al sujeto declarado responsable administrativamente la posibilidad de presentar argumentos que permitan desvirtuar o mermar estas sanciones, existiendo en consecuencia, la violación a la garantía del procedimiento legalmente establecido prevista en el artículo 49 de la Constitución de 1999.

c. Violación del derecho al sufragio pasivo

Otro de los argumentos a favor de la inconstitucionalidad del artículo 105 de la LOCGRSNCF se centra en la sanción de inhabilitación para el ejercicio de funciones públicas hasta por un máximo de quince años, y es que, en la norma no se distin-

---

[532] *Vid.* Contraloría General de la República Bolivariana de Venezuela, *Dictámenes de la Dirección General de los Servicios Jurídicos 2011-2012*, 328.

gue si esa sanción puede imponerse a cualquier o solo a determinados sujetos o funcionarios públicos.

La práctica ha demostrado que esta sanción se impone a cualquier funcionario público, incluso los de elección popular, y que el efecto de esta debe ser general "en el sentido que el sujeto inhabilitado no podrá desempeñar función pública alguna, incluyendo cargos de elección popular"[533]. Tal situación que resulta contraria a los artículos 39; 42, 62 y 65 de la Constitución de 1999[534] que prevén que el ejercicio de los derechos políticos –entre ellos el derecho al sufragio que comprende la posibilidad de elegir y ser elegido– "sólo puede ser suspendido por sentencia judicial firme en los casos que determine la ley" (art. 42).

La sanción de inhabilitación que se impone a un sujeto con fundamento en el artículo 105 de la LOCGRSNCF no es acordada por un órgano judicial a través de una sentencia, sino por medio de un acto administrativo dictado por el Contralor de la

533 Hernández González, "La inconstitucionalidad de la competencia del Contralor General de la República", 56.

534 Artículo 39: "Los venezolanos y venezolanas que no estén sujetos o sujetas a inhabilitación política ni a interdicción civil, y en las condiciones de edad previstas en esta Constitución, ejercen la ciudadanía; en consecuencia, son titulares de derechos y deberes políticos de acuerdo con esta Constitución". Artículo 42: "Quien pierda o renuncie a la nacionalidad pierde la ciudadanía. El ejercicio de la ciudadanía o de alguno de los derechos políticos sólo puede ser suspendido por sentencia judicial firme en los casos que determine la ley". Artículo 62: "Todos los ciudadanos y ciudadanas tienen el derecho de participar libremente en los asuntos públicos, directamente o por medio de sus representantes elegidos o elegidas. // La participación del pueblo en la formación, ejecución y control de la gestión pública es el medio necesario para lograr el protagonismo que garantice su completo desarrollo, tanto individual como colectivo. Es obligación del Estado y deber de la sociedad facilitar la generación de las condiciones más favorables para su práctica". Artículo 65: "No podrán optar a cargo alguno de elección popular quienes hayan sido condenados o condenadas por delitos cometidos durante el ejercicio de sus funciones y otros que afecten el patrimonio público, dentro del tiempo que fije la ley, a partir del cumplimiento de la condena y de acuerdo con la gravedad del delito".

República, no ajustándose a las exigencias del texto constitucional.

Para Brewer-Carías el derecho al sufragio pasivo -o derecho a optar a cargos de elección pública- se pierde: 1. Cuando un sujeto pierde su ciudadanía, es decir, se le revoque o pierde la nacionalidad venezolana, 2. Cuando se declare la interdicción civil de un sujeto por incapacidad mediante sentencia definitiva dictada por un juez competente, previa tramitación de un proceso judicial con las garantías del debido proceso, y 3. Se le imponga la pena accesoria de la inhabilitación política en los términos del Código Penal por algún delito cometido, es decir; como sanción accesoria a la pena de prisión o presidio[535]. Según el autor:

> Esto implica que conforme a la Constitución no puede haber declaraciones de interdicción civil de una persona o la imposición de una sanción o pena de inhabilitación política a un ciudadano que sea impuesta por autoridades administrativas, pues ello implica el cercenamiento del principio democrático (elección popular de representantes), que en ningún caso se puede afectar mediante procedimientos administrativos en los que no se respeten las debidas garantías del debido proceso[536].

Estos argumentos de inconstitucionalidad también fueron presentados a la Sala Constitucional y desestimados por ésta. En sentencia N° 1265 de 05-08-2008 afirmó que el artículo 65 de la Constitución de 1999[537] no excluye la posibilidad que la inhabilitación política pueda ser establecida por un órgano administrativo o por un órgano con autonomía funcional, como la Contraloría General de la República, y que la norma, si bien plantea que la prohibición de optar a un cargo público surge

---

[535] Brewer-Carías, "La inconstitucional inhabilitación política y revocación de su mandato popular", 329-330.

[536] Ibid., 330.

[537] Artículo 65: "No podrán optar a cargo alguno de elección popular quienes hayan sido condenados o condenadas por delitos cometidos durante el ejercicio de sus funciones y otros que afecten el patrimonio público, dentro del tiempo que fije la ley, a partir del cumplimiento de la condena y de acuerdo con la gravedad del delito".

como consecuencia de una condena judicial por la comisión de un delito, no impide que dicha prohibición pueda tener un origen distinto. Para la Sala "la norma sólo plantea una hipótesis, no niega otros supuestos análogos".

Consideramos que se trata de una interpretación acomodaticia que efectúa la Sala Constitucional, sobre todo si se toma en cuenta que los órganos y entes del sector público se rigen por el principio de legalidad que desde la doctrina de la "vinculación positiva" supone que a éstos les está prohibido todo aquello cuanto no les esté permitido[538]. Partiendo de ello, entendemos que la Sala Constitucional no podía afirmar que por no encontrarse expresamente prohibido en el artículo 65 de la Constitución de 1999 que otros órganos distintos a los tribunales puedan imponer la sanción de inhabilitación política, la Contraloría General de la República se encuentra facultada para la imposición de dicha sanción, sino que por el contrario, es precisamente esa ausencia de autorización expresa la que nos debe llevar a entender que sólo mediante sentencia firme se pueden restringir los derechos políticos de un sujeto.

Se destaca que en sentencia de 01-09-2011 la Corte Interamericana de Derechos Humanos condenó al Estado venezolano por la violación de los derechos del ciudadano Leopoldo López Mendoza, entre ellos, el derecho a ser elegido. La Corte consideró que con la sanción de inhabilitación impuesta por la Contraloría General de la República con fundamento en el artículo 105 de la LOCGRSNCF se violaron los artículos 23.1.b y 23.2 en relación con el artículo 1.1 de la Convención Americana[539].

---

538 Gallardo Castillo, *Los principios de la potestad sancionadora*, 23.

539 Artículo 1. Obligación de Respetar los Derechos. "1. Los Estados Partes en esta Convención se comprometen a respetar los derechos y libertades reconocidos en ella y a garantizar su libre y pleno ejercicio a toda persona que esté sujeta a su jurisdicción, sin discriminación alguna por motivos de raza, color, sexo, idioma, religión, opiniones políticas o de cualquier otra índole, origen nacional o social, posición económica, nacimiento o cualquier otra condición social". Artículo 23. Derechos Políticos. "1. Todos los ciudadanos deben gozar de los siguientes derechos y oportunidades: a) de participar en la dirección de los asuntos

Además, la Corte dispuso, entre otras cosas, que: 1. El Estado venezolano debía asegurar que las sanciones de inhabilitación no constituyan impedimento para la postulación del reclamante al evento que desee inscribirse como candidato en procesos electorales a celebrarse, y 2. El Estado debía en un plazo razonable adecuar el artículo 105 de la LOCGRSNCF.

Ahora bien, el Estado venezolano lejos de acatar la decisión dictada por un tribunal internacional de justicia, a través de la Sala Constitucional del Tribunal Supremo de Justicia procedió a declarar "inejecutable" en Venezuela la sentencia de la Corte Interamericana de Derechos Humanos bajo los siguientes argumentos[540]:

Primero, que la Convención Interamericana de Derechos Humanos no es el único tratado internacional suscrito y ratificado por Venezuela al que se debe dar cumplimiento, y que el país también ha suscrito y ratificado la Convención Interamericana contra la Corrupción y la Convención de las Naciones Unidas contra la Corrupción, por lo que, realizando una ponderación de un conjunto de derechos situados en el mismo plano constitucional, concluye que debe prevalecer la lucha contra la corrupción como mecanismo de respeto de la ética en el ejercicio de cargos públicos, enmarcada en los valores esenciales de un Estado democrático, social, de derecho y de justicia.

Segundo, que la Corte Interamericana de Derechos Humanos desvía la teleología de la Convención Americana y sus propias competencias, emitiendo órdenes directas a órganos del

---

públicos, directamente o por medio de representantes libremente elegidos; b) de votar y ser elegidos en elecciones periódicas auténticas, realizadas por sufragio universal e igual y por voto secreto que garantice la libre expresión de la voluntad de los electores, y c) de tener acceso, en condiciones generales de igualdad, a las funciones públicas de su país. 2. La ley puede reglamentar el ejercicio de los derechos y oportunidades a que se refiere el inciso anterior, exclusivamente por razones de edad, nacionalidad, residencia, idioma, instrucción, capacidad civil o mental, o condena, por juez competente, en proceso penal". *Vid.* Ley Aprobatoria de la Convención Americana sobre Derechos Humanos (G.O. N° 31.256 de 14-06-1977).

540 TSJ/SC N° 1547 de 17-10-2011.

Poder Público venezolano "usurpando funciones cual si fuera una potencia colonial y pretendiendo imponer a un país soberano e independiente criterios políticos e ideológicos absolutamente incompatibles con nuestro sistema constitucional".

Tercero, que la sanción de inhabilitación prevista en el artículo 105 de la LOCGRSNCF es una inhabilitación administrativa que no le ha impedido ni le impide al reclamante ejercer los derechos políticos consagrados en la Constitución.

Respecto del alegato de "inhabilitación administrativa" que utilizó la Sala Constitucional del Tribunal Supremo de Justicia para declarar "inejecutable" la sentencia de la Corte Interamericana de Derechos Humanos, Brewer-Carías y Hernández González han señalado que bajo ese argumento la inhabilitación sólo puede ser declarada respecto de aquellos sujetos que ejerzan funciones públicas en cargos distintos a los de elección popular[541], ya que de acuerdo con la Constitución de 1999 no es posible eliminarle a un ciudadano el ejercicio de uno de los derechos políticos más esenciales a la democracia como es el derecho a elegir y ser elegido[542], por lo que aun cuando se tratase de una "inhabilitación administrativa" y no una "inhabilitación política" como pretendió hacer ver la Sala Constitucional, esta sanción no puede aplicarse a un sujeto que haya ejercido un cargo de elección popular[543].

---

541 Hernández González, "La inconstitucionalidad de la competencia del Contralor General de la República", 57.

542 Brewer-Carías, "La inconstitucional inhabilitación política y revocación de su mandato popular", 332. Brewer-Carías, "El derecho político de los ciudadanos", 65. Allan Brewer-Carías, *Kakistocracia depredadora e inhabilitaciones políticas: El falso Estado de derecho en Venezuela* (Caracas: Editorial Jurídica Venezolana, 2023): 191-192.

543 Para Carrillo Artiles, resulta evidente el "activismo judicial" que ejerce la Sala Constitucional del Tribunal Supremo de Justicia al asumir posiciones políticas e ideológicas, para justificar la inejecutabilidad de una sentencia emitida por un tribunal internacional de justicia, alejándose de la imparcialidad que debe tener como máximo tribunal de justicia. *Vid.* Carlos Luis Carrillo Artiles, "Aspectos controversiales de las sanciones y medidas interdictivas impuestas por órganos administrativos a servidores públicos ocupantes de cargos de elección popular", *Gestión pública,* N° 21 (2022): 64.

El carácter de sanción administrativa y no política de la sanción de inhabilitación que prevé el artículo 105 de la LOCGRSNCF, se ve resaltado con la promulgación, en noviembre de 2024, de la Ley Orgánica Libertador Simón Bolívar contra el Bloqueo Imperialista y en Defensa de la República Bolivariana de Venezuela. En esta norma expresamente se señala que la sanción de "inhabilitación política" será impuesta por "el Juez" como pena accesoria en la sentencia condenatoria por los delitos previstos en dicha Ley[544] y, en un artículo separado, contempla la sanción de inhabilitación para el ejercicio de funciones públicas que podrá ser impuesta por el Contralor General de la República[545].

Es decir, luego de un largo camino recorrido, de muchos debates y discusiones doctrinarias y judiciales sobre el carácter de sanción administrativa o política de la inhabilitación prevista en el artículo 105 de la LOCGRSNCF, encontramos, por primera vez, un instrumento legal, que, aunque su contenido pueda ser muy cuestionable -aspecto que excede el análisis que se realiza en esta obra-, deja muy claro que la inhabilitación que impone el Contralor General de la República no es política, porque ello le corresponde -como bien señala la Constitución de 1999- al Juez penal.

---

544 Artículo 13. "La Jueza o el Juez impondrá, en la sentencia condenatoria por los delitos previstos en esta Ley, la pena accesoria de inhabilitación política hasta por sesenta (60) años".

545 Artículo 15. "Corresponde a la Contraloría General de la República, de conformidad con lo previsto en la Ley de la Contraloría General de República y del Sistema Nacional de Control Fiscal, acordar de oficio o a instancia de parte, la inhabilitación hasta por sesenta (60) años para el ejercicio de funciones públicas de las personas naturales que hayan cometido acciones contrarias a los valores y derechos irrenunciables del Estado previstas en esta Ley, que hubieren causado perjuicios al patrimonio de la República, de acuerdo con la gravedad de los daños producidos. // La inhabilitación será notificada a través de cualquiera de los medios disponibles para tal efecto. Contra la medida acordada, podrá interponerse recurso de reconsideración ante la autoridad que emitió el acto, dentro de los quince (15) días hábiles siguientes a la notificación o el recurso de nulidad ante la Sala Política Administrativa del Tribunal Supremo de Justicia, dentro de los ciento ochenta (180) días siguientes a la notificación".

Entendemos que, a partir de la promulgación de la Ley Orgánica Libertador Simón Bolívar contra el Bloqueo Imperialista y en Defensa de la República Bolivariana de Venezuela, se abre una nueva oportunidad para acudir ante la Sala Constitucional del Tribunal Supremo de Justicia y solicitar la nulidad por inconstitucionalidad del artículo 105 de la LOCGRSNCF, quedando a la expectativa de cuáles serán los argumentos que utilizará el máximo y último interprete de la Constitución al respecto.

d. Violación del principio de proporcionalidad

Sobre el principio de proporcionalidad ya apartados anteriores de esta obra, donde señalamos que las sanciones que puede imponer de forma exclusiva y excluyente el Contralor General de la República –y que de conformidad con el criterio de la Sala Constitucional y la Sala Político-Administrativa del Tribunal Supremo de Justicia, ya no son consideradas sanciones accesorias sino principales– son absolutamente desproporcionadas si se les compara con la multa prevista en el artículo 94 de la LOCGRSNCF que oscila entre 100 y 1.000 unidades tributarias.

Además, el artículo 105 de la LOCGRSNCF acumula un conjunto de sanciones –estudiaremos en otros apartados esta posibilidad de acumulación– sobre un mismo sujeto, es decir; al declarado responsable se le puede imponer la sanción de multa más la suspensión del ejercicio del cargo sin goce de sueldo por un período no mayor de veinticuatro meses o la destitución del declarado responsable y, adicionalmente, la inhabilitación para el ejercicio de funciones públicas hasta por un máximo de quince años.

Entonces, tenemos que por un mismo hecho, que en muchas ocasiones son simples infracciones administrativas que no causan –ni tienen la capacidad para causar– un daño al patrimonio público puede imponerse a un sujeto tres sanciones diferentes, una más grave que la otra, situación que a criterio de Orlando es "un monumento a la severidad y al concepto draconiano de las sanciones"[546] y que sin lugar a duda, atenta en contra el principio de legalidad.

Lo que nos parece más preocupante es que, a pesar de ser fundados y válidos los argumentos de inconstitucionalidad que pesan sobre el artículo 105 de la LOCGRSNCF, el Tribunal Supremo de Justicia mantenga su cruzada de defender lo indefendible y de permitir que la Contraloría General de la República utilice las sanciones analizadas como un instrumento de control político, puesto que, cada vez son mayores los casos de dirigentes de oposición con aspiraciones a ocupar el cargo de presidente de la República que son inhabilitados con fundamento en el mencionado artículo 105[547].

e. Carácter disciplinario de las sanciones accesorias

Un último elemento por destacar a favor de la inconstitucionalidad de las sanciones previstas en el artículo 105 de la LOCGRSNCF está relacionado con el carácter disciplinario de las mismas. En efecto, de la lectura del artículo 105 se puede apreciar que las sanciones que puede imponer de forma exclusiva y excluyente el Contralor General de la República son típicas del derecho disciplinario, a saber: 1. La suspensión del ejercicio del cargo sin goce de sueldo por un período no mayor de veinticuatro meses, 2. La destitución del declarado responsable, y 3. La inhabilitación para el ejercicio de funciones públicas hasta por un máximo de quince años. Se trata de sanciones encaminadas a interrumpir de forma temporal o definitiva un vínculo estatutario o laboral entre un sujeto y un órgano o ente público.

---

546 Orlando S., *La potestad inquisitiva de los órganos de control fiscal*, 146.

547 Entre ellos se pueden mencionar a Leopoldo López Mendoza, Daniel Ceballos, César Pérez Vivas, Manuel Rosales, Henrique Capriles Radonski, María Corina Machado, Antonio Ledezma, Ramón Muchacho y Freddy Guevara. Todos sancionados con inhabilitación para el ejercicio de funciones públicas como consecuencia de un procedimiento de determinación de responsabilidad administrativa. *Vid.* Orlando S., "La inhabilitación del presidente Guaidó", 387.

Como bien explica Brewer-Carías, si se revisa la tradición histórica de las sanciones que derivaban de la declaratoria de responsabilidad administrativa se podrá observar que a ésta le acompañaban sanciones que debían ser aplicadas única y exclusivamente a funcionarios públicos, cuya ejecución le correspondía al superior jerarca de los mismos[548]. Es decir, desde 1975 hasta 1995 las sanciones de destitución e inhabilitación contra funcionarios públicos a quienes se les declaraba la responsabilidad administrativa eran impuestas por el superior jerarca del mismo, tomando en consideración que se trataba de sanciones disciplinarias que en el marco de una relación estatutaria o funcionarial debían ser ejecutadas por la dependencia donde el funcionario declarado responsable prestaba sus servicios.

A partir de 1995 comienza a reconocerse la potestad de la Contraloría General de la República para imponer la sanción de inhabilitación, solo que dicha competencia se limitaba para aquellos sujetos que se hubiesen separado de la función pública; siendo a partir del año 2001 que se elimina la competencia del superior jerarca y se le otorga de forma exclusiva y excluyente al Contralor General de la República.

Como consecuencia de esta modificación legislativa se han originado dos posturas. La primera sostenida por Peña Colmenares quien considera que las sanciones del artículo 105 de la LOCGRSNCF no son sanciones disciplinarias sino sanciones administrativas "debido a que la competencia para su imposición es atribuida al Contralor General de la República, quien como es sabido es el titular de los órganos del Poder Ciudadano"[549] que por tanto, carece de competencia alguna para romper cualquier vínculo funcionarial, contractual o laboral que se establezca entre un sujeto y un órgano o ente de la Administración pública. La autora estima que el carácter administrativo de las sanciones derivaría de "considerar la existencia de una relación de sujeción general entre todos los funciona-

---

548 Brewer-Carías, "El derecho político de los ciudadanos", 78.

549 Peña Colmenares, *El régimen de la responsabilidad administrativa*, 324-325.

rios públicos del país y la Contraloría General de la República, conceptuado como un Poder Público del Estado"[550].

La segunda, sostenida por Carrillo Artiles, para quien el mencionado artículo 105 le atribuye al Contralor General de la República de manera inconstitucional competencias disciplinarias sobre un sujeto determinado que no es su subordinado puesto que no se encontraría dentro de la estructura organizativa de la Contraloría General de la República y respecto del cual no detenta ningún tipo de jerarquía "ungiéndose con poderes de imponer disciplina a quien no puede disciplinar"[551].

Compartimos la postura de Carrillo Artiles respecto al carácter disciplinario de las sanciones contenidas en el artículo 105 de la LOCGRSNCF que además redunda en la incompetencia del Contralor General para imponerlas, puesto que éste solo tendría potestades disciplinarias respecto del personal que forme parte de su estructura organizativa y no sobre terceros ajenos a la Contraloría General de la República.

El carácter disciplinario de las sanciones de suspensión del cargo y de destitución se refuerza en el hecho que éstas se encuentran reguladas en la Ley del Estatuto de la Función Pública (arts. 86 a 90). En el caso de la suspensión del cargo, el artículo 90 de la mencionada Ley la contempla como una medida cautelar que puede dictarse dentro de un procedimiento de destitución, para asegurar que el sujeto "no afecte la obtención de pruebas o distorsione la recta sustanciación del expediente disciplinario conforme al artículo 89 de la Ley del Estatuto de la Función Pública"[552].

Respecto de esta sanción, advierte Peña Colmenares que rompe con el esquema del régimen disciplinario de los funcionarios públicos en Venezuela, y es que, desde 1970 la suspensión del ejercicio del cargo –con goce de sueldo– era conside-

---

550 Ibid., 325.

551 Carrillo Artiles, "La paradójica declaratoria de constitucionalidad del artículo 105", 372.

552 Carrillo Artiles, "La paradójica declaratoria de constitucionalidad del artículo 105", 371.

rada una medida cautelar que podía ser dictada en el curso de una averiguación administrativa, situación que se confirma con la promulgación de la Ley del Estatuto de la Función Pública como señalamos precedentemente[553].

En el caso de la destitución, el artículo 86 de la Ley del Estatuto de la Función Pública establece como causal para dar inicio a un procedimiento disciplinario de destitución "[c]ondena penal o auto de responsabilidad administrativa dictado por la Contraloría General de la República" (art. 86.10), siendo importante destacar que resulta paradójico que la LOCGRSNCF prevea la posibilidad de imponer la sanción de destitución del cargo sin que se tramite procedimiento alguno, mientras que para la misma sanción y por el mismo motivo –la declaratoria de responsabilidad administrativa– la ley especial en la materia –Ley del Estatuto de la Función Pública– sí exija la tramitación de un procedimiento administrativo previo.

Adicionalmente, es necesario advertir que si se toma en consideración que las sanciones previstas en el artículo 105 de la LOCGRSNCF tienen carácter disciplinario, sólo pueden aplicarse a aquellos sujetos que ostenten una relación estatutaria, laboral o contractual con un órgano o ente público –es decir, funcionarios, empleados, contratados y obreros–, con lo cual, resultarían discriminatorias respecto de otros sujetos –personas naturales y jurídicas que manejen, resguarden, custodien o administren fondos públicos pero que no tengan una relación estatutaria con un órgano o ente público, como lo sería, por ejemplo, el ingeniero residente de una empresa que tiene un contrato con algún órgano o ente del sector público y que haya incurrido en algún supuesto generador de responsabilidad administrativa– a los que también se les podría declarar responsabilidad administrativa pero no son susceptibles de la aplicación de las sanciones de suspensión, destitución e inhabilitación.

Si el fin que persigue el legislador es el de imponer sanciones que sirvan de ejemplo para el declarado responsable, pero

553 Peña Colmenares, *El régimen de la responsabilidad administrativa*, 321.

además, para que otros sujetos no tengan incentivos de cometer alguna irregularidad administrativa, las sanciones que actualmente contempla la LOCGRSNCF para la declaratoria de responsabilidad administrativa no resultan efectivas o eficaces, ya sea porque los mecanismos de cálculo utilizados para la determinación de la multa resultan irrisorios en el contexto venezolano, o porque las sanciones que de manera exclusiva y excluyente puede imponer el Contralor General de la República, lejos de promover el fin perseguido por la responsabilidad administrativa –velar por correcta administración, manejo y custodia del patrimonio público y de los bienes públicos– terminan siendo una espada de Damocles para los sujetos que administren, manejen o custodien el patrimonio público.

C. De los criterios a considerar para imponer las sanciones previstas en el artículo 105 de la Ley Orgánica de la Contraloría General de la República y del Sistema Nacional de Control Fiscal

El artículo 105 de la LOCGRSNCF establece que al Contralor General de la República le corresponde acordar "en atención a la entidad del ilícito cometido" la suspensión del ejercicio del cargo sin goce de sueldo por un período no mayor de veinticuatro meses o la destitución del declarado responsable; e imponer "atendiendo a la gravedad de la irregularidad cometida" la inhabilitación para el ejercicio de las funciones públicas hasta por un máximo de quince años.

Lo primero que debe destacarse del contenido del artículo es que distingue los parámetros o criterios que debe considerar el Contralor General de la República para imponer una u otra sanción; es decir, para la suspensión del ejercicio del cargo sin goce de sueldo y para la destitución, el criterio que debe considerarse es la "entidad del ilícito cometido", mientras que para imponer la inhabilitación para el ejercicio de la función pública debe evaluar "la gravedad de la irregularidad cometida"; utilizando dos términos distintos –ilícito e irregularidad– para referirse a los supuestos generadores de responsabilidad administrativas que son, en definitiva, los supuestos que dan lugar a la declaratoria de responsabilidad y consecuencialmente a la imposición de las sanciones previstas en el artículo 105 de la LOCGRSNCF.

Sobre esta disparidad terminológica, Peña Colmenares afirma que lo que debe realmente entenderse cuando la Ley se refiere a ilícito e irregularidad, es "ilícitos administrativos de carácter fiscal", que sería la acepción que debe darse a los supuestos generadores de responsabilidad administrativa. Adicionalmente señala que los términos "gravedad" y "entidad" deben considerarse sinónimos puesto que ambos están referidos al valor, importancia o significación que tuvo determinado hecho[554], a saber, los supuestos generadores de responsabilidad administrativa.

Surge la duda sobre cuál sería el órgano competente para establecer los parámetros de "entidad del ilícito cometido" y "gravedad de la irregularidad cometida", ya que aun cuando es competencia "exclusiva y excluyente" del Contralor General de la República imponer las sanciones de suspensión, destitución e inhabilitación, no es menos cierto que para ello, es necesario que previamente se haya declarado la responsabilidad administrativa de un sujeto y se haya impuesto una sanción de multa; lo cual es competencia de los órganos de control fiscal, incluyendo la Contraloría General de la República.

Concretamente hacemos referencia a: si un órgano de control fiscal externo estadal o municipal -una Contraloría estadal o Contraloría municipal- en el acto que pone fin al procedimiento de determinación de responsabilidad administrativa realiza valoraciones sobre la "entidad del ilícito cometido" y la "gravedad de la irregularidad cometida" para declarar o no la responsabilidad administrativa de un sujeto e imponer la sanción de multa prevista en el artículo 94 de la LOCGRSNCF, ¿dichas valoraciones deberán ser consideradas por la Contraloría General de la República al momento de imponer las sanciones de suspensión, destitución e inhabilitación?

---

554 Peña Colmenares, *El régimen de la responsabilidad administrativa*, 313.

La Ley no ofrece solución o planteamiento alguno respecto a dicha situación. Peña Colmenares expresa que si se toma en consideración que la Ley ha querido otorgarle al Contralor General de la República una competencia exclusiva y excluyente, éste podría hacer un análisis de la "entidad del ilícito cometido" y la "gravedad de la irregularidad cometida" de forma independiente al que haya realizado órgano de control fiscal que declaró la responsabilidad administrativa[555].

Sin embargo, entendemos que el órgano de control fiscal que declaró la responsabilidad administrativa del sujeto fue el que conoció el fondo del asunto y el que consideró la existencia de elementos necesarios para iniciar un procedimiento de determinación y declarar dicha responsabilidad, por lo que su juicio de valor –si bien no es vinculante ya que la LOCGRSNCF no dispone nada al respecto– debería ser tomado en cuenta en el análisis que efectúe el Contralor General de la República para imponer las sanciones de suspensión, destitución e inhabilitación, e incorporar dicho análisis en la motivación del acto que dicte el Contralor General de la República, máxime cuando estas sanciones se imponen sin un procedimiento previo que le permita al Contralor General formarse un juicio adecuado del asunto.

Indicamos que la valoración que realizaría el Contralor General de la República tendría como única finalidad formarse un mejor juicio sobre la "entidad del ilícito cometido" y la "gravedad de la irregularidad cometida", y en modo alguno implicaría evaluar o cuestionar la legalidad del acto que declare la responsabilidad administrativa del sujeto; ya que, al momento de imponer las sanciones previstas en el artículo 105 de la LOCGRSNCF, el Contralor General de la República no funge como superior jerarca del órgano de control fiscal, ni ejerce funciones de decisor de algún recurso administrativo, simplemente

---

555 Ibid., 314.

ejecuta una potestad que le fue establecida por Ley en materia de responsabilidad administrativa[556].

D. Dificultades de determinar la "entidad del ilícito cometido" y la "gravedad de la irregularidad cometida", dado el carácter lineal de los supuestos generadores de responsabilidad administrativa

Siguiendo en el análisis de las complejidades que surgen en torno a las sanciones del artículo 105 de la LOCGRSNCF, nos referiremos a las dificultades para determinar la "entidad del ilícito cometido" y la "gravedad de la irregularidad cometida".

Ya nos hemos referido en otras oportunidades a este asunto, concretamente, en lo que respecta al análisis que debe efectuar el órgano de control fiscal que declara la responsabilidad administrativa para imponer la sanción de multa prevista en el artículo 94 de la LOCGRSNCF, y es que ello está relacionado con el hecho que los supuestos generadores de responsabilidad administrativa previstos en el ordenamiento jurídico venezolano –LOCGRSNCF, Ley Orgánica de la Administración Financiera del Sector Público y la Ley de Contrataciones Públicas– carecen de ponderación sobre el mayor o menor grado de gravedad de los mismos. Es decir, no establecen elementos objetivos que permitan considerar la "entidad" o la "gravedad"

[556] El artículo 111 del Reglamento de la LOCGRSNCF dispone que los órganos de control fiscal remitirán al Contralor General de la República copia certificada de la decisión que declare la responsabilidad administrativa de un sujeto; del auto que declare la firmeza de la decisión o de la resolución que resuelva el recurso de reconsideración, a fin de que éste imponga las sanciones que le corresponde acordar de manera exclusiva y excluyente de conformidad con lo dispuesto en el artículo 105 de la Ley. Remisión que se efectuará vencido el lapso establecido para el ejercicio del recurso de reconsideración sin que el mismo se hubiere interpuesto, o dentro de los quince días hábiles siguientes a la fecha de la decisión que lo desestime, con lo cual se trata de un acto que ha adquirido firmeza administrativa y por tanto no debería estar sujeto a la revisión y valoración –sobre su legalidad o no– por parte del Contralor General de la República.

de cada uno de ellos por lo que todos deben considerarse con el mismo nivel de gravedad[557].

Esto significa que el análisis que efectúa el Contralor General de la República debe partir de la idea que todos los supuestos generadores de responsabilidad administrativa son "igualmente graves" y que deberán evaluarse otros factores de tiempo, lugar, modo y finalidad de los hechos que dan lugar a la infracción -entre otras circunstancias- para determinar la "entidad del ilícito cometido" y la "gravedad de la irregularidad cometida", y en consecuencia establecer una mayor o menor sanción al sujeto declarado responsable.

Como ya hemos indicado en otros capítulos de esta obra, la tarea no resulta nada fácil puesto que un mismo supuesto generador de responsabilidad administrativa puede ser considerado en momentos y situaciones específicas como muy grave, mientras que en otros, la gravedad puede ser media o leve; con lo cual, atender solamente al supuesto de hecho que generó la responsabilidad administrativa para poder determinar la sanción que resulte procedente –de las previstas en el artículo 105 de la LOCGRSNCF– resultará insuficiente para garantizar la debida proporcionalidad de la decisión que sea tomada.

Pensamos que el análisis que debe realizar el Contralor General de la República no debe limitarse a los parámetros previstos en el mencionado artículo 105 de la LOCGRSNCF, sino que además deberá considerar los parámetros previstos en la Ley Orgánica de Procedimientos Administrativos[558] respecto al uso de potestades discrecionales; concretamente, la motivación del acto y la proporcionalidad y adecuación entre el supuesto de hecho y los fines de la norma.

---

557 Peña Colmenares, *El régimen de la responsabilidad administrativa*, 288.

558 Artículo 12: "Aun cuando una disposición legal o reglamentaria deje alguna medida o providencia a juicio de la autoridad competente, dicha medida o providencia deberá mantener la debida proporcionalidad y adecuación con el supuesto de hecho y con los fines de la norma, y cumplir los trámites, requisitos y formalidades necesarios para su validez y eficacia".

E. Otros criterios de ponderación previstos en el Reglamento de la Ley

El artículo 112 del Reglamento de la LOCGRSNCF incorpora un conjunto de elementos adicionales que deben ser considerados por el Contralor General de la República, "para la graduación de la sanción" prevista en el artículo 105 de la Ley.

Dichos elementos son: 1. La magnitud del perjuicio causado al patrimonio público, 2. El número de ilícitos generadores de responsabilidad en que haya incurrido el declarado responsable, 3. La gravedad o trascendencia de las consecuencias económicas, sociales o de cualquier otra naturaleza derivadas de la conducta infractora, 4. La cuantía del beneficio ilícito obtenido por el declarado responsable, debidamente comprobado, 5. Si el acto, hecho u omisión afectó gravemente la legalidad, la efectividad, la eficiencia y la economía de las operaciones administrativas del órgano o entidad de donde ocurrieron, 6. Violación de los principios que rigen el Sistema Nacional de Control Fiscal, establecidos en el artículo 25 de la Ley, cuando se trate de actos, hechos u omisiones vinculados al ejercicio de las funciones de los órganos de control fiscal, 7. La reparación del daño causado, y 8. Las demás circunstancias que resulten aplicables a juicio del Contralor General de la República.

Si se observan con detalle estos elementos se podrá apreciar que buena parte de ellos se dirigen hacia una valoración del daño al patrimonio público (magnitud del daño, valoración de las consecuencias económicas, cuantía del beneficio ilícito obtenido, reparación del daño), circunstancia que resulta paradójica tomando en cuenta que el daño al patrimonio público no es un elemento determinante para la declaratoria de responsabilidad administrativa.

Adicionalmente, se aprecia que los elementos que debe analizar el Contralor General de la República resultan propios del procedimiento de determinación de responsabilidad administrativa, situación que en nuestro criterio contribuye a reforzar el argumento conforme al cual el Contralor General deberá valorar los aspectos o elementos que se expresen en el acto que declara la responsabilidad administrativa del sujeto. En efecto, si tomamos en consideración que entre los elementos para "graduar" la sanción se encuentran: la magnitud del perjuicio causado al patrimonio público; el número de ilícitos generadores de responsabilidad en que haya incurrido el declarado responsable, y, la cuantía del beneficio ilícito obtenido por el declarado responsable, debidamente comprobado, podremos apreciar que se trata de valorar elementos que fueron establecidos por el órgano de control fiscal al momento de declarar la responsabilidad administrativa.

El Reglamento de la LOCGRSNCF cuando enumera los aspectos que debe contener el acto que declara la responsabilidad administrativa de un sujeto, menciona: 1. Descripción de los actos, hechos u omisiones imputados –supuestos generadores de responsabilidad administrativa en las que pudo incurrir el sujeto– y 2. Pronunciamiento expreso sobre la declaratoria de responsabilidad administrativa; imposición de multa, formulación de reparo, la absolución o el sobreseimiento, según corresponda (art. 98).

Es en el acto que se declara la responsabilidad administrativa que se determina si ha existido o no un daño al patrimonio público y se ordena su reparación a través de la formulación del reparo. Es en ese mismo acto donde se identifican o comprueban los supuestos generadores de responsabilidad administrativa que se le atribuyen a un sujeto, de allí que, cuando el Reglamento indica que el Contralor General de la República debe valorar estos elementos para "graduar" la sanción, ello no significa otra cosa que atender a las circunstancias y hechos que fueron determinados por el órgano de control fiscal para declarar la responsabilidad administrativa del sujeto.

Pero, además, llama la atención que el reglamentista haya hecho referencia al "número de ilícitos generadores de responsabilidad en que haya incurrido el declarado responsable" como elemento para "graduar" la sanción. Si partimos del hecho que todos los supuestos generadores de responsabilidad administrativa tienen el mismo nivel de gravedad –no existe ningún supuesto más grave o menos grave para el legislador–, pareciera entonces que incurrir en más de un supuesto generador de responsabilidad administrativa es un elemento que sí tiene incidencia directa para imponer la sanción que corresponda, siendo una interpretación posible entender que, a mayor número de supuestos atribuidos a un sujeto, mayor es la sanción.

El Reglamento de la LOCGRSNCF también le otorga al Contralor General de la República la posibilidad de incorporar en su análisis las demás circunstancias que a su juicio resulten aplicables. Sin que exista un listado de cuáles podrían ser dichas circunstancias consideramos la: 1. Naturaleza de la relación entre el sujeto y el órgano o ente público –es decir, si la relación era estatutaria, laboral o no– y 2. En el caso de funcionarios públicos, el nivel que ocupa dentro de la estructura organizativa, el grado de responsabilidad de sus funciones y su participación directa o indirecta en los hechos que se le atribuyen, entre otros.

Queremos acotar que el artículo 112 del Reglamento de la LOCGRSNCF establece que la apreciación de las circunstancias señaladas determinará la aplicación de las sanciones de suspensión en el ejercicio del cargo o la inhabilitación para el ejercicio de la función pública "por debajo de los límites previstos en el artículo 105 de la Ley" de forma tal que la sanción sea proporcional a la entidad de la irregularidad cometida.

Esta redacción resulta confusa y puede dar a entender que la línea de partida para imponer las sanciones de suspensión en el ejercicio del cargo e inhabilitación para el ejercicio de la función pública es su límite máximo, es decir, veinticuatro meses para la suspensión y quince años para la inhabilitación, y que es a partir del análisis de los elementos previstos en el reglamento que el Contralor General de la República puede imponer sanciones que impliquen menos lapsos.

Ello puede resultar contrario a la razonabilidad y proporcionalidad que deben regir la potestad sancionatoria de los órganos y entes público, sobre todo, en el caso de la sanción de inhabilitación para el ejercicio de la función pública, ya que si consideramos que el Contralor General de la República debe partir de la sanción de quince años, básicamente estaríamos reconociendo que está facultado para declarar la "muerte civil" de cualquier sujeto al que se le declare la responsabilidad administrativa[559].

Coincidimos con Peña Colmenares respecto de que, en aquellos casos donde se establezca el máximo nivel de gravedad entre el ilícito o la irregularidad y se encuentren presente todos los elementos previstos en el Reglamento de la LOCGRSNCF, es que el Contralor General de la República podría imponer una sanción tan gravosa como la inhabilitación para el ejercicio de las funciones públicas hasta por un máximo de quince años[560].

F. Posibilidad de acumular, o no, las sanciones previstas en el artículo 105 de la Ley Orgánica de la Contraloría General de la República y del Sistema Nacional de Control Fiscal

Cuando se realiza una lectura del artículo 105 de la LOCGRSNCF se aprecia que su redacción es confusa dado que utiliza de informa indistinta las frases "entidad del ilícito cometido" y "gravedad de la irregularidad cometida", como si se tratase de dos aspectos que debían ser evaluados por separado por el Contralor General de la República.

El uso indistinto de ambas frases también ha generado dudas sobre el carácter acumulable o no de las sanciones que puede imponer el Contralor General de la República. Es decir, si tal como ocurría en la Ley Orgánica de la Contraloría General de la República de 1995 se le puede imponer a un sujeto la

---

559 Para Peña Solís imponer la sanción de inhabilitación para el ejercicio de la función pública por un período de quince años atenta contra el principio de proporcionalidad ya que –debido al período prologando de tiempo– equivaldría a la muerte civil del sujeto declarado responsable, más aún, si tomamos en cuenta que se trata de una decisión que debe ser acatada y respetada por todos los órganos y entes sujetos al control fiscal. *Vid.* Peña Solís, *La potestad sancionatoria de la Administración pública*, 29.

560 Peña Colmenares, *El régimen de la responsabilidad administrativa*, 330.

sanción de suspensión o destitución y, además, la inhabilitación.

Esta inquietud –advertida por Peña Colmenares[561] y Orlando[562]– deviene del hecho que el artículo 105 LOCGRSNCF agrupa la sanción de suspensión o destitución como aquellas sanciones que serán impuestas "en atención a la entidad del ilícito cometido" pero además la norma incluye la frase "e imponer" para referirse a la inhabilitación.

Pareciera que el legislador incorporó la inhabilitación como una sanción adicional a las sanciones de suspensión o destitución del declarado responsable.

Para Peña Colmenares esta interpretación resulta errada puesto que el Contralor General de la Republica debe escoger entre una de las tres sanciones previstas en el artículo 105 LOCGRSNCF "configurándose de esta manera, reiteramos, una interdicción para imponer más de una sanción"[563].

Por su parte, Brewer-Carías considera que la sanción de inhabilitación para el ejercicio de la función pública es accesoria a la sanción de destitución, que puede ser aplicable a cualquier funcionario público que haya ingresado a cualquier órgano o ente público por designación o nombramiento. El autor afirma que:

> [D]esde el origen del artículo 84 en la ley Orgánica de la Contraloría de 1975 hasta la norma del artículo 105 de la Ley Orgánica de la Contraloría de 2001, la intención del Legislador que se deriva del propio texto de las normas, ha sido siempre prever la sanción de inhabilitación para ejercer cargos públicos como una sanción administrativa disciplinaria aplicable sólo y exclusivamente a funcionarios de nombramiento o designación en la función pública (nunca de funcionarios electos), que son los que pueden ser "destituidos"; y además, siempre como una sanción administrativa disciplinaria accesoria a la sanción disciplinaria administrativa principal, que es precisamente la destitución, pudiendo sin

---

561 Ibid., 318.

562 Orlando S., *La potestad inquisitiva de los órganos de control fiscal*, 148.

563 Peña Colmenares, *El régimen de la responsabilidad administrativa*, 318.

embargo aplicarse excepcionalmente, sin implicar destitución en aquellos casos en los cuales, para el momento en que se dicta el auto de responsabilidad administrativa, ya el funcionario haya renunciado o haya sido removido[564].

Advertimos que de una revisión efectuada a las sanciones impuestas por el Contralor General de la República durante el período 2007-2017 con fundamento en el artículo 105 de la LOCGRSNCF pudimos encontrar –concretamente, en el informe de gestión del órgano contralor del año 2007– siete sanciones conjuntas de destitución e inhabilitación para el ejercicio de funciones públicas. Las sanciones de inhabilitación iban desde un año y seis meses hasta quince años.

De estas siete sanciones, seis tuvieron su fundamento en algunos de los supuestos generadores de responsabilidad administrativa previstos en la LOCGRSNCF de 2001 y uno en la Ley Orgánica de la Contraloría General de la República de 1995. Con lo cual, se trata –en su mayoría– de sanciones que se impusieron con fundamento en la redacción actual del artículo 105 de la LOCGRSNCF.

Las sanciones pueden discriminarse de la siguiente manera: 1. Cuatro tuvieron como origen un único supuesto generador de responsabilidad administrativa, a saber, la negligencia en la preservación del patrimonio público, 2. Una tuvo su origen en dos supuestos generadores de responsabilidad administrativa: celebración de contratos por interpuesta persona y concierto de interesados, 3. Una tuvo su origen en el supuesto generador de responsabilidad administrativa relativo a acciones simuladas o fraudulentas, y 4. Finalmente, el último de los sancionados se consideró incurso en cuatro supuestos generadores de responsabilidad administrativa: negligencia en la preservación de patrimonio público, adquirir compromisos sin disponibilidad presupuestaria, concierto de los interesados, y actuaciones simuladas o fraudulentas.

Es decir, a siete personas por distintos hechos se les impuso más de una sanción de las establecidas en el tantas veces

564 Brewer-Carías, "El derecho político de los ciudadanos", 80.

mencionado artículo 105, siendo necesario destacar que seis de éstas prestaban sus servicios en la Contraloría General de la República al momento que se les declaró su responsabilidad administrativa (la última persona prestaba sus servicios en el Ministerio de Ambiente).

Además, debe indicarse que tres de los siete casos mencionados fueron llevados ante la Sala Político-Administrativa del Tribunal Supremo de Justicia, de los cuales, dos impugnaron de forma expresa la imposición de más de una de las sanciones previstas en el artículo 105 de la LOCGRSNCF. Estos dos casos, fueron resueltos por la Sala Político-Administrativa a través de sentencias N° 1980 y 456 del 05-12-2007 y 26-05-2010, respectivamente, y en ambos casos se consideró que la actuación del Contralor General de la República al imponer dos de las sanciones previstas en el mencionado artículo 105 -concretamente, destitución e inhabilitación para el ejercicio de las funciones públicas- estuvo ajustada a derecho, aceptando así la posibilidad que a un sujeto se le imponga más de una de las sanciones que contiene el artículo 105.

Esta situación contradice las afirmaciones de la profesora Peña Colmenares, puesto que aunque se trate de pocos casos -apenas siete en un período de diez años y dos sentencias de la Sala Político Administrativa del Tribunal Supremo de Justicia- su sola existencia demuestra que en determinadas ocasiones la Contraloría General de la República ha impuesto más de una de las sanciones previstas en el artículo 105, lo que abre la ventana para un amplio debate sobre el carácter acumulativo o no de dichas sanciones, dado que en la práctica existen casos concretos y puntales sobre la aplicación acumulativa de las mismas.

Si se llega a considerar que las sanciones son acumulables y se puede imponer más de una, es necesario que la norma establezca de forma clara, cuándo y bajo qué supuestos puede procederse de esta forma. Dejarlo a la libertad del Contralor General de la República puede ocasionar abusos y actuaciones arbitrarias.

G. Criterios judiciales sobre la aplicación de las sanciones del artículo 105 de la Ley Orgánica de la Contraloría General de la República y del Sistema Nacional de Control Fiscal

Finalmente queremos referir algunas incidencias prácticas que surgen respecto a la aplicación de las sanciones de suspensión, destitución e inhabilitación que han tenido pronunciamiento del Tribunal Supremo de Justicia.

a. Las sanciones de suspensión del ejercicio del cargo y de destitución ¿resultan aplicables a los cargos de elección popular?

En sentencia N° 2444 de 20-10-2004 la Sala Constitucional del Tribunal Supremo de Justicia afirmó que las sanciones de suspensión y destitución no resultan aplicables a los cargos de elección popular, puesto que ello colide con la normativa constitucional que prevé que tales cargos pueden ser objetos de referendo revocatorio[565].

Este criterio fue ratificado en sentencia N° 174 de 08-05-2005 dictada por la misma Sala, en la que aclaró que la limitante de imponer sanciones de destitución o suspensión del cargo sin goce de sueldo a funcionarios que ocupen cargos de elección popular no resulta aplicable respecto de la sanción de

565 Artículo 72: "Todos los cargos y magistraturas de elección popular son revocables. // Transcurrida la mitad del período para el cual fue elegido el funcionario o funcionaria, un número no menor del veinte por ciento de los electores o electoras inscritos en la correspondiente circunscripción podrá solicitar la convocatoria de un referendo para revocar su mandato. // Cuando igual o mayor número de electores y electoras que eligieron al funcionario o funcionaria hubieren votado a favor de la revocatoria, siempre que haya concurrido al referendo un número de electores y electoras igual o superior al veinticinco por ciento de los electores y electoras inscritos, se considerará revocado su mandato y se procederá de inmediato a cubrir la falta absoluta conforme a lo dispuesto en esta Constitución y en la ley. // La revocación del mandato para los cuerpos colegiados se realizará de acuerdo con lo que establezca la ley. // Durante el período para el cual fue elegido el funcionario o funcionaria no podrá hacerse más de una solicitud de revocación de su mandato".

inhabilitación y que las sanciones de inhabilitación impuestas a sujetos que ocupen cargos de elección popular y que se encuentren en ejercicio de sus funciones:

> [D]ebe comenzar a surtir sus efectos legales una vez vencido el período para el cual fue electo el sancionado, o a partir de que cese efectivamente en el ejercicio de sus funciones con ocasión de las nuevas elecciones, lo cual, como es lógico, descarta cualquier posibilidad que éste opte a la reelección como consecuencia inmediata de esa inhabilitación.

Sin embargo, en sentencia N° 1056 de 31-05-2005 la Sala Constitucional "retrocede" respecto de la inaplicabilidad de la sanción de suspensión del ejercicio del cargo sin goce de sueldo por un período no mayor de veinticuatro meses para los cargos de elección popular, pero efectúa algunas precisiones sobre la aplicabilidad de dicha sanción en casos de funcionarios que requieran del antejuicio administrativo. En efecto, la Sala Constitucional en la indicada sentencia señala que:

> Teniendo en cuenta ello no es posible por vía de una sanción administrativa destituir a un funcionario de elección popular, por lo que la inhabilitación para el ejercicio de cargos públicos tiene que ser entendida como inhabilitación para ejercer en el futuro cualquier función pública, sea esta originada por concurso, designación o elección; no obstante, la Contraloría General de la República puede ejercer, en relación a este representante de elección popular, cualquiera de las otras sanciones administrativas que no impliquen la pérdida definitiva de su investidura. En consecuencia, puede imponer multas, la inhabilitación para el ejercicio de funciones públicas por un máximo de quince años y la suspensión temporal del ejercicio del cargo por un período no mayor de veinticuatro (24) meses.
>
> (...)
>
> Como quiera, en consecuencia, que la sanción de suspensión del ejercicio del cargo implica, a su vez, la imposibilidad de ejercer los derechos políticos que le corresponden a su investidura, lo cual sólo es posible, de acuerdo a lo dispuesto en el artículo 380 del Código Orgánico Procesal Penal, cuando sean "cumplidos los trámites necesarios para el enjuiciamiento"; esta Sala considera que aquellos funcionarios de elección popular que se encuentren amparados por la insti-

tución del antejuicio de mérito; a saber: el Presidente de la República, los gobernadores de Estado y los integrantes de la Asamblea Nacional, no podrán ser suspendidos en el ejercicio de sus cargos, hasta tanto este Tribunal Supremo de Justicia, en sala Plena, declare que hay mérito para su enjuiciamiento. Los demás funcionarios de elección popular a nivel estadal o municipal, por no gozar de esta prerrogativa, podrán ser suspendidos con base en el artículo 105 de la Ley Orgánica de la Contraloría General de la república y el Sistema Nacional de Control Fiscal.

No podemos dejar de advertir lo contradictorias que resultan las sentencias del máximo tribunal de justicia respecto al contenido y alcance del artículo 105 de la LOCGRSNCF, ya que en algunas ocasiones, reconoce que imponer las sanciones de suspensión del cargo y destitución sin goce de sueldo resulta contrario a las normas constitucionales que regulan el ejercicio de los cargos de elección popular, y en otras reconoce -como hemos visto en apartados precedentes- que la sanción de inhabilitación para el ejercicio de la función pública -más gravosa que las anteriormente mencionadas- no resulta contrataría al texto constitucional, aun cuando se trata de una sanción que se impondría a un cargo de elección popular[566].

---

[566] Es necesario mencionar que la Contraloría General de la República ha realizado algunas consideraciones sobre lo que debe entenderse por funcionario de elección popular, afirmando que aquellos sujetos elegidos bajo elecciones de segundo grado no califican dentro de esta categoría. En memorando N° 4-00-261 de 04-05-2012, la Contraloría General de la República analizó la naturaleza del cargo de Vicerrector Académico de una Universidad pública venezolana y tomando en consideración que la forma de elegir a las autoridades universitarias es mediante una elección de segundo grado en la que "los votantes eligen a unos representantes, que a su vez, deben constituir un cuerpo electoral (claustro universitario) a quienes les corresponde elegir a la persona que desempeñará el cargo sujeto a elección", estimó que "para estos cargos no son aplicables las prerrogativas establecidas en la carta Magna para los cargos de elección popular, así como tampoco los criterios jurisprudenciales emitidos por el Tribunal Supremo de Justicia", toda vez que, según la Contraloría General de la República, son cargos de elección popular aquellos que se eligen por votación directa o de primer grado, en la que "el pueblo en ejercicio del derecho al voto, previsto en los artículos 63 y siguientes de la Constitución de la República Bolivariana de Venezuela, manifiesta su voluntad y elige a una

b. Las sanciones de suspensión del ejercicio del cargo y de destitución solo aplican para el cargo que ocupaba el sujeto declarado responsable para el momento que se detectó la infracción que dio lugar a la declaratoria de responsabilidad administrativa

En sentencia N° 333 de 17-04-2012 la Sala Político-Administrativa del Tribunal Supremo de Justicia –ratificada por la Sala Constitucional a través de sentencia N° 195 de 21-03-2014[567]– afirmó que el artículo 105 de la LOCGRSNCF faculta al Contralor General de la República para imponer "de forma alternativa" la sanción de suspensión del ejercicio del cargo sin goce de sueldo por un período no mayor de veinticuatro meses o la sanción de destitución del declarado responsable:

> [P]ero solo en el cargo que ejerce el sujeto para el momento en el que se cometió el hecho que dio lugar a la declaratoria de responsabilidad administrativa. Dicho de otra forma, de lo dispuesto en la referida norma se entiende que la sanción impuesta al sujeto debe afectar el ejercicio del cargo en el que presta su función, en el organismo donde cometió la infracción, y no en otro.

Para la Sala Político-Administrativa la sanción que tiene como finalidad concreta evitar el reintegro de un sujeto declarado responsable administrativamente a cualquier órgano o ente público es la inhabilitación a través de la cual "se le prohíbe al infractor el ejercicio de las funciones públicas por un lapso determinado, hasta por un máximo de quince (15) años".

---

persona para que desempeñe un cargo público determinado", *Vid.* Contraloría General de la República Bolivariana de Venezuela, *Dictámenes de la Dirección General de los Servicios Jurídicos* 2011-2012, 269-276.

[567] En esta decisión, la Sala Constitucional del Tribunal Supremo de Justicia declaró "no ha lugar" la solicitud de revisión presentada por la Contraloría General de la República contra la sentencia N° 333 dictada el 17-04-2012 por la Sala Político-Administrativa del mismo tribunal, por considerar que "no contraría en modo alguno la jurisprudencia de este órgano jurisdiccional, ni evidencia algún grotesco error de interpretación de la norma constitucional o que se hubiese sostenido un criterio contrario a una jurisprudencia previamente establecida".

c. La sanción de inhabilitación abarca el ejercicio de cualquier cargo público

A través de sentencia N° 1017 de 07-07-2009 la Sala Político-Administrativa del Tribunal Supremo de Justicia aclaró que la sanción de inhabilitación prevista en el artículo 105 de la LOCGRSNCF comprende la imposibilidad que el sujeto sancionado ejerza -por el período que dure la sanción- "cualquier función pública, bien sea originada por concurso, designación o elección". Precisó, además, que abarca todos los cargos que comprenden el Poder Público "distribuido en sus cinco ramas de acuerdo con la especialidad de sus funciones (legislativa, judicial, ejecutiva, electoral y ciudadana) y en sus tres niveles político-territoriales autónomos (nacional, estadal y municipal)".

En igual sentido, se había pronunciado la Contraloría General de la República a través de memorándum N° 04-00-544 de 27-09-2006 en el que afirmó que:

> [L]a imposición de la sanción de inhabilitación ha de entenderse en sentido amplio, toda vez que el funcionario inhabilitado no puede ejercer ningún cargo o función pública durante el período de su inhabilitación, por tanto, no puede entenderse, bajo ninguna circunstancia, que dicha limitación es sólo para el ejercicio de cargos que involucren la administración, manejo o custodia de fondos públicos, ya que la limitación abarca el ejercicio de funciones públicas en términos generales[568].

Es decir, a diferencia de las sanciones de suspensión o destitución del declarado responsable que aplican sólo con relación al cargo que ocupaba el sujeto para el momento en que se detectó el ilícito que dio lugar a la declaratoria de responsabilidad administrativa -como se indicó en el apartado anterior-, la sanción de inhabilitación para el ejercicio de la función pública implica la imposibilidad absoluta de ocupar o desempeñar cualquier cargo -funcionario, obrero, contratado

---

[568] Contraloría General de la República Bolivariana de Venezuela, *Dictámenes de la Dirección General de los Servicios Jurídicos 2005-2006*, 427-428.

y entendemos que incluso en condición de suplencia- dentro de la estructura del Estado central y descentralizada, con forma de derecho público o privado.

III. LA REPARACIÓN DEL DAÑO CAUSADO AL PATRIMONIO PÚBLICO

Íntimamente relacionada con la responsabilidad administrativa se encuentra la reparación del daño causado al patrimonio público. Hemos visto en los apartados que preceden que la existencia del daño o su reparación son elementos que debe considerar el órgano de control fiscal al momento de pronunciarse sobre la responsabilidad administrativa e imponer la multa, así como el Contralor General de la República en la oportunidad de imponer las sanciones del artículo 105 de la LOCGRSNCF, pero ello no configura un elemento determinante para la declaratoria de la responsabilidad administrativa en sí misma.

La posibilidad que los órganos de control fiscal ordenen la reparación del daño al patrimonio público es una manifestación de la potestad resarcitoria que tienen conferida, y que es reconocida en el artículo 85 del Reglamento de la LOCGRSNCF, que se concreta a través de la "facultad para formular reparo, en los términos establecidos en los artículos 58 y 85 de la Ley"[569].

---

569 Artículo 58: "Como consecuencia de los resultados del examen de cuentas, los órganos de control fiscal, dentro del ámbito de sus competencias, formularán reparos a quienes hayan causado daños al patrimonio de la república o de los entes u organismos señalados en el Artículo 9, numerales 1 al 11, de esta ley, por una conducta omisiva o negligente en el manejo de los recursos que le correspondía administrar, así como por la contravención del plan de organización, las políticas, normas, así como los métodos y procedimientos que comprenden el control interno". Artículo 85: "Los órganos de control fiscal procederán a formular reparo cuando, en el curso de las auditorías, fiscalizaciones, inspecciones, exámenes de cuentas o investigaciones que realicen en ejercicio de sus funciones de control, detecten indicios de que se ha causado daño al patrimonio de un ente u organismo de los señalados en los numerales 1 al 11 del Artículo 9 de esta ley, como consecuencia de actos, hechos u omisiones contrarios a una norma legal o

Peña Solís define el reparo como aquellos actos administrativos a través de los que "los órganos de control fiscal declaran en sede administrativa, la responsabilidad civil de los aludidos funcionarios o particulares, por haber causado un daño al patrimonio público, declaratoria que genera para esos funcionarios la obligación de resarcir el daño causado"[570], mientras que para Canónico Sarabia:

> [E]s un mecanismo legal que se le otorga a los órganos del Sistema Nacional de Control Fiscal, para que puedan perseguir, mediante un procedimiento especial, de naturaleza administrativa, la responsabilidad civil de los funcionarios o de terceros, cuyos actos, hechos u omisiones, han producido una irregularidad que ha generado un daño o perjuicio en el manejo de fondos o bienes públicos[571].

Se observa entonces que el reparo es la responsabilidad civil que declara el órgano de control fiscal y que tal como afirma Peña Solís se trata de una figura excepcional que rompe el "principio general que postula que la determinación de este tipo responsabilidad (civil) entra en la esfera de competencia de los órganos jurisdiccionales, mediante el procedimiento ordinario"[572].

1. Procedimiento para la formulación del reparo

Indicamos previamente que el reparo es una figura íntimamente relacionada a la responsabilidad administrativa, al punto que el legislador ha establecido el mismo procedimiento para declarar uno u otro tipo de responsabilidad, y es en atención a ello que previamente afirmamos que los órganos de con-

---

sublegal, al plan de organización, las políticas, normativa interna, los manuales de sistemas y procedimientos que comprenden el control interno, así como por una conducta omisiva o negligente en el manejo de los recursos".

570 Peña Solís, *El régimen de la formulación de reparos*, 21.

571 Canónico Sarabia, "El reparo como forma de determinación de la responsabilidad civil", 218. *Vid.* igualmente Alejandro Canónico Sarabia, "El reparo como forma de determinación de la responsabilidad civil del funcionario público", *Revista Electrónica de Derecho Administrativo Venezolano*, N° 16 (2018): 100.

572 Peña Solís, *El régimen de la formulación de reparos*, 21.

trol fiscal para garantizar la efectividad de ese único procedimiento deberán tramitar tanto la responsabilidad administrativa como la responsabilidad civil, aún en aquellos casos en los que no existan indicios suficientes para declarar una o la otra.

El artículo 84 de la LOCGRSNCF dispone que la responsabilidad civil se hará efectiva mediante el procedimiento de reparo regulado en esta Ley y su Reglamento –mismo procedimiento para la determinación de la responsabilidad administrativa– salvo que se trate de materias reguladas por el Código Orgánico Tributario, en cuyo caso se aplicarán las disposiciones en él contenidas.

De acuerdo con esta disposición los órganos de control fiscal podrán declarar el reparo de conformidad con el procedimiento previsto en la LOCGRSNCF salvo en el caso de incumplimiento de obligaciones tributarias y otras materias reguladas en el Código Orgánico Tributario, caso en el que se debe aplicar el procedimiento previsto en dicho Código[573].

Sin embargo, la Sala Político Administrativa del Tribunal Supremo de Justicia en sentencia N° 211 del 08-02-2006 –ratificando el criterio establecido por la misma Sala en sentencia N° 1996 de 25-09-2001– determinó que en aquellos casos en los que la Contraloría General de la República formule reparos a contribuyentes sin utilizar el procedimiento previsto en el Código Orgánico Tributario sino el establecido en la Ley Orgánica de la Contraloría General de la República, no se considerará *per sé* que ha existido una violación de los derechos de los contribuyentes o responsables, ni que se deba producir la nulidad de los actos administrativos dictados de esta forma.

Para la Sala Político Administrativa del Tribunal Supremo de Justicia los reparos formulados por los órganos de control fiscal con cargo a los contribuyentes o responsables, dictados de acuerdo con procedimiento previsto en la LOCGRSNCF son legales y por tanto, sus actos administrativos ajustados a dere-

---

573 G.O. N° 6.507, extraordinario de 29-01-2020, artículos 187 al 204.

cho[574], de lo cual se entiende que los órganos de control fiscal podrán utilizar de manera preferente el procedimiento previsto en la Ley especial que los regula -la LOCGRSNCF- incluso en aquellas materias que se encuentren reguladas en el Código Orgánico Tributario.

2. Supuestos generadores del reparo

Respecto de los supuestos de procedencia para la formulación del reparo, la LOCGRSNCF resulta escueta, ya que no contiene con un listado de "supuestos generadores del reparo" a diferencia de lo que ocurre con la responsabilidad administrativa, de lo que entendemos que más allá de la conducta concreta lo relevante es que "se haya ocasionado un daño, y que exista la relación de causalidad entre el hecho antijurídico y el daño patrimonial, cuya indemnización se aspira lograr"[575].

El único supuesto que se encuentra claramente previsto en la LOCGRSNCF está relacionado con la obligación de rendir cuentas. En efecto, los artículos 51 y 52 de la Ley prevén la obligación para quienes administren, manejen o custodien los recursos de los órganos y entes públicos sujetos a la aplicación de la Ley, y quienes administren, manejen o custodien recursos de cualquier tipo afectados al cumplimiento de finalidades de interés público que provengan de cualquier órgano o ente público en forma de transferencia, subsidios, aportes, contribuciones, o alguna otra modalidad similar, la obligación de rendir cuenta de las operaciones y resultados de su gestión, en la forma, oportunidad y ante el órgano de control fiscal que determine la Contraloría General de la República. Esta rendición de cuentas implica la obligación de demostrar formal y materialmente la corrección[576] de la administración, manejo o custodia de los recursos públicos (arts. 51 y 52 LOCGRSNCF).

---

574 Evelyn Margarita Marrero Ortiz (compiladora), *Doctrina de la Sala Politicoadministrativa, octubre 2005-diciembre 2006* (Caracas: Tribunal Supremo de Justicia, 2006): 99-100.

575 Canónico Sarabia, "El reparo como forma de determinación", 98.

576 Las normas ISO 9000 definen el término corrección como la "acción para eliminar una no conformidad". Bajo este concepto, la rendición de

A partir de esta obligación, la LOCGRSNCF faculta a los órganos de control fiscal dentro del ámbito de sus competencias para formular reparos a quienes hayan causado daños al patrimonio público "por una conducta omisiva o negligente en el manejo de los recursos que le correspondía administrar, así como por la contravención del plan de organización, las políticas, normas, así como los métodos y procedimientos que comprenden el control interno", que derive "como consecuencia de los resultados del examen de cuentas" (art. 58).

Entonces tenemos que la rendición de cuentas genera obligaciones respecto de quien administra, maneja o custodia el patrimonio público, pero también, sobre los órganos de control fiscal quienes deberán realizar el examen selectivo o exhaustivo de la cuenta, así como la calificación y declaratoria de fenecimiento de las mismas (art. 56)[577].

De acuerdo con Canónico Sarabia, tres son las situaciones que pueden derivarse del examen o fiscalización de las cuentas por parte de los órganos de control fiscal[578]:

Primero, que de la revisión realizada por el órgano de control fiscal se aprecie que el resultado de la cuenta es conforme, caso en el cual deber proceder a declarar el fenecimiento de la cuenta (art. 57 LOCGRSNCF).

Segundo, que de la revisión se aprecien defectos de forma o de otro tipo que no originen perjuicios pecuniarios.

---

cuentas es el acto que permite "dar conformidad" o "eliminar la no conformidad" respecto de la administración, manejo o custodia de los recursos públicos por un sujeto determinado. *Vid.* Secretaria General de la Organización Internacional de Normalización, *Norma internacional* ISO 9000: *Sistemas de gestión de calidad-fundamentos y vocabulario*, traducción oficial, 4ta edición (Ginebra: Organización Internacional de Normalización, 2015): 30.

577 Las cuentas deberán ser examinadas por los órganos de control fiscal en un plazo no mayor de cinco años contados a partir de su rendición. Si del resultado del examen la cuenta resultare conforme se otorgará el fenecimiento de la cuenta (art. 57 LOCGRSNCF).

578 Canónico Sarabia, "El reparo como forma de determinación", 105.

Canónico Sarabia considera que el órgano de control deberá formular las "observaciones pertinentes con el fin de que se hagan los ajustes correspondientes, sin perjuicio de que pueda otorgar el fenecimiento posterior"[579], sin embargo, entendemos que el órgano de control fiscal también podría declarar la responsabilidad administrativa del sujeto, toda vez que de conformidad con el artículo 91 numeral 25 de la LOCGRSNCF, constituye un supuesto generador de responsabilidad administrativa "[q]uienes estando obligados a rendir cuenta, no lo hicieren en la debida oportunidad, sin justificación, las presentaren reiteradamente incorrectas o no prestaren las facilidades requeridas para la revisión".

Tercero, que en el examen de las cuentas se detecten irregularidades en las mismas, caso en el cual los órganos de control fiscal podrán ejercer las potestades de investigación y determinar las responsabilidades a que haya lugar (administrativas y civiles).

Respecto de este supuesto destacamos que el artículo 83 del Reglamento de la LOCGRSNCF establece que a efectos de la formulación del reparo:

> [S]e considerará que existe daño al patrimonio público, salvo prueba en contrario, cuando quienes administren, manejen o custodien los recursos a que se refieren los artículos 51 y 52 de la Ley, omitan presentar los comprobantes de la inversión de tales recursos a los órganos de control fiscal competentes.

Conviene preguntar si esta disposición resulta contraria o no al principio de presunción de inocencia previsto en el artículo 49 de la Constitución de 1999 según, el cual "toda persona se presume inocente mientras no se pruebe lo contrario". De acuerdo con el citado artículo 83 del reglamento la no presentación de los comprobantes correspondientes hace presumir la existencia de un daño al patrimonio público "salvo prueba en contrario", con lo cual, la norma parte de una presunción de culpabilidad sobre el responsable del manejo de los fondos

---

579 Ibid.

públicos y no de la presunción de su inocencia como lo exige la Constitución de 1999.

Entendemos la importancia de velar por el adecuado manejo, custodia, administración del patrimonio público, así como las repercusiones que el uso inadecuado de éste causa en el efectivo goce y disfrute de los derechos de las personas. Sin embargo, ello no debe convertirse en justificación para prever disposiciones normativas –más aún de rango sublegal– que faciliten la violación de los derechos constitucionales de las personas. A todo evento, los órganos de control fiscal cuentan con amplias potestades de investigación que deben llevarlo a determinar la efectiva existencia de un daño al patrimonio público sin tener que recurrir a la presunción contenida en el mencionado artículo 83.

Destacamos que la Contraloría General de la República a través de memorándum N° 04-02-272 de 15-11-2000 afirmó:

> [L]a carga de la prueba del daño patrimonial corresponde íntegramente a la Contraloría General de la República. Ello, pese a que estamos conscientes de que sin los respectivos soportes fundamentales prácticamente se imposibilita la labor de revisión de la sinceridad y veracidad del gasto y que también surgen limitaciones para probar el perjuicio al Patrimonio Público[580].

A pesar de tratarse de un criterio establecido por la Contraloría General de la República con anterioridad al Reglamento de la LOCGRSNCF promulgado en el año 2009, consideramos que mantiene plena vigencia, más aún cuando el principio de presunción de inocencia aplica a las instancias administrativas y judiciales tal como dispone el artículo 49 de la Constitución de 1999.

Hechas las consideraciones anteriores queremos destacar que las irregularidades en la cuenta –su no rendición sin justificación, su presentación incorrecta o incompleta y el daño al patrimonio público– pueden dar lugar a la declaratoria de res-

---

580 Contraloría General de la República Bolivariana de Venezuela, *Dictámenes de la Dirección General de los Servicios Jurídicos* 2001-2002, 166.

ponsabilidad administrativa y la formulación del reparo cuando exista un daño al patrimonio público y que, la LOCGRSNCF ha previsto el mismo procedimiento para determinar una u otra responsabilidad.

Ante la íntima conexión que ha establecido el legislador frente ambas figuras -que a veces puede terminar confundiéndolas- consideramos necesario insistir que el procedimiento previsto en la LOCGRSNCF debe ser aprovechado de la mejor forma posible y cada vez que un órgano de control fiscal decida iniciar un procedimiento de determinación contra un sujeto -bien sea para formular reparo o para determinar responsabilidad administrativa- debe garantizar que en él se analicen todos los supuestos, situaciones y circunstancias posibles, de forma tal que en el acto que ponga fin al procedimiento se pueda emitir pronunciamiento tanto de la responsabilidad civil -procedencia o no del reparo- como de la responsabilidad administrativa, puesto que, como hemos indicado en anteriores oportunidades, se cuenta con una única oportunidad para ello.

Adicional al supuesto previsto en los artículos 51, 52 y 58 de la LOCGRSNCF, se ha reconocido la posibilidad que los órganos de control fiscal formulen reparos cuando "en el curso de las auditorías, fiscalizaciones, inspecciones, exámenes de cuentas o investigaciones que realicen en ejercicio de sus funciones de control, detecten indicios de que se ha causado daño al patrimonio" (art. 85 LOCGRSNCF). En este caso, no se hace referencia a una conducta concreta que pueda dar lugar a la formulación del reparo, sino que lo relevante es que, en el ejercicio de las funciones de control, los órganos de control fiscal detecten que se ha causado un daño al patrimonio público.

Es decir, si como consecuencia de la realización de un supuesto generador de responsabilidad administrativa se origina un daño al patrimonio público el órgano de control fiscal podrá ordenar su resarcimiento a través de la formulación del reparo correspondiente. Se observa nuevamente la íntima relación de la responsabilidad administrativa con la responsabilidad civil (reparo) y si bien no todos los supuestos generadores de responsabilidad administrativa pueden generar un daño al patrimonio público, lo cierto es que la LOCGRSNCF le ordena a los órganos de control fiscal que en cualquier actuación, análisis o decisión tengan en cuenta el elemento del daño al patrimonio público.

3. Determinación del monto del reparo y formas de reparación

El artículo 86 de la LOCGRSNCF establece que los elementos que debe contener el acto administrativo que formula el reparo son los siguientes:

> 1. La identificación del destinatario del reparo.
> 2. La identificación de la actuación del órgano de control fiscal en la que se detectaron los indicios de daño al patrimonio del ente.
> 3. La fecha en que se rindió la cuenta u ocurrieron los hechos en razón de los cuales se formula al reparo.
> 4. La determinación de la naturaleza del reparo, con indicación de sus fundamentos.
> 5. La fijación del monto del reparo, y si éste es de naturaleza tributaria, la discriminación de los montos exigibles por tributos, los recargos, los intereses y las sanciones que correspondan.
> 6. La indicación de los recursos que procedan, señalando los lapsos para ejercerlos y los órganos o tribunales ante los cuales deben interponerse.
> 7. Cualquier otro dato que se considere necesario para fundamentar el reparo.

Nos detendremos a analizar la determinación del monto que debe reparar el sujeto declarado responsable. La norma distingue entre el reparo de naturaleza tributaria y otro tipo de reparo. Respecto del reparo de naturaleza tributaria aclara que se discriminará el monto que corresponda por concepto de tributos más los recargos, los intereses y las sanciones que correspondan, sin embargo, no menciona nada respecto de otro tipo de daño que no sea de naturaleza tributaria.

De una interpretación literal de la norma pareciera que en caso de daño al patrimonio público que no tenga su origen en un tributo, el órgano de control fiscal sólo puede ordenar la reparación respecto del valor neto del daño causado sin incluir intereses, lucro cesante o valores indemnizatorios de otra naturaleza. En otras palabras, si el daño consiste en la pérdida de un bien -por ejemplo una computadora- el órgano de control fiscal debería ordenar al sujeto declarado responsable reponer el valor de dicho bien. No indica la norma si dicho valor debe ser: 1. El valor de adquisición, 2. El valor para la fecha en la que ocurrió el daño o pérdida del bien, 3. El valor para la fecha en la que se decreta el reparo, o 4. El valor para la fecha en que se efectúa el pago o resarcimiento.

Sobre este punto, la Contraloría General de la República en memorándum N° 04-00-249 de 04-08-2005 indicó:

> [S]e estima con fundamento en el principio de legalidad conforme al cual los órganos públicos está indefectiblemente (sic) sometidos a la Ley por tanto (sic) el monto objeto de reparo en el caso de bienes del patrimonio público debe ser el correspondiente a los costos históricos y como consecuencia de ello no sería procedente la corrección de dichos montos[581].

Así tenemos que, de acuerdo con la Contraloría General de la República el valor que debe considerarse para la determinación del monto del reparo es el "costo histórico", es decir, el valor del bien para el momento de su adquisición. No obstante, si tomamos en consideración que Venezuela es un país que históricamente ha sufrido de una inflación sostenida, que se agravó desde el año 2015 como consecuencia de la emergencia humanitaria compleja que atraviesa el país y que además existe una pérdida continuada del valor adquisitivo de su moneda -el bolívar-, la determinación del valor de la reparación del daño en uno u otro momento puede tener resultados importantes respecto a lograr un efectivo resarcimiento.

Según cifras del Banco Mundial en el año 2018, Venezuela registró una tasa de inflación que sobrepasó los 65.000%, mientras que en el 2019 la cifra alcanzó casi 20.000% de infla-

---

[581] Contraloría General de la República Bolivariana de Venezuela, *Dictámenes de la Dirección General de los Servicios Jurídicos* 2005-2006, 209.

ción[582]; mientras que en el año 2019 la devaluación o depreciación de la moneda venezolana respecto del dólar fue de 97,36%[583].

Ahora bien, si utilizamos como criterio para determinar el monto del reparo el del valor de adquisición del bien tal como señaló la Contraloría General de la República, encontramos lo siguiente: Supongamos que para el 15-01-2019 el valor de adquisición de una computadora es de 1.000.000 bolívares, dicho monto para la mencionada fecha es equivalente a 1.053 dólares americanos[584]; si el reparo se ordena el 15-01-2022 con base al valor de adquisición, ese monto en esta fecha equivale a 1 bolívar[585], es decir; 0,21 centavos de dólar[586] y si el resarcimiento o pago se efectúa el 15-01-2023 con base al valor de adquisición -ahora de 1 bolívar- lo realmente reparado equivaldría a 0,05 centavos de dólar[587].

---

582 "Inflación, precios al consumidor (% anual) - Venezuela, RB", Banco Mundial, https://datos.bancomundial.org/indicator/FP.CPI.TOTL.ZG?locations=VE

583 "El bolívar continúa la cuesta abajo de la devaluación en Venezuela", Diario El Tiempo, https://www.portafolio.co/internaci onal/el-bolivar-continua-la-cuesta-abajo-de-la-devaluacion-535397

584 Para este cálculo se tomó como referencia la tasa oficial de cambio bolívar/dólar (1 dólar = 949,47 bolívares) establecida por el Banco Central de Venezuela para el 15-01-2019. Dicho valor puede consultarse en el siguiente portal web: https://www.bcv.org.ve/

585 A partir del 01-10-2021 comenzó a aplicarse en Venezuela una nueva escala monetaria que suprimió seis ceros a la moneda nacional, ello significó que todo valor monetario establecido con anterioridad a dicha fecha debía ser dividido entre 1.000.000. Por ello, el valor de la computadora utilizada como ejemplo paso de 1.000.000 de bolívares a 1 bolívar luego de la reconversión monetaria. Al respecto puede consultarse: "Este viernes entra en vigencia la nueva reconversión monetaria en Venezuela", France 24, https://www.france24.com/es/programas/econom%C3%ADa/20210930-reconversi%C3%B3n-monet aria-en-venezuela-nuevo-intento-para-controlar-la-inflaci%C 3%B3n

586 Para este cálculo se tomó como referencia la tasa oficial de cambio bolívar/dólar (1 dólar = 4,6 bolívares) establecida por el Banco Central de Venezuela para el 15-01-2022. Dicho valor puede consultarse en el siguiente portal web: https://www.bcv.org.ve/

587 Para este cálculo se tomó como referencia la tasa oficial de cambio bolívar/dólar (1 dólar = 19,63 bolívares) establecida por el Banco Cen-

Del cálculo realizado se aprecia que utilizar como criterio para la determinación del reparo el del costo del bien para la fecha de su adquisición -en un contexto como el venezolano- no garantiza un resarcimiento efectivo del daño causado al patrimonio público, puesto que dicho costo pierde su "valor real" como consecuencia de la depreciación de la moneda y la inflación, entre otros factores. Sería ideal que la LOCGRSNCF o su reglamento, prevea criterios específicos para determinar no solamente el monto del daño causado al patrimonio público - de naturaleza tributaria o no- sino que además contenga mecanismos que permitan afrontar la inflación y la pérdida del valor adquisitivo de la moneda venezolana para poder resarcir de forma efectiva el daño causado al patrimonio público[588].

Advertimos que la Contraloría General de la República ha reconocido la posibilidad de realizar la reparación del daño al patrimonio público por sustitución o equivalente. En efecto, en memorando N° 04-00-132 de 12-03-2009 afirmó:

> [S]i partimos de la premisa de que el objeto del resarcimiento, en esencia, es conseguir una reposición económica en el patrimonio afectado, consideramos que esto podría lograrse a través de la sustitución o reposición del bien perdido por otro de idénticas características, o bien mediante el pago de una cantidad equivalente, con base en el precio del bien[589].

Del criterio transcrito pareciera que la reparación del daño por sustitución o reposición resultaría más adecuada para lograr una efectiva reparación del daño público que la determinación del monto del reparo con base en el valor de adquisición del bien perdido, dañado o deteriorado. Por lo cual, insistimos en la necesidad que la LOCGRSNCF o su reglamento establezcan de manera clara no solo los criterios para determi-

---

tral de Venezuela para el 15-01-2023. Dicho valor puede consultarse en el siguiente portal web: https://www.bcv.org.ve/

588 Véase en este sentido a: Alonso José Macías Luís, "La corrección monetaria en los procesos de formulación de reparo por parte de los órganos de control fiscal", *Revista Electrónica de Derecho Administrativo Venezolano*, N° 27 (2023): 124.

589 Contraloría General de la República Bolivariana de Venezuela, *Dictámenes de la Dirección General de los Servicios Jurídicos* 2009-2010, 299.

nar el monto del reparo sino para prever la pérdida de su valor por efecto de la inflación y depreciación de la moneda venezolana.

IV. RECURSOS ADMINISTRATIVOS Y JUDICIALES

El procedimiento de determinación de responsabilidad administrativa culmina con un acto administrativo que deberá: 1. Declarar la responsabilidad administrativa; 2. Imponer la sanción de multa; 3. Ordenar la reparación del daño al patrimonio público cuando corresponda. Pero, además, como consecuencia de la declaratoria de responsabilidad administrativa el Contralor General de la República puede imponer las sanciones del artículo 105 de la LOCGRSNCF.

De lo anterior, tenemos que contra un mismo sujeto pueden imponerse dos tipos de sanciones distintas mediante la emisión de dos actos administrativos diferentes que en la mayoría de los casos son dictados por autoridades diferenciables; es decir, la declaratoria de responsabilidad administrativa (primer acto administrativo) puede dictarla una unidad de auditoría interna o una contraloría municipal o una contraloría estadal, mientras que las sanciones del referido artículo 105 (segundo acto administrativo) siempre será dictado por el Contralor General de la República.

Ello tiene implicaciones prácticas puesto que contra el acto que declara la responsabilidad administrativa se pueden ejercer recursos administrativos y judiciales ante unas autoridades específicas, que son distintas a las autoridades contra las que se interponen los recursos administrativos y judiciales que pretendan mermar la eficacia del acto que dicte el Contralor General de la República, en el que se impongan las sanciones previstas en el artículo 105 de la LOCGRSNCF.

Estudiaremos de forma separada los recursos administrativos y judiciales que pueden ejercerse contra cada uno de los actos administrativos mencionados.

1. Recursos contra el acto que declara la responsabilidad administrativa

A. Recursos administrativos

El artículo 106 de la LOCGRSNCF establece que el acto que declara la responsabilidad administrativa agota la vía administrativa, es decir, contra éste no es necesario la interposición de ningún recurso administrativo para poder acceder a la vía jurisdiccional.

Sin embargo, el artículo 107 de la misma Ley prevé –a criterio del sujeto declarado responsable administrativamente– la posibilidad de interponer el recurso de reconsideración dentro de los quince días hábiles siguientes a que haya sido pronunciada la decisión, el cual deberá ser decidido dentro de los quince días hábiles siguientes a su interposición.

Para Peña Colmenares no era necesario que la LOCGRSNCF contemplase de forma expresa la posibilidad de interponer el recurso de reconsideración contra los actos que declaren la responsabilidad administrativa de un sujeto, ya que si el interesado quería ejercerlo, se encontraba facultado para ello de conformidad con lo previsto en la Ley Orgánica de Procedimientos Administrativos[590].

Adicionalmente debe advertirse que resulta cuestionable el plazo establecido en el artículo 107 de la LOCGRSNCF para la interposición del recurso de reconsideración. En ella se indica que dicho plazo comenzará a correr una vez que haya sido pronunciada la decisión, que de acuerdo con el artículo 103 de la misma Ley debe realizarse el mismo día o a más tardar el día siguiente de celebrado el acto oral y público.

La confusión radica en el hecho que el mismo artículo 103 contempla que la decisión que ponga fin al procedimiento de determinación de responsabilidad administrativa se hará "constar por escrito, en el respectivo expediente, en el término de cinco (5) días hábiles después de pronunciadas, y tendrán efectos de inmediato". Así, entendemos que, si bien en la opor-

---

[590] Peña Colmenares, *El régimen de la responsabilidad administrativa*, 496.

tunidad de pronunciar la decisión, el interesado legítimo podrá conocer si fue declarado responsable o no, no será hasta que el órgano de control fiscal emita su pronunciamiento de forma íntegra o detallada que conocerá los argumentos de hecho y de derecho que motivan la decisión, con lo cual entendemos que fue un error del legislador considerar que el lapso para la interposición del recurso de reconsideración comienza a computar desde el pronunciamiento de la decisión.

Por razones de seguridad jurídica asumimos que la norma debe ser interpretada en el sentido que el lapso de interposición del recurso de reconsideración comenzará a computarse una vez que conste en el expediente la decisión detallada y completa o en su defecto, cuando el interesado legítimo haya sido efectivamente notificado de la misma.

Por otra parte, el artículo 109 señala que contra las decisiones que declaran la responsabilidad administrativa de un sujeto podrá ejercerse el recurso de revisión de conformidad con lo dispuesto en la Ley Orgánica de Procedimientos Administrativos. Se trata de un recurso extraordinario que podrá ejercerse contra actos que hayan adquirido firmeza en sede administrativa, en los siguientes casos: 1. Cuando hubieren aparecido pruebas esenciales para la resolución del asunto, no disponibles para la época de la tramitación del expediente; 2. Cuando en la resolución hubieren influido, en forma decisiva, documentos o testimonios declarados falsos por sentencia judicial definitivamente firme, y 3. Cuando la resolución hubiere sido adoptada por cohecho, violencia, soborno u otra manifestación fraudulenta y ello hubiere quedado establecido en sentencia judicial, definitivamente firme (art. 97 LOPA).

El recurso de revisión podrá interponerse dentro de los tres meses siguientes a la fecha de la sentencia referida en los puntos anteriores, o del momento en que se tuvo noticia de la existencia de las pruebas indispensables para la resolución de asunto. Deberá ser decidido dentro de los treinta días siguientes a la fecha de su presentación (art. 98 y 99 LOPA).

B. Recursos judiciales

El artículo 108 de la LOCGRSNCF prevé que contra las decisiones dictadas por los órganos de control fiscal distintos a la Contraloría General de la República -es decir, unidades de auditoría internas, Contraloría General de la Fuerza Armada, contralorías estadales y contralorías municipales- se podrá interponer en el lapso de seis meses contados a partir del día siguiente a la notificación del acto administrativo objeto de impugnación, recurso de nulidad por ante la Corte Primera de lo Contencioso Administrativo.

Respecto de esta disposición es necesario realizar las siguientes precisiones:

Primero, en el año 2014 se promulga la Ley Orgánica de la Jurisdicción Contencioso Administrativa que, entre otras cosas, cambia la denominación de los tribunales que forman parte de la jurisdicción contencioso administrativa.

A partir de esta Ley, las Cortes de lo Contencioso Administrativo pasaron a denominarse Juzgados Nacionales de lo Contencioso Administrativo (art. 11), por lo que, en una interpretación armónica de ambas leyes debe entenderse que los órganos judiciales competentes para conocer de los recursos de nulidad que se interpongan contra los actos administrativos dictados por órganos de control fiscal distintos a la Contraloría General de la República que declaren la responsabilidad administrativa, deberán interponerse ante los Juzgados Nacionales de lo Contencioso Administrativo.

Segundo, el artículo 32 de la Ley Orgánica de la Jurisdicción Contencioso Administrativa establece un lapso de caducidad de ciento ochenta días continuos para las acciones de caducidad que se ejerzan contra actos administrativos de efectos particulares -por ejemplo, el acto que declara la responsabilidad administrativa de un sujeto-, que comenzará a computarse: 1. A partir de la notificación del acto administrativo al interesado, 2. Cuando la Administración no haya decidido el recurso administrativo que corresponda en el lapso de noventa días hábiles, contados a partir de la fecha de su interposición.

Se podrá apreciar que aunque parezcan similares, los lapsos de caducidad establecidos en la LOCGRSNCF y en la Ley Orgánica de la Jurisdicción Contencioso Administrativa son distintos, y aunque sea un hecho que en muchas ocasiones pueda pasar desapercibido, el lapso previsto en la LOCGRSNCF es mayor que el de la Ley Orgánica de la Jurisdicción Contencioso Administrativa. Observemos:

Supongamos que el 31-01-2023 la Contraloría del Estado Carabobo (ubicada en la región central de Venezuela), notifica a un sujeto que le ha sido declarada su responsabilidad administrativa. A partir del día siguiente a su notificación (01-02-2023), comienza a correr el lapso de caducidad para interponer el recurso de nulidad ante los Juzgados Nacionales de la Jurisdicción Contencioso Administrativa[591].

Si se toma en consideración el lapso de caducidad de seis meses de la LOCGRSNCF, el lapso para interponer el recurso de nulidad finalizaría el 31-07-2023, ya que se trata de un lapso que debe contarse en meses de acuerdo a lo que dispone la norma.

Pero si se toma en consideración el lapso de caducidad de ciento ochenta días continuos de la Ley Orgánica de la Jurisdicción Contencioso Administrativa, el lapso de caducidad finalizaría el 30-07-2023 (28 días del mes de febrero, 31 días de marzo, 30 días de abril, 31 días de mayo, 30 días de junio y 30 (no 31) de julio da un total de 180 días continuos).

Aunque en el ejemplo propuesto la diferencia puede resultar sutil (un día entre uno y otro lapso), no deja de ser relevante. Si 2023 fuera un año bisiesto y el mes de febrero tuviera veintinueve días el lapso de caducidad previsto en la Ley Orgánica de la Jurisdicción Contencioso Administrativa finalizaría el 29 de julio de 2023.

---

[591] De acuerdo con el artículo 15 de la Ley Orgánica de la Jurisdicción Contencioso Administrativa, el conocimiento del asunto le corresponde a los Juzgados Nacionales de la Jurisdicción Contencioso Administrativa de la Región Capital con competencia en el Distrito Capital y los estados Miranda, Vargas, Aragua, Carabobo y Guárico.

Esta diferencia plantea la interrogante de cuál es el lapso de caducidad que debe considerarse para la nulidad de los actos que declaren la responsabilidad administrativa de un sujeto. Si bien la Ley Orgánica de la Jurisdicción Contencioso Administrativa es la ley procesal especial de la materia, su artículo 32 dispone que "[l]as leyes especiales podrán establecer otros lapsos de caducidad", consideramos que al ser la LOCGRSNCF la ley especial que regula el Sistema Nacional de Control Fiscal y la figura de la responsabilidad administrativa, el lapso de caducidad de seis meses previsto en esta última, es el que ha de ser tomado en cuenta para las acciones de nulidad que se ejerzan contra los actos que declaran la responsabilidad administrativa de un sujeto.

2. Recursos contra el acto que impone las sanciones del artículo 105 de la Ley Orgánica de la Contraloría General de la República y del Sistema Nacional de Control Fiscal

A. Recursos administrativos

Para los actos que dicta el Contralor General de la República con fundamento en el artículo 105 de la LOCGRSNCF, es decir, el acto en el que impone las sanciones de suspensión del ejercicio del cargo sin goce de sueldo, destitución o inhabilitación para el ejercicio de funciones públicas, también podrá ejercerse recurso de reconsideración y de revisión de conformidad con lo dispuesto en los artículos 106 y 107 de la LOCGRSNCF.

Los actos que dicta el Contralor General de la República agotan la vía administrativa por lo que no es obligatorio la interposición de los recursos administrativos para acceder a la vía judicial.

B. Recursos judiciales

El artículo 108 de la LOCGRSNCF prevé que contra las decisiones del Contralor General de la República o sus delegatarios se podrá interponer recurso de nulidad ante el Tribunal

Supremo de Justicia, en el lapso de seis meses contados a partir del día siguiente a su notificación.

Para este caso, resultan aplicables las consideraciones expresadas en apartados anteriores respecto a la preminencia del lapso de caducidad de seis meses previsto en la LOCGRSNCF sobre el lapso de ciento ochenta días continuos establecidos en la Ley Orgánica de la Jurisdicción Contencioso Administrativa.

Ahora bien, en anteriores oportunidades mencionamos que contra un mismo sujeto pueden dictarse dos actos administrativos: 1. Que declara la responsabilidad administrativa, impone la sanción de multa y formula el reparo cuando sea procedente; 2. Que sólo puede dictar el Contralor General de la República para imponer las sanciones previstas en el artículo 105 de la LOCGRSNCF.

Estos actos administrativos en ocasiones pueden ser dictados por el mismo órgano. Es decir, puede ser que la Contraloría General de la República declare la responsabilidad administrativa, imponga la multa y ordene el reparo y también imponga las sanciones del mencionado artículo 105; pero en la mayoría de los casos son dictados por órganos de control fiscal distintos: la Contraloría General de la República impone las sanciones del artículo 105 de la LOCGRSNCF, pero son los otros órganos de control fiscal (unidades de auditoría interna, Contraloría General de la Fuerza Armada, Contralorías estadales o Contralorías municipales) las que declaran la responsabilidad administrativa, imponen la multa y formulan el reparo.

Esta diferenciación no resulta menor, más aún cuando los recursos de nulidad contra ambos actos deben interponerse ante tribunales distintos y por razones o motivos diferentes. Así lo ha manifestado la Sala Político-Administrativa, entre otras, en sentencia N° 1383 del 01-08-2007 en la que se pronunció sobre la forma de impugnar cada acto administrativo y manifestó lo siguiente:

> [L]as personas declaradas responsables administrativamente y a las que se le haya -adicionalmente- impuesto las sanciones de destitución e inhabilitación para el ejercicio de fun-

> ciones públicas, podrán acudir a la jurisdicción contencioso-administrativa a solicitar la nulidad de ambas decisiones.
>
> Así, los administrados pueden ejercer el recurso en sede judicial contra el acto de declaratoria de responsabilidad administrativa y de imposición de la sanción de multa, denunciando para ello la existencia de vicios que afecten la nulidad de ese acto.
>
> Asimismo, pueden intentar recurso contencioso administrativo de nulidad contra el acto por el cual el Contralor General de la República impuso la sanción de destitución y de inhabilitación para el ejercicio de funciones públicas -de haber sido aplicada-, pero invocando los vicios que pudieran atacar al acto en cuestión -como podría ser que el acto de declaratoria de responsabilidad no estuviere firme en sede administrativa, falta de proporcionalidad en la aplicación de la sanción, entre otros-, pero en ningún caso alegando la existencia de vicios que pudieran afectar la validez del acto de declaratoria de responsabilidad que se encuentra firme[592].

Resulta una confusión muy común alegar que el acto administrativo que declara la responsabilidad administrativa adolece, por ejemplo, del vicio de falso supuesto y que, como consecuencia de ello, el acto administrativo que impone las sanciones del artículo 105 de la LOCGRSNCF también sería un acto viciado por falso supuesto. Esta confusión deriva del hecho que, a pesar de que las sanciones del artículo 105 son autónomas -como lo establecieron la Sala Constitucional y la Sala Político-Administrativa del Tribunal Supremo de Justicia en sentencias del año 2013 que fueron previamente reseñadas- la existencia de este acto sólo es posible si a un sujeto determinado se le ha declarado previamente la responsabilidad administrativa.

Sin embargo, aun cuando pueda existir cierta dependencia entre el acto que impone las sanciones del artículo 105 de la LOCGRSNCF y el acto que declara la responsabilidad administrativa -el primer acto requiere necesariamente de la existencia del segundo-, la Sala Político-Administrativa ha considerado que son actos diferenciables que deben impugnarse por

---

592 Mostasfá Paolini, *Compilación de la Doctrina de la Sala Politicoadministrativa: Contencioso Administrativo*, 645.

motivos distintos, y la LOCGRSNCF dispone que su impugnación se realiza ante tribunales distintos.

Cabe preguntarse si la forma como se encuentra construido el sistema de impugnación de los actos que derivan de la declaratoria de responsabilidad administrativa garantiza el derecho a la tutela judicial efectiva previsto en el artículo 26 de la Constitución de 1999[593], más aún cuando en vez de promover la acumulación de asuntos que resultan relacionados -y hasta cierto punto interdependientes- la LOCGRSNCF impone al sujeto declarado responsable la carga de llevar dos juicios distintos, ante tribunales diferentes, pero por un mismo motivo, su declaratoria de responsabilidad administrativa.

V. LA EJECUCIÓN DE LOS ACTOS QUE DERIVAN DEL PROCEDIMIENTO DE DETERMINACIÓN DE RESPONSABILIDAD ADMINISTRATIVA

Como hemos indicado, son dos los actos administrativos que pueden derivar de la tramitación de un procedimiento de determinación de responsabilidad administrativa. El primero, que concluye dicho procedimiento y que declara la responsabilidad administrativa, impone la sanción de multa y formula el reparo cuando proceda; y el segundo, que dicta el Contralor General de la República a través del que se imponen las sanciones del artículo 105 de la LOCGRSNCF. Cada acto administrativo es independiente del otro y su ejecución se realiza de forma separada. Veremos los aspectos respectivos a la ejecución de éstos.

[593] Artículo 26: "Toda persona tiene derecho de acceso a los órganos de administración de justicia para hacer valer sus derechos e intereses, incluso los colectivos o difusos, a la tutela efectiva de los mismos y a obtener con prontitud la decisión correspondiente. // El Estado garantizará una justicia gratuita, accesible, imparcial, idónea, transparente, autónoma, independiente, responsable, equitativa y expedita, sin dilaciones indebidas, sin formalismos o reposiciones inútiles".

1. Ejecución del acto que declara la responsabilidad administrativa

El artículo 110 de la LOCGRSNCF establece que la interposición de los recursos administrativos y judiciales regulados en dicha Ley no suspende la ejecución de las decisiones que declaren la responsabilidad administrativa, impongan multas o formulen reparos.

Para Canónico Sarabia esta norma "acoge la premisa del efecto no suspensivo de los recursos administrativos"[594] que para Peña Colmenares constituye "una especie de fraude, porque quién puede pensar que el mismo órgano que impone la sanción, y proceda ejecutarla inmediatamente, va a declarar con lugar el recurso"[595].

Entendemos que lo ideal sería que la ejecución del acto que declara la responsabilidad administrativa se realice una vez que haya adquirido firmeza en sede administrativa. Esta interpretación se fundamenta en el hecho que el artículo 101 del Reglamento de la LOCGRSNCF contempla que el acto administrativo que declare la responsabilidad administrativa "una vez firme en vía administrativa, se publicará en la Gaceta Oficial de la República Bolivariana de Venezuela o del respectivo Estado, Distrito, Distrito Metropolitano o Municipio, según corresponda", lo que constituye una actuación material encaminada a la ejecución de dicho acto administrativo (otorgarle publicidad a la sanción).

Asimismo, el artículo 111 del mismo reglamento dispone que los órganos de control fiscal que declaren la responsabilidad administrativa de un sujeto deberán remitir copia certificada de la decisión, del auto que declara su firmeza o del acto administrativo que resuelva el recurso de reconsideración al Contralor General de la República para que éste imponga las sanciones que le corresponde acordar de manera, exclusiva y excluyente, de conformidad con lo dispuesto en el artículo 105 de la LOCGRSNCF.

---

594 Canónico Sarabia, "El reparo como forma de determinación", 138.

595 Peña Colmenares, *El régimen de la responsabilidad administrativa*, 490.

De lo que se observa que el Reglamento de la LOCGRSNCF a diferencia de lo que prevé la Ley, ha establecido que algunos actos relacionados con la ejecución del acto que declara la responsabilidad administrativa se ejecutarán una vez que éste adquiera firmeza en sede administrativa, lo que nos lleva a afirmar que en aras de garantizar la seguridad jurídica del sujeto afectado, lo ideal es que la ejecución del acto que declara la responsabilidad administrativa se ejecute una vez que adquiera firmeza en sede administrativa.

Respecto a la forma cómo debe ejecutarse dicho acto, el artículo 110 del Reglamento de la LOCGRSNCF establece que la liquidación y ejecución de las “sanciones impuestas” por los órganos de control fiscal estarán a cargo de la hacienda pública respectiva, es decir, nacional, estadal y municipal dependiendo del órgano de control fiscal que haya tramitado y decidido el procedimiento de determinación de responsabilidad administrativa.

Nótese que la norma se refiere a las sanciones pecuniarias, es decir, la sanción de multa, que es la sanción pecuniaria que deriva de la declaratoria de la responsabilidad administrativa. En este caso, el órgano de control fiscal competente solicitará la expedición de la planilla de liquidación y la oficina de hacienda pública deberá ejercer de forma inmediata las acciones de cobro correspondientes. En aquellos casos en el que el sujeto sancionado no efectúe de forma voluntaria el pago de la multa, la Administración pública correspondiente podrá solicitar su ejecución forzosa siguiendo el procedimiento de ejecución de créditos fiscales previsto en los artículos 653 a 659 del Código de Procedimiento Civil.

Ni la LOCGRSNCF ni su reglamento prevén la forma como se ejecutará el reparo, que no constituye una sanción sino el mecanismo de reparación del daño causado al patrimonio público. El artículo 87 de la Ley señala que los funcionarios encargados de hacer efectiva las liquidaciones de los reparos deberán notificar inmediatamente su recaudación al órgano de control fiscal que hubiere emitido el reparo.

Entendemos que, como la sanción de multa y la formulación del reparo constan en un mismo acto administrativo -recordemos que la LOCGRSNCF contempla un solo procedimiento para determinar la responsabilidad administrativa y la responsabilidad civil- la ejecución de los reparos también debe corresponderle a la oficina de la hacienda pública nacional, estadal o municipal, según corresponda.

2. Ejecución del acto que impone las sanciones del artículo 105 de la Ley Orgánica de la Contraloría General de la República y del Sistema Nacional de Control Fiscal

El artículo 113 del Reglamento de la LOCGRSNCF dispone que la decisión por la cual el Contralor General de la República acuerde las sanciones de suspensión del cargo sin goce de sueldo, la destitución o la inhabilitación para el ejercicio de funciones públicas, será debidamente informada a la máxima autoridad jerárquica del órgano o ente público donde el funcionario, empleado, contratado u obrero presta sus servicios, a los fines de su ejecución; así como a cualquier otro organismo que se estime pertinente y se publicará en la Gaceta Oficial de la República Bolivariana de Venezuela.

El artículo 105 de la LOCGRSNCF indica que la Contraloría General de la República llevará un registro de inhabilitados que deberá ser consultado por las máximas autoridades de los órganos y entes públicos previo a la designación o nombramiento de un sujeto en cualquier destino público, con miras a garantizar la eficacia de la sanción de inhabilitación, destacando que toda designación realizada al margen de esta norma será nula.

Al igual que en el apartado anterior consideramos que la ejecución del acto que impone las sanciones previstas en el artículo 105 de la LOCGRSNCF deberá realizarse una vez que haya quedado firme el acto en sede administrativa.

3. Contradicciones en la aplicación de las sanciones accesorias frente a la declaratoria de responsabilidad administrativa

A lo largo de este capítulo hemos evidenciado las distintas inconstitucionalidades que pesan sobre las sanciones que contempla el artículo 105 de la LOCGRSNCF. Ahora bien, su ejecución también genera una serie de problemas prácticos que destacamos a continuación:

Primero, el artículo 105 LOCGRSNCF no establece la obligatoriedad de imponer las sanciones de suspensión del cargo sin goce de sueldo, la destitución o la inhabilitación para el ejercicio de funciones públicas a todos los sujetos a los que se les declare la responsabilidad administrativa. Aunado a ello, recordamos lo señalado previamente que las sanciones del mencionado artículo tienen carácter disciplinario y por tanto, sólo pueden aplicarse a aquellos sujetos que ostenten una relación estatutaria, laboral o contractual con un órgano o ente público –es decir, funcionarios, empleados, contratados y obreros–, resultando discriminatorias respecto de otros sujetos –personas naturales y jurídicas– a los que también se les podría declarar responsabilidad administrativa pero no son susceptibles de la aplicación de las sanciones del referido artículo 105.

Segundo, no se establece un orden de prelación o de preferencia en la aplicación de las sanciones accesorias. Ni la Ley ni el reglamento indican bajo qué supuestos se debe aplicar la sanción de suspensión del cargo sin goce de sueldo, la sanción de destitución o la inhabilitación para el ejercicio de las funciones públicas. Queda al libre criterio del Contralor General de la República la elección de la sanción accesoria, pudiendo imponer la sanción de suspensión o de destitución acompañada con la sanción de inhabilitación para el ejercicio de la función pública como demostramos previamente.

Tercero, el acto que declara la responsabilidad administrativa de un sujeto y el acto que impone las sanciones del artículo 105 de la LOCGRSNCF gozan de ejecutividad y ejecutoriedad y como observamos previamente, la interposición de los recursos administrativos y judiciales no suspende la ejecución de estos.

Ello genera la posibilidad que el Contralor General de la República ordene la ejecución de un acto que impone la sanción de inhabilitación para el ejercicio de la función pública, sin que haya sido resuelto el recurso de nulidad presentado ante los Juzgados Nacionales de lo Contencioso Administrativo contra el acto que declara la responsabilidad administrativa y que con posterioridad al cumplimiento de la sanción de inhabilitación -o incluso habiendo transcurrido en su totalidad el tiempo de la inhabilitación y ejecutada la misma- los órganos jurisdiccionales revoquen la declaratoria de responsabilidad administrativa.

Sin lugar a dudas, esto genera inseguridad jurídica respecto del sujeto al que se le ha impuesto cualquiera de las sanciones previstas en el artículo 105 de la LOCGRSNCF, quien al presentar un recurso de nulidad contra el acto que declara su responsabilidad administrativa tiene la expectativa que declarada la nulidad de éste, y en efecto de cascada, se desencadene la nulidad del acto que imponga la sanción de inhabilitación, dado que para la imposición de las sanciones del artículo 105 se requiere la previa declaratoria de la responsabilidad administrativa.

Lo ideal es que en una reforma de la LOCGRSNCF -de no eliminarse el artículo 105- se disponga que tales sanciones puedan imponerse una vez que haya quedado firme en sede judicial el acto administrativo que declara la responsabilidad administrativa, o que habiendo transcurrido el lapso de seis meses para la interposición del recurso de nulidad éste no se ejerciere.

CONCLUSIONES

El trabajo realizado nos ha permitido evidenciar distintas debilidades del régimen jurídico de la responsabilidad administrativa, pero también, en los criterios de la Contraloría General de la República y de los Tribunales de la Jurisdicción Contencioso Administrativa. Ahora bien, tomando en consideración que el objetivo de esta obra fue analizar dicho régimen jurídico para identificar posibles puntos de mejora y presentar propuestas de reforma legislativa, procedemos a exponer los puntos que en nuestro criterio deben ser sometidos a modificación en una eventual reforma de la LOCGRSNCF:

Primero: Es necesario realizar una revisión exhaustiva de los supuestos generadores de responsabilidad administrativa previstos en el ordenamiento jurídico venezolano y mantener únicamente aquellos que guarden relación estrecha y directa con el resguardo, manejo, administración y custodia del patrimonio público. Todas aquellas conductas que no encuadren dentro del ámbito objetivo de la responsabilidad administrativa, pero que puedan configurar infracciones administrativas, deberían salir del esquema sancionatorio previsto en la LOCGRSNCF y encuadrarse en otra legislación o institución jurídica.

Entendemos que dicho planteamiento no resulta irrisorio puesto que el artículo 38 de la Ley contra la Corrupción ya prevé un conjunto de hechos o circunstancias que pueden ser sancionadas por el Contralor General de la República o sus delegatarios, con las multas que impone dicha ley y previa tramitación del procedimiento que ella misma regula, los cuales resultan diferenciables de lo previsto en la LOCGRSNCF.

También es necesario que los supuestos generadores de responsabilidad administrativa atiendan al principio de legalidad, que resulta fundamental en los procedimientos administrativos sancionatorios, y en tal sentido, deben ser derogados o eliminados supuestos como los previstos en el artículo 91.29 de la LOCGRSNCF y el artículo 166.3 de la Ley de Contrataciones Públicas.

Adicionalmente, es imperioso encuadrar los supuestos generadores de responsabilidad administrativa en categorías como gravísimos, graves, menos graves y leves –o cualquier otra categoría similar– para que ello pueda servir de parámetro al momento de determinar el monto de la cuantía de la sanción de multa. Hoy día, todos los supuestos generadores de responsabilidad administrativa son "igualmente graves", y ello puede resultar contrario al principio de proporcionalidad, dado que no se estaría garantizando la debida congruencia entre la sanción y la falta cometida.

Segundo: En cuanto al procedimiento administrativo para la determinación de responsabilidad administrativa, es imprescindible detallar la oportunidad de promoción, oposición, admisión y evacuación de las pruebas, así como establecer las posibles causas por las que el órgano de control fiscal puede inadmitir o desestimar una prueba que ha sido presentada por el interesado legítimo del procedimiento. Como se encuentra actualmente regulado el procedimiento, el lapso probatorio resulta contrario al principio de seguridad jurídica, toda vez que, los interesados legítimos quedan al criterio del funcionario responsable de la tramitación del procedimiento, quien cuenta con la potestad de decidir discrecionalmente el tiempo para la oposición, admisión y evacuación de las pruebas, así como los motivos por los que se puede desestimar un medio probatorio; circunstancia que puede ocasionar violaciones al derecho a la defensa de las partes en el procedimiento.

Adicionalmente, debe precisarse que el procedimiento previsto en los artículos 73 al 80 del reglamento de la LOCGRSNCF, denominado "potestad investigativa", no es más que un procedimiento administrativo previo al procedimiento de determinación de responsabilidad administrativa, que tiene por finalidad "verificar la ocurrencia de actos, hechos u omisiones contrarios a una disposición legal o sublegal, determinar el monto de los daños causados al patrimonio público, si fuere el caso, así como la procedencia de acciones fiscales", y que en él, no se agotan las potestades de investigación que han sido atribuidas a los órganos de control fiscal. En una eventual reforma de la Ley, sería ideal otorgar una denominación más exacta a este procedimiento, como podría ser, por ejemplo, procedimiento de investigación o procedimiento previo a la determinación de responsabilidad, para evitar eventuales confusiones respecto de las denominadas potestades de investigación.

Tercero: Deben establecerse figuras como la caducidad o la perención del procedimiento administrativo de determinación de responsabilidad administrativa, como consecuencia de la inactividad del órgano de control fiscal en la tramitación del mismo, con miras a garantizar que el interesado legítimo no quede sometido indefinidamente a un procedimiento administrativo sancionatorio.

Cuarto: Respecto de la sanción de multa, es necesario actualizar o modificar los valores de 100 y 1.000 unidades tributarias previstos en el artículo 94 de la LOCGRSNCF, ya sea, por actualización del valor de la unidad tributaria o por el establecimiento de otro mecanismo para determinar su cuantía. Ahora la multa que se impone como consecuencia de la declaratoria de responsabilidad administrativa es inefectiva y no cumple su función de castigo y de medida ejemplificante para evitar que otros sujetos se vean tentados a incurrir en algún supuesto generador de responsabilidad administrativa por temor a las consecuencias que ello implica. Asimismo, deben establecerse mecanismos que permitan delimitar los casos en los cuales se podrá imponer el límite máximo y mínimo de la multa.

Quinto: Abogamos por la eliminación de las sanciones previstas en el artículo 105 de la LOCGRSNCF (suspensión del ejercicio del cargo sin goce de sueldo por un período no mayor de veinticuatro meses o la destitución del declarado responsable; e imponer su inhabilitación para el ejercicio de funciones públicas hasta por un máximo de quince años) cuya competencia para su imposición ha sido otorgada "de manera exclusiva y excluyente" al Contralor General de la República, puesto que dicha norma resulta violatoria al principio *non bis in ídem*, al principio de proporcionalidad, al derecho al debido procedimiento administrativo y al derecho al sufragio pasivo.

Sin embargo, para el caso que se quiera conservar –por considerarse necesarias y relevantes para el fin perseguido por la responsabilidad administrativa– las sanciones que se contemplan en dicho artículo, se proponen las siguientes reformas: 1. Debe establecerse un procedimiento administrativo previo a la imposición de dichas sanciones. 2. Es necesario modificar la competencia para la imposición de dichas sanciones. Consideramos que, por tratarse de sanciones de naturaleza disciplinaria, la competencia para imponer las mismas debería ser atribuida a la máxima autoridad de órgano o ente del sector público donde el sujeto declarado responsable preste sus servicios. 3. Debe señalarse de forma expresa que se trata de sanciones de naturaleza administrativa y no de naturaleza política, por tanto, no podrán imponerse a sujetos que ocupen cargos de elección popular, puesto que, tal como disponen los artículos 39, 42, 62 y 65 de la Constitución de 1999, la restricción del ejercicio de los derechos políticos solo procede por condena penal por delitos, que solo podrá ser decretada por un órgano jurisdiccional y en ningún momento por un órgano de naturaleza administrativa. 4. Debe indicarse que las sanciones no son concurrentes, es decir, no podrá imponerse más de una sanción a un sujeto, y, acorde a ello, habrá que establecer los supuestos para la procedencia de cada una de estas sanciones. 5. Para las sanciones de suspensión del ejercicio del cargo sin goce de sueldo por un período no mayor de veinticuatro meses y de inhabilitación para el ejercicio de funciones públicas hasta por un máximo de quince años, hay que prever mecanismos que permitan especificar los casos en los cuales se podrá imponer el límite máximo y mínimo previsto de cada sanción.

Sexto: Hay que separar la responsabilidad administrativa de la formulación del reparo. Al presente, ambas figuras jurídicas, que tienen naturaleza distinta –ya que la responsabilidad administrativa es una figura de naturaleza sancionatoria mientras que el reparo es una figura reparatoria o resarcitoria–, se declaran a través de un único procedimiento, el regulado en la LOCGRSNCF.

Esta circunstancia puede generar confusiones respecto del análisis y comprensión, tanto de la responsabilidad administrativa como del reparo, y es que, por ejemplo, la LOCGRSNCF no enlista ni señala los supuestos que puedan dar lugar a la procedencia del reparo, y existen supuestos generadores de responsabilidad administrativa que pueden ocasionar daños al patrimonio público, y en consecuencia, dar lugar a la formulación del reparo.

Adicionalmente, y tal como se expuso en la obra respecto a la figura del sobreseimiento del procedimiento, al ser una sola la oportunidad para que el órgano de control fiscal se pronuncie sobre la responsabilidad administrativa y la responsabilidad civil, mal puede el órgano de control fiscal declarar el sobreseimiento del procedimiento en caso del fallecimiento del interesado legítimo puesto que ello imposibilitaría que se declarase la responsabilidad civil del mismo, y que se pueda transmitir a los herederos la obligación de reparar el daño al patrimonio público que causó el interesado legítimo.

Séptimo: En cuando al reparo, debe establecerse la posibilidad que la reparación del daño pueda ser acordada contra los herederos de la persona que causó el caso en caso de su fallecimiento.

Nos queda claro que, buena parte de las dificultades que atraviesa Venezuela respecto del resguardo y la protección del patrimonio público pueden derivarse a las deficiencias conceptuales y regulatorias que tienen figuras como la responsabilidad administrativa.

Es necesario repensar, replantear y reorganizar normativamente esta institución jurídica, no solo para que se pueda convertir en un mecanismo efectivo para garantizar el adecuado resguardo, manejo, administración y custodia del patrimonio público, sino para que respete los derechos y garantías consagrados en la Constitución venezolana de 1999 y los principios del derecho administrativo disciplinario.

Creemos que esta investigación constituye un aporte para tal fin, y agradecemos a todos los que estuvieron presente en su construcción.

www.ingramcontent.com/pod-product-compliance
Lightning Source LLC
LaVergne TN
LVHW022217071126
851857LV00047B/564
* 9 7 9 8 9 0 5 2 9 0 2 0 6 *